吴式颖　李明德

丛书总主编

外国教育通史

第十四卷

19 世纪末至 20 世纪前期的教育

（中）

郭法奇　李子江　杨　捷

本卷主编

GENERAL HISTORY OF
FOREIGN EDUCATION

北京师范大学出版集团
BEIJING NORMAL UNIVERSITY PUBLISHING GROUP
北京师范大学出版社

图书在版编目(CIP)数据

外国教育通史：全二十一卷：套装 / 吴式颖，李
明德总主编. -- 北京：北京师范大学出版社，2025.1.
ISBN 978-7-303-30486-8

Ⅰ. G519

中国国家版本馆 CIP 数据核字第 20251WL437 号

WAIGUO JIAOYU TONGSHI：QUAN ERSHIYI JUAN：TAOZHUANG

出版发行：北京师范大学出版社 https://www.bnupg.com
　　　　　北京市西城区新街口外大街 12-3 号
　　　　　邮政编码：100088
印　　刷：北京盛通印刷股份有限公司
经　　销：全国新华书店
开　　本：787mm×1092mm　1/16
印　　张：684
字　　数：9000 千字
版　　次：2025 年 1 月第 1 版
印　　次：2025 年 1 月第 1 次印刷
定　　价：4988.00 元(全二十一卷)

策划编辑：陈红艳　鲍红玉　　　　责任编辑：孟　浩
美术编辑：焦　丽　　　　　　　　装帧设计：焦　丽
责任校对：段立超　王志远　　　　责任印制：马　洁

目 录 | Contents

第一章

20 世纪前期美国的教育

20 世纪前期，国家的统一、边疆的开发和经济的膨胀极大地改变了美国的社会状况。工业化和城市化"无疑为 19 世纪末 20 世纪初美国教育的发展提供了充裕的物质基础，但同时也对美国教育的改革提出了更为急迫的要求。因此，如何使学校教育适应工业化的进程，就成为当时美国社会人士特别是教育界人士必须面对和思考的一个重要问题"①。为了适应工业化和城市化的诉求，在联邦和州政府的主导下，美国开始建立符合自身特色的教育管理制度和学校教育体系。此时，中产阶层知识分子倡导的进步主义思想成为本时期美国社会改革的指导思想。进步主义者强调，学校的目的应该从注重道德品质的发展转变为经济的改善。② 整体而言，20 世纪前期美国学前教育和普通教育的变革与进步主义的教育主张有着莫大的关系，而高等教育和职业技术教育改革的目的则是配合社会经济的发展。

---

① 单中惠：《现代教育的探索——杜威与实用主义教育思想》，49 页，北京，人民教育出版社，2002。

② ［美］韦恩·厄本、［美］杰宁斯·瓦格纳：《美国教育：一部历史档案》第三版，周晟、谢爱磊译，283 页，北京，中国人民大学出版社，2009。

第一节 学前教育

到 20 世纪初，美国基本上形成了公立幼儿园、慈善幼儿园和私立幼儿园并存的局面：在大城市，公立幼儿园成为一种固定存在；而在南方城市，私人机构满足了家长"望子成龙"的需要。在本时期，受进步主义思想的影响，美国教育界开始反思学前教育中的福禄培尔(Froebel)主义，强调学前教育与社会生活的联系。此外，"蒙台梭利热"在美国一时兴起，但不久便急剧冷落，其中所保留下来的理念值得思考。而且，受到英国保育学校的启发，美国在经济危机和战争期间新建了大量的保育学校，使普通民众对幼儿保育有了深刻的理解。

一、公立幼儿园的发展

20 世纪初，美国开始探索符合社会实际需要的幼儿园体系，由地方公共财政支持的公立幼儿园在数量上有了显著提升。最早从欧洲大陆继承而来的育儿理念认为，家庭才是儿童道德养成的自然、合适的场所；母亲是学前教育的主要实施者，她们肩负着培养公民的性格和智力的责任。工业发展所带来的社会变革打破了家庭和父母为主导的幼儿教育机制，使中下阶层的父母必须进入劳动力市场才能维持家庭的日常生活，他们不再有闲暇时间对幼儿进行教育。因此，社会底层的父母选择将子女送入收费低廉的儿童教育机构或一般的儿童慈善机构，如救济院、孤儿院和教养所等。这类机构由个人、社会团体或教会创办，主要招收贫穷家庭的孩子，免收学费。与此同时，上层社会的父母希望让子女接受早期的启蒙教育而将子女送到私立幼儿学校中去。这类机构主要受欧洲传统的幼儿养育理念的影响，且此类幼儿学校的数量非常少。整体而言，20世纪之前的多数幼儿学校都是为底层子弟开设而带有慈善性质的。随着美国社会对学前教育的认识和重视程度的加深，幼儿学校开始成为与美国社会生活方式相适应的教育设施。幼儿学校中私立学校数量少、收费高，只是满足上层社会的需要；而慈善幼儿学校仅靠一些社会慈善人士维持，教育质量低下。有识之士希望把学前教育与公共教育制度联系起来，以保证它在教育体系中的地位。

19世纪末，在美国全国范围内，公立幼儿园已经形成了一定规模。圣路易斯市教育局局长威廉·哈里斯（William Harris，1835—1909）支持公立学校运动，并对学前教育表现出极大的关注。在伊丽莎白·帕尔默·皮博迪（Elizabeth Palmer Peabody，1804—1894）和苏珊·布洛（Susan Blow，1843—1916）的支持和建议下，哈里斯向圣路易斯市教育委员会提交了一份报告，提出把学前教育作为公立学校体系组成部分的建议。该报告被市教育委员会批准后，第一所公立幼儿园在圣路易斯市的德斯皮尔斯学校内建立。哈里斯聘请布洛担任幼儿园第一任教师，并招收20名儿童。在接下来的11年中，布洛上午给幼儿授课，下午培训幼儿教师，让这所学校兼具幼儿学校和幼儿师范学校的性质。在哈里斯和布洛的合作推动下，这所幼儿园取得了极大的成功，影响范围逐渐扩大。其他城市如旧金山市、辛辛那提市、芝加哥市、费城市、波士顿市先后建立公立幼儿园。[1] 据统计，1874年圣路易斯市只有4所公立幼儿园，1878年发展到53所，1903年已达125所。在美国全国范围内，截至1880年，有30个州设立了公立幼儿园。到1901年，美国建立了2996所公立幼儿园，在数量上超过了私立幼儿园。[2]

如果说20世纪以前公立幼儿园发展的主要推动力是州政府和市政府的

---

① 贺国庆：《近代欧洲对美国教育的影响》，100~101页，保定，河北大学出版社，1994。

② 张宇：《美国联邦政府干预学前教育的历史演进研究》，博士学位论文，东北师范大学，2010。

话,那么进入 20 世纪之后,这个推动力则由联邦政府取代。为了强化学校在移民"美国化"过程中的作用,美国联邦政府开始参与到公立幼儿园的建设中。1912 年,美国联邦政府在劳动部下设联邦儿童局,并在 1913 年在联邦教育局下设立幼儿园部。这两个部门开始成为推动美国公立幼儿园普及的重要力量。到 1918 年,尽管幼儿园还未完成普及任务(在 450 万 4~6 岁的儿童中,只有 10.5% 的孩子上幼儿园),但是幼儿园无疑已经成为美国教育阶梯的第一个梯级。[①] 1930 年,就读于公立幼儿园的幼儿人数大大超过就读于私立幼儿园的幼儿人数,如表 1-1 所示。虽然在 1929 年经济危机时期公立幼儿园入园率的增长被阻断,但到了 20 世纪 40 年代,公立幼儿园的入园率恢复了持续增长的趋势。1946 年,共有 772957 名儿童就读于公立幼儿园;到 1950 年,公立幼儿园招收人数增加到 1034203 人。1940—1954 年,公立幼儿园的入园幼儿人数增加 148%。[②]

表 1-1　20 世纪前期美国公立、私立幼儿园在籍幼儿人数

类别	1899—1900 年	1909—1910 年	1919—1920 年	1929—1930 年
公立幼儿园	131657	293970	481266	723443
私立幼儿园	93737	52219	29683	54456

资料来源:日本世界教育史研究会,《世界幼儿教育史》下册,87 页,长春,吉林人民出版社,1986。

二、进步主义与幼儿园课程的变革

19 世纪末至 20 世纪 30 年代,随着公立幼儿园数量和入园幼儿人数的扩展,美国社会开始逐渐将关注点从学前教育机构的数量转移到如何促进幼儿

---

① [美]L. 迪安·韦布:《美国教育史:一场伟大的美国试验》,陈露茜、李朝阳译,203 页,合肥,安徽教育出版社,2010。

② Kristen Dombkowski Nawrotzki, "The Anglo-American Kindergarten Movements and Early Education in England and USA, 1850-1965," PhD diss, University of Michigan, 2005.

更好发展的问题上。而彼时的福禄培尔主义是美国幼儿园课程编制的主要依据，恩物和作业成为所有幼儿园主要的教学手段。随着福禄培尔思想中的神秘主义和象征主义被逐渐强化，以恩物和作业为主要手段的教育方式日趋走向形式主义，这种趋势遭到来自进步主义者的强烈批判。通过论争，保守的福禄培尔主义失去了幼儿园课程编制的支配地位，进步主义逐渐成为幼儿园课程编制和实施的指导思想。

（一）儿童研究运动对传统学前教育理念的超越

19 世纪末，在现代科学基础上兴起的儿童研究运动（Child Study Movement）强调以儿童为对象开展身体、智力、情感、态度、兴趣等各方面的研究。儿童研究运动涌现出诸如格兰维尔·斯坦利·霍尔（Granville Stanley Hall，1844—1924）和约翰·杜威（John Dewey，1859—1952）等实验主义者。该运动促成了美国近代儿童学的诞生和儿童心理学的发展，也为幼儿园新教育理念的出现提供了理论和实践支撑。受美国进步主义教育思潮的影响，从事儿童教育事业的学者纷纷探索适合儿童身心发展的教学形式，推动幼儿园教育改革。随着进步主义影响范围的扩展，进步主义思潮下的幼儿园教育革新运动应运而生。

儿童研究运动的产生和发展与心理学家霍尔的努力密不可分。1878 年，霍尔在哈佛大学获得博士学位，随后在波士顿一所免费幼儿园中开始进行儿童的相关研究，并于 1883 年在《普林斯顿评论》上发表论文《儿童心理的内容》（The Contents of Children's Minds），揭开了美国儿童研究运动的序幕。[1] 1888 年，霍尔应邀担任新成立的克拉克大学的校长和心理学教授，随后通过开办暑期高等教育学和心理学训练班[2]（Summer School of Higher Peda-

---

[1] W. Dennis, "Historical Beginnings of Child Psychology," *Psychological Bulletin*, 1949(3), pp.224-235.

[2] 训练班最早由霍尔在 1892 年发起，每年暑期开班，训练时间一般是 2 周。教师由克拉克大学的全体教师担任，他们通过专题报告的形式向学生展示新心理学和进步主义教育理念方面的知识。训练班的学员主要是来自美国东部地区的师范学校校长和教师、城市学校管理者、教育学教授。幼儿园课程革新的倡导者帕特南、布赖恩都曾是训练班的学员。

gogy and Psychology)将儿童研究活动与教师之间建立联系。1893年，美国教育协会(National Education Association，NEA)成立儿童研究部(Department of Child Study)，霍尔当选为主席。此后，儿童研究部每年举行一次会议，听取各种研究报告，讨论儿童研究对教育的价值，成为领导儿童研究运动的主要组织机构。

霍尔认为儿童研究主要有三个任务：一是考查儿童的身体发展情况；二是研究儿童的心理；三是帮助教师增进对儿童的全面了解。[1] 在向幼儿园教育领导者做演讲时，霍尔强调，"从发展的观点来看，恩物是毫无价值的；幼儿园教师闭关自守的本位主义是非常不合理的"[2]。霍尔把达尔文的进化论思想引进心理学领域，提出复演论。他通过大量的实验和调查指出福禄培尔思想及教育观和教学法存在多种缺陷：首先，霍尔认为福禄培尔的教育思想缺乏现代儿童心理学基础，对儿童的身心发展缺乏科学认识；其次，霍尔认为福禄培尔过多地要求儿童摆弄物品，强调抽象的经验，忽视儿童活动所得的直接经验；最后，霍尔认为4~8岁是儿童情感发展的重要时期，福禄培尔却过分注重此时间段内儿童的智力训练。

霍尔通过实验和调查所得出的结论为进步主义幼儿园运动提供了科学的心理学依据，也影响到现代教育的重要代表人物——约翰·杜威。在1894—1904年任职于芝加哥大学期间，杜威曾对儿童研究运动予以较大关注。他先后多次参加伊利诺伊儿童研究协会的活动，并在《伊利诺伊儿童研究协会会报》上发表了《儿童研究的成果在教育上的应用》《儿童研究的诊释》《早期婴儿心智发展的原理》等论文。杜威认为学前教育的目的是培养儿童适应社会的能力，儿童的经验来自自身本能活动与环境的相互作用；主张游戏与儿童的日

---

① 郭法奇：《霍尔与美国的儿童研究运动》，载《华中师范大学学报（人文社会科学版）》，2006(1)。

② 日本世界教育史研究会：《世界幼儿教育史》下册，张举、梁忠义、刘翠荣等译，72页，长春，吉林人民出版社，1986。

常生活相联系，强调儿童直接经验的获得。他认为福禄培尔理论中关于儿童自我活动、游戏及社会参与等原则有利于儿童的发展，但福禄培尔理论中的神秘主义脱离儿童的实际经验。杜威将批判的焦点集中在幼儿园课程的设置和作业的布置上，指责恩物和作业脱离儿童的生活实践。

儿童研究运动的产生符合时代的需要，尽管该运动存在一定的局限性和缺点，但它对美国幼儿园课程的编制产生了重要影响。儿童研究运动倡导真正了解儿童、研究儿童的风气，为落实儿童在教育中的主体地位打下基础。[1] 此外，儿童研究运动与进步主义的理念相结合，为幼儿园课程的革新提供了科学的理论基础。

(二)进步主义幼儿园课程理念与实践

儿童研究运动和进步主义教育思想让美国社会对儿童有了全新认识。秉持着新的儿童观，在一批学前教育领导者的推动下，20 世纪前期美国的幼儿园课程在理念和实践上发生了重大变化。

19 世纪末，推动幼儿园课程理念革新的代表人物是艾丽斯·帕特南(Alice Putnam，1841—1919)和安娜·布赖恩(Anna Bryan，1858—1901)。帕特南和布赖恩曾于 1894 年在克拉克大学暑期高等教育学和心理学训练班上接受霍尔的研究训练，同时又与杜威等进步主义教育家保持着密切的联系。帕特南是免费幼儿园的倡导者，她本人曾在库克县师范学校[2]担任幼儿园培训师。1906 年，帕特南开始在芝加哥大学教授两门函授课程"儿童培训"和"幼儿园理论与实践概论"，帮助家长和教师了解儿童的学习如何与儿童的生活相结合。布赖恩 1887 年在肯塔基州的路易斯维尔市创办了一所幼儿园师资培训学校。同年 11 月，包括后来进步主义幼儿园运动的主要倡导者帕蒂·史密斯·

---

[1] 李国庆：《现代欧美教育科学化运动的一个基石——儿童研究运动之研究》，博士学位论文，南京师范大学，2006。

[2] 库克县师范学校成立于 1867 年，是芝加哥州立大学的前身。

希尔(Patty Smith Hill，1868—1946)在内的6名学生入学。1890年，布赖恩在美国教育协会的幼儿园部门会议上发表题为"致命的文书"的演讲。她认为福禄培尔理论中的象征主义、恩物和作业的使用过于僵化，导致儿童在游戏中缺乏主动性，应该将儿童看成是主动学习的主体；教师应培养儿童的主动性，而不是让儿童被动地领会恩物。帕特南和布赖恩的一系列活动对于推动幼儿园课程理念从以学科为中心到以儿童为中心的转变产生了重要影响。

20世纪开始，继帕特南和布赖恩之后，艾丽斯·坦普尔(Alice Temple，1871—1946)和帕蒂·史密斯·希尔成为践行进步主义幼儿园课程理念的代表人物。作为布赖恩学生的艾丽斯·坦普尔接过自己老师的旗帜，继续推动幼儿园教育的革新。曾任芝加哥幼儿师范学校校长和芝加哥大学幼儿园系主任的坦普尔，更多关注幼小衔接的问题。在担任国际幼儿园联合会主席期间，她积极促进联合会与美国联邦教育局的合作。在坦普尔的努力下，1931年美国基础教育委员会与国际幼儿园联合会合并，成立美国儿童教育联合会。该联合会一经成立，便成为指导幼儿教育的各项工作、贯彻执行进步主义学前教育理念的主要机构。同样作为布赖恩学生的帕蒂·希尔对进步主义幼儿园课程的实践做出了重要贡献。她主张儿童创造性的发展与自由游戏相关联，通过各种实在的、非符号化的玩具来促成儿童身体的发展，在这个过程中让儿童学习各种生活技能。为了实现自己的教育理念，希尔亲自设计了一组大型积木玩具，称为"希尔积木"(Hill Blocks)。希尔积木是完全仿造真实的社会环境制造出来的。在活动中，儿童利用积木来建造生活中常见的建筑物，如房屋、商店、邮局，并以此做各种游戏。希尔积木于1905年开始投入使用，在当时的美国得到了良好的效果和积极的评价。

在1905—1909年的哥伦比亚大学师范学院，进步派的希尔与福禄培尔主义捍卫者布洛就何种方法适合美国学前教育的发展展开了论争。在希尔的课程理论中，儿童教育的科学化更加明显，理智的分析更加丰富，更多关注儿童自身的兴趣和需要；设计出来的儿童课程更加多样，成为当时美国幼儿园课程设计的主流。最终，在这场争论中，进步派取得优势，福禄培尔主义捍卫者所主张的福禄培尔教育思想在争论声中慢慢走向沉寂。

（三）进步主义幼儿园课程理念和实践的衰落

1929 年美国经济危机爆发到 1938 年俄亥俄州立大学教授博伊德·亨利·博德（Boyd Henry Bode，1873—1953）出版《进步主义教育在十字路口》（*Progressive Education at the Crossroads*）的近 10 年，是整个进步主义运动的转折期。受社会变革和社会思潮的影响，进步主义教育的研究重心发生变化。与此同时，伴随着进步主义幼儿园课程实施的深入，进步主义思想存在的固有缺陷开始显现，最终促使进步主义幼儿园课程理念和实践在 20 世纪 30 年代以后走向衰落。

进步主义幼儿园课程理念和实践衰落的原因是多方面的。首先，1929 年开始的经济危机使得美国联邦政府和州政府在学前教育方面的投入明显减少，进步主义幼儿园课程的实施失去良好的外部环境和物质基础。其次，进步主义幼儿园课程自身暴露出诸多问题。比如，给予儿童自由变成一种放任自流；个性与创造性的发挥并未取得预想效果；忽视系统知识的掌握导致没有达成智力发展目标；基层的学前教育工作者无法理解并实施进步主义幼儿园课程研究中取得的学术成果等。随着美国社会中"社会中心论"的呼声愈来愈高，"儿童中心论"的学前教育思想走向没落，加上美国改造主义和新保守主义的批判，进步主义幼儿园课程理念和实践走向衰落就成为必然。

值得注意的是，进步主义幼儿园课程以儿童研究运动和实用主义哲学为理论基础，在一批受过良好教育的女性的推动下，主张根据儿童身心发展的特点对传统的福禄培尔教育方法进行创造性的改革，由注重集体教学向强调幼儿自由游戏与自我活动转变。坚持进步主义幼儿园课程主张的领导者通过师范教育培养了一大批学前教育专家，并通过集会和演讲传播了进步主义幼儿园课程理念。

三、"蒙台梭利热"的兴衰

在进步主义幼儿园运动兴起的同时，蒙台梭利的儿童教育思想随着"儿童之家"的成功而引起世界的关注，尤其引起美国民众的极大兴趣。短时间内美国掀起了"蒙台梭利热"。

玛丽亚·蒙台梭利(Maria Montessori)思想首次传入美国是1909年。1909年和1910年陆续在《幼儿园·小学杂志》上出现了蒙台梭利著作的介绍性文章。之后塞缪尔·悉尼·麦克卢尔(Samuel Sidney McClure，1857—1949)于1911年在《麦克卢尔杂志》(*McClure's Magazine*)上向北美民众推荐并介绍蒙台梭利新教学法，引起巨大反响。与此同时，在哈佛大学教育学院教授亨利·怀曼·霍姆斯(Henry Wyman Holmes，1880—1960)的建议和蒙台梭利本人的授意下，蒙台梭利的美国学生将意大利文的《蒙台梭利方法》译成英文，并于1912年在美国出版发行，6个月之内连印7版。该书在英文版的序言中提到："本书介绍的方法能在美国、英国，以及更多国家和地区的儿童身上产生效益，方才足以表达我的感激之情！"①霍姆斯为蒙台梭利的英文版著作《蒙台梭利方法》撰写了序言，试图在美国的语境中展望蒙台梭利教育的未来。《蒙台梭利方法》英文版在美国受到极大的欢迎后，蒙台梭利本人于1913年受邀赴美讲学，详细介绍了自己的教育主张。在蒙台梭利讲学期间，杜威出席了欢迎仪式并致辞。经过蒙台梭利的几次访美，"蒙台梭利法""儿童之家"迅速成为美国教育界讨论的热词。各大杂志社和报纸纷纷报道蒙台梭利在美的活动，美国的"蒙台梭利热"发展到顶峰。

然而，一片学习蒙台梭利思想的热烈氛围中出现了对蒙台梭利思想的批

---

① Maria Montessori, *The Montessori Method*, New York, Freclerick A.Stokes Company, 1912, p.3.

判声音。其中较为集中、系统的批判来自哥伦比亚大学师范学院的教授、进步主义教育学家克伯屈（Kilpatrick，1871—1965）。在 1913 年召开的国际幼儿园联盟会议上，克伯屈尖锐地指出，蒙台梭利主张的感官训练是"孤立的"以及脱离"幼儿生活实际和生活体验的"，至少落后现代教育理论约 50 年。① 随后，克伯屈将自己与蒙台梭利的不同观点整理成册，于 1914 年出版《蒙台梭利体系考察》（*The Montessori System Examined*）一书。杜威对蒙台梭利的课程体系颇有微词。在《明日之学校》（*Schools of Tomorrow*）中，杜威认为，蒙台梭利与美国革新家们对"如何才算是最好地利用自由"有着不同的认识；蒙台梭利所强调的"学校里束缚儿童的身体，教他们养成被动顺从的心理习惯"这一观点本身就误解了学校的功能。② 在《民主主义与教育》（*Democracy and Education*）一书中，杜威强调蒙台梭利的"儿童之家"只是将完备的器材呈现在幼儿面前，而使幼儿丧失了创造的自由。③ 在美国主流教育学家的批判声中，"蒙台梭利热"急剧降温，并在 20 世纪 20 年代之后淡出主流学前教育思想。

　　蒙台梭利理论迅速走向衰退有着诸多原因。首先，蒙台梭利的教学体制在现实中实施困难重重。蒙台梭利幼儿学校主要招收贫民子女，实行全日制、供膳。而 20 世纪初美国幼儿园的主要形式是公立幼儿园、慈善幼儿园和福禄培尔幼儿园。这三种幼儿学校只是半天学制，幼儿在校时间远达不到蒙台梭利幼儿学校的标准，所以培养质量无法得到保证。其次，蒙台梭利的理念与美国主流教育理念不相符。蒙台梭利的理念是一种"绝对的儿童中心论"，认为教师应该是一个被动的观察者，而不是主动施加影响的观察者；教师必须

---

　　① 日本世界教育史研究会：《世界幼儿教育史》下册，张举、梁忠义、刘翠荣等译，78 页，长春，吉林人民出版社，1986。

　　② ［美］约翰·杜威：《学校与社会·明日之学校》，赵祥麟、任钟印、吴志宏译，286 页，北京，人民教育出版社，2005。

　　③ ［美］约翰·杜威：《民主主义与教育》，王承绪译，210~211 页，北京，人民教育出版社，1990。

严格避免抑制孩子们的自发活动，避免蛮横无理地强加各种任务来加重孩子们的负担。① 这种理念不仅受到传统的福禄培尔派学者的批判，也与进步主义学者提出的"儿童中心论"和"教育与实际生活的结合"的理念不相符，而且这种弱化教师的论调也受到了美国教师的集体抵制。最后，蒙台梭利的理念与主流心理学派的研究成果不相符，没有得到正在上升期的心理学流派的支持。此外，"蒙台梭利热"降温的直接原因在于蒙台梭利失去了主流媒体的支持。直到 1958 年以后，蒙台梭利的思想才又一次在美国受到重视，并逐步开始美国化的进程。

四、保育学校的传入与发展

进步主义幼儿园课程的革新和"蒙台梭利热"是对幼儿园办学理念和教学形式的探讨。而对于 20 世纪前期经历经济危机和两次世界大战的美国社会来说，幼儿看护已经上升为一个重要的社会问题。20 世纪之前，美国的幼儿看护机构主要是日间托儿所。随着保育学校(nursery school)在英国的成功，美国社会开始热衷于兴办保育学校，并形成保育学校运动(The nursery school movement)。

19 世纪末的美国社会进入重大变革时期，虽然家庭教育被社会认为是重要的学前教育形式，但数量众多的单亲家庭以及父母都外出工作的家庭在幼儿看护上存在巨大困难。鉴于此，一些由教堂、私人、企业和慈善机构资助的日间托儿所逐渐出现。这些日间托儿所一般安置在教堂或社会福利团体的附属建筑里，每周开放 6 天，每天 12 小时。日间托儿所主要负责保证入托幼儿的身体健康，也使幼儿养成良好的清洁、勤劳、守纪习惯。② 许多日间托儿

---

① [意]蒙台梭利:《蒙台梭利幼儿教育科学方法》，任代文主译，113 页，北京，人民教育出版社，1993。

② [美]劳伦斯·A. 克雷明:《美国教育史(3): 城市化时期的历程(1876—1980)》，朱旭东、王保星、张驰等译，326 页，北京，北京师范大学出版社，2002。

所与幼儿园是纵向联系的，但没有严格的入学年龄的划分。由于办学经费来源有限，这种日托学校中往往幼儿众多、基础设施落后，大多数工作人员没有受过正规训练。但对于多数父母来说，日间托儿所已经给予他们很大帮助。20世纪初开始，美国联邦政府和州政府开始关注贫困幼儿的看护问题。1911年以后，美国各州纷纷出台法规对贫困家庭的母亲进行补助，来鼓励更多的母亲在家照看幼儿。尽管政府提供的补助金额并不多，但明显提高了留在家中照看幼儿的母亲的数量和比例，同时日间托儿所的数量则有了明显的减少。

当日间托儿所逐渐退出历史舞台之时，英国出现了新型的儿童看护机构——保育学校。1911年，为解决5岁以下无人看管的贫困家庭幼儿的看护问题，雷切尔·麦克米伦（Rachel McMillan，1859—1917）和玛格丽特·麦克米伦（Margaret McMillan，1860—1931）在伦敦市德特福德贫困区为6个幼儿创办了一所露天学校。设立之初的目的是改善底层民众的育儿环境，向社会底层子女提供富裕阶层子女成长所需要的有利条件。麦克米伦姐妹创办的学校受到英国社会的一致欢迎。

英国保育学校的成功极大地鼓舞了美国社会创办保育学校的热情。1915年，芝加哥大学教授夫人团体开设了芝加哥合作保育学校，是美国第一所保育学校。1919年，另外一所由纽约教育实验局资助的实验保育学校建立，这所保育学校是第一所在大学学前教育实验室的支持下建立的研究性质的保育学校。这两所保育学校揭开了美国保育学校运动的序幕，合作保育学校和大学实验性质的保育学校成为美国保育学校的主要类型。1922年曾赴英国跟随麦克米伦姐妹学习的艾略特（Eliot，1892—1992）在妇女教育联合会（Woman's Education Association）的资助下，在波士顿开办拉格街保育学校。除了看护幼儿外，这所保育学校还承担一定培养早期幼儿教师的任务。艾略特在拉格街保育学校任职30年，为美国保育学校的发展培养了一大批人才，并帮助成立美国保育协会(National Association for Nursery Education)。20世纪20年代,洛克菲勒基金会为美国数十家儿童研究所提供财政资助,这些机构全部设立了附属保育学校。到20世纪30年代早期,名为保育学校的机构约300所。① 保育学校的出现直接影响到日间托儿所的办学模式,使后者从单纯的看管机构发展成儿童早期教育的苗圃。与英国保育学校不同,美国保育学校是沿着完全不同的路线发展起来的。美国保育学校的主要目的是帮助父母理解幼儿,并为幼儿提供一个良好的发展环境。此外,美国保育学校的幼儿主要来自中产阶层家庭。②

随着经济危机的爆发,幼儿看护机构开始被看作社会福利的一项重要内容。在美国教育局(United States Office of Education)的建议下,联邦紧急救济署(Federal Emergency Relief Agency)署长哈里·霍普金斯(Harry Hopkins, 1890—1946)同意在联邦紧急救济署下设教育部门,负责解决教师的失业问题。1933年10月,霍普金斯发布《紧急保育学校公告》(Announcement of Emergency Nursery Schools),正式批准通过新建紧急保育学校来为贫困和失业家庭的孩子提供服务,并为失业的教师提供工作。该公告指出:"保育学校的教育可以帮助贫困和失业家庭的适龄儿童克服经济危机所带来的困难。"③此后一年,美国新建2979所保育学校,共64491名儿童入学;第二年,1913所保育学校开始运行,共72404名儿童入学。④ 多数紧急保育学校设于公立学校中,面向贫困和失业家庭的2岁至学龄前儿童开放。学校每周工作5天,每天工作7小时。

---

① [美]劳伦斯·A. 克雷明:《美国教育史(3):城市化时期的历程(1876—1980)》,朱旭东、王保星、张驰等译,330页,北京,北京师范大学出版社,2002。

② E.N. White, "The Objectives of the American Nursery School," *The Family*, 1928(2), p.50.

③ H.L. Hopkin, "Announcement of Emergency Nursery Schools," *Childhood Education*, 1933(3), p.155.

④ V.C. Lascarides & B.F. Hinitz, *History of Early Childhood Education*, New York, Falmer Press, 2000, p.387.

1941年,《拉汉姆社会设施法案》(Lanham Community Facilities Act)获美国国会通过,授权联邦为战时地方提供基础设施建设支持。1942年,这一法案准许拨款建立拉汉姆儿童保育中心,标志着美国联邦政府首次直接向非贫困儿童提供保育服务。这些保育中心运行经费的50%由美国联邦政府承担,其余50%由州、地方和家长共同承担。到"二战"末期,约2800个拉汉姆保育中心是在联邦资助下建立的,约1500000名幼儿受益。① "二战"结束后,除加利福尼亚州还在资助拉汉姆保育中心外,到1946年,美国联邦政府资助的拉汉姆保育中心都已关闭。此后,美国联邦政府虽然不再直接参与儿童保育计划,但此时妇女参加工作已经成为一种社会风气。在此背景下,私人赞助的日间看护服务开始壮大。虽然本时期的保育学校运动具有一定的临时性和偶然性,但正是在这个过程中,美国联邦政府认识到幼儿看护对社会发展的重要性,美国民众对幼儿看护有了更深的认识,儿童的早期教育开始日渐受到社会的重视。

20世纪前期在儿童研究运动的影响下,学前儿童的受教育状况开始受到整个社会的关注。随着对儿童心理认识的加深,美国社会更加关注如何办好学前教育,无论是进步主义的理念抑或是"蒙台梭利热",都显示出美国民众对学前儿童接受教育的重视。

第二节　普通教育

内战结束所创造出来的和平环境让各州有更多的精力去实施义务教育法规。随着适龄儿童的入学人数显著增加,普及初等义务教育的任务基本完成。

---

① [美]劳伦斯·A.克雷明:《美国教育史(3):城市化时期的历程(1876—1980)》,朱旭东、王保星、张驰等译,330页,北京,北京师范大学出版社,2002。

与此同时，伴随着公立中学运动的兴起，中等教育的规模呈现出不断扩大趋势。到 19 世纪末，普通教育阶段以公共学校为主形成包括公共小学(common elementary school)和公共中学(common high school)在内的从小学到大学的单轨制现代学校体系。就学习年限而言，小学阶段为 8 年，中学阶段为 4 年。

20 世纪的前 20 年，到达美国的移民年数量比此前 20 年增加了 1 倍，从每年平均约 45 万人发展到每年平均约 90 万人。[①] 移民和新生儿数量的增加推动普通教育规模在 20 世纪后仍然保持高速扩展的状态。此外，随着美国社会对教育的关注点逐步从数量和规模转移到提高教育质量上，美国教育中存在的问题逐渐被社会关注，改革的呼声此起彼伏。改革集中在对新学制的探索和中等教育原则的重新确立上。"一战"以后，进步主义教育理论已经成为美国教育发展的主要指导思想，促使美国教育向实用化、多元化和个性化需要方向发展。在进步主义教育运动后期，运动的重点转移到中等教育上来。由进步主义教育协会组织发起，针对中学和大学衔接问题的"八年研究"就此产生。

一、义务教育普及的实现

普及义务教育是人类进入现代文明的一个主要标志，也是现代学校体系发展的基础。不同于其他国家的教育体制，美国由于联邦和州教育管理体制的差异，推动义务教育普及的主要力量是各州议会和州政府。通过立法形式，美国在 20 世纪前期基本完成义务教育的普及。

南北战争的结束为美国资本主义经济的发展扫清了最后一个障碍，经济的腾飞为义务教育的普及提供了重要的物质基础。而教育民主化思想已经得到广泛的传播，接受教育逐渐成为民众的共识。从 1852 年马萨诸塞州颁布强迫义务教育法规开始，到 1898 年美国 45 个州中已有 38 个州实行强迫义务教

---

① [美]L. 迪安·韦布：《美国教育史：一场伟大的美国试验》，陈露茜、李朝阳译，253 页，合肥，安徽教育出版社，2010。

育。各州颁布的义务教育法规都比较明确地规定了适龄儿童的年在校时间和所学习的内容，同时也规定了对违反法规行为的处罚。

在各州的推动下，适龄儿童的入学率有了显著提升。据统计，5~17岁的儿童在1870年的入学率为64.7%，到1900年已经上升到71.9%，且年均上学日数为144.6天。① "一战"以后，初等教育继续朝着普及化方向发展。1918—1919年，随着密西西比州和亚拉巴马州通过《义务教育法》，美国社会用60余年的时间，基本完成对初等义务教育的普及。初等教育的发展重点从数量上的满足转向对质量提高的追求。

从20世纪初开始，初中教育的普及开始成为美国普通教育发展的重点，普通中学开始大规模建立，入学学生人数持续增加。1890—1918年，平均每天都有不止一所中学建立，1918年中等学校数量是1890年的5倍。与此同时，中学入学学生从202963人增加到1645171人。② 1920年，中学入学学生增至220万人，14~17岁适龄青少年的入学率达到28%。1930年，中学入学学生达430多万人，1940年达650多万人。③ 中等教育机构中公立学校的增长速度最快。到"二战"后，多数州已经将义务教育延长至高中阶段，义务教育年限为9~12年。④

美国义务教育普及的任务虽然已经完成，但多数公立学校仍然存在诸多问题。普通学校尤其是移民学校存在班级人数过多、设施简陋、语言不通等情况。与此同时，美国历史遗留的复杂种族关系是20世纪前期普通教育绕不开的难题，南方公立学校中的种族歧视和种族隔离问题依然存在。此外，白

---

① William Fraser Connell, *A History of Education in the Twentieth Century World*, New York, Teachers College Press, 1980, p.3.

② [美]戴维·B.泰亚克：《一种最佳体制：美国城市教育史》，赵立玮译，193页，上海，上海人民出版社，2010。

③ [美]乔尔·斯普林：《美国学校：教育传统与变革》，史静寰等译，325页，北京，人民教育出版社，2010。

④ 单中惠：《外国中小学教育问题史》，34页，济南，山东教育出版社，2005。

色人种与有色人种之间在教育领域中呈现出来的教育公平问题日益凸显。美国教育史学者劳伦斯·A. 克雷明（Lawrence A. Cremin）提出：1900—1930 年，南方各州的学校教育经费增加了，但是白人学校和黑人学校的拨款差距却拉大了。[①]

在 20 世纪初期的学校中，知识被分为不同学科，以作为课程的组织形式。总体来说，各州在小学阶段设置的课程主要有英语、算数、历史、地理、社会、自然、音乐、图画、体育及手工等。在课堂中，教师处于教学中的绝对核心地位，课堂活动集中围绕着教师的提问和学生的背诵回答来进行。

二、"六三三学制"的创立

公立学校运动之后，代表教育民主化的公共教育思想、公立学校成为美国教育的特色。随着工业时代的到来，19 世纪末，"八四学制"为主的公立学校逐渐面临诸多问题。首先，"八四学制"下学生的辍学问题严重，小学适龄儿童没有完成八年学习便退学和中学辍学现象十分突出。学生辍学的原因除了自身学习成绩不佳和家庭经济困难外，主要的原因在于小学和中学衔接不合理，新升入中学的学生对中学开设的古典课程和教学方法的不适应。其次，学校对学生的培养目标不能满足工业化时代的要求。19 世纪末的中等学校学生毕业后升入大学的人数较少，绝大多数学生毕业后直接进入劳动力市场。因此，中等教育长期以来的职责和功能受到社会的质疑。面对这些问题，如何科学合理地安排各级学校的学习年限和课程内容，怎样使学校教育体系符合学生的生理与心理发展规律以及社会需要，如何使学校充分体现教育民主的思想，成为建立新学制的出发点和着力点。

最早提出新学制改革设想的是哈佛大学校长查尔斯·威廉·艾略特

---

① ［美］劳伦斯·A. 克雷明：《美国教育史(3)：城市化时期的历程(1876—1980)》，朱旭东、王保星、张驰等译，249 页，北京，北京师范大学出版社，2002。

（Charles William Eliot，1834—1926）。他针对哈佛大学新生平均年龄过大的问题提出缩短学生在初等教育和中等教育学习年限的设想。1888年，他在美国教育协会督导部（Department of Superintendence）会议上做了《学校能否缩短年限而保持内容丰富？》（*Can School Programmes be Shortened and Enriched?*）的报告，首次呼吁压缩和充实学校课程内容，以便让中学生早日参加社会工作或研究工作。在他的倡议下，美国教育协会成立以艾略特为首的"十人委员会"。其主要职责是组织召开有中学和大学教师参加的关于中学各主要学科的研讨会，以探讨学科的恰当界限、最佳的教学方法、最适宜的时间分配以及测试学生成绩的最佳方式等。该委员会于1893年发表报告。主要内容包括：①统一中学课程。中学课程分为古典语言科、拉丁语—自然科学科、现代语科和英语科4类。每类都包含外国语、数学、科学、英语和历史等课程。②仍然确定初等教育为8年，中等教育为4年；或者中等教育提前2年开始，初等教育改为6年。这是第一次提出初等教育实行六年制的设想。随后美国教育协会分别于1893年成立"十五人委员会"、1895年成立"十三人委员会"。两个委员会提交的两份研究报告都提到了小学和中学的衔接问题，认为学制的制定应该考虑儿童心理的发展状况，从心理学角度为"六三三学制"提供了依据。

1902年，芝加哥大学校长威廉·雷尼·哈珀（William Rainey Harper，1856—1906）提出缩短学制的具体方案，建议小学和中学的学习年限各为6年。哈珀的主张得到杜威在内的诸多美国教育家的支持。1905年，美国教育协会中等教育部在新泽西州阿斯伯里帕克市召开会议。该会议上设立六年课程委员会，负责研究六年中学课程。六年课程委员会分别在1907年、1908年、1909年连续三年发表报告，在报告中肯定了六年制小学和中学的优点，并为小学和中学安排相应的必修课程。随着教育界领袖和全国性教育团体的支持，六年制小学和中学数量在20世纪初期有了显著的增加。

六年制小学和中学虽然解决了小学学习年限较长的问题，但此时还未涉及将六年制中学进行分段的问题，中学学习年限长而造成的辍学问题依然严重。为解决上述问题，一些地区陆续建立初级中学。1909年在俄亥俄州哥伦布市建立的印第安诺拉初级中学，被认为是美国第一所初级中学。1910年，加利福尼亚州伯克利市在督学弗兰克·邦克(Frank Bunker)的建议下，首先批准按照"六三三学制"建校。随着"六三三学制"的影响扩大，初级中学受到人们的欢迎，在全国各地纷纷建立。

1918年，《中等教育的基本原则》报告发布，明确建议改组学制，提出中等教育由初级阶段和高级阶段两个阶段构成，使第一个六年致力于初等教育，以满足6~12岁学生的需要；而第二个六年致力于中等教育，以满足12~18岁学生的需要。[1] 第二个六年分为两个阶段，每个阶段各三年。《中等教育的基本原则》正式确立"六三三学制"为美国的基本学制，初级中学开始在各州建立。1920年，美国三年制初级中学仅有55所，到1930年已增加到1842所；高级中学从1920年的22所，到1930年已增加到828所。20世纪40年代，以"六三三学制"为框架，以综合中学为主体，以进步主义教育思想为指导，上下衔接的美国现代学制基本形成。

"六三三学制"的创立是美国学校教育制度化过程中极为重要的一个环节。"六三三学制"由教育系统内部发起，在实践过程中逐渐完善，形成制度后不久便受到学生家长、政府和高等院校的普遍欢迎。就作用而言，"六三三学制"基本适应美国社会政治和经济发展的需要，是美国社会教育民主化、教育机会均等、科学化的体现。

三、综合中学运动

美国综合中学运动(comprehensive high school movement)萌生于19世纪末

---

① 马骥雄：《教育学文集》第19卷，27页，北京，人民教育出版社，1990。

20 世纪初，是伴随着美国各级教育的发展而对中等教育的结构和机制进行改革的运动。综合中学运动反映了美国民众对教育民主和教育平等的诉求，使美国形成了以单轨制为基础的学制体系。综合中学运动的结果是使美国建立一批课程更加综合、招生政策更加开放、选拔和分流更加公平的中等教育机构。

综合中学运动的发生受工业化和教育民主化影响颇深。工业化时代赋予教育更多的职责，要求教育培养出更多的有一定文化知识和熟练技能的劳动力。此外，自然科学为工业发展带来的强大动力让"知识就是力量"这一口号重新激荡在美国社会的各个角落，对自然科学的推崇让中等教育管理者重新审视中等教育的培养目标。加之英国教育家赫伯特·斯宾塞（Herbert Spencer，1820—1903）社会达尔文主义思想中提出的"教育为完满生活做准备"主张的影响，不同阶层对教育提出了不同的要求，教育民主化成为社会下层人民追求平等的口号。而此时美国中等教育还没有摆脱欧洲中等教育的传统特点，仍然是培养智力为主的精英教育模式。

与此同时，19 世纪末的教育改革主张虽然已经触及中等教育问题，但仍没有对古典知识课程体系和以升学为唯一目标的中等教育培养模式予以反思。在 1893 年"十人委员会"发表的中等学校课程报告中，中等学校的课程目标还是为升入大学做准备，古典课程仍然占据着首要地位。而 1899 年"十三人委员会"发布的关于学院入学条件的报告仍然强调以学生取得的中学学科总学分为学院的入学条件。这又进一步强化了中等学校课程偏重于升学准备的趋势。随着工业化和城市化的实现，这种偏重于升学和智力培养的教育模式已经很难适应美国社会的快速发展，要求改组中等教育的呼声日益高涨。

进入 20 世纪后，建立一种能够整合中学双重教育目标和彰显现代社会民主思想的新型中学被提到议事日程上来。中学的办学模式选择上主要存在两种争论：①中等教育效率优先，建立与公立中学并行的专门化中等职业学校，形成职业教育与通识教育、学术教育并行的"双轨制";②中等教育公平优先,兼顾效率,主张借鉴德国经验,建立美国特色的中等教育体系,形成职业教育、通识教育与学术教育融合在一起的综合中学。两种争论最终由"杜普之辩"①推向高潮,构成20世纪初期中等教育变革路径选择的主旋律。为了践行各自的主张,双方都在部分州开展了实验。以威斯康星州为例,一些地区为公立中学和初等小学高年级开设手工训练课程;也有些地区单独开办中等职业学校。

为了回应民众的不满情绪,美国教育协会于1908年成立综合中学委员会,对美国50座大城市的公立中学进行调查,以论证综合中学建立的可行性,同时为改组中学提供合理建议。成立之后,综合中学委员会迅速成为推进综合中学改革的主要力量。该委员会在同年发布两份报告。第一份报告的主要内容是总结综合中学应具备的特征,并为其课程设置提供建议。该报告认为综合中学应该是美国特色的中等教育,凸显教育民主和公平,面向所有适龄学生。第二份报告旨在汇报对50座大城市公立中学课程的具体调查结果。综合中学委员会的工作出乎意料地得到多数教育学者、教育行政人员以及工商业资本家的肯定。反对的声音虽依然存在,但综合中学建立的趋势似乎已无法阻挡。

美国教育协会认可了综合中学委员会的报告,并于1913年成立中等教育改组委员会(Commission on the Reorganization of Secondary Education),重新研究中等教育的职能和目标问题。该委员会于1918年发表的《中等教育的基本原则》报告,比较完整地提出"综合中学"的概念。该报告还强调,综合中学不应该是大学的附属机构,而是在面向所有学生的同时,为国家的不同社会、经济和文化群体提供直接服务。综合中学将所有课程包容在一个统一的组织

---

① "杜普之辩"(Dewey-Prosser debates),即关于杜威民主主义阵营与普洛瑟职业主义阵营之间的一场历史性论争,决定了20世纪初期美国职业教育运动的方向。

之中，是美国中等学校的标准类型。① 《中等教育的基本原则》对于推动综合中学成为美国中等学校制度的基本类型有着至关重要的作用。至此，综合中学计划形成。

四、中学与大学衔接的探索

19世纪末开始，随着公立中学成为美国主要的中等教育组织形式，公立中学所秉持的培养目标与大学的入学要求之间的矛盾日益凸显。此后，中学和大学的衔接问题成为教育改革的重点。

在探索符合美国国情的中等教育模式过程中，中学和大学之间的"衔接"一直以来都是改革的一项难题。美国中等学校产生之初就与传统的欧洲模式有着紧密的联系，其教学模式源自欧洲模式的文法学校，课程内容以古典学科为主，教育目标是升学。而美国中等教育本土化探索过程中，逐渐出现 B. 富兰克林（B. Franklin，1706—1790）创办的为学生升入大学做准备且考虑学生未来就业的需要的文实中学。到19世纪末，富兰克林的功利主义和职业教育思想已经得到广泛的传播，影响到公立中学的办学目标。公立中学的倡导者提出，应该继承文实中学重视实用知识教学、为学生谋职服务的传统，向综合性方向发展。但随着公立中学的快速发展，公立中学与大学的衔接矛盾逐渐暴露，主要表现在如下两个方面。

首先，公立中学所开设的课程没有涵盖大学入学考试科目的拉丁语与希腊语，而传统的文法学校和文实学校开设的课程则正好与大学入学考试内容一致。这一切导致公立中学在升学方面处于非常不利的境地。随后公立中学改革了学校的培养目标，既开设实用性课程，又开设古典课程，最终反而造成课程数量过多、学生学业压力过大等问题。其次，各大学招生要求不尽相

---

① 马骥雄：《教育学文集》第19卷，33页，北京，人民教育出版社，1990。

同，使得为升学做准备的学生无所适从。美国传统大学的建立比公立中学早，侧重于传统学科的学习，使得公立中学的课程设置和大学入学要求存在差异，彼此之间没有稳定的衔接关系。

为了实现中学与大学之间的有效衔接，美国社会曾进行过多次探索。密歇根大学校长亨利·弗里兹(Henry Frieze)提出的文凭制度(diploma system)，建议从那些被认为是有较高教学质量的中学里免试录取学生，要求学生的入学凭证是所在中学校长的推荐信。弗里兹同时任命评议委员会(Board of Regents)来对中学是否达到免试录取学生的标准进行评审。这种制度在维持中学原有培养目标的同时促进了中学教学质量的提升，加强了中学和大学的衔接，也为那些准备进入大学或无意继续接受教育的学生提供了相对平等的机会。20 世纪初，卡内基教学促进基金会(Carnegie Foundation for the Advancement of Teaching)推出卡内基学分(Carnegie Unit)制度。许多大学把中学毕业生所应获得的学分量确定为录取标准之一。这些举措都过多地站在大学招生要求的立场上，很少考虑中学的实际情况，忽视了中学生的实际需求。美国教育协会在 1913 年成立中等教育改组委员会后，虽然设置了中学与大学衔接委员会("九人委员会")，但该委员会似乎并没有提出切实可行的中学与大学衔接的方案。20 世纪 20 年代后期，美国只有六分之一的中学毕业生有机会升入大学，中学的培养方案与大学的招生要求之间的冲突随着 1929 年的经济危机而更加激烈。

鉴于此，进步主义教育学派开始关注中学与大学的衔接问题。1930 年，进步主义教育协会正式成立大学入学与中学委员会(Committee on College Entrance and Secondary Schools)，后很快又改名为中学与大学关系委员会(the Commission on the Relation of School and College)。其目的就是考察中学与大学紧密合作、相互衔接的途径和方式；具体目标是使中学的高中阶段有更多的自由修订课程的机会和权利的同时，又不影响部分学生进入大学的可能性。

1933—1941年，该委员会开展了"八年研究"，所提出的建议涉及高级中学教育目标、课程设计与教育方法、管理方式、教师的专业发展等方面。虽然"八年研究"由于"二战"后美国社会对进步主义的批判而受到波及，但对重新认识中学的教育目标、中学与大学之间的关系具有重要价值。

20世纪前期美国普通教育的主题是变革。也正是在这一时期，美国的教育体制基本成形。可以说，美国普通教育的学制、理念和框架就是在这一时期的一系列实验和变革中得到了基本的确立。

第三节　高等教育

20世纪上半叶是美国高等教育迅速扩张的时期，大学数、教师数和学生数呈现出几何倍数的扩展，如表1-2所示。

表1-2　20世纪前期美国大学数、教师数和学生数

年份	大学数	教师数	学生数
1900	977	23868	238000
1910	951	36480	355000
1920	1042	48615	598000
1930	1409	82386	1101000
1940	1708	146929	1494000
1950	1851	246722	2659000

资料来源：U. S. Bureau of the Census, "Historical Statistics of the United States, Colonial Times to 1957," Washington, D. C., Government Printing Office, 1960, pp. 210-211.

凭借美国经济在本时期的迅速膨胀，高等教育发展所需要的物质基础充足，高等教育实体的科研能力和服务水平推动了社会进步和经济的发展。此外，随着教育民主化浪潮的高涨，美国高等教育开始向普通民众开放，美国高等教育的大众化时代由此发端。在大学数量和规模的扩展过程中，各类大学根据自身特点逐步确定了未来的发展方向，包括州立大学、私立大学、社区学院和师范学院在内的多层次、多职能的高等教育体系逐步成形。

一、州立大学的发展

从 1785 年第一所被州政府授权的大学——佐治亚大学建立开始，经过百年的发展，州立大学的办学理念已经被美国民众接受。随着《莫雷尔法案》的颁布，州立大学得到了法律上的认可，一大批受到州财政资助并对本州民众负责的高等教育机构兴起，高等教育的社会服务职能在法律保障和资金支持的背景下得以确立。到内战前，加入联邦的 27 个州里已经有 25 个州建立了州立大学，全国 182 所院校中有 66 所州立大学。19 世纪末，经济的繁荣为州立大学提供了充足的资金支持。几所先进的州立大学趁势转型，增加了科学研究的投入，成为典型的研究与服务并重的大学。虽然州立大学在"大萧条"中遇到了发展的困境，但结合自身和本州的特点努力寻找解决之道。部分州立大学在"二战"中积极参与美国联邦政府的科研项目而获取资金发展自己，拓展了自身的研究职能和研究领域。

19 世纪末开始，州立大学发展的相关责任主体发生了变化。首先，美国联邦政府对教育的影响力增强。经济的快速发展为美国联邦政府提供了丰厚的财政收入，美国联邦政府通过教育经费和立法来增强对包括公立高等教育在内的公立教育系统的影响。为了促进高等教育的发展，美国联邦政府先后颁布《莫雷尔法案》和《第二莫雷尔法案》。其次，社会分工对高等教育提出了新要求。随着工业化程度的加强，社会分工越来越细化，对知识的专业化提出新的要求。再次，美国家庭对高等教育的需求发生改变。伴随着经济的繁荣，美国普通家庭逐渐有能力负担子女接受高等教育的成本，而普通家庭对高等教育中实用性知识的追求成为重点。仅有的私立学院在数量和课程内容上无法满足民众的需求，以实用性课程为主的州立大学成为满足民众接受高等教育需求的重要选择。最后，基础教育的扩张要求政府建立更多的高等教育机构。19世纪末以来，美国基础教育阶段的公立学校迅速扩张，高中阶段进入公立学校的学生数持续增加。从1890年起，18岁青年的入学率以每10年1%的速度增长；到1900年，有250000名学生进入大学学习；到1940年，18岁青年的入学率已达到16%。① 已有的公立大学和私立大学在办学目标和学校数量上都满足不了日益扩大的高中学生群体。在诸多因素的相互作用下，20世纪前的州立大学整体发展速度缓慢。在《莫雷尔法案》颁布后的10年间，24所赠地学院共招生2600人，只占美国大学生人数的13%；此后的25年间也没有取得积极的发展。②

20世纪初开始，州立大学进入了发展的黄金时期，学校规模日益扩大，学科专业门类日益增多。一方面，美国资本主义经济发展到垄断阶段，美国联邦政府和州政府日益增多的财政收入能为州立大学发展提供所需要的资金支持。另一方面，城市化进程加快，大量的农业人口和移民转移到城市，要接受良好的教育才能满足城市工作和生活的要求，使得原本服务于本地区农业发展的州立大学在服务农业的基础上拓展服务内容。所以在1887—1914年，美国国会通过一系列重要的法律条款，扩大并巩固了美国联邦政府在农业、军事训练和工程方面的投入。正是通过一系列法律和政策，州立大学获得了资金、补充了教职人员、更新了设备，从数量、规模和服务方式上出现了巨大变化。

从专业设置来看，大学需要为未来社会发展培养人才。而随着社会分工的日益细致，工程类、家庭经济类、商业经济和贸易类、新闻类、公共福利

---

① [美]亚瑟·科恩：《美国高等教育通史》，李子江译，106页，北京，北京大学出版社，2010。

② [美]L.迪安·韦布：《美国教育史：一场伟大的美国实验》，陈露茜、李朝阳译，216页，合肥，安徽教育出版社，2010。

类、艺术类专业成为州立大学重要的专业门类。在课程设置上，农业教育除了原有的农艺课程、畜牧业课程和园艺课程外，还设置了与农业密切相关的化学、生物学等课程。与此同时，为了满足工商业对管理人才的需求，与其发展紧密相关的课程逐步开设。在学校规模和学科设置上取得突破的同时，州立大学紧跟潮流，积极开展科研和研究生教育工作，其中一部分大学能授予博士学位。而在赠地学院当中，农业实验站的研究资金投入持续增加。从1906 年西奥多·罗斯福(Theodore Roosevelt，1858—1919)签署《亚当斯法案》(Adams Act)给每个实验站拨款 5000 美元开始，每年增加 2000 美元，直至增加到 15000 美元。1921—1926 年，实验站合计收入增加了 60%，而州的直接资助则翻了一番。[1]

"大萧条"和世界大战对于州立大学的发展既是危机，也是挑战。"大萧条"时期是州立大学发展的困境期，来自美国联邦政府和州政府的资金支持持续减缩，社会捐助资金几乎中断。在此背景下，具有前瞻意识的州立大学开始在困境中寻找发展之道。部分州立大学，如北卡罗来纳州的三所大学，通过在州范围内进行高等教育资源的整合来降低教育支出。另外一些州立大学，如密歇根州立大学通过银行贷款进行市场参与来提高学校收入；明尼苏达州立大学通过降低学生入学和毕业门槛来拓展生源。虽然"大萧条"时期州立大学的发展遇到了诸多困难，但通过各种方式的自救活动，州立大学还是有所发展的。随着世界大战的爆发，美国联邦政府更加关注国防科技的发展，于1940 年由罗斯福总统下令成立国防研究委员会(National Defense Research Committee)。后又成立以万尼瓦尔·布什(Vannevar Bush，1890—1974)为首的科学研究局(Office of Scientific Research and Development)，负责统筹国防科技研制工作。美国联邦政府通过国防研究委员会和科学研究局的协调，将国防科研项目，如"曼哈顿计划"等交给大学负责。州立大学为了获取科研资助纷纷

---

① 李素敏：《美国赠地学院发展研究》，85 页，保定，河北大学出版社，2004。

投身到军事科技的研究中，在联邦资助的基础上成立军事研究实验室。而且几所发展程度比较好的州立大学已经与主要的私立大学相差无几。几所州立大学借此机会逐步成为研究型大学，一些科学家留在州立大学来培养大批高水平人才。

进入 20 世纪，州立大学从小规模起步，经历了扩大规模、学科拓展。虽然发展过程中经历波折，但部分州立大学紧紧抓住时代机遇，审时度势，逐渐从地方性高校发展成世界知名大学。

二、私立大学的变革

私立大学是美国高等教育的重要组成部分。到 20 世纪初，传统的私立大学如哈佛大学、耶鲁大学经过改革已经发展成美国高等教育领域中的旗帜。而 19 世纪末成立的约翰·霍普金斯大学和芝加哥大学后来居上成为具有相当实力的研究型大学。在本时期，美国私立研究型大学不断扩充师资，提高办学水平，结合社会需求更新办学理念，加上良好的外部环境的影响，逐渐成为世界一流大学。

虽然 20 世纪初的美国高等学校的职能已基本形成，但在漫长的 19 世纪，美国高等教育并未形成统一的发展理念，在办学理念上呈现两种趋向：以追求真理为目标的办学理念和以服务社会为目标的办学理念。南北战争结束后，在上述两种办学理念的指导下，美国高等教育呈现出两种不同的发展方向：一是以赠地学院为代表，为工农业生产提供直接服务；二是以私立大学为代表，走上追求纯粹科学的学术研究道路。美国私立大学在发展进程中深受德国现代大学理念的影响，而促成这一结果的很大一部分力量是美国留德的青年学生和赴美执教的德国学者。从 1814 年第一批美国赴德学习的四名学生开始，至"一战"之前，约有 10000 名美国青年和学者到德国大学学习。其中柏林大学接纳的美国学生达 5000 人，近 300 名德国学者赴美执教。这些学生和学者归国后成为美国高等教育教学和科研的骨干，有哈佛大学校长查尔斯·威廉·艾略特和约翰·霍普金斯大学校长丹尼尔·吉尔曼（Daniel Gilman，1831—1908）。到19世纪末，标榜"学术自由"和"科学研究"的近代德国大学理念已经在美国生根发芽。

20世纪开始，美国高等教育从精英教育向大众教育发展。面对复杂的外部环境，主要的私立研究型大学并没有进行更大规模的扩张，而紧紧把握学术至上的目标进行内部调整。约翰·霍普金斯大学不遗余力开展研究生教育的榜样行动的成功，极大地推动了美国研究生教育的发展。而克拉克大学和芝加哥大学创办之初便把研究生教育作为自己的首要目标。哈佛大学先后由阿博特·劳伦斯·洛厄尔（Abbott Lawrence Lowell，1856—1943）和詹姆斯·布赖恩特·科南特（James Bryant Conant）任校长，在探索过程中虽有波折，但重新确立了科学研究的中心地位。在本时期，主要的私立研究型大学研究生数逐渐超过了本科生数，极大地契合了美国由重视技术发明向注重科学研究转变的社会背景。1900年，由包括哈佛大学、耶鲁大学、约翰·霍普金斯大学等11所私立大学在内的14所研究型大学联合成立了美国大学协会（Association of American University），选举艾略特为首任会长，选举斯坦福大学校长戴维·斯塔尔·乔丹（David Starr Jordan，1851—1931）为主席。其主要任务就是努力提升研究生院的学术水准，围绕研究生教育质量进行学术研讨。

随着科研工作成为重点和研究生教育的发展，对高水平师资的追求成为私立研究型大学的重要工作。哈佛大学在科南特的带领下，将建立世界一流的教师队伍作为首要工作，把学术价值作为遴选教师的重要标准，并制定"非升即走"（Up or Out）的聘用和升迁原则。而约翰·霍普金斯大学校长吉尔曼选聘教师也有着严格的标准。他强调教师的科研素质，认为"最优秀的教师通常是那些思想开放的、有能力的、愿意在图书馆里做基础研究的人"①。在聘任教师时，吉尔曼所坚持的标准是，候选者能全身心投入科学研究事业，并已经在学术领域有突出成就；具备独立从事科学创新并能激发起学生学习热情与研究的能力；能积极参与新大学的建设。

三、初级学院运动

在本时期，美国高等教育发展的重点就是高等教育的大众化。而推动高等教育普及的过程中，发挥重要作用的就是初级学院。在初级学院发展的历史中，20 世纪上半叶是关键时期，本时期的初级学院运动（Junior College Movement）促成了一大批初级学院的出现。初级学院从 1900 年的 8 所发展到 1945 年的 648 所，学生从 1900 年的 100 人发展到 1945 年的 295475 人。② 初级学院的职能从最初的转学服务拓展为职业教育、成人教育、普通教育和社区服务等。

初级学院的产生可以追溯到 1892 年的芝加哥大学。芝加哥大学第一任校长哈珀为了满足那些因经济状况或其他原因而不愿完成四年学业的学生的实际需要，将大学的四个学年分为两个阶段：前两年的"阿卡德米学院"（Academic College）和后两年的"大学学院"（University College）。1896 年，哈珀又将这两级学院分别称为"初级学院"和"高级学院"。哈珀首次创造并推广使用了初级学院一词，所以被后人称为"初级学院之父"。1898 年，哈珀决定向完成大学前两年学业的初级学院学生授予副学士学位，并于 1900 年向 83 名初级学院毕业生授予文学和科学副学士学位。哈珀在芝加哥大学的做法得到了加利福尼亚大学教育学院院长亚历克西斯·F. 兰格（Alexis F. Lange）和斯坦福

---

① Abraham H. Flexner, *Daniel Coit Gilman：Creator of the American Type of University*, New York, Harcourt, Brace and Company, 1946, p.58.

② 贺国庆、王保星、朱文富等：《外国高等教育史》第二版，362 页，北京，人民教育出版社，2006。

大学校长乔丹的支持。随后，加利福尼亚大学也将大学的四个学年分成两个阶段，要求只有完成前一阶段的学习获得"初级证书"（Junior Certificate）后，才能继续第二阶段的学习。斯坦福大学则通过让学术能力较低或不愿接受大学三、四年级教育的学生分流进入初级学院，以保证大学内部的统一性，从而有利于提高教育质量。

从上述解释来看，早期的初级学院产生于四年制大学，并非独立的教育机构。而且此类初级学院的门槛较高，满足不了社会的需要。所以哈珀呼吁规模较小和存在财政困难的四年制学院改为两年制学院。哈珀还建议把一部分条件较好、教育质量较高的中学升格为初级学院。在哈珀的呼吁下，原本在 1900—1901 年学生 150 人左右的 203 所四年制学院，在 1924—1926 年有 28 所改成两年制初级学院。① 除了大学设置和学院转化外，初级学院还有其他多种创建形式，如密歇根州、印第安纳州等地的中学开设大学一年级、二年级课程以满足无法进入大学学习的中学毕业生的需要。这种形式逐渐成为附设在中学的"初级学院部"。除此之外，一些中等职业技术学校和师范学校逐渐改办成初级学院。

随着初级学院的发展壮大，美国联邦政府和州政府看到了初级学院在推动社会经济发展中的作用，并开始对初级学院采取支持的态度。虽然早在 1901 年伊利诺伊州便创办了第一所公立初级学院，即乔利埃特初级学院，但整体上发展缓慢。到 1916 年，只有 19 所公立初级学院建立。1920 年，美国联邦政府协助成立美国初级学院协会②（American Association of Junior Colleges），负责对初级学院各方面工作提出具体的标准和规范。在美国初级学院协会的指导下，各州开始科学地定位初级学院在整个教育体系和社会经济发

① 戴本博、单中惠：《外国教育通史》第五卷，277 页，济南，山东教育出版社，1993。
② 美国初级学院协会后于 1992 年更名为美国社区学院协会（American Association of Community Colleges），为美国六大教育协会之一。

展中的地位。这样公立初级学院开始大规模地在各州建立。

在"大萧条"和"二战"期间，初级学院以其低廉的学费和实用性的课程满足了社会中下层人民对高等教育的需求。而在战争期间，初级学院则成为联邦政府培养军工实用技术人才的重要平台，适应美国高等教育发展的内在要求的同时也满足了社会经济发展的需要。在各方力量的作用下，初级学院开始进入一个快速发展的阶段：1940 年，已经有 456 所初级学院，学生达149584 人；"二战"结束后的 1946 年，全国公、私立初级学院已经达 648 所，学生达 299788 人。① 可以看到，战争并未影响初级学院的发展速度。这些初级学院多数都能得到地方财政税收的支持，但私立初级学院的收入几乎完全依赖学生的学费。

初级学院在发展的过程中，其职能在不断地扩展和完善。初级学院的倡导者哈珀等人将初级学院当作大学学习生涯的第一阶段，期望通过授予副学士学位来满足部分学生对高等教育的需求。此时的初级学院向高中毕业生教授大学一、二年级的博雅人文课程，目的在于帮助他们顺利转入大学相应年级后能够继续学习。可见，转学和升学成为初级学院的重要宗旨。中西部地区将这种宗旨与地方创新计划观念融合起来创建了一种学术性学校，使学生在这里学习两年后能够转入四年制学校完成学士学位。由此可见，产生之初的初级学院与高等教育紧密相连，以获取高等教育知识为目的。"一战"之后，初级学院的单一职能开始难以适应美国社会经济发展的需要，其职能开始扩展。一方面，职业技术课程开始进入初级学院的课程体系，初级学院开始尝试承担低收入家庭的职业技术教育训练。在"大萧条"和"二战"期间，初级学院开设的各类职业技术课程和短期职业技术培训强化了初级学院的职业技术教育职能。另一方面，随着州政府开始参与初级学院的建设，初级学院开始

① ［美］约翰·塞林：《美国高等教育史》第二版，孙益、林伟、刘冬青译，236~237 页，北京，北京大学出版社，2014。

承担为各州民众提供教育资源的任务。这种趋势让初级学院拉近了普通民众与高等学校之间的距离。同时初级学院的图书馆向所有人开放,并向普通民众讲授高等教育知识。随着初级学院不断提升知名度并扩大招生规模,个别初级学院甚至达到了与州立大学竞争生源的地步。

初级学院在20世纪上半期,从无到有再到发展壮大,在发展过程中成为具有自身特色的高等教育机构,成为美国高等教育体系的重要组成部分。不断扩展的职能和灵活的办学形式满足了人们对高等教育的多样性需求,也适应了美国社会经济发展的需求,对美国高等教育民主化的推进起到了重要作用。

四、师范学院的发展

20世纪,美国社会的变革开始对师范教育提出新的要求。对教师的要求从19世纪末的"得到一个教师"发展为20世纪初的"得到一个合格教师",从而师范教育的升级成为师范教育发展的重点。升级过程表现为原有的师范学校的消亡和师范学院的兴起。19世纪中期前后,承担美国教师培养的主要机构是师范学校。但在社会经济快速发展的背景下,此类师范学校的缺点日益凸显,表现为规模较小、物质基础匮乏、学校招生标准低、学生学习周期短等。到20世纪初,师范学校的缺点已经严重制约师范教育的发展,更高等级的师范学院在一片呼吁声中开始出现。随着师范学院的建立和发展,师范教育的专业化知识日益丰富。同时,承担师范教育知识研究的教育学院相继在综合大学成立,美国的师范教育体系开始成形。

师范学院建立的主要方式是原师范学校在州政府的支持下逐渐升格为师范学院。比如,1890年阿尔巴尼州立师范学校升格为师范学院,成为美国第一所由师范学校升为师范学院的学校。也有由州政府主导建立的师范学院。比如,1882年亚拉巴马州首先创立利文斯顿州立师范学院。虽然师范学院在

19 世纪末就已出现，但迅速发展则要到 20 世纪后。以美国教育协会师范学校部（The Department of Normal Schools of the National Education Association）1908 年发布《师范学校政策声明》（Statement of Policy for the Normal School）为起点，师范学院开始进入快速发展期。《师范学校政策声明》指出，尽管"normal"这个词很好，但还是应该将它从这些师范学校的名称中去掉，而称为"师范学院"，并敦促各州以师范学院取代师范学校。在美国教育协会师范学校部的指导下，一大批师范学院开始成立，而师范学校日益减少。1910 年，美国有 258 所师范学校，到 1950 年仅剩 5 所。而 1910 年美国仅有 11 所师范学院，到 1950 年已经发展到 138 所。[①] 师范学院的目标主要是培养高中教师，所以一般招收四年制高中毕业生，且开始对招收的学生有学业成绩以外的要求，如身体、人格、情绪、情感、态度、表达能力等。这种招生的目的在于形成师范特色以及培养符合民众要求的优秀教师。在修业年限上，师范学院的修业年限延长到四年，这样四年制的学习使师范学院能够建设更加细致和完善的课程体系。在课程设置上，师范学院开设了基础知识课程、专业知识课程、实践观察课程和教学实习课程，并借鉴研究型大学的课程选修制度，设置主修和选修课程供学生选择。为了提高专业性，师范学院开始授予学位。到 1918 年已经有 46 所师范学院拥有授予四年制学士学位的资格。

师范学院的出现使师范教育逐渐有资格成为专业教育，使教师不仅能掌握教育基础知识，也能获取专业技能和知识。随着实力增强，部分师范学院开始在师范教育的基础上向综合性教育实体转变，具体表现为师范学院开始向州立学院和州立大学转变。比如，俄亥俄州的鲍灵格林师范学院更名为鲍灵格林州立学院；加利福尼亚州的多所师范学院改名为"州立学院"。在学校名称改动的同时，师范学院开始提供师范课程以外的相关课程来拓展

---

① 单中惠、王晓宇、王凤玉等：《西方师范教育机构转型——以美国、英国、日本为例》，100 页，济南，山东教育出版社，2012。

师范生的知识面，部分发展程度较好的师范学院也开始提供教育类研究生课程。

伴随着师范学院的迅速发展，教育问题逐渐成为专门的研究领域，并且得到高等教育领域的关注。部分综合性大学在 19 世纪末就已经开始设置教育学专业课程。其中，1873 年，艾奥瓦大学率先引入教育学教席；1879 年，密歇根大学开设教育学讲座，标志着综合性大学教育学科开始设立。之后，芝加哥大学通过兼并库克县师范学校建立教育学系。① 1898 年，哥伦比亚大学与纽约教育培训学院达成协议，成立哥伦比亚大学师范学院，开始打造教师培训的专业化学院。这些栖身于研究型大学中的教育学院并不关注教师的培养，它们仅专注教育问题和教育理论的研究。1906 年，有数所综合大学建立了教育学系；到 20 世纪 20 年代，有 400 所文理学院和大学开设了教育科学方面的课程，教育作为一门学科在大学中得到承认。到 20 世纪 30 年代，大部分的大学设立了教育系或教育学院。② 部分州立大学秉持着为州服务的原则，开始设置师范教育专业。美国的师范教育体系在各方的努力下初步形成，师范教育进入了多渠道、多类型、多层次培养教师的新阶段。

第四节　职业技术教育

20 世纪前期美国职业技术教育的发展是多方力量共同推动的。首先，在南北战争至"一战"的半个世纪里，工业化和城市化进程的加快对熟练工人的需求不断增强。传统的由各州政府和工商界推动的手工教育已经无法满足社

---

① ［美］约翰·塞林：《美国高等教育史》第二版，孙益、林伟、刘冬青译，127 页，北京，北京大学出版社，2014。

② 郭志明：《美国教师教育 200 年》，92 页，北京，中国社会科学出版社，2017。

会对技术工人的需求，联邦政府参与职业技术教育势在必行。其次，1933年罗斯福总统上台后，为挽救经济危机而采取以工赈灾的方针，颁布多项职业技术教育法规，通过联邦财政支持职业技术教育的发展。在本时期，美国联邦政府先后颁布一系列职业教育法规来指导全国职业技术教育的发展。这些法规在不同时期内推动着美国职业技术教育的发展。

一、20世纪初期职业技术教育发展态势

不同于传统的欧洲列国，美国建国之前的北美地区没有形成类似中世纪行会的机构，职业教育只被认为是对不服管教的儿童进行管理的一种方式。1646年，弗吉尼亚州曾通过立法授权政府：假如有些孩子还没有遵从法律规定进入贫民习艺所，那么政府就可以将这些被父母忽视或者根本没有父母的孩子送往公共的贫民习艺所做学徒。① 随着第一次工业革命波及北美大陆，尤其是美国在国际市场上与其他工业化国家的竞争加剧，手工培训教育开始受到重视。19世纪末期以后，职业技术教育开始在工业发展程度较高的地方萌芽。在商人、工厂主和教育家的支持下，美国东部和北部地区的职业技术教育率先兴起。在职业教育的发展轨迹上，一般认为手工培训是其初级阶段。手工培训的本意并不是教给学生一项谋生的技能，而是将其作为普通教育的补充。

19世纪末，在州政府的支持和资助下，部分州开办了手工训练学校，一些公立高中开始设置手工训练课程。手工训练课程集中在金属加工、木工和设计等方面。据统计，"1893年，美国有50个城市的公立高中开设手工教育课程……1900年，在公立高中开设手工教育的城市数量翻了一番"② 。此时

---

① ［美］韦恩·厄本、［美］杰宁斯·瓦格纳：《美国教育：一部历史档案》第三版，周晟、谢爱磊译，40页，北京，中国人民大学出版社，2009。

② Charles Alpheus Bennett, *History of Manual and Industrial Education 1870 to 1917*, Peoria, The Manual Arts Press, 1937, p.397.

手工训练运动的倡导者认为，手工训练是智力训练和道德训练的手段，强调手工训练对人的培养作用。1905年，美国手工业者协会工业教育委员会的报告指出："给青年提供技术和商贸培训是国家的需求，国家必须确保青年一代掌握了制造和销售的技能。"①

手工训练教育在美国扩展的同时，美国的工业化程度也在继续加深。细致的专业分工对工人的专业技能有了更高的要求，此时手工训练教育从学校规模、教育目标到课程内容已经满足不了美国社会工业化的要求，熟练技术工人的缺乏开始制约美国制造业的发展。工商业界开始表达对国家重视公共学校教育、忽视职业技术教育的不满。1898年，美国制造商联合会(National Association of Manufacturers)第二任主席西奥多·瑟奇(Theodore Search)表达了自己的看法："牢固地坚持古典和自由学科的学习是可取的。它们在所有的教育系统里都有自己的地位，但是对于美国庞大的世俗利益集团而言，不考虑企业和商业的明显需要是不公平的。""我们在城乡为公共教育花费了非常庞大的金钱，这笔钱中的多数具有这样的特点，即它在人们的实际事务中很少使人们受益。"②工商业界的呼吁得到来自美国总统西奥多·罗斯福等政界人士的支持。伴随着美国工业化进程的不断加快，旨在为工厂直接培养技术工人的专门性职业技术教育逐步进入美国民众的视野，如何提高工人的技术水平成为美国教育政策和研究的关注点。

在职业技术教育发展的区域态势上，美国东部地区各州由于工业发展水平较高，因此首先表现出来极大的建立职业技术教育系统的热情。其中马萨诸塞州成立由州长道格拉斯(Douglas，1845—1924)领导的马萨诸塞州工业技术教育委员会，主要任务是了解本州职业技术教育的基本状况，并探索促进

---

① [美]乔尔·斯普林:《美国学校:教育传统与变革》，史静寰等译，343~344页，北京，人民教育出版社，2010。

② [美]S.亚历山大·里帕:《自由社会中的教育:美国历程》第8版，於荣译，141~142页，合肥，安徽教育出版社，2010。

本州工业教育发展的新方法。该委员会通过 10 个月的工作调查马萨诸塞州职业技术教育的现状，倾听社会各界的呼声，于 1906 年提交《工业与技术教育委员会报告》（Report of the Commission on Industrial and Technical Education）。该报告提出两点建议。第一，初等教育课程中增加实践性的与工农业发展相关的课程；中等教育中增加工业方面的选修课程，并为未充分就业的人员创办部分有学习时间要求的学校。第二，建议州政府成立新委员会，负责创办和管理本州工业学校。该报告的发表标志着工业教育从个人的、民间的意愿和呼吁开始向政府的行动转变，因此该报告的发表一般被认为是美国工业教育运动的重要开端。同时，州职业教育委员会宣布成立并授权创办独立的工业学校，规定其建校经费由地方和州政府共同分担；且该类学校由独立于州教育署的新委员会管理。随后东部地区许多州纷纷效仿马萨诸塞州建立职业技术教育委员会，创建由州资助或管理的职业技术教育系统。与东部地区经济结构不同，西部和南部地区各州经济发展的重点在农业上，所以这些州更愿意资助有关农业和家政业的职业技术教育。加上《莫雷尔法案》直接影响下的多个赠地学院的建成，西部和南部地区各州在职业技术教育的发展上形成了自己的特色。

在各州职业技术教育开始推广时，美国工业教育促进会（National Society for the Promotion of Industrial Education）于 1906 年成立，标志着全国性职业技术教育的推广组织成立。"尽管它是由那些信奉劳动者训练教育哲学的教育家所成立的，但从一开始便得到了试图将教育和就业联系起来的工商业界领袖的支持。"①所以，美国工业教育促进会的成员有学界精英、社会工作者、劳工领袖、制造商，以及对职业技术教育感兴趣的政治家，由麻省理工学院院长亨利·史密斯·普里切特（Henry Smith Pritchett）任主席。协会成员都在各自

① ［美］韦恩·厄本、［美］杰宁斯·瓦格纳：《美国教育：一部历史档案》第三版，周晟、谢爱磊译，287 页，北京，中国人民大学出版社，2009。

的专业领域有较大的影响力，为推动职业技术教育在全国范围内的开展而努力。成立之初的美国工业教育促进会便收到西奥多·罗斯福总统的来信。罗斯福在信中提到："我对协会正在进行的工作颇感兴趣，这些工作对美国人民是非常重要的。"他指出，美国需要一种在现行公共学校之外进行的教育，以便进行工农业技能训练，这对美国的未来是至关重要的。①

在州政府、学术界和工商业人士的积极推动下，"一战"前美国职业技术教育已经有了一定程度的发展。到1910年，美国已经有29个州开展了不同程度的工业教育。其中，10个州建立了技术中学；18个州提供了手工训练课程；11个州提供了家政辅导；19个州提供了农业训练；11个州提供了工业和手工艺课程。② 一些州如马萨诸塞州、威斯康星州、纽约州的职业技术教育发展得较好。而几个工业化程度较高的城市里自发形成一些社团组织，积极开展职业技术教育活动。

二、《史密斯-休斯法案》的提出与颁布

"一战"前美国的职业技术教育虽然起步并得到一定程度的发展，但美国国会有关教育立法的重心仍然是农业教育，鲜有职业技术教育方面的立法活动。此外，开办职业技术教育的主要力量是私人企业，导致职业技术教育的整体规模较小。由于缺乏联邦政府实质性的支持，职业技术教育在全国的开展受到限制，虽然有一定规模，但整体上还是落后于西欧强国。例如，1910年，美国半数以上的州发展了职业技术教育，但就整体而言，其规模还不如德国巴伐利亚州一个州。

随着在工业竞争中受到德国等国的压力，美国社会进一步认识到熟练技

---

① 引自 National Society for the Promotion of the Industrial Education, 1907, pp.6-9.

② [美]劳伦斯·阿瑟·克雷明：《学校的变革》，单中惠、马晓斌译，56页，上海，上海教育出版社，1994。

能培训的重要性。尤其是在工业领域，无论是工业资本家群体、劳工群体抑或是职业教育倡导者，都表达了对于职业教育全国立法的呼吁。职业教育倡导者查尔斯·艾伦·普罗瑟(Charles Allen Prosser)与同时代的职业教育倡导者一样，认为学校应该增加有关工商业知识的课程，需要基于专业分工，在科学管理原则的基础上谋求更高的效率。在美国工业教育促进会担任秘书期间，普罗瑟积极组织个人和团体，提出计划和标准，以实现国家和联邦对职业教育援助的可能性。

在此背景下，争取对职业技术教育资助立法的活动不断增多。从 1906 年开始，几乎每年都有职业技术教育资助相关提案的出现，但由于代表南北方不同利益的民主党和共和党在参议院和众议院的博弈，多数提案被否决、搁置。在 20 世纪前期的诸多提案中，只有《史密斯-利弗法案》(Smith-Lever Act)获得通过。

面对工商业界对职业教育的呼声，在美国国会的授权下，总统威尔逊(Wilson，1856—1924)于 1914 年 1 月宣布成立职业教育国家资助委员会(Commission on National Aid to Vocational Education)，任命国会议员霍克·史密斯(Hoke Smith，1855—1931)为主席，成员包括普罗瑟等人。1914 年 4 月，职业教育国家资助委员会正式成立并开展相关工作。经过调查研究，该委员会于 1914 年 6 月向美国国会提交一份《美国职业教育大宪章》的报告。该报告充分体现了普罗瑟的职业教育主张。该报告首先陈述了美国国内受过专业培训人员的短缺，并从经济、社会、教育以及国际竞争等方面论证了职业技术教育对国家未来发展的重要意义。另外，该报告指出美国各地对职业技术教育都存在强烈需求。这些需求包括：保护和开发资源、提高农业产量与促进农业的繁荣发展、减少人力资源浪费、为学徒制提供补充、提高产业工人获得薪酬的能力、满足工人和熟练工人培训的需要、缓解生活支出的增加。该报告认为，职业技术教育发展的主要推动力量应该是联邦政府，没有联邦政府的支持，各州职业技术教育的发展将大大受限。

该委员会建议通过立法资助各州开展职业技术教育，并对各州职业技术教育的意义、资助额度、年限、申请条件、拨款管理机构及办法提出了具体的建议。该报告成为《史密斯-休斯法案》(Smith-Hughes Act)的蓝本。1915年，由达德利·M. 休斯(Dudley M. Hughes)和史密斯分别向众议院和参议院提交议案，但美国国会两院中依然存在大量的反对声，导致提案被搁置。几经波折之后，《史密斯-休斯法案》最终于1917年由威尔逊总统签署生效。

《史密斯-休斯法案》分别就职业技术教育的资助金额、资助模式、管理模式进行了详细的规定。在资助金额方面，到1926年美国联邦政府对职业技术教育的资助金额要达到300万美元，之后联邦拨款保持在300万美元不变。在资助模式方面，由美国联邦政府为职业技术教育提供资金支持，接受联邦资助的州应为职业技术教育的发展提供配套经费，接受资助的学校要符合联邦对学校设施和课程的要求。在管理模式方面，成立全国性质的联邦职业技术教育委员会(Federal Board for Vocational Education)，负责监督法律的实施及经费的分配与发放，任命普罗瑟为主任。受资助的州要任命州职业技术教育委员，负责分配州的职业技术教育经费、制订职业技术教育发展计划并上报联邦职业技术教育委员会以及督导本州职业技术教育计划的实施。

《史密斯-休斯法案》在美国职业技术教育发展史上具有极为重要的历史意义。而对美国联邦政府而言，"这项法律的通过，事实上表明了政府将职业教育作为美国经济发展和对外政策的重要组成部分的态度。这项法律表示着20世纪的一种趋势，即教育中所体现出的国家利益将会成为国家介入教育的合理借口"①。克雷明在评价时表示："从《史密斯-休斯法案》开始，美国对中等职业技术教育提供联邦资助，是美国教育政策发展进程中一个振奋人心的

---

① [美]乔尔·斯普林:《美国学校：教育传统与变革》，史静寰等译，345页，北京，人民教育出版社，2010。

篇章。"①

《史密斯-休斯法案》主要在三个方面推动了美国职业技术教育的发展。

首先，《史密斯-休斯法案》极大地推动了美国职业技术教育规模的扩大，推动了不同类型中等职业学校的建立和职业技术教育师资的壮大。例如，1918—1925 年，职业学校教师从 3276 人增加到 9037 人，学生从 117934 人增加到 382275 人，职业技术教育师资训练机构从 45 个增加到 85 个。

其次，《史密斯-休斯法案》为将传统的专为升学做准备的普通中学改为兼具升学和就业双重目的的综合性中学做出了贡献。此外，该法案使接受职业技术教育的观念深入普通民众的思想当中。1918 年发布的《中等教育的基本原则》报告将"职业"列为中等教育七项目标之一，并对此做出详细阐释。

最后，《史密斯-休斯法案》结束了各州分散开办职业技术教育的局面，标志着美国职业技术教育的开办已经上升到国家层面。该法案中的拨款方式和经费管理办法促成美国联邦政府成为推动职业技术教育发展的主要引导力量，同时也充分激发州和地方的办学热情，形成联邦政府、州和地方共同合作推动职业技术教育发展的格局。同时，联邦职业技术教育委员会和各州专门性职业技术教育管理部门的建立使得美国职业技术教育发展走向制度化，对全国职业技术教育的发展做出比较完整的规划。

三、《史密斯-休斯法案》颁布后的职业技术教育

《史密斯-休斯法案》颁布后，受联邦资助的学校数量持续增加。而"一战"结束后，美国开始战后的恢复和经济的腾飞，对职业学校的资助力度持续增加。随着 1929 年经济危机的到来，联邦资助学校数量虽有所增加，但整体上增速放缓。而从职业技术教育立法的效果来看，1917 年 8 月起，担任联邦职

---

① L. A. Cremin, *The Transformation of the School: Progressivism in American Education, 1876-1957*, New York, Alfred A. Knopf, 1961, p. 52.

业教育委员会主任一职后，普罗瑟开始成为《史密斯-休斯法案》理念的信仰者与有效实施的督导者，确保《史密斯-休斯法案》依其本意而被执行。这些基础性的工作或许是这部法案影响美国45年之久的重要原因。一直到1963年《职业教育法》出台前，联邦职业技术教育立法没有出现重大变化，主要是对旧有法案的修改。

"一战"结束至1929年经济大萧条之间是美国经济的繁荣时期，联邦财政收入丰富，对职业技术教育的投入增加，资助的对象有所扩展。"一战"后，联邦政府开始对"一战"退伍士兵和社会残疾人士进行专项资助，先后颁布针对退伍士兵的《史密斯-西尔斯法案》(Smith-Sears Act)和针对残疾人士的《史密斯-费斯法案》(Smith-Fess Act)。《史密斯-西尔斯法案》规定，由军队外科医师办公室负责伤残人员的医疗，其后联邦职业教育委员会将负责这些人职业重建的规划。《史密斯-西尔斯法案》为扩展职业技术教育的社会职能提供了法律依据，而《史密斯-费斯法案》则进一步拓展了职业技术教育的社会服务职能。《史密斯-费斯法案》将联邦的资助对象扩展到社会伤残人员，为他们提供职业重建培训。

《史密斯-休斯法案》颁布到"大萧条"时期，职业技术学校数有了显著增加(如表1-3所示)，并呈现出如下特点。第一，发展速度快。根据联邦职业教育委员会的公告，从《史密斯-休斯法案》颁布以后，联邦财政资助的职业学校总数持续增加，10年间受资助的职业学校数增加84.34%。其中以《史密斯-休斯法案》颁布后的前五年增速最快。第二，资助对象有所差异。从资助学校的类别来看，工业贸易学校占职业学校总数的60%以上。造成上述结果的原因在于20世纪初是美国工业规模急剧扩展的时期，对熟练工人的需求量最大。而工厂多分布于五大湖地区和东北部的城市区。这些地区的州政府和市政府有投入职业技术教育的需求和能力，而相应的资助对象是工业技术类学校。1929年以后，随着农业和家政业在经济生活中的作用日益凸显，美国联邦政府对农业和家政业职业技术教育投入不足的问题受到美国国内相关团体的批评。随后美国国会颁布增加对农业和家政业职业技术资助力度的《乔治-里德法案》（George-Reed Act）。第三，职业技术教育类别多样。鉴于对劳动力需求的紧迫性，本时期的职业技术培训模式丰富多样。除了在综合中学设立职业课程和创办全日制职业技术学校外，还出现了夜校、业余学校、成人继续教育和日间学校等中短期的职业技术教育培训方式。

表 1-3　1918—1929 年联邦资助的职业技术学校数

年份	资助职业学校总数（所）	资助农业学校（所）	资助工业贸易学校（所）	资助家政学校（所）
1918	164183	15450	117934	30799
1919	194895	19933	135548	39414
1920	265058	31301	184819	48938
1921	324247	43352	217500	63395
1922	475828	60236	296884	118708
1923	536528	71289	325889	139350
1924	690055	89640	428473	171942
1925	792424	94765	490791	206868
1926	885275	111585	537738	235952
1927	911626	129032	564188	218406
1928	999031	147481	619548	232002
1929	1047973	171466	627394	249113

资料来源：Homer Pernal King, "A History of Federal Legislation Relating to Subcollegiate Vocational Education 1900-1933", PhD diss, The School of Education of The University of Southern California, 1934.

经济危机爆发后，原本的职业技术教育提升国家劳动力素质与罗斯福"新政"的理念相契合。在《乔治-里德法案》制定者之一的美国国会议员沃尔特·F. 乔治（Walter F. George）的倡议下，美国国会先后于 1934 年和 1936 年批准颁布《乔治-埃利泽法案》（George-Ellzey Act）和《乔治-迪恩法案》（George-Deen

Act)。前者为工业、农业、商业和家政业提供每年 300 万美元持续 3 年的拨款，后者则为市场营销和公共服务领域提供每年 1420 万美元持续 10 年的拨款。这两部法案为刚起步的职业技术教育的发展提供了重要保障，防止职业技术教育的发展受经济危机的影响而中断。此后，贴合国家利益和个人利益的职业技术教育课程突破了原来的工业课程的范围，显示出本时期美国职业技术教育开展方式的灵活性。

"二战"后，美国联邦政府颁布《乔治-巴登法案》(George-Barden Act)，向职业技术教育提供拨款，后经过多次修订，提高了职业技术教育的资助额度，扩展了职业技术教育的受惠区域和专业技术门类。

"二战"结束之初，美国联邦教育局职业教育处组织召开的会议上审议通过普罗瑟的《未来的职业教育》报告。该报告指出："目前的职业学校仅仅为 20% 中学层次的年轻人进入技术工种提供培训机会，而综合中学为另外的 20% 中学生进入大学做好准备，公立教育系统需要为剩余的 60% 的青年人提供生活调整教育。"此次会议成为生活调整运动的起点。在普罗瑟的倡导下，美国青年生活适应教育委员会(Commission on Life Adjustment Education for Youth)于 1946 年宣布成立，并于同年发表《关于中学的生活适应教育》(On Life Adjustment Education in the High school)，要求公立中学应面向所有美国青少年，为他们提供丰富的课程内容以满足他们的生活需求。由普罗瑟等职业教育学家倡导的生活调整运动影响了美国 20 世纪 50 年代后的职业教育课程体系，生活调整运动在某种程度上可称为 20 世纪 70 年代生计教育运动的前奏。

在《史密斯-利弗法案》《史密斯-休斯法案》和《国防职业教育训练法》等极为重要的法案的支持下，美国职业技术教育较 20 世纪初有了非常显著的发展。截至 1949 年，美国接受职业技术教育的学生已经从 20 世纪初的 5 万人增加到 310 万人。其中农业职业类学生 65 万人，工商职业类学生 80 万人，家政职业类学生135万人，市场销售职业类学生30万人。① 美国联邦政府已经成为推动职业技术教育发展的主体。职业技术教育的培训形式多样，基本满足不同人群对接受职业技术教育的需要。

第五节　社会教育

社会教育即学校和家庭以外的社会文化机构、团体对儿童和成人进行的教育，社会教育不受年龄、性别、民族、信仰等的限制。社会教育通过长期教学、短期培训或讲座等形式向社会民众传播文化知识、职业技能。在20世纪前期，虽然美国正规教育体系逐渐成形，但仍然满足不了社会变革背景下整个社会对知识的需要。无论是工农业发展过程中需要的生产知识还是城市化进程中需要的职业技能，都需要正规教育之外的社会教育对民众进行补充性教育。在探索社会教育形式的过程中，美国联邦政府和州政府利用财政收入进行引导，鼓励公共教育机构和高等教育机构参与到社会教育当中，并积极支持工商团体对员工开展额外教育。美国主要的社会教育活动包括针对农业人口的教育推广活动、面向移民的"归化"教育活动，以及公私立图书馆、博物馆和美术馆等进行的文化知识传播活动。在多方力量的参与下，美国的社会教育体系初步形成，开始为社会发展提供有力的支持。

一、大学推广教育

在社会教育推进的过程中，大学尤其是州立大学发挥着重要的作用。正如威斯康星大学校长查尔斯·范海斯（Charles Van Hise，1857—1918）在1904年就职演讲时所讲，州立大学的生命力在于它和州的紧密关系中，州立

---

① 贺国庆、朱文富等：《外国职业教育通史》上卷，335页，北京，人民教育出版社，2014。

大学教师应用其学识专长为州做出贡献，并把知识普及于全州人民。① 随着服务职能越来越多地被大学认可，一大批州立大学积极参与社会服务，将科学知识传播给普通民众。进入20世纪，州立大学通过知识推广的方式开展了丰富多样的社会教育活动，将知识推向社会。

农业知识推广是推动国家农业发展的重要活动。19世纪末，承担农业知识传播的主要组织是农民学社（Farmer's Institute）。此类社会教育形式早在1853年被提出，但第一所农民学社则是在农业化学家塞缪尔·威廉·约翰逊（Samuel William Johnson）的倡导下，于1860年在耶鲁大学建立。州财政的拨款、赠地学院的人力支持和农业协会的资金支持成为农民学社进行知识推广的基础。农民学社在每年冬天组织为期两天的宣讲会，来自大学的农业专家会对当地农民进行专门指导。1902年，已经有820000名农民参加2772个学社；1914年，加入联邦的每个州和准州都已建立学社，累计有3050150人参加8861次会议。② 此类社会教育形式受到广大农民的欢迎，全国参加宣讲会的农民最多时曾达到400万人。随着联邦政府和州政府对农业知识推广拨款的增多，为了避免农学院、农业部和其他政府部门重复推广工作而浪费人力、物力，1914年《史密斯-利弗法案》得以颁布。随后，农业知识推广工作逐渐由赠地学院承担，农民学校的作用和功能逐渐被有组织的农业推广形式取代，农学院通过与农业部合作成为农业知识推广的主要机构。除此之外，一些农业方面的专家主动走到农业生产现场，向农民普及农业知识。艾奥瓦州的佩里·格里利·霍尔顿（Perry Greeley Holden）教授得到铁路部门的支持，将装满农产品展品的列车在每个社区停留，进行宣讲。1904—1905年，霍尔顿接触农民145363人。此种方式的成功鼓舞了很多学者，他们也采取此种方式进行农业知识推广。1911年，已经有71列火车向28个州传递最新的农业

① 陈学飞：《当代美国高等教育思想研究》，31页，大连，辽宁师范大学出版社，1996。
② 李素敏：《美国赠地学院发展研究》，93页，保定，河北大学出版社，2004。

知识，惠及 100 万农民。

除了农业知识推广外，大学秉持着社会服务理念，设置专门的知识推广机构来促进知识的传播。以威斯康星大学为例，在校长范海斯的呼吁和州政府的支持下，1907 年正式成立教育推广部，任命路易斯·雷伯①（Louis Reber，1858—1948）为主任。教育推广部随后成为威斯康星大学专门进行校外延伸教育的机构，它的教育对象是非校内本科住宿生。在雷伯的运作下，教育推广部下设函授教育部（Department of Correspondence Study）、辩论与公共讨论部（Department of Debating and Public Discussion）、普通信息与福利部（Department of General Information and Welfare）和讲座教学部（Department of Instruction by Lectures）四个分部。其中前三个分部在州的社会教育方面发挥了重要作用。函授教育部向广大学生提供的学习内容涵盖威斯康星大学 35 个系的 200 门课程。② 截至 1908 年 9 月，已经有将近 1200 人注册学籍。其中超过一半的人选择函授的目的在于为未来职业发展做准备，只有 330 人选择函授的目的在于获得学分。辩论与公共讨论部通过提出国家社会政治生活的热点话题，派出教师前往地方组织辩论，以此来激发民众对社会政治问题关注的兴趣。通过这种活动，"威斯康星州的居民得以了解当地和州内发生的与他们的切身利益相关联的问题，并在问题的准备、讨论、争辩过程中获得启发和教育"③。此外，辩论与公共讨论部还积极将图书馆的图书资料传递出去，将实用性知识推广给威斯康星州的普通民众。普通信息与福利部的主要职能是为州政府制定相关政策提供信息参考。此外，教育推广部还向外派遣政治学、社会学、历史学、艺术学和科学等学科领域里的讲课教师，解答民众的相关问题。除

① 路易斯·雷伯，美国工程师，曾于 1897—1907 年任宾夕法尼亚大学工程学院院长，1910—1926 年被任命为威斯康星大学教育推广部主任、职业技术指导委员会成员。

② Merle Curti & Vernon Carstensen, *The University of Wisconsin: A History, 1848-1925*, Madison, The University of Wisconsin Press, 1949, p. 568.

③ F.C. Howe, *Wisconsin: An Experiment in Democracy*, New York, Charles Scribner's Sons, 1912, p. 156.

了威斯康星大学之外，其他赠地学院也有相关的知识推广活动。伊利诺伊大学在 1901 年成立推广参谋部，俄亥俄州立大学于 1905 年成立第一个永久性的推广工作指导组。

为了更好地促进知识的传播，在威斯康星大学的倡议和支持下，美国大学扩展教育协会于 1915 年正式成立，有 22 所大学团体会员参加。其宗旨是在各种成人函授教育中，维护高等教育水准。为此还专门成立函授教育标准委员会。

州立大学除了开展面向成人的知识推广服务之外，还为青少年的健康发展提供指导。较有影响的是参与青少年的 4-H 教育。4-H 教育起源于 19 世纪末，活动的目的是让农村青少年学会尊重自己和自身的生活方式。而在农业先进知识和技术的推广过程中，农业部实验站的工作人员发现，青年人更愿意接受新知识，然后与成年人分享他们的经验和成果。比如，1882 年特拉华学院在全州范围内举办玉米种植竞赛，冠军将获得奖励证书、现金和农业杂志。格雷厄姆(Graham)1902 年在俄亥俄州克拉克县开办了一个青年项目。项目成员组成第一个被称为"西红柿俱乐部"或"玉米俱乐部"的民间组织，被认为是 4-H 教育的起源之一。

杰西·菲尔德·香博(Jessie Field Shambaugh)为 4-H 俱乐部的建立做出了突出贡献，被称为 4-H 俱乐部的创始人。早在 1901 年作为教师时，菲尔德就已经开始组织"玉米俱乐部"和"家庭俱乐部"。到 1906 年，菲尔德成为佩奇县学校督学后，又在全县 130 所乡村学校组织"玉米俱乐部"和"家庭俱乐部"。俱乐部通过开展夏令营、作品展览和竞争比赛等方式来锻炼学生的头脑、双手和心灵。1906 年，菲尔德设计了一个三叶草别针。每个叶子上有字母"H"，代表"头脑"(head)、"双手"(hands)和"心灵"(heart)，作为对在俱乐部工作中有突出成就的工作人员的奖章。随后，三叶草别针上增加了"健康"(health)。此类俱乐部在 1912 年开始被称为 4-H 俱乐部。1914 年《史密斯-利弗法案》颁布后，美国农业部的合作推广服务开始开展。服务章程中包含涉及农业、家政和相关主题的各种俱乐部的工作。4-H 俱乐部得以被国家认可，并成立全国性组织，由各地州立大学推广部参与 4-H 俱乐部活动和项目的规划。"一战"结束后，4-H 俱乐部更注重组织建设和全国宣传。美国 4-H 联合会每年举办两次全国巡回演出。在"大萧条"期间，合作推广部的关注点在农业经济的复兴上，导致 4-H 俱乐部发展缓慢。但 1939 年依然有 1000000 名青少年参与 4-H 俱乐部的近 1500000 个项目。1942 年，4-H 俱乐部又新收会员 65 万余人，会员达人数最高的 160 万人。1949 年，威斯康星大学把 4-H 俱乐部工作的主要目标确定为："给乡村的青少年提供发现其能力与兴趣的机会；帮助年轻人在社区生活中承担领导责任；灌输对土地和其他自然资源的管理意识；在给予—索取的生活中，学会一起工作和游戏，丰富家庭的爱及家庭生活。"[1]

　　大学所进行的知识推广是大学服务社会职能的重要体现。其推广内容主要是实用性知识，方式比较多样，得到联邦政府和州政府的支持。在这个过程中，州立大学贯彻了为社会服务的理念，将知识传递给普通民众的同时扩大了自身的社会影响，建立了富有自身特色的社会服务项目。

二、移民"归化"教育

　　如果说农业推广运动是面向拥有土地的盎格鲁-撒克逊人的话，移民"归化"教育则主要针对东欧和北欧新进美国的移民。内战结束后，随着工业化对劳动力的需求增加，大量来自南欧与东欧的移民涌进美国，形成新的移民潮。1905—1907 年，移民数量达到顶峰，每年进入美国的移民都超过 100 万。[2] 移民在语言、文化、宗教信仰等方面与建国初期的来自西欧的移民存在

---

① 李素敏：《美国赠地学院发展研究》，127 页，保定，河北大学出版社，2004。

② U.S. Immigration and Naturalization Service, *Statistical Yearbook of the Immigration and Naturalization Service*, D.C., U.S. Government Printing Office, 2002, p.19.

诸多差异，这给美国带来许多社会问题。面对移民问题，美国社会深信教育是解决所有问题的最佳途径。美国《国家》(*Nation*)杂志创始人埃德温·劳伦斯·戈德金(Edwin Lawrence Godkin，1831—1902)毫不避讳地指出："这些新移民往往来自社会教育水平较低的国家，只有接受教育才能避免让这些移民成为别有用心的政客破坏共和民主政治的工具。"①如何使移民迅速地掌握基本的生存和沟通能力，成为合格的劳动者和美国公民将是社会教育的主要责任。秉持着"盎格鲁中心"②理论，美国社会开始了政治意味浓厚的移民"归化"教育。除了在公立学校中对移民子弟的"归化"教育外，民间团体、工厂和政府都在通过一些教育手段促进移民的"美国化"，在全国兴起美国化运动③(Americanization Movement)。

早在 19 世纪末，大城市的移民聚集区就已经开始自发地学习英语和实用性课程。比如，1890 年，美裔犹太人成立纽约教育同盟，为犹太移民开设夜校和日间学校项目，开展技能培训；1906 年，意大利移民社团为移民开设实用课程，但这些地方性团体在全国范围内还是少数，未能真正解决移民问题。1915 年，全国美国化委员会(National Americanization Committee)宣布成立，弗朗西丝·凯洛尔④(Frances Kellor)任主席。在成立后的 6 个月中，全国美国化委员会通过夜校多次对移民进行宣传教育活动，组织教师训练班，制订英语

①　Merle Curti, *The Growth of American Thought*, New York, Harper & Row Press, 1964, p.479.

②　"盎格鲁中心"产生于 17 世纪，到 19 世纪末 20 世纪初形成系统化理论。该理论强调盎格鲁-撒克逊民族是"优秀民族"，其文化应为社会的主流文化，亚民族和亚文化必须接受和服从主流文化及其生活方式。

③　美国化运动产生于 19 世纪末 20 世纪初的美国，在美国政府、工商业组织和社会慈善组织的推动下产生，旨在通过向移民传播"美国精神、美国知识和美国爱情"，将缺乏工作技能和英语水平的移民转变为高水平技术工人和合格的公民。

④　弗朗西丝·凯洛尔是一位研究女性和移民的美国社会改革者和政治组织者。她就读于康奈尔大学法学院，并在芝加哥大学学习犯罪心理学。1909 年，她成为纽约州移民委员会的秘书和财务主管，并于 1910—1913 年担任纽约州工业和移民局的首席调查员。在"一战"期间，她是 NAC 的主管。

教育和公民教育的相关课程计划，开展多次关于"美国化"的会议。

在官方的移民"归化"教育方面，虽然联邦移民局（Bureau of Immigration）做了很多相关工作，但还是无法把控移民的受教育程度。为此，美国联邦政府在商业和劳工部（Department of Commerce and Labor）下设移民与归化局（Bureau of Immigration and Naturalization）负责移民的"美国化"；随后于1913 年在劳工部下设归化局（Bureau of Naturalization），取代移民与归化局负责移民"美国化"改造。从美国联邦政府对移民"归化"管理部门的设置上可以看出美国政府对移民"归化"的重视，但这种重视还只是对成年劳工移民的重视。

为了响应联邦的政策法规，移民聚居的几个大城市纷纷开始推行夜校教育。在芝加哥，教育委员会为了提高移民教育水平，为移民开办夜校，提供与美国高中类似的课程和一些技术性课程。考虑到工人的时间，课程分为5 个学期，每学期 24 周，每周选择 3 个晚上授课。夜校主要聘请有教学经验的教师授课，夜校设置的课程主要有英语、数学、历史、生理卫生、公民学、政治经济学、速记、打字等。在底特律市，商务委员会要求工厂负责人鼓励非英语母语的工人进入夜校与夜间班级。在各方的共同努力下，底特律市1915 年夜校注册率比前一年提高 153%。

为了克服移民劳工与雇主之间的语言障碍，提高移民劳工的生产效率，工商业团体加入移民"归化"教育行列，与工厂所在地的州教育委员会合作开办工厂"归化"学校。1913 年，希切尔公司与纽约教育委员会合作开办移民"归化"班级。工厂方面负责配备教室，纽约教育委员会提供师资和课堂必需品。授课内容主要涉及英语口语和写作、如何撰写个人和商务信函、基础算术、美国历史、良好公民的标准、当地法规、生理卫生和环境卫生。除此之外，移民劳工还被要求掌握一些实用性技能，包括如何使用电话和城市词典，如何发送电报和信件，以及如何正确使用城市地图。一年安排 35 周的课程，要求劳工每天学习 45 分钟。底特律的福特汽车公司则进行大规模的移民"归化"教育。根据底特律商业委员会的调查报告，福特汽车公司提供 28 间教室供 1700 余名员工学习英语。这些员工被分为 80 个班级，每个班级有 25 ~ 30 人，由 90 名志愿者负责教授课程。工厂管理者将 80 个班分为 3 组，每组每天的工作时间为 8 小时，1 周至少要学习 4 小时。开课时间为上午 8 点、下午 1 点和 3 点半。每位员工要上两节课，一节安排在周一或周四，另一节安排在周二或周五。周三安排教师培训。

除工厂外，社区针对移民开设了多种形式的讲座。讲座主题涉及四个方面。①关于新环境。利用讲座让移民了解新的工作节奏、管理和生活方式，做出相应调整，适应环境。②关于法律与风俗。让移民了解美国风俗、火灾和消防、食品售卖和保存、垃圾处理等法律。③关于民主思想。讲解美国政府结构、历史英雄与事件、民主思想等。④关于疑难问题。社区成立由志愿者组成的咨询委员会，解答移民的疑问。

本时期的移民"归化"教育是美国在工业化进程加快背景下为提高劳动力素质所进行的社会教育活动，从自发形成到政府干预，逐渐形成全社会共同参与之势。移民"归化"教育的实施使得外来移民能够迅速掌握基本的生存技能，逐步适应美国社会生活，对美国社会的稳定起到重要作用。但"盎格鲁中心"理论和"熔炉"式教育使移民对自身原有的文化产生了疑惑，甚至失去了认同，所产生的负面影响在 20 世纪中叶以后开始引起美国民众的反思。

三、其他社会教育活动

除大学和政府主导的社会教育外，也有许多由民间组织和个人发起的社会教育。这种社会教育主要由公共图书馆、博物馆等机构开办，这些机构在传播社会科学知识、历史文化知识和增强民众的国家认同方面发挥着重要作用。

在公共图书馆建设方面，早在 17 世纪，来自英国的移民便开始在北美大陆上兴建为宗教活动服务的图书馆。但直到19世纪中期，图书馆主要还是为精英阶层服务。随着19世纪50年代兴起的公共图书馆运动（Public Library Movement），各州才通过立法手段陆续建立了一批向普通民众开放的公共图书馆。截至1876年，美国各州已经建立了188所公共图书馆。随着19世纪末美国人口数量的迅速增加和公立教育的发展，美国社会愈加重视公共教育，公共图书馆的数量快速增加。以安德鲁·卡内基（Andrew Carnegie，1835—1919）为代表的工商业团体捐资兴建了许多公共图书馆。截至1917年，卡内基基金会在美国捐赠4100万美元，兴建了1679所公共图书馆。[1] 20世纪30年代，有近一半的公共图书馆由卡内基基金会出资兴建。各州兴建的公共图书馆并不是单单面向某些特定的机构和人群，而是成为由政府税收维持、为民众利益服务，对所有人开放并提供免费基本服务的公共机构。

在博物馆建设方面，美国创办公共博物馆的时间始于18世纪中后期。由查尔斯·威尔逊·皮尔（Charles Willson Peale，1741—1827）于1786年建立的费城博物馆，被认为是美国历史上第一座公共自然历史博物馆。19世纪末20世纪初，美国博物馆开始大规模建立，博物馆数量有了显著增加。在博物馆事业发展的同时，博物馆的功能和作用开始得到专业化的探索。博物馆专业协会——美国博物馆协会（American Alliance of Museums）于1906年宣告成立，并提出"博物馆应成为民众的大学"。而在博物馆学者吉尔曼（Gilman）与达纳（Dana）的呼吁和引导下，博物馆从纯收藏研究机构和它们所依附的图书馆、研究所中解脱出来，开始突出强调教育功能和社会服务功能。在上述理念的指导下，专门的博物馆开始建立，并且还出现了博物馆的分支机构。学者们主动深入社区，为民众举办展览、普及知识。

吉尔曼任职的波士顿艺术博物馆首创美术讲座，通过美术讲座将美术知

---

[1] Michael H. Harris，" The Purpose of the American Public Library in Historical Perspective：A Revisionist Interpretation," *Library Journal*，1972(2)，p.88.

识传递给民众。此外，吉尔曼 1906 年在波士顿艺术博物馆设置讲解员岗位，每周二、四、六上午对参观团体进行一小时左右的讲解。达纳则重点强调博物馆为社区服务的职能。在任纽瓦克博物馆馆长期间，达纳积极让博物馆走进社区，鼓励社会个人和团体合理地借览博物馆的物品，通过各种文字说明和宣传页将知识带进社区和校园。波士顿艺术博物馆和纽瓦克博物馆所采用的教育和服务手段使它们成为各地博物馆争相学习的榜样，博物馆的教育价值得以广泛传播。

社会教育本身具有浓厚的国家色彩，本时期美国社会教育的发展在很大程度上受"熔炉"理论的影响，社会教育成为同化外来移民的手段。虽然与美国多元文化的主张有诸多不符，但实际结果是一大批具有时代特色的社会教育机构，如图书馆、博物馆和艺术馆争相建立。加上美国社会长期存在的基督教思想，社会教育机构成为民众慈善捐助的主要对象。随着教育民主化思想的蔓延，美国的公立教育机构充分发挥本身所具有的服务社区和地方的职能来进行社会教育。本时期美国的社会教育虽然有所发展，但整体而言还是处于起步阶段，社会教育的教化功能还未得到完全的开发。

本章结语

20 世纪前期美国教育的历史是美国摆脱殖民地时期以来向他国学习，并开始独立探索具有本国特色教育体系的时期。其一，美国联邦政府参与教育的力度和深度有了显著提升。这种状况的出现与南北战争结束以及两次世界大战和"大萧条"时期美国联邦政府职能的扩展和财政收入增多有关系。美国联邦政府通过直接的行政干预以及间接的财政调节促使各类教育在规模上呈现出膨胀趋势。其二，美国无论是接受教育人数还是从事教育行业的人数都相较于 20 世纪之前有了非常显著的增加。其三，改革的声音能够转化为教育实践。社会和教育变革的声音不再停留在口头上，进步主义教育家开办的实验学校所创生的教育教学理论能够得到快速的推广，进步主义时代的诸多教育理念奠定了美国在人才培养方面的基调。本时期美国高等教育更是趁势而起，借助经济的繁荣、立足国家的需要而实现快速发展；公私立高等教育机构所形成的办学理念影响至今；初级学院的出现更是显示出本时期美国高等教育的独特创造力。而社会教育作为正规教育的补充，日益凸显出自身在整个教育体系中的地位。

在各级各类教育取得进步的同时，美国社会历史发展进程中的一些矛盾在教育领域繁衍出来，如各级教育中存在的种族歧视、城乡差异、贫富差距和教育不公平问题。这些问题成为美国教育发展历程中不能回避的一面，也时常成为各种矛盾爆发的导火索。

第二章

20 世纪前期美国的教育管理与政策

19 世纪末 20 世纪初的美国处于历史上前所未有的社会巨变和转型时期。随着 19 世纪末工农业的发展、经济的迅速腾飞，新一轮的移民潮随之而来，促进了美国城市化的发展。工业化和城市化的推进，再加上进步主义及实用主义的出现，极大地推进了这一时期美国教育的发展，但也带来贫富差距大、文化冲击、道德衰败等社会问题。这要求美国联邦政府承担必要的社会职能，以解决社会存在的种种问题。在此背景下，联邦教育行政职权在一定程度上得到了强化，美国教育管理体制开始呈现出"国家干预"的色彩。通过建立联邦教育机构、颁布教育法规等措施，美国教育系统随之开始变得更为法制化、组织化和官僚化。

第一节　美国教育管理体制的发展

19 世纪美国确立联邦与州教育分权的体制，20 世纪前期继续沿用该体制并得以不断完善。但是 20 世纪之后，美国联邦政府开始加强对全国教育的宏观调控，除了建立联邦政府教育机构外，还通过全国性教育组织和各种教育基金会对教育进行间接干预和引导。

一、地方分权模式

州政府对教育的管理可追溯到 1791 年美国宪法修正案的规定："凡宪法不曾赋予联邦而又未曾限制划归各州的权利，都属于各州或人民的权利。"美国联邦主义决定了由地方负责公共教育，地方政府制度决定了联邦、州、地方学区拥有不同的教育责任。联邦政府将教育管理权下放给州政府和地方学区；州政府依法设置地方学区、制定教育管理政策和规划，与联邦教育行政机构没有直接隶属关系，但在一定程度上会受到联邦教育政策的影响；地方学区通过学区教育委员会(school board，或称为学区董事会)和学区教育督导来具体实施行政管理和维护公立学校，实质上掌管着地方学校的具体管理权。

(一)地方学区教育行政体制

美国实行的是联邦、州、地方学区的三级教育管理体制，学区是基层行政管理单位。美国自建国以来就有地方自治的传统，联邦政府和州政府并不直接领导管理教育，而是由地方学区直接负责。地方学区是在州法律的规范下、为管理其区域范围内的公共教育而专门创建的准市政机构(quasi-municipal corporation)，是州政府职能的延伸，并拥有社区影响地方教育的功能。① 由社区居民在民主选举的基础上产生的学区教育委员会来负责管理学区内的教育事务。尽管从法律上说，大部分学区教育委员会是州教育委员会的下属机构，但也是一个民主产生的、代表着社区利益的社区机构。有关学区教育的所有事务都由学区教育委员会来决定，美国联邦、州教育部无权干涉学区教育事宜，但是学区教育委员会的决定必须遵守联邦、州教育部的法律规定。

---

① ［美］威廉·G.坎宁安、［美］保拉·A.科尔代岁:《教育管理: 基于问题的方法》，赵中建译，125 页，南京，江苏教育出版社，2002。

学区制产生于殖民地时期，这一时期的学区只是个民间机构。1789年，马萨诸塞州率先通过颁布法规确立学区的法律地位。进入19世纪，学区制已经从新英格兰地区开始逐渐在西部各地区推广，为地方教育管理体制的构建奠定了基础。到19世纪中期，学区制在美国已被普遍采用。随着资本主义经济迅速发展，对劳动者文化素质的要求越来越高，各学区间因教育经费不均等原因造成的教育质量差距越来越大，改革学区制成为一种客观需要。因此，到19世纪中期之后，各州纷纷实行学区改革。改革主要采取如下两项措施。第一项措施是削弱学区的职能和权限。例如，利用法规剥夺学区聘用教师、确定课本、取消学区委员考试和鉴定教师的职权等。1852年，印第安纳州首先采用这种做法。19世纪末20世纪初，马萨诸塞州、新罕布什尔州、佐治亚州等纷纷效仿。第二项措施是合并学区。南北战争后，城市化发展导致学区职权受到削弱的同时，"并区运动"风起云涌。1869年，马萨诸塞州首开此例。19世纪90年代后，学区合并成为普遍趋势。到1905年，20个州实行学区合并，数以万计的学校被撤销。在中西部各州的县内，平均仅有四五所中心学校，代替过去百余所的简陋小学；一州之内，平均仅有四五百所中心学校；每州平均减少工资低却敷衍塞责的教师2500~3500人，取消各学区的教育委员会委员24000~36000人。总体来看，改组和合并学区，既节省教育经费，又利于提高教育质量。

美国学区教育委员会作为基层教育民主决策机构，是美国学区管理的重要组成部分，直接关系着地方教育的发展，对于美国整个公立教育起着不可忽视的作用。1789年，马萨诸塞州第一次在法律上明确学区在地方所承担的教育职能，并准许成立地方教育委员会。这时的教育委员会已经具有地方行政的性质。作为基层的教育行政单位，市镇政府机构给予其较大的自治权，并对其职责进行规定，包括制定教育政策、负责征税办学、管理学区教育经费以及编制课程和选聘教师等相关事宜。19世纪后期，市镇地区的学区教育委员会成员通常是由地方行政单位和社区民主选举产生的，但仍然有一部分是来自政府部门的行政官员。由于行政力量的渗透，由地方党派控制的学区教育委员会出现腐败现象，这些问题直接引起 20 世纪前 20 年改革学校管理的运动。许多改革者提出要减少学区教育委员会中行政官员的比例，"一个好的学校体系应该对学区所有人都有好处，而不是仅仅为社区内一部分人带来优势"[①]。在这一时期，学区教育委员会主要负责政策制定和监督评价，较少地参与地区的行政管理工作；而督学则负责政策的执行以及学区的事务管理。由此，由地方民主选举产生的地方决策机构和专业督学构成较为完善的地方教育事务的管理者。

(二)州教育行政体制

美国各州对教育事业的行政管理体制大体相同，通常以州议会制定法规的形式来规定本州的教育方针，由选举产生或指定人选组成州教育委员会，在州的法律范围内制定教育政策大纲。而州一级的教育政策执行监督机构则是教育厅，其职能包括制定中小学教育大纲和高中毕业标准、管理公立高等院校、鉴定和认可各级各类公立教育机构、确定教育预算、制定教师和教育行政管理人员及其他教育工作者的资格标准并颁发证书等。

随着美国城市化的不断推进，教育规模不断扩充，成形于殖民地时期的学区行政体制已经不能适应社会经济的发展。1837 年，马萨诸塞州教育委员会在经历与学区制支持者的激烈斗争之后终于成立。此后，康涅狄格州、罗得岛州、佛蒙特州、新罕布什尔州、缅因州、宾夕法尼亚州等相继成立州教育委员会。19 世纪下半期，随着城市规模的扩大、教育的飞速发展，美国各州大多都设立了州教育委员会。州教育委员会作为法定的教育决策和规划机

---

① 　M. W. Kirst, "The Political and Policy Dynamics of K-12 Education Reform from 1965 to 2010: Implications for Changing Postsecondary Education," *Research Priorities for Broad-Access Higher Education*, 2010.

构，有权征收教育税，分配教育经费，确定学校、教师和课程标准，组织教育调查等。州以下的市、县也设立了教育委员会，负责本市、县的教育管理工作。"一战"以后，由于实施《史密斯-休斯法案》，州教育行政部门的人员和职能得到进一步的扩充，各州、县、市和地区的教育厅局纷涌出现。从南北战争到"一战"后这段时期，州教育领导体制愈来愈完备。州教育领导体制的建立，推动了美国公共教育制度的发展，并弥补了学区制带来的各自为政、教育质量得不到保证的缺陷，产生了积极的作用。

(三)教育督导机制

在美国的教育组织机构中，教育督导作为一个举足轻重的部分占据着重要位置，并且在促进美国公共教育质量提高的过程中发挥着极为关键的作用。美国的教育督导制度从一开始就受到其联邦政治体制的影响，在发展中形成与地方分权相匹配的、由地方负责的州级分工责任制。州教育督学也称"督导"，其职责是负责教育督导工作。学区教育督导起初源于学校董事会安排秘书来帮助处理工作。这一工作后来演变成学区教育督导制度，承担着政策执行的责任。学区一级的教育督导相对州一级的来说更为具体细致，分为普通教育督导和专业教育督导。学校督导主要对学校董事会负责，监督具体教学事务，对美国学校的发展起着重要的作用。各级机构之间具有相对独立性，一般不能越级。

学区教育督导是应普通学校改革的需要而产生并随之不断发展的。随着城市人口的增加，入学人数随之增加，学区管理事务越来越复杂，学区教育督导无法应对决策、管理、监督、视察等诸多工作。于是学区教育委员会开始聘用专业的教育人员作为督导，与教育委员会共同管理学区教育事务。19世纪中期，地方学区建立学监制，确立了专业人员在教育中的领导地位。1837—1850年，有13个学区聘用了督导。1890年，大部分的学区都设置了相应的职位。随着美国社会的发展，学区教育督导的角色随之经历不同阶段的变化。

19世纪美国社会经济虽呈快速增长的态势，但是学校中存在低效、腐败等问题。由此，以检查为督察手段的监管与督导在学校得到了广泛的应用。所以，20世纪以前美国教育督导纯属行政性的视察，其目的不是帮助学校及教师改进工作，而是检查和考核校长及教师工作的优劣。到了19世纪末20世纪初，美国教育的发展相当迅速，表现在公立学校系统的快速发展、综合中学逐渐增多、学校课程的日渐丰富。教育发展对专业教师的需求日益上升，这时教育督导工作日趋复杂，出现以专家身份从事教育督导工作的情况。本时期的学区教育督导工作和教学密不可分，其宗旨是提升办学效益，其任务主要在课程与教学方面。美国教育督导的辅导性大致是从这一时期凸显的，并一直延续至今。

20世纪初期，美国从农业社会向工业社会成功转型，众多的科技进步极大地影响20世纪之后的教育。弗雷德里克·温斯洛·泰勒(Frederick Winslow Taylor，1856—1915)的《科学管理原则》(*The Principles of Scientific Management*)的问世，使"效率"成为当时的口号。"作为社会效率的监督与督导"是本时期学区教育督导的主要角色特征。"泰勒管理"能对学校组织产生重要影响主要在于等级化组织理论，"理想的组织是应该赋予决策人员最重要的地位，而决策应该在科学研究的基础上作出，且务必贯彻执行"[1]。等级化管理思想、科学研究、控制组织中的不同要素、为组织中特定岗位筛选和培训个体以及投入产出回报率等，逐渐成为公立学校专业化管理关注的焦点；学校管理者致力于创造一套统一的程序和控制标准。[2]"标准化"一时间成为一个富有魔力的词语，学校管理者完全沉浸在标准化的评估表、出勤记录、员工记录和聘用程序中。官僚主义的监管与督导控制了1870—1920年这一领域的话语权。

---

　　① ［美］乔尔·斯普林：《美国学校：教育传统与变革》，史静寰等译，394页，北京，人民教育出版社，2010。

　　② ［美］乔尔·斯普林：《美国学校：教育传统与变革》，史静寰等译，395页，北京，人民教育出版社，2010。

然而学校管理者提出的科学管理方法成为众多教师产生"无权感"的原因之一。在这种官僚制管理模式中，教师处在底层地位，成为科学管理的"对象"。于是，到20世纪20年代，专制的监管与督导受到教师群体等的批判，监管与督导理论与实践需要转向更加民主化。

学区教育督导开始试图用科学的、合作的方法来解决教育方面的问题。民主监督和督导暗示教育者，包括教师、课程专家及督导员要共同合作以提高教学水平。教师将会被视为同事，而非只是一架大机器上的一个齿轮。① 在本时期，学区教育督导与民众的联系日渐增多，开始尊重教师的人格，并与教师建立了良好的人际关系。民主领导型的督导角色由此建立起来。

在19世纪末20世纪初这段时期，美国教育实行地方分权。联邦一级的教育机构并不负责教育的实施与管理，这两项责任属于州和地方学区。地方学区和学校是美国教育制度的基层单位，这种管理体制使得美国教育实践呈现出多样化的复杂局面。地方分权和多样化的特点充分体现在教育督导工作中，随着时代的发展逐渐呈现出不同的特点。

二、联邦教育行政体制

19世纪末20世纪初，美国迈向国家主义的步伐加快，开始加强对全国教育的宏观调控。首先，在南北战争后的重建运动中，南方各州在政府规定的条件下重归联邦，统一的国家政府再次建立，联邦政府的作用得到加强。内战所带来的变化在很大程度上为国家主义提供了支持。其次，20世纪之后美国从自由资本主义过渡到垄断资本主义时代，越来越多的社会问题难以通过社会自治和地方政府解决，各种各样的利益集团开始求助于联邦政府，使其参与到社会事务的管理中。在众多因素的影响下，联邦政府突破"有限政府"

---

① [美]苏珊·沙利文、[美]杰佛里·格兰仕:《美国教学质量监管与督导》，翟帆译，16页，哈尔滨，黑龙江教育出版社，2016。

原则的束缚，逐渐从社会治理的"旁观者"向"参与者"转变。美国政府对全国教育加强宏观控制的主要途径并不是通过教育行政手段，而是通过全国性教育组织和各种教育基金会进行间接干预和引导。

(一)联邦教育机构的建立

在内战时期，美国联邦政府的教育行动已经不再局限于制定和颁布各类教育政策。加之当时各州贫富差距各不相同，教育各自为政，制度不统一，发展水平悬殊，在面对如何促进教育平等、协调各州之间以及各州与联邦的关系等问题时，联邦政府意识到建立中央教育领导机构的必要性。由此，在各种力量的相互博弈中，联邦政府领导管理教育的机构应运而生。

1867 年 3 月，美国设立联邦教育部，由亨利·巴纳德(Henry Barnard，1811—1900)为联邦教育部首任教育专员。教育部的任务是负责收集各州和各地区教育发展的统计资料，交流全国教育组织、领导、学制和教学方面的情况。联邦教育部的成立在某种程度上推动了联邦内部各类教育活动的一致。① 由于联邦教育部的价值尚未使美国国会议员信服，政治家们、公民以及教育部领导人并未做好联邦干预教育事务的准备，它不断遭到反对者们的攻击，之后很快就丧失其部级地位。于是 1869 年教育部改为隶属于内政部的办公室，名为联邦教育署，其职责变成收集各类教育数据。在这段时期，美国联邦政府对联邦教育机构的态度十分含混，虽然成立了教育部，但后来却削弱了它的职能，将其变为教育信息的收集者。尽管联邦教育署并未获得特权，但是在教育领域收集教育信息并不意味着永远没有任何权力。联邦教育署的存在使联邦政府在教育事务上的管理角色得以建立和合法化，影响越来越大。

---

① [美]韦恩·厄本、[美]杰宁斯·瓦格纳:《美国教育：一部历史档案》第三版，周晟、谢爱磊译，236~237 页，北京，中国人民大学出版社，2009。

1929—1933 年，美国爆发历史上严重的经济危机，罗斯福政府开始实施一系列政府干预的新政，进一步增强联邦政府的权力。美国学术界一致认为，这一时期是联邦政府权力不断扩张、州权持续衰减的起点，联邦政府的权力逐步延伸到教育等其他领域。1939 年，联邦政府调整机构，将教育署归属联邦安全部。总体来说，在 19 世纪末 20 世纪初这一时期，联邦政府教育机构的职能有以下几方面。

首先，联邦教育机构负责收集各州教育资料、统计教育数据和情报、管理联邦教育经费、报道各州教育工作情况和发展国际教育关系、提供咨询帮助等。虽然联邦教育机构并不领导各州教育的实施，但是仍通过提供改革方案或建议的方式来促进全国教育的发展。

其次，联邦教育机构通过土地赠予和财政拨款的方式来支持和影响各州发展教育。由于美国宪法在支持公共教育上保持沉默，联邦政府就必须运用"潜在的力量"来支持教育的发展。这些"潜在的力量"来源于法律规定的福利条款，如"土地赠予"。美国国会先后分别通过《退还战时直接税收法案》《森林资源收入法案》《矿产使用法案》，将其退还的税收或收入作为发展基础教育的经费。1917 年，美国国会通过的《史密斯-休斯法案》规定，由联邦政府补助各州实施农业、工业、家政、商业、供应分配五种教育，为帮助各州开设高中职业课程提供匹配资金。在高等教育方面，1862 年《莫雷尔法案》规定联邦政府向各州拨赠土地来发展农工学院。该法案标志着联邦政府大规模干预高等教育的开始，为联邦政府资助高等教育树立了典范。1887 年、1890 年、1906 年美国政府分别通过《海奇法案》(Hatch Act)、《第二莫雷尔法案》和《亚当斯法案》，以增加对高等教育的补助。美国国会于 1925 年、1935 年分别通过立法进一步增加联邦政府对农业实验站的补助，联邦政府和州政府对农业实验站的资助力度由此逐年增加。

最后，联邦教育机构负责印第安人和移民教育。19 世纪末 20 世纪初，美国移民数量大增，少数族裔人口众多且分布在各州。移民文化的多样性对学校教育管理提出新的要求，一直以"大熔炉"自称的美国政府对这一问题责无旁贷。经过美国西进运动、印第安保留地制度的建立以及《道斯法案》的实施，美国联邦政府逐渐从土地问题转移到对印第安人的教育问题上来。19世纪70年代，美国政府开始对印第安人的教育进行年度拨款，对印第安人实施强制同化教育，使其顺应美国的主流文化。主要措施是建立印第安人学校，对印第安人进行唯英语教育，传授基本的文化知识，进行公民意识教育、法制意识教育和爱国教育，培养印第安人的爱国精神和自给自足的能力。

在19世纪末20世纪初这段时期，美国联邦政府从"旁观者"转向"参与者"。联邦教育机构自1867年成立之初仅有工作人员5人，到"二战"前已增至500余人，卷入的教育活动以及经管的项目日趋增多，遂成为拥有多种职权的联邦教育领导机构。联邦政府通过制定和实施全国性的教育法、不断增加与地方合作的项目以及对地方教育的拨款等措施，从而把联邦政府的教育政策渗透到各州，来加强对各州教育的实际控制。

(二)美国全国教育协会的协助

美国联邦教育机构的成立并非一帆风顺。1867年，美国国会通过立法首次设立联邦教育机构——教育部。在建立教育部之后的数年间，关于教育部存废的争论一直不绝于耳。在其建立的曲折进程中，除了有关键人物的推动外，美国全国教育协会发挥着力挽狂澜的作用。

美国全国教育协会(National Education Association of the United States)始创于1857年，是由10个州的教师组织联合组成的专业团体。这些教师团体的共同目标是推动教师职业的发展。到19世纪90年代，美国全国教育协会成为拟定教育政策的主要领导部门，也是制定和研究教育政策的中心。[1] 自美国

---

① [美]乔尔·斯普林：《美国学校：教育传统与变革》，史静寰译，436页，北京，人民教育出版社，2010。

全国教育协会诞生以来，其名称经历美国教师协会(National Teacher Association)、美国教育协会、美国全国教育协会这几次的调整。曾任联邦教育署的第五任教育专员布朗(Brown)称，在某种意义上，联邦教育署是美国教育协会之子。正是由于全国州督学及市督学协会，即美国全国教育协会督导部前身的号召，教育署才得以诞生。

随着内战的爆发，战争所带来的冲击使公共教育的普及提上日程。为了重建联邦、维系国家，公共教育的普及迫在眉睫，而建立联邦教育部有助于公共教育的普及与改善。

1866年2月，美国督学协会(National Association of School Superintendents)在华盛顿召开第一次会议。爱默生·怀特(Emerson White，1829—1902)在会上提出建立联邦教育部。经商讨后，美国督学协会将修改的决议交托于美国国会议员加菲尔德(Garfield)。1866年6月，加菲尔德向美国国会呈交设立教育部的修正案。该法案规定教育部的主要任务是负责收集各州和各地区教育发展的相关信息和数据，交流全国教育组织领导、学制和教学方面的情报。但是关于教育部与各州及各地方学校机构之间的关系，以及教育部如何收集教育数据这些问题，该法案并未加以明确规定。这些纰漏成为反对者抨击、诟病的把柄。在1866年6月5日和8日这两天，支持者和反对者围绕该法案展开激烈的辩论，最终该法案在众议院通过。继而，该法案被呈交至参议院讨论决定。为了督促参议院顺利通过该法案，美国教师协会和美国督学协会通力合作，于1866年8月各成立一个五人委员会，旨在对参议院的议员进行有针对性的督促和游说，以确保该法案通过。最终，该法案于1867年2月通过。1867年3月，安德鲁·约翰逊(Andrew Johnson，1808—1875)总统签署《教育部法》。至此，美国联邦教育部在美国教育中获得一席之地。

然而，对于公共教育倡导者来说，这场博弈并未结束。联邦教育部之所以得以保全，除了美国国会议员的奔波游说，还与1870年建立的美国教育协会的大力协助息息相关。

1870年，在克利夫兰举办的年会上，美国教师协会与美国师范学校协会（American Normal School Association）、美国督学协会、美国中部学院协会（Central College Association）三个教育协会合并，正式更名为"美国教育协会"。同年，曾任田纳西州州督学的伊顿（Eaton）成为新一任的教育专员，受邀出席美国教育协会的年会，发表了题为"联邦政府与公共教育的联系"的演讲。这是他就任后第一次公开宣讲联邦教育署的方针大略。因此，这一年被视为联邦教育署"重振旗鼓"的起点。此后，伊顿频繁地参加美国教育协会的年会。这不仅促进了联邦教育署的发展，也加紧了联邦教育署与美国教育协会的密切合作关系。自1870年以来，美国教育协会不断通过各种方式来推动联邦教育署的发展。

总体来说，在19世纪末20世纪初这一时期，美国全国教育协会的努力有以下几个方面。第一，邀请联邦教育署职员参加会议，借由大会演说与决议，为联邦教育署宣传，并为其收集教育信息，提供交流平台。第二，充当联邦教育署的智囊团，为解决教育问题和改革建言献策。第三，向美国国会请愿成立联邦教育署委员会，并增加对联邦教育署的拨款及自治权。尽管当时联邦教育部很快丧失了其部级地位，被重组为"教育署"，但是其成立与发展无疑得益于美国全国教育协会的大力支持和帮助。而建立一个联邦教育机构，促进各州公共教育的统一和发展，也正是美国全国教育协会早期努力的目标所在。除此之外，美国全国教育协会作为一个非官方的教育组织，对美国初等教育、中等教育、高等教育、师范教育和印第安人教育等产生了重要的影响。

（三）联邦政府与基金会的关系

在美国早期移民时期，人们温饱问题还未解决之时就把办学校放在第一位。基金会继承重视教育的传统，相信"知识就是力量"。教育是一切之本，教育是一本万利之事，这一思想始终贯彻于基金会之中。① 基金会作为一种慈善机构根植于美国悠久的慈善传统和文明，以民间力量的方式活跃在教育事业领域，有着极大的行动自由和决策自主权，与政府之间保持着既独立又相互渗透的伙伴关系，对美国教育的发展发挥着重要作用。

19 世纪末 20 世纪初，美国经济迅速腾飞，社会贫富差距急速扩大，社会阶层矛盾扩大，严重的社会问题使得美国社会动荡不安。在政府和人民的双重压力下，少数垄断财团为了缓解社会压力、阶层矛盾和改善自身的不佳形象，开始拿出自己的钱财回报社会，这为基金会的建立创造了物质条件。于是在洛克菲勒、卡内基等人的推动下，具有现代意义的私人慈善基金会纷纷涌现。教育总会(General Board of Education)、洛克菲勒基金会(Rockefeller Foundation)、卡内基教学促进基金会、卡内基基金会(Carnegie Corporation of New York)、拉塞尔·塞奇基金会(Russell Sage Foundation)等，成为最早的一批现代公益基金会。在这些基金会建立之初，创立者就把建立大学、图书馆和医院等非营利机构作为捐赠的优先领域，从而教育成为基金会关注的重要领域。

在基础教育领域，基金会致力于提高美国南部人民的初级和中级教育水平，掀起对学童体检的运动，促使教育部门增加有关教育的预算，提倡教育普及。美国高等教育的发展也得益于这些基金会的慷慨相助。19 世纪末 20 世纪初，美国高等教育机构因数量快速增加、教学内容陈旧、学术水平低、质量参差不齐、脱离时代要求而广受社会的批评。当时很多名义上的学院和大学实际上从事的是相当于中等层次的教育工作。在这种情况下，美国基金会为重建整个美国的高等教育系统做出了诸多的努力。其中，对高等教育影响

---

① 资中筠：《财富的归宿：美国现代公益基金会述评》，279 页，上海，上海人民出版社，2006。

较大的是由卡内基和洛克菲勒创立的基金会。基金会的捐资赞助还推动了美国传统知识型大学向研究型大学的转变。"在高等教育的重要资助者中，没有一个资助者所花费的一美元能比私人慈善基金会产生的影响力更大"，"基金会不仅对美国大学和学院的进步意义重大，而且在许多情况下已经是主要的贡献者"。① 20世纪初，少数族裔的教育、就业、医疗和生存问题成为慈善家们关注的重要问题。基金会通过对黑人进行资助和建立黑人中学、黑人大学等途径，对消除种族隔离、提升黑人的社会地位和生活水平起到积极作用。此外，美国慈善基金会还十分支持教育调查、教育研究和组织机构等，至今对美国教育的发展发挥着不可代替的作用。

基金会在发展历程中，与政府之间保持着既独立又相互渗透的伙伴关系。乔尔·斯普林(Joel Spring，1940—)认为私人基金会是使教育政策和教育实践全国化的重要工具，基金会的活动通常会引起政府行为的发生。② 民众通常没有意识到基金会在改变教育政策上的作用，甚至那些为基金会工作的知识分子，包括大学教授，实际上已经成为这种力量的仆人。从某种意义上说，基金会在绝大部分时间里都在与政府密切合作，是政府的"影子内阁"，具体表现如下。

基金会对教育领域的大量资金捐助，极大程度上弥补了政府对教育资金投入的不足，对教育及其政策产生了积极的影响。南北战争后，基金会为南方黑人提供隔离的职业教育影响了美国教育的基本结构。从大型基金会流出的资金使得20世纪初期为南方新兴的工业而设计的隔离的职业教育成为可能，支持资金由皮博迪基金会、洛克菲勒教育总会、斯莱特基金会和罗森沃尔德基金会共同提供。这些慈善家群体关心的是如何为南方新兴的工业发展

① Charles T. Clotfelter, "Patron or Bully? The Role of Foundations in Higher Education," Terry Sanford Institute of Public Policy, 2005, p.5.

② Joel Spring, *American Education (Ninth Edition)*, New York, McGraw-Hill, 2000, p.230.

培养非移民、非联合的劳动力量。此外，卡内基基金会赞助的研究为美国参议院决定终止南方学校种族隔离制度做出了重大贡献。该研究始于1938年，于1944年出版专著《美国的困境》(*An American Dilemma*)。该专著从社会科学的角度证明了种族隔离学校的存在本质上体现了教育的不平等。

事实上，基金会真正的力量在于影响和控制其所资助的领域。例如，卡内基教学促进基金会1906年提出设立四年制学院的最低标准；1908年设定卡内基学分；1909年发表批评美国医学院教育的研究报告，并于1910年提倡建立医学教育的新模式；20世纪30年代设计研究生资历考试(GRE)。基金会及其所资助的各类研究机构所发表的报告、文章和著作，不仅为美国政府制定教育政策提供了理论研究依据，同时还发挥着引导舆论的作用，通过舆论促使政府颁布或实施某些政策。

基金会与政府之间的密切合作还表现在基金会董事会成员与美国政府官员之间的相互流动。这种流动性体现在美国政府里的许多官员在从政之前或卸任以后，有过在慈善基金会工作的经历。慈善基金会与其思想库可以说是美国社会精英人才的"中转站"、政府的重要人才储备库。比如，1905—1939年担任卡内基教学促进基金会首任主席的普利切特，在担任基金会领导职务之前曾在麻省理工学院担任校长。尤其是"二战"之后，基金会与政府的人员流动和交往更为频繁。这种职位的流动性导致基金会与政府的合作更为频繁，有利于基金会实现自己的政策主张。

基金会在20世纪初叶兴盛于美国，是其历史、文化、宗教、科技发展及当时美国国内外社会背景的综合反映。自其成立之始，凭借着巨大的财力、人员的循环性、大量的研究项目，不断地从公益事业的角度参与政府教育政策的制定和实施。其所制定和实施的各种教育政策往往成为政府后来制定教育政策的经验和依据，对美国教育政策产生了极大的影响。

第二节 美国教育政策与法律的发展

19世纪末20世纪初这一时期，在美国历史上被称为"改革时代"。美国联邦政府和各州政府通过教育立法和政策调整来推进基础教育、高等教育、职业教育、黑人教育、印第安人教育的改革，以促进教育均衡发展，是美国这一时期教育改革的重要任务。除了政府力量的推动外，各类教育协会和慈善团体也对教育政策与法律的制定发挥着重要作用。

一、基础教育政策与法律的发展

19世纪末20世纪初，伴随着工业化发展，大量的人口从农村向城市迁移，加之国外移民数量的激增，美国掀起了学前教育、义务教育及中等教育立法的浪潮。

(一)学前教育立法

19世纪末，学前教育作为一种舶来品逐渐向美国化转变，幼儿园已发展成与美国社会生活方式相适应的一种教育机构。但是，此时的学前教育机构仅靠一些社会慈善人士的维持，缺乏独立经营的自主权。而且，随着学前教育地区范围的扩大，教育对象数量的增加要求公共财政补助成了当务之急。于是，教育界人士希望将学前教育与公共教育制度联系起来，以保证学前教育在教育体系中的地位。1873年，威廉·哈里斯和布洛在圣路易斯市创办美国第一所公立幼儿园。之后，哈里斯向圣路易斯市的教育委员会提交一份提案，要求把学前教育作为公共教育制度的一部分，并为此开始了积极的活动。

在哈里斯和布洛的不懈努力下，幼儿园公立化取得可观的成绩。其他各州纷纷效仿，大力发展公立幼儿园，促进了公立幼儿园迅速的普及和推广。这份提案获得教育当局的批准，学前教育首次正式进入公立教育体系。到

1880年，有52所小学附设了幼儿园。1887年，美国已有189个地区的公立学校附设了幼儿园。截至19世纪末，美国10个主要城市都建立了公立幼儿园制度。1912年，美国幼儿园达6563所。1914年，公立幼儿园已有7554所。①

到1909年，美国政府首次召开以儿童和青年为主题的会议，开启美国儿童福利的新时期。美国政府开始承担儿童救济和儿童福利的主要责任，并制定出一系列保障儿童权利的法律和福利政策。1912年，美国国会建立的联邦儿童局，成为开展儿童保健教育、双亲教育以及母婴服务的政府机构。其主要职责是制定儿童福利政策，提供经费，协助州政府执行儿童福利方案。1919年，美国召开第二次会议，威尔逊总统将这一年定为"儿童年"。该会议提出了对幼儿的看护、儿童和母亲健康的最低标准等问题。1930年，第三次白宫会议召开，从医疗服务、公共健康服务和管理、教育和培训、残疾儿童四个方面来组织。该会议上所讨论的涉及儿童的建议为日后《社会保障法》(Social Security Act)关注儿童方面奠定了基调。每隔十年召开一次的白宫会议，逐步明确了美国联邦政府在儿童福利事业发展中的主导角色。

1921年，联邦儿童局制定《母子法》，由美国联邦政府向各州提供活动基金，目的是在儿童福利、双亲教育以及母子保护政策等方面，能够有效地保障母婴权益。在美国联邦政府的财政支持和政策目标导向下，许多州都把双亲教育作为正规的行政业务之一来对待，开展学龄前儿童的研究活动。

20世纪30年代，美国遭遇经济危机，出现社会动荡不安、人民生活窘困等问题。为了维护社会稳定，1933年罗斯福政府颁布《联邦紧急救济法》(Federal Emergency Relief Act)，建立联邦紧急救济署，以拨款的方式为各州的失业人员和贫民提供直接救济。《联邦紧急救济法》规定，由美国联邦政府出资建立覆盖全国的紧急保育学校(Emergency Nursery School)，给那些贫困但

---

① 日本世界教育史研究会：《世界幼儿教育史》上册，刘翠荣、梁忠义、吴自强等译，306~308页，长春，吉林人民出版社，1986。

优秀的教师提供就业机会，并满足经济困难的幼儿和家庭在营养、健康、教育等方面的需求。到 1938 年，紧急保育学校不仅为贫困家庭儿童提供有营养的食物，而且实施与各年龄组相适应的课程，配备受过短期专业培训的幼儿教师。紧急保育学校是美国联邦政府首次通过法律建立的，以提供福利为目的，对学前教育机构运作标准制定以及教师教育等产生深远的影响。之后，美国联邦政府在 1936 年制定《社会保障法》，取代《母子法》。该法案是关于母亲护理、儿童保健以及儿童福利设施建设的法律，旨在对失业者家庭的幼儿实施财政援助。这种援助主要是用于促进学前教育计划的实现。在 1933 年美国联邦政府保育学校计划实施之前，美国设立的保育学校已达 300 多所。[1]

在"二战"期间，为了解决儿童看管问题，美国出台了《拉汉姆法案》(Lanham Act)。该法案规定美国联邦政府拨款建立儿童保育中心(Child Care Center)。《拉汉姆法案》中提到的儿童保育中心是继紧急保育学校后，美国联邦政府又一次为解决社会保障问题而要求建立的。紧急保育学校和儿童保育中心的区别在于，紧急保育学校以服务于贫穷或双亲失业家庭的儿童福利为主旨；儿童保育中心则是为所有参加军工生产家庭的儿童服务。1933—1946 年，美国的学前教育呈现出一个前所未有的发展态势。据统计，在保育学校计划实施的第二年就建立了 1913 所紧急保育学校，有 72404 名儿童登记在册；在《拉汉姆法案》实行期间，有 55~60 万个儿童登记在册。[2]

"二战"之前，美国联邦政府重点关注领域在政权稳定、经济发展和民生等方面，在教育领域却保持着"局外人"的态度，对学前教育领域更是鲜有涉足。但紧急保育学校和儿童保育中心的建立，促使民众对学前教育产生了强烈的关心，同时也意味着美国联邦政府首次承认为学前儿童的教育和保育提

---

[1]　日本世界教育史研究会：《世界幼儿教育史》下册，张举、梁忠义、刘翠荣等译，85 页，长春，吉林人民出版社，1986。

[2]　V. Celia Lascarides & Blythe F. Hinitz, *History of Early Childhood Education*, New York, Falmer Press, 2000, p.386, p.393.

供公共资金支持的责任。

(二)初等教育立法

19世纪末20世纪初，伴随着工业化进程而来的大量农村人口和国外移民，他们的生活条件通常较为窘迫，无暇管教和教育自己的孩子。这样一来，这些儿童的教育成为当时社会所关心的事项，并在19世纪末掀起义务教育立法的浪潮。

1852年，马萨诸塞州通过的《义务教育法》，是美国第一部强迫义务教育法规，为美国其他州实行义务教育树立了典范。该法规规定8~12岁适龄儿童每年需入学学习12周，其中6周要连续上课。1853年，纽约等州又相继通过义务教育法。到1885年，有15个州建立强迫义务教育制度。1890年，有27个州通过义务教育法。1900年后，美国北部、西部地区各州几乎全已制定强迫就学法规。到1918年密西西比州颁布强迫义务教育法之后，美国联邦内的48个州都通过该法。在这些法规中，美国各州规定强迫就学年龄以及在强迫义务教育年限中每年就学的周数，并对违法者处以1~200美元的罚金，或处以2~90日的拘役。为防止城市学龄儿童的父母迫使儿童辍学就业，美国各州、市还制定儿童劳动法。此类法规的颁布在一定程度上提高了儿童入学率，使入学率从1865年的50%增加到1900年的72%。同时，截至1900年，儿童每年平均在校学习时间达到99天，这一数字是19世纪的2倍。①

强迫义务教育法的实施和义务教育观念的深入使得教育征税制度更加完善，表现在免费项目资助范围的不断扩大。除了免除学费外，美国各州开始免费供应课本和儿童膳食。从"一战"之后到1927年，美国有20个州硬性规定免费供应课本，有25个州以法规形式规定免费供应课本。1935年，根据《农业调整法》的规定，将剩余粮食分配给小学，又酌量免费供应儿童膳食，

---

① [美]L. 迪安·韦布：《美国教育史：一场伟大的美国实验》，陈露茜、李朝阳译，207页，合肥，安徽教育出版社，2010。

开始实施学校的学生午餐计划。表 2-1 为 1852 年以来美国各州颁布强迫义务教育法的年份。

表 2-1　1852 年以来美国各州颁布强迫义务教育法的年份

地区	年份	地区	年份	地区	年份
马萨诸塞州	1852	伊利诺伊州	1883	艾奥瓦州	1902
佛蒙特州	1867	北达科他州	1883	马里兰州	1902
新罕布什尔州	1871	南达科他州	1883	密苏里州	1905
密歇根州	1871	蒙大拿州	1883	特拉华州	1907
华盛顿州	1871	明尼苏达州	1885	北卡罗来纳州	1907
康涅狄格州	1872	内布拉斯加州	1887	俄克拉何马州	1907
内华达州	1873	爱达荷州	1887	弗吉尼亚州	1908
纽约州	1874	科罗拉多州	1889	阿肯色州	1909
堪萨斯州	1874	俄勒冈州	1889	路易斯安那州	1910
加利福尼亚州	1874	犹他州	1890	田纳西州	1913
缅因州	1875	新墨西哥州	1891	亚拉巴马州	1915
新泽西州	1875	宾夕法尼亚州	1895	佛罗里达州	1915
怀俄明州	1876	肯塔基州	1896	南卡罗来纳州	1915
俄亥俄州	1877	印第安纳州	1897	得克萨斯州	1915
威斯康星州	1879	西弗吉尼亚州	1897	佐治亚州	1916
罗得岛州	1883	亚利桑那州	1899	密西西比州	1918

资料来源：成有信，《九国普及义务教育》，238 页，北京，人民教育出版社，1985。

（三）中等教育立法

19 世纪 30 年代，公共教育运动使美国初等教育向前迈进了一大步。美国中西部地区出现大量的公立学校，并且逐渐创立了教育领导体制，进一步促进了公立中学的发展。1870 年，公立中学的概念还未深入人心，此时美国仅有 500 所中学。到 19 世纪末期，美国社会对农工业人才的迫切需求以及中产阶层家庭对其子女接受更高层次教育意愿的增加，使得中等学校的数量和学生人数都持续增加。

在中等教育发展的过程中，1874 年密歇根州高级法院对卡拉马祖诉讼案做出的历史性裁决具有划时代的意义。它加速了公立中学的普及，确立了以公共税收为中学提供财政支持的法律地位。这个案件源于密歇根州 1859 年的一项法案。该法案规定超过 100 名学生的学区内，只有当地居民投票认可后才能开办高中。1872 年，密歇根州卡拉马祖市决议增收税款用以创设中学，但遭到了市民的控告。其控告的理由是当地居民从未进行过任何投票，法律只规定把基础教育视为公民所需受到的教育，而再设免费中学则超出法律要求的限度。密歇根州高级法院对此做出裁决，指出法律从未规定基础教育的范围，在议会和公民的同意下中学可以属于基础教育范畴。当时美国许多州也有类似的诉讼案，结果和卡拉马祖市的裁决一致。卡拉马祖市的裁决成为美国其他州为公立中学征税的先例，引导着各州在法律上尽快建立起面向中学的教育征税制度，使公立中学得以迅速发展。1875 年，美国公立中学的学生不足 25000 名，到 19 世纪 80 年代公立中学的学生已经超过私立中学，1880 年公立中学的学生达 10 多万人；1890 年，公立中学达 2526 所，在校学生达 20 多万人；1900 年，公立中学达 6000 多所，在校学生超过 50 万人。

美国争取免费学校斗争的真正胜利是确立了三个重要原则，公立学校制度必须建立在这些原则的基础上。第一个原则是教育是州的一项重要职责，而不是传统上认为的是家庭的义务；第二个原则是第一个原则的推断结果，即州有权力通过向公民的财产征收充足的资金为学校提供资助；第三个原则是公共资助的学校向所有青年人开放。①

---

① ［美］S. 亚历山大・里帕：《自由社会中的教育：美国历程》第 8 版，於荣译，116 页，合肥，安徽教育出版社，2010。

二、高等教育政策与法律的发展

19 世纪末 20 世纪初，美国高等教育进一步完善，高等学校类型日趋多样化，具体表现在赠地学院的发展、高等职业技术教育的发展、研究型大学的创办等，较好地满足了美国社会发展所提出的不同类型、不同性质的高等教育需求。这一时期美国高等教育政策与法律随之不断健全。

(一)赠地学院的发展

为了适应美国产业革命和发展资本主义经济的需要，许多有识之士开始呼吁美国联邦政府改革传统高等教育，采取有效措施来资助各州创建新型高等学校。1862 年，《莫雷尔法案》的颁布标志着美国联邦政府大规模干预高等教育的开始，为美国联邦政府资助高等职业教育树立了典范。1887 年，《海奇法案》规定建立农业实验站，从事农业科学实验研究，使赠地学院真正获得研究功能和社会服务功能。20 世纪后，赠地学院进入快速发展的时期，赠地学院在职业教育上从量的扩张走向质的提升，成为美国重要的高层次职业人才的培养基地。

1890 年，《第二莫雷尔法案》规定每年为依靠美国联邦政府赠拨土地建立的农工学院提供年度拨款(美国联邦政府每年对各州赠地学院拨款的最低限度为 1.5 万美元，之后每年递增 1000 美元，最高限额为每年 2.5 万美元)，旨在为实施农业与工艺教育的赠地学院提供更全面的资助。此外，该法案规定各州必须立法同意并保证不会因管理不善而造成资金流失；还要求赠地学院院长必须向农业部部长和内务部部长提交年度报告，由内务部部长决定该学院是否有资格获得每年的拨款。该法案还要求任何州在没有确定"隔离但平等"制度的情况下，不得因种族原因拒绝黑人学生入学，否则该州就无法获得拨款。之后，有 17 个州为黑人建立了单独的赠地学院。《第二莫雷尔法案》是美国联邦政府首次以法案的形式给予高等院校现金资助，是反对种族歧视的联邦立法之一，是赠地学院发展史上的重要里程碑。

较《莫雷尔法案》而言,《第二莫雷尔法案》对学科教学范围做了更详细的规定。这样有助于将有限的经费切实应用于与工农业生产关系密切的学科教学上,从而提高经费的教育效益。《第二莫雷尔法案》不仅反映了美国联邦政府对高等职业技术教育主导作用的增强,也是美国高等职业技术教育立法进一步制度化的标志。

除《莫雷尔法案》《第二莫雷尔法案》之外,美国国会还在 20 世纪初先后颁布一系列法案,为赠地学院的发展提供更多方面的物质保障和经费支持。其中包括《亚当斯法案》、《纳尔逊修正案》(Nelson Amendment)、《史密斯-利弗法案》、《珀内尔法案》(Purnell Act)、《班克黑德-琼斯法案》(Bankhead-Jones Act)。

1906 年,《亚当斯法案》要求美国联邦政府增加对农业实验站的资助,为每个实验站资助 5000 美元,之后每年增加 2000 美元,直到总资金达 1.5 万美元。在充分考虑美国个别州或准州不同条件和要求的基础上,该资金主要用于支付与美国农业相关的创造性研究或实验的必要花费。[①] 该法案还给予农业部部长对资助款更多的控制权,要求农业部部长探知与证明每一个实验站是否服从规定,是否有资格接受每年的拨款。[②] 因此,农业部部长要求农业实验站在接受投资之前,以联邦实验站办公室倡导的具体形式,概述其研究工作的必要性。在赠地学院发展史上,这是农业部第一次给予州的机构直接权威,扩大了联邦对州机构的控制。除了联邦控制增加外,该法案对实验站还具有重要的意义:一方面是调查的项目第一次系统化,强调研究的成效,以提高资金的使用效益;另一方面是对实验站基础研究的规定,促进赠地学院研究生工作的快速发展。

1907 年,《纳尔逊修正案》规定,从 1908 财政年度始, 5 年内在最初的赠

---

① 李素敏:《美国赠地学院发展研究》, 85 页,保定,河北大学出版社, 2004。
② 李素敏:《美国赠地学院发展研究》, 85 页,保定,河北大学出版社, 2004。

地基金基础上，每年额外追加 5000 美元。其在经费使用限制上与《第二莫雷尔法案》的规定相同。但有一个例外，即经费可用于农业及工业艺术师资的培养工作，以缓解日益兴起的农业教育对合格师资逐渐扩大的需求。

1925 年，《珀内尔法案》为每个州或准州的实验站每年拨款 2 万美元，之后逐年增加，最高达到每年 6 万美元。1935 年，《班克黑德-琼斯法案》将其60% 的拨款用于实验站的研究，进一步增加美国联邦政府对农业实验站的补助。这样美国联邦政府和州对农业实验站的资助力度逐年增加。

(二)《史密斯-利弗法案》

《莫雷尔法案》开创了美国联邦政府资助高等农工教育的传统，《海奇法案》奠定了赠地学院进行科学研究的基础，而《史密斯-利弗法案》则将赠地学院农业技术推广工作提升到一个新高度。1911 年，美国国会议员阿斯伯里·弗朗西斯·利弗(Asbury Francis Lever)在众议院提出一个由美国联邦政府资助成立农业推广系统的法案，后经美国国会议员霍克·史密斯修改后，提交参议院讨论通过。1914 年，由威尔逊总统签署正式成为法律。该法案称为《史密斯-利弗法案》，是美国联邦政府旨在鼓励传播和应用农业、家政方面知识的法规，是《莫雷尔法案》的"孵化"法案之一。《史密斯-利弗法案》的出台是美国联邦职业技术教育立法的自然延续。与《海奇法案》一样，该法案的关注点仍是农业教育，但重点是将赠地学院的社会服务理念转为服务实践行动。

《史密斯-利弗法案》第二条具体说明了承担农业合作推广工作，包括给那些没能入学院的人进行农业和家政的教学和实际示范，通过田地示教等方式向其他人传播农业和家政信息。这些项目的实施应得到农业部部长、州立农业学院或受益于该法案的学院的同意。① 该法案规定每年由美国国库固定拨款48 万美元，授权美国联邦政府资助愿意拨出对等匹配资金并立法同意该法案规定的各州，使每州每年可获得 1 万美元。此外，第二年拨款 60 万美元，以

---

① 夏之莲：《外国教育发展史料选粹》下册，167 页，北京，北京师范大学出版社，1999。

后7年中每年增加50万美元,直至每年的拨款达410万美元。大部分拨款按每州乡村人口占全国乡村总人口的比例来分配。① 为了更好地推广实验站的研究成果,该法案还规定:从联邦到各赠地学院自上而下分别设立专门的农业推广部门,即联邦建立农业推广局领导推广工作;各州建立专门机构负责制订农业推广工作计划;各县设立农业推广办公室,负责本县的农业推广项目;赠地学院建立农业推广站,形成以赠地学院为中心的推广体系。此外,美国政府还制定更加多样的措施来加强对该法案的实施监督工作,以提高联邦拨款的有效利用率。

由于各方的努力,《史密斯-利弗法案》取得极大的成功,参与农业技术推广的教育机构、人数及资金都持续增加。到1914年,约30%的县设立了农业技术推广教育机构,10%的县创办了家政教育演示机构。到1919年,超过75%的县设立了农业机构,35%的县创办了家政教育演示机构。积极参与农业技术推广教育工作的农民从1914年的10.6万人增加到1919年的40万人。农业技术推广教育资金从1915年的360万美元增至1919年的1470万美元。《史密斯-利弗法案》的颁布和实施加快了农业科学知识的普及,与之前出台的《莫雷尔法案》《第二莫雷尔法案》和《海奇法案》,以及随后出台的相关法案等一同建构了美国高等农业职业技术教学、科研、推广工作的完整结构,为其后美国联邦政府介入中等职业技术教育立法提供了范例和基础。在《史密斯-利弗法案》以及其后其他资助推广工作的美国联邦法案,如1924年的《克拉克-麦克纳里法案》(Clarke-McNary Act)、1928年的《卡珀-凯查姆法案》(Capper-Ketcham Act)、1946年的《研究与销售法案》(Research and Marketing Act)等不断的支持下,不仅推广工作迅速地由区域性、经验性的活动转为全国性、专业性的活动,而且各类推广机构不断完善,推广人员数量不断增加,推广领域不断拓展。

———————————

① 李素敏:《美国赠地学院发展研究》,97页,保定,河北大学出版社,2004。

1929年,《乔治-里德法案》授权美国联邦政府为各州赠地学院的农业和家政经济计划专业拨款100万美元。该法案最先为农业和家政业提供联邦追加拨款,取消《史密斯-休斯法案》对家政教育资金的限制,使家政教育获得与其他职业技术教育相同的地位。1934年,美国国会颁布《乔治-埃雷尔法案》,规定美国联邦政府为各州赠地学院的农业专业提供300万美元的拨款。1936年,《乔治-迪恩法案》规定美国联邦政府为各州农工学院拨款1400万美元(其中农业教育专业接受的资助为1000万美元)。这些法案的颁布与实施促进了赠地学院的农业科学研究与农业技术推广的结合。

19世纪末20世纪初颁布的一系列法规,创造性地确立了美国赠地学院的教学、科学研究和技术推广、社区服务三结合的运行体制,既保证了赠地学院的办学方向,有效地解决了赠地学院所需的办学经费问题,也极大地促进了美国高等职业技术教育的发展。

三、职业教育政策与法律的发展

《莫雷尔法案》是美国联邦政府立法支持职业教育的开端,为职业教育的发展提供了法律保障。《莫雷尔法案》颁布后,美国各州普遍建立了培养高级技术人才的州立大学或农工学院,但培养中初级技术人才和熟练工人的职业教育机构并没有在美国大量创设。到19世纪末期,美国基本上完成了工业化,工业化的到来要求教育更具有实用价值。而当时的中等教育因缺少职业培训课程而受到工商业界的严厉谴责。因此,通过完善工业及职业教育立法以改革公共教育迫在眉睫。

(一)职业教育协会的助力

马萨诸塞州工业与技术教育委员会(Massachusetts Commission on Industrial and Technical Education)向马萨诸塞州议会提交的《工业与技术教育委员会报告》,和美国工业教育促进协会(National Society for the Promotion of Industrial

Education，简称美国工促会)的成立，使得职业教育运动在美国广泛地开展。①

1905 年，马萨诸塞州州长道格拉斯下令成立道格拉斯委员会，来负责调查联邦内各行业对不同程度的工作技能和能力的教育需求，调查现有的教育机构在多大程度上满足了这些行业的需要；考虑应采取何种新的教育方式，并通过书面报告和专家的证词，就其他州政府、美国联邦政府和外国政府所做的类似教育工作进行可能切实可行的调查。之后，该委员会以法案的形式提出在独立的公立职业学校中或在普通中学的专门部门中提供职业教育。1906 年，马萨诸塞州通过该项法律。同年，该委员会发表《工业与技术教育委员会报告》，分析了马萨诸塞州工业与技术教育的现状，并对发展马萨诸塞州工业和技术教育提出建议。该报告的发表虽然是一个区域性事件，但是它标志着工业教育从个人的、民间的意愿和呼吁开始向群体的、政府的行动转变。因此，该报告的发表一般被认为是美国工业教育运动的重要开端。

1906 年，美国工促会的成立，标志着工业教育运动逐渐从区域的趋势向全国的运动转变。该协会成立的主要目的在于大力宣扬工业教育的重要性，并积极推进各州的工业教育或职业教育立法，推动联邦立法资助工业和职业教育。

1907—1908 年，美国工促会及其各州分支机构就开始从事推进州职业教育立法的活动。1910 年，美国工促会与美国劳工立法协会(American Association for Labor Legislation)合作，对当时美国各州有关工业教育立法状况进行调查。调查表明，截至 1910 年 11 月，美国就实践培训已经立法的州为 29 个，尚未立法的州为 19 个。其中，这 29 个已经立法的州为职业教育项目提供了资助，如表 2-2 所示。

---

① C.A.Bennett, *History of Manual and Industrial Education 1870 to 1917*, Peoria, The Manual Arts Press, 1937, p.507.

表 2-2 美国各州对职业教育项目资助的数据统计

资助项目	技术高中	手工训练	家政训练	农业训练	工业和职业训练	各种实践活动
州(个)	10	18	11	19	11	3

资料来源: National Society for the Promotion of Industrial Education, Bulletin No. 12, 1910, pp. 24-25.

在上述这 29 个州中，有 25 个州从 1900 年就颁布了相关的规定；有 11 个州是从 1902 年开始相关立法工作的。正如美国工促会所指出的那样："没有任何一个需要大量经费和全面改革课程和方法的教育运动，能像实践训练和职业培训的要求那样，可以获得如此迅速的立法认可。"[①]在美国工促会等组织的推动下，1912 年印第安纳州、宾夕法尼亚州、新泽西州、密歇根州和华盛顿州通过职业教育立法；马萨诸塞州、康涅狄格州和纽约州对原有的职业教育立法进行修改，加强职业教育的资助力度。在美国工促会的积极推动下，越来越多的州和地方支持通过法律来保障职业教育的开展。这为日后《史密斯-休斯法案》的通过和美国联邦政府对职业教育的大力支持奠定了重要基础。

推动美国联邦政府立法资助工业和职业教育，是美国工促会较为重要的工作，更是美国工促会事业达到鼎盛的主要标志。尽管美国工促会的工作重心真正转向推动美国联邦职业教育立法是在 1912—1913 年，但早在 1912 年之前，美国工促会就已参与到美国国会立法的活动中。1908 年，美国工促会组成一个以普利切特为首的十人委员会，提出了一份题为"职业训练与普通教育体制的关系"的报告，指出从国家的经济利益的角度来看，职业教育问题急需解决；为了国家繁荣进步，有关人士应当对它进行切实的考虑，并建议美国联邦政府对有关职业教育的问题进行调查。[②]同时，该协会又多次把它所拟的职业教育法案提交给美国国会。从 1907 年开始，在美国工促会等的影响下，

① National Society for the Promotion of Industrial Education, Bulletin No.12, 1910, p.25.
② 日本世界教育史研究会:《六国技术教育史》，李永连、赵秀琴、李秀英译，297 页，北京，教育科学出版社，1984。

美国国会部分议员开始向美国国会提交职业教育议案，由此开启了美国联邦职业教育立法的历史进程。

(二)中等职业教育立法的发展

自 1906 年起，已经有许多有识之士为美国联邦政府给各州职业教育立法制度的建立提供资助而做出了诸多努力。但是由于时机不成熟，这些努力均以失败告终。例如，1906 年来自内布拉斯加州的参议员埃尔默·J. 伯克特(Elmer J. Burkett)和众议员欧内斯特·M. 波拉德(Ernest M. Pollard)向美国国会提交《伯克特-波拉德议案》(Burkett Pollard Bill)，要求联邦为各州的农业、手工培训、家政等学科的师范教育提供资金援助，设立职业科教师培训的师范学校，并发展农业、机械和家政等中等职业教育。具体要求为：每年拨款 100 万美元，其中一半的资金平均拨给各州，另一半的资金则根据服务时间长短和学生人数分配给师范学校。该法案在美国国会历经 5 年的反复审议和修改，但最终仍未能通过。1906 年，来自佐治亚州的众议员利文斯顿(Livingston)向美国国会提交《利文斯顿议案》(Livingston Bill)。该法案的主要内容包括：在美国全国范围内的每个国会选区建立中等农业学校；每所中等农业学校每年获得 1 万美元的联邦资助。但是由于响应者不多，该法案很快就被推翻了。

1907 年，来自明尼苏达州的众议员查尔斯·戴维斯(Charles Davis)提交《戴维斯议案》(Davis Bill)。该议案的主要内容有：美国联邦政府向各州和地区拨款资助中等农业学校的农业和家政教学；美国联邦政府拨款资助城市中等学校中的机械艺术和家政课程的教学；与农业学校有关的每个支部试验站每年将获得联邦拨款 2500 美元；该法案由农业部部长负责实施。该议案不仅得到了罗斯福总统的认可，还得到来自美国农民议会(Farmers National Congress)，美国农民协进会(National Grange，又译为"格兰其""保护农业社")和南部教育协会(Southern Education Association)的支持。① 但与此同时，该法案遭到美国教育专员埃尔默·埃尔斯沃斯·布朗(Elmer Ellsworth Brown)和美国教育协会的坚决反对。1907—1910 年，该议案虽由美国国会多次审议，最终还是未通过。《戴维斯议案》经修改后，1910 年来自艾奥瓦州的参议员乔纳森·P. 多利弗(Jonathan P. Dolliver)向参议院提交了《戴维斯-多利弗议案》(Davis-Dolliver Bill)，并寻求美国工促会的支持。然而，该法案最终仍未得到通过。1908 年，马萨诸塞州参议员洛奇向参议院提交了《洛奇议案》(Lodge Bill)。其采用美国工促会的建议，要求美国联邦政府拨款资助中等学校开展工业教育。虽然这项法案没有通过，但却使参议院开始意识到劳工界、工商业界和教育界对美国联邦政府资助开展职业教育的需求。②

多利弗参议员逝世后，来自佛蒙特州的参议员佩奇(Page)成为推动工业教育的参议院领袖，并向美国国会提交了联邦资助职业教育的相关议案。1911 年，佩奇向美国国会提交了《佩奇议案》，并得到了美国工促会的支持。但因此议案自身的一些缺陷，所以一直被搁置，未能进入相关立法程序。1912 年 4 月，担任美国工促会第一任全职秘书的普罗瑟被派往华盛顿，协助佩奇修改议案，以推动议案进入立法程序。以 1912 年 4 月普罗瑟担任美国工促会秘书为标志，工促会将推动国会制定相关立法、由联邦资助各州工业(职业)教育作为主要工作。同年 6 月，在美国工促会的积极运作下，宾夕法尼亚州众议员威廉·B. 威尔逊(William B. Wilson)向众议院提交了与《佩奇议案》内容相似的《威尔逊议案》(后与《佩奇议案》合并为《佩奇-威尔逊议案》)。1912 年 12 月，《佩奇议案》顺利在参议院宣读。该议案得到了美国工促会、美国劳工联盟、美国制造商协会、美国农民协进会等组织的支持，但是也遭

---

① Lloyd E. Blauch, *Federal Cooperation in Agricultural Extension Work*, *Vocational Education and Vocational Rehabilitation*, Washington, Bulletin, No.15, 1935, pp.53-55.

② Layton S. Hawkins, Charles A. Prosser, & John C. Wright, *Development of Vocational Education*, Chicago, American Technological Society, 1951, p.393.

到了一些利益集团的抵制。与此同时，与《佩奇议案》内容相近、涉及农业推广工作的《史密斯-利弗议案》(Smith-Lever Bill)也已提交美国国会，最终两项议案均未通过。《佩奇议案》虽未通过，但是作为美国工促会真正实际参与到国会立法程序中的首次尝试，为协会之后所开展的一系列工作积累了宝贵的经验。

1913年9月，史密斯参议员和利弗众议员重新起草并在美国国会提出了农业扩展法案。该法案规定，联邦农业部要与各州的赠地学院之间建立合作关系，推广农业服务制度。经过反复的论辩，美国国会终于在农业推广工作上达成妥协，于1914年通过《史密斯-利弗法案》。该法案新设农业推广服务，以帮助传播有关使用于农业和家政学科的有用且具有实践价值的信息。《史密斯-利弗法案》仍以资助农业方面的职业教育和技术推广为主，其重大意义在于建立联邦政府和赠地学院之间的合作推广服务制度。该服务制度能够帮助农民了解农业经济信息和公共政策，掌握新的农业技术，同时也为美国援助职业教育委员会的成立和日后《史密斯-休斯法案》的通过提供了良好的基础条件。

由于美国各州关于工业和职业教育立法工作的顺利开展，社会民众要求提供职业教育的呼声强烈，再加上"一战"爆发使美国各界进一步认识到受过熟练技能培训人员的重要性，美国国会加速了职业教育的立法进程。1914年，美国国会决定授权威尔逊总统创设美国援助职业教育委员会(Commission on National Aid to Vocational Education)，专门研究美国联邦政府补助职业教育的问题。该委员会主席由美国国会议员霍克·史密斯担任，其成员包括美国国会议员达德利·M.休斯、马萨诸塞州职业教育负责人普罗瑟等9人。之后，经讨论研究，美国援助职业教育委员会确定了六方面的问题并展开调查和研究，主要包括职业教育的必要性，联邦政府向州拨给职业教育补助经费的必要性，依靠联邦政府资助开办的职业学校的种类，联邦政府能在多大程度上援助各州的职业教育，为职业学校提供补助经费的范围和条件。通过发放调查问卷和举办听证会等途径，1914年美国援助职业教育委员会向美国国会提交了涵盖"职业教育的需要"等主题在内的《美国援助职业教育委员会报告》。该报告指出全美各地对职业教育具有迫切的需求，这种需求表现在：保护和开发资源；促进农业生产繁荣发展；防止人力资源浪费；增加培训工人数量；提高生产人员的收入；满足对受过培训工人的日益增长的需求；缓解生活支出增长导致的困难。因此，职业教育对国家福祉来说是必需的，开展职业教育是一项明智的投资，应当由美国联邦政府资助开展职业教育。①

在此基础上，美国援助职业教育委员会提出，美国联邦政府对州的经费补助应用于农工商业和家政等职业教育、职业教育师资培养和教师薪酬以及美国国会议员对职业教育进行调查研究的开支上；职业学校是一种民众教育机构，应当向14岁以上青少年提供有用的并且有利于就业的知识技能；职业学校可分为全日制学校、定时制学校和夜校。② 尽管《美国援助职业教育委员会报告》被搁置起来，但在一定程度上加速了职业教育的联邦立法进程，为《史密斯-休斯法案》的提出奠定了基础。

(三)《史密斯-休斯法案》

1915年12月，根据1914年美国援助职业教育委员会所提交的报告，史密斯和休斯分别向参议院和众议院提交了《史密斯-休斯法案》。该法案基本上是《美国援助职业教育委员会报告》的翻版，根据美国工促会的建议进行了微小的修改。1917年，该法案在威尔逊总统签字后正式生效。于是，得到美国联邦政府财政资助的中等职业教育正式进入了新的历史时期。

《史密斯-休斯法案》的主要内容如下。

①重视职业技术教育的发展。联邦政府与州合作提供农业、工业、商业和家政类教师的工资、师资培训的费用，并支持职业技术教育管理部门的调

---

① Commission on the National Aid to Vocational Education, *Report of Commission on the National Aid to Vocational Education*, Washington, Government Printing Office, 1914, p.12.

② 日本世界教育史研究会：《六国技术教育史》，李永连、赵秀琴、李秀英译，290页，北京，教育科学出版社，1984。

查、研究等日常公务费用。

②联邦政府和州以相互合作的方式发展职业技术教育。其中，接受联邦政府资助的州应为职业技术教育的发展提供配套经费，且拨款数额应与联邦资助金额相同。

③为职业技术教育提供持续的资金支持。该法案规定，1918年度拨款50万美元为各州农科教师、督学和主任发放薪酬，另拨款50万美元为商业、家政业和工业教师发放薪酬，逐年增加，到1926年达到300万美元，之后保持在300万美元不变。

④规定了联邦资助的职业技术教育类型及经费分配。接受联邦资助的对象为14岁以上已经就业和准备就业的人群，并在经费分配上关注已就业人群接受职业技术教育的权利。

⑤对接受资助学校的设施和课程提出了要求。公立中学应当设置职业科，设置选修的职业课程。该法案对各类职业学校的设施和课时数做了原则性规定。

⑥设立职业技术教育管理部门。联邦政府成立联邦职业技术教育委员会(Federal Board for Vocational Education)负责监督法律的实施及经费的分配与发放。取得联邦资助的州应成立州职业技术教育委员会，负责分配州的职业技术教育经费、制订职业技术教育发展计划并上报联邦职业技术教育委员会以及督导本州职业技术教育计划的实施。

《史密斯-休斯法案》是一项资助推广职业教育的法案；是一项通过联邦与州合作、资助来推广农业、商业和工业领域中教育发展的法案；是一项联邦与州合作、资助培养职业科教师的法案；是一项拨款并规定其使用的法案。① 作为联邦第一部完整意义上的职业教育法，《史密斯-休斯法案》使美国

---

① National Society for the Promotion of Industrial Education, *Bulletin No.25: What is Smith-Hughes Bill and What Must a State Do to Take Advantage of the Federal Vocational Education Law*, New York, Clarence S.Nathan, Inc., 1917, p.19.

中等职业教育制度化，为建立美国职业教育立法体系奠定了基础。该法案实施后，1917—1918年，美国联邦政府在农业、工业、商业和家政职业教育和师资训练以及职业教育研究上拨款达170万美元；1921—1922年，拨款总数增至420万美元；1932—1933年，拨款总数增至980万美元。①

（四）《史密斯-休斯法案》的拓展法案

"一战"结束后，为了使伤残复转士兵实现经济独立、快速融入社会经济建设中，美国国会先后颁布了两部关于职业重建的联邦立法，分别是为"一战"退伍士兵职业重建颁布的《史密斯-西尔斯法案》和对社会残疾人士参与工业建设而资助的《史密斯-费斯法案》。

"一战"后，美国国会向美国战争部提交了《关于职业重建和伤残士兵及海员的安置问题的报告》。该报告对有职业重建需求的伤残复转军人数量进行了估算。这一工作引起了总统的注意，并召开了伤残士兵职业重建的会议，旨在形成具体的职业重建计划。经过谨慎的讨论，会议小组提交了与战争部类似的重建计划。报告和计划经修改后顺利通过，1918年由总统签署实施，史称《史密斯-西尔斯法案》。该法案规定由联邦职业教育委员会负责伤残人员的职业重建规划、实施和管理，并为伤残复转人员提供10年的职业重建培训项目。为了更好地实施法案，美国的基金会和红十字会为其提供了捐赠，美国国会也提供了20万美元的资金。《史密斯-西尔斯法案》作为第一个为战争伤残人士职业重建而颁布的资助法案，扩展了《史密斯-休斯法案》的资助类型和范围，为社会残疾人士和"二战"后伤残士兵等的职业重建工作奠定了良好的基础。

借鉴《史密斯-西尔斯法案》的经验，1920年威尔逊总统签署了《史密斯-费斯法案》。该法案规定由受过专业培训的人士为残障人士提供职业指导、培

---

① Howard R.D.Gordon, *The History and Growth of Vocational Education in American*, Boston, Allyn and Bacon, 1999, p.305.

训、调整和安置等服务，使其可以在社会上发挥一技之长。该法案是美国联邦政府第一次为非战争因素导致的残障人士职业重建提供资助的法案，后经多次修订，其资助金额也逐步增加。该法案继承了《史密斯-休斯法案》的资助原则，强调联邦政府与各州职业重建资金的匹配，肯定了各州在法案实施中应承担的责任。

（五）经济危机前后的系列法案

1917年《史密斯-休斯法案》出台直至1929年经济大萧条来临之前，随着美国联邦和各州政府对职业教育资金的投入，美国职业教育事业进入蓬勃发展的状态，尤其是农业和家政教育方面的发展更为迅速。然而，美国经济危机爆发后社会青年的失业率和高中的退学率大大增加。在此情况下，美国联邦政府不断增加职业教育经费、延长拨款年限，将职业教育视为推动社会经济发展的重要力量。从1929年经济危机爆发到1940年美国为"二战"准备合格工人期间，美国共出台了两个主要的职业技术教育法案，分别是《乔治-埃利泽法案》和《乔治-迪恩法案》。这些法案是《史密斯-休斯法案》的修正法案，在资助的理念、数额等方面与《史密斯-休斯法案》并无明显差异，但是在资助的领域、年限等方面有所变化。

1935年，《史密斯-休斯法案》的联邦拨款日渐缩减，各地公共教育资金大量减少。与此同时，由于《乔治-里德法案》对农业和家政业的资助即将到期，如何确保学校职业教育资金的稳定性成为职业教育工作者关注的焦点。但是在美国国内众多职业教育团体的支持和努力下，最终促成了《乔治-埃利泽法案》的诞生。

《乔治-埃利泽法案》规定：在1934—1937年的财政年度内，每年为农业、家政、商业和工业教育总计拨款300万美元，其资助金额在以上领域内平均分配。由于处在经济危机时期，该法案取消了《史密斯-休斯法案》关于农业、工业、商业、家政培训每年至少需要6个月的实习时间，以及部分时间制职业学校和训练班每年的课堂教学不少于144小时的规定。在《乔治-埃利泽法案》颁布后,不仅使学校职业教育获得了300万美元的资金授权,还恢复了全部的《史密斯-休斯法案》拨款,使职业教育能够制订新的计划并使那些已被淘汰的计划重新焕发活力。

由于《乔治-埃利泽法案》资助职业教育的期限仅为三年,因此距法案生效还不到一年,美国职业教育的管理者和其他支持职业教育的社会团体开始为新的职业教育法采取游说国会的行动。1936年,《乔治-迪恩法案》规定每年为职业教育拨款1420万美元,新增了对市场销售、职业信息和职业指导工作的拨款,允许各州在提供匹配资金方面采取更为灵活的策略,规定1938—1941年财政年度联邦政府与各州的职业教育不必按照1∶1的比例匹配资金,各州只需拿出联邦资助数额的二分之一资金即可。《乔治-迪恩法案》增加了职业教育拨款的年限和数额,显示了联邦政府对职业教育的支持。

此外,出台于"二战"前后的职业技术教育法案主要关注以下两个方面。首先,支援国家进行战争准备。1940年,《国防训练法案》(Nation Defense Training Act)通过拨款和培训工人为战争做准备。其次,开展战后职业重建工作。美国国会分别于1944年和1946年颁布了《退伍军人再调整法案》(Serviceman's Readjustment Act)、《乔治-巴登法案》,在增加职业教育类型、扩大额度等方面提供了资助。

四、印第安人教育政策与法律的发展

19世纪70年代,美国联邦政府开始对印第安人实行强制同化政策。美国联邦政府由此成立了印第安人事务署来管理印第安事务,在教育上采取同化手段。一些改革者认为通过土地改革和教育改革,可以将印第安人转化为正宗的美国公民,让印第安人懂得"美国人的生活和处事方式"。到了19世纪中后期,推进印第安人同化的运动到达高潮。

(一)《道斯法案》

1887年2月,马萨诸塞州议员亨利·道斯(Henry Dawes,1816—1903)提交了《1887年土地分配法案》(1887 General Allotment Act),之后经美国国会通过,即《道斯法案》。该法案不再支持印第安人拥有专属地,允许那些接受该项立法的印第安人可以以家庭为单位分得一定的土地,而分割剩余下的土地(通常是最为抢手的部分)则转卖给那些投资商和定居者。而售出土地所得的收入则被用来做"教育和开化"之用。该法案还规定,印第安人自此就可以同其他美国公民一样,享有所有的权利并履行相应的义务。①《道斯法案》并未直接提出印第安人教育开化问题,但是为了使印第安人"适应文明生活习惯",美国联邦政府为保留地制订了两个方面的教育计划:成年人教育和儿童教育。前者教给成年的印第安人种田、饲养牲畜和操持家务。但大多数保留地的土地贫瘠甚至不适合放牧。后者则侧重在保留地设置学校,对印第安儿童进行综合基础教育和职业教育。同年,印第安人事务署发出所有政府的印第安学校必须进行唯英语教育的指令。

在美国对印第安人教育政策的演变历史中,《道斯法案》是一个重要的转折点。在该法案通过的一段时间内,其因被印第安人事务专家推崇为能够根本解决印第安人教育问题的一剂灵丹妙药而备受追捧。然而,《道斯法案》并没有实现同化印第安人的目标。它强迫印第安人脱离其部落体制和部落文化,转而接受白人社会的价值观,试图促使印第安人个体化、美国化。这一法案实施的半个世纪,成为美国历史上对印第安人进行强制同化的时期。该法案的内容和影响成为美国印第安人同化教育实施的重要背景。

---

① [美]韦恩·厄本、[美]杰宁斯·瓦格纳:《美国教育:一部历史档案》第三版,周晟、谢爱磊译,231页,北京,中国人民大学出版社,2009。

（二）强制同化教育政策与措施

印第安人事务署署长托马斯·J. 摩根（Thomas J. Morgan）是印第安人强制同化教育政策的主要倡导人之一。他与同时代其他印第安人事务专家一同积极推进了印第安人强制同化教育政策的出台及贯彻执行。1889 年，印第安人事务署依托美国政府的大力支持，以迅速同化印第安人为目的，完成了对印第安人学校改革方案《印第安人教育体系》（A System of Education for Indians）的起草工作。同年 10 月，托马斯·J. 摩根在莫霍克湖会议上公布了这份美国印第安人学校改革方案。在一些改革者的支持下，摩根发表了一份关于以公立学校为模型建立全国性印第安人学校体系的计划，以《印第安人教育补充报告》①（Supplemental Report on Indian Education）的形式提交美国国会，并获得通过。该报告的主要内容有：适龄的印第安儿童和青年（6～16 岁）大约有3.6 万人，这些印第安人与白人相比存在较大的智力和生活模式的差异。为了使他们成为合格的美国公民，与白人相媲美，需要建立一套有效的教育体系。美国联邦政府应尽早为全部的印第安学龄儿童和青年建立寄宿学校，推行强制性教育；促进印第安人教育体系的系统化，使保留地走读学校、保留地寄宿学校和大量工业学校相互衔接，形成一个相连接和完整的整体；统一教学大纲、教学方法及工业实训体系；实行全英教学；为具有特殊才能或抱负、追求的印第安人提供足够的拨款，使他们接受高等教育；实行男女同校；培养印第安人对国家的认同感，灌输爱国主义等。印第安人强制同化教育政策的出台有其历史必然性。印第安人事务专家普遍认为，学校是进行印第安人强制同化教育的有效途径，试图通过对寄宿学校的学生进行职业技能培养以及全英教学，从而实现同化教育目标。

在印第安人强制同化教育正式实施的过程中，美国联邦政府为了达到自

---

① Francis Paul Prucha, *Documents of United States Indian Policy*（3rd edition），Lincoln and London, University of Nebraska Press, 2000, pp.176-179.

己的同化目标，采取了增加教育经费的投入和兴办印第安人学校等措施。美国联邦政府对印第安人教育的经费投入呈逐渐增加的趋势，从1877年拨款2万美元，1880年拨款7.5万美元，1881年拨款13.5万美元，1882年拨款48.72万美元，1883年拨款67.52万美元，1884年拨款99.28万美元，至1889年增加至136.5万美元，1890年达到284.6万美元。①

随着拨款的增加，印第安学校数量也随之增加。保留地走读学校、保留地寄宿学校及保留地外寄宿学校这三类学校被看作重要的"开化"机构。然而，许多改革者在工作实践中发现保留地学校难以让印第安儿童摆脱旧的习惯和传统。于是，美国联邦政府不顾印第安人的反对，使用强制手段将儿童送入远离保留地的寄宿学校，学制一般为4~8年，采取唯英语教育政策。入学后，美国联邦政府采取军事化管理手段，强迫印第安儿童按照学校制定的标准生活、学习和劳动，违反规定的将会受到惩罚。例如，必须剪掉被认为是"野蛮象征"的长发、脱去传统服饰、使用英文姓名等。在"开化"的过程中，印第安儿童完全处于被动地位，出现了不同形式的抵抗。强制同化教育政策的实施主体是远离保留地的寄宿学校，这展现了美国联邦政府欲彻底重构印第安人文化和思想的决心。

20世纪初，美国联邦政府印第安人强制同化教育政策因效率低、未见成效等原因，遭到了社会各界的反对。印第安人事务专家甚至政府越来越认识到，彻底抹杀印第安人文化，无助于印第安人与主流社会融合，强制同化教育政策已经失败。这使美国联邦政府开始思考新的对策。

(三)印第安人教育"新政"

1926—1927年，美国联邦政府委托布鲁金斯研究所对印第安人的状态进行调查。1928年，该研究所发布了报告《印第安人管理问题》(Problem of Indian

---

① Office of Indian Affairs, *Commissioner of Indian Affairs to the Secretary of the Interior*, Washington, Government Printing Office, 1889, p.112.

Administration），又称《梅里亚姆报告》（Meriam Report）。该报告是对当时印第安人生活的全方面考查，包括身体健康、教育、总体经济状况，家庭、社区生活和女性的活动，印第安人的迁徙、法律问题，印第安人的传教士活动，并对此提出了相应的建议。该报告指出印第安学校环境和教育条件极差，要求对印第安人教育进行改革，并谴责保留地外寄宿学校对印第安儿童的身心造成的极大伤害，指出对印第安人的文化要采取尊重和保护的态度等。①《梅里亚姆报告》承认美国联邦政府对印第安人强制同化教育政策是彻底失败的，结束了近50年以唯英语教育为特征的强制同化教育时期。美国联邦政府开始寻求更为实际的教育政策，进而推动了美国印第安人教育政策改革及增加财政补助等。

根据《梅里亚姆报告》所提的建议，胡佛·H.C.（Hoover H.C.，1874—1964）总统要求从1930年起每年提供专款向印第安学校的学生提供必要的食物和衣服。1931年，这项专款增加至310万美元。其中每年25万美元的专项经费用于印第安人的高等教育和职业培训。

1929年，美国经济危机的爆发将印第安人置于更艰难的处境。1933年，罗斯福就任总统后，采取多种措施来复兴经济，重建美国社会。罗斯福政府反对全面同化印第安人的宣传，任命科利尔负责印第安人事务，重新着手改变印第安人教育政策。1934年年初，科利尔等人起草了一项长达48页的法案，称为《伯顿-惠华德法案》。其宗旨是要根本扭转美国联邦政府对印第安人的教育政策。但是，该法案遭到了美国国会部分议员的反对，科利尔转而向罗斯福总统寻求支持。在总统的支持下，美国国会对该项法案进行了修改，于1934年通过以此为蓝本的《印第安人重组法案》②（Indian Reorganization Act），又被称为《惠勒-霍华德法案》（Wheeler-Howard Act）。该法案也被称为

---

① Institute for Government Research, *The Problem of Indian Administration*, Baltimore, Johns Hopkins Press, 1928, pp.3-52.

② Vine Deloria, Jr., *The Indian Reorganization Act: Congress and Bills*, Norman, University of Oklahoma Press, 2002, pp.20-23.

印第安人教育"新政"。其中正式条文共有19条,主要内容如下。

①归还印第安部落剩余的所有权土地,停止出售或转让土地。

②国库每年拨款200万美元,用于购买土地。

③通过法律和制度来保护印第安部落的树木、草地等资源。

④由于经济发展等目的,部落可以从国库获得1000万美元周转性借贷资金。

⑤每年向印第安人提供不超过25万美元的助学贷款,用于交职业和贸易学校的学费;向高中和学院的印第安学生提供不超过5万美元的助学贷款。

⑥内政部印第安办公室可以不考虑行政法,建立新的用人标准。这些不符合行政法的印第安人,在空缺的职位上有着优先权。

⑦任何部落都有权建立公共福利制度。

《印第安人重组法案》宣布停止实行土地分配,规定归还一部分被剥夺的印第安人土地,并采取了一些措施;鼓励印第安人重建部落政府,重新主张印第安人有管理辖区事务和经济活动的权力,承认土著文化的价值。但是,这一法律并不能解决所有的印第安问题,印第安人教育"新政"只是一个走向新的种族和文化关系的新起点。

1934年,美国国会出台了《约翰逊-奥马利法案》(Johnson-O'Malley Act)。该法案授权内政部在印第安人教育、医疗、农业援助、社会福利和贫困救济等方面与州签约合作,规定联邦政府每年拨款25万美元用于职业学校和商业学校的学生贷款,其中5万元作为大学补助金。由于政府的资助,印第安人的大学入学率有所提高。印第安人事务署分别于1932年和1935年对印第安人高等教育进行调查,发现实行教育"新政"前印第安大学入学385人,毕业52人。教育"新政"仅实施一年,入学515人,比1932年增加34%。此外,美国联邦政府要为公立学校中的印第安学生提供教育补助金,一些学校为了获得补助金便允许印第安学生进入公立学校学习。这一规定表明不再对印第安学生进行隔离教育，而是让其与白人学生一起就读公立学校。在这一政策的鼓励下，公立学校印第安学生的人数不断增加。公立学校的印第安学生与白人子弟接受同等条件的教育，有利于培养印第安人参加主流社会生活的能力。但是也存在一些弊端，即印第安学生在课程中完全不能接触自己种族的文化和历史。

1936年，美国国会又对《约翰逊-奥马利法案》进行补充，并且使联邦政府与州签约合作的方式延续至今。1934—1941年，美国联邦政府与加利福尼亚州、华盛顿特区、明尼苏达州、亚利桑那州等签订了有关印第安人教育的合同，赋予其一定的自主权。美国联邦政府管理的学校也获得了安排课程和教学的权力，改变了过去集中管理的模式。后经过对该法案的修改，美国联邦政府还允许与州立大学、学院、学校或者任何合适的州或私立公司、机构签约。①

在进步主义思想的引导下，以《印第安人重组法案》为依据，这一时期的教育改革主要表现为三个方面：建立社区全日制学校，关闭寄宿学校；改革教育内容；培训多元文化教师。但是由于一些现实因素的阻挠，关于改革的构想都浅尝辄止。

20世纪三四十年代的一系列法案推动美国联邦政府进行印第安人教育的改革，促使印第安人教育制度更加适应印第安人的文化背景和现实需要，以帮助印第安人能够快速适应美国社会。教育"新政"主张恢复部落制度，保护印第安文化传统，给予印第安人管理本族事务的自治权。但是，教育"新政"仍遵循美国白人社会的制度体系，对印第安人教育的暂时性援助并未发生明显的改善，最终伴随科利尔的离职而宣告失败。教育"新政"是在漫长的文化征服后的一个转折点，它使印第安人重新看到了希望。但随着"二战"的爆发，

---

① Stan Juneau, *A History and Foundation of American Indian Education Policy*, Helena, Montana State Office of Public Instruction, 2001, p.35.

教育"新政"的目标未能完全实现。

五、黑人教育政策与法律的发展

随着南北战争的结束以及公立学校系统的建立，黑人的受教育状况有了改观。在黑人教育的发展过程中，美国联邦政府和各慈善机构发挥了极为重要的作用：在内战期间以及重建时期为黑人设立的学校成为南方公立学校建立的基础；创办的黑人学院和大学为黑人打开了高等教育的大门，培养了大量的黑人教师和黑人领袖。但是重建结束后，南方白人开始重建种族隔离的藩篱，一系列歧视黑人法律的颁布实施以及"隔离但平等"原则的确立，使黑人的受教育权遭到了无情的践踏。

(一)基础教育政策与法律的发展

在美国联邦政府、慈善基金会以及黑人自身的努力之下，黑人的公立初等教育获得了普及。中等教育虽然发展缓慢，但也取得了一些成绩。在重建的10年期间，黑人初等教育发生了巨大的改变。据约略统计，1866年有黑人学校975所，学生90778名；次年增为1839所和学生111442名。10年之后，过去南方蓄奴16州和首都华盛顿所在的哥伦比亚特区，在公共学校肄业的有色人种学生计达571506名。[①] 到重建结束时，包括黑人在内的真正意义上的公共教育体系开始在南部各州得以建立，这也是黑人的第一次公立学校运动。但随着重建的结束，白人种植园主与白人农民共同对黑人公共教育进行反对，使黑人公立学校无法从州和当地政府获得支持，并逐渐出现种族隔离学校制度的萌芽。

美国北方种族隔离的学校最初是在黑人自己的主动要求下建立起来的。尽管在19世纪早期北方各州并未有法律条文规定禁止黑人进入公立学校学习，但是由于黑人经济普遍处于贫困水平，黑人人口比例低，公立学校中普

---

① 滕大春：《美国教育史》第二版，650页，北京，人民教育出版社，1994。

遍存在对黑人儿童的歧视性敌意态度，黑人主动要求为其子女设立隔离的学校系统，尽量避免黑人孩子受到歧视和伤害。种族隔离学校制度最终在19世纪90年代被确立下来。当时，美国南方各州纷纷开始制定歧视黑人的法律，形成了实施种族隔离、歧视黑人的法律体系——《吉姆·克罗法》（Jim Crow Laws）。由此，学校实行种族隔离得到了法律的认可和支持。

1896年，美国最高法院就普莱西诉弗格森案（Plessy v. Ferguson）做出了历史性的判决，即一切铁路对白人和有色人种提供平等但隔离的设施，从而确立了在社会生活方面黑人和白人隔离的制度，在宪法上确立了"隔离但平等"（separate but equal）的原则。对于广大黑人来说，接受教育的真实情况是隔离但不平等的。在隔离但平等幌子的掩饰下，南方17个州和非南方4个州制定了种族隔离的教育法，主要体现在实行"黑白分校"。黑人儿童和白人儿童不能在同一所学校、同一间教室学习；有专门设立的白人学校和黑人学校，白人学校拒绝黑人儿童入学。这些黑人学校不仅教学条件较差，而且与白人学校相比在教育资源的配备上差别甚大。黑人学校时常资金短缺，基础设施不全，没有校车更是普遍现象。隔离学校中黑人教育的目的是培养逆来顺受、为白人忠实效力的黑人。因此，黑人们所受的教育与生活道德和劳动生产紧密联系，以职业课和家事课为主。主流社会希望把他们培养成勤劳、生活节制、没有侵犯性的人。在种族隔离的社会环境中，黑人教育必定是有限的、从属于白人的、培养次等公民的教育。19世纪末，黑人学校中工业教育的盛行便是这种社会环境的反映。

在"一战"之前，美国南方17个州制定了种族隔离的教育法；11个州在法律上虽然没有提到是否采取隔离制度，但实际上默许隔离制度的存在；只有16个州的法律明文禁止种族隔离。在"隔离但平等"的原则下，黑人、印第安人以及后来逐渐成为重要群体的亚洲裔人和西班牙裔人，被禁止和白人同校学习。美国联邦最高法院确定的"隔离但平等"原则，为美国教育和日常生活实行种族隔离制度提供了法律依据，使黑人及其他少数族裔群体在南北战争之后又遭受了长达近一个世纪的体制性歧视和迫害。

到 1914 年，罗森沃尔德学校创建计划开始实施，意味着第二次黑人公共学校运动的开始。罗森沃尔德学校最大的特征是由罗森沃尔德基金会、当地黑人居民和公共税收共同负担创建学校的资金，学校资产属于当地公共教育部门，由州和地方政府给予学校财政支持。早在重建时期，以税收支持公立学校制度已经以法律的形式确定下来，这成为改变黑人教育面貌的重要因素。由于被剥夺了选举权，在 20 世纪初黑人并不能对教育政策的出台发挥直接的影响。但黑人社区居民为罗森沃尔德学校提供了许多教育经费支持，并且用私人基金和部分公共财政创建新的公共学校，然后协商由州承担对新建立的公共学校的维持责任。

随着黑人基础教育的发展，识字率和基本文化素养的提高使黑人对高等教育的需求越来越强烈。黑人与白人差距更大的高等教育方面出现了缓慢而稳定的变化，这些变化为黑人追求平等权利提供了重要的支持。

(二)高等教育的立法

为避免美国南方各州保守势力对黑人高等教育进行压制，保障黑人的高等教育权利，《第二莫雷尔法案》是联邦首次以法案的形式给予高等院校拨款资助，是反对种族歧视的联邦立法之一，对南部黑人高等教育的发展发挥着促进作用。该法案允许美国各州为黑人和白人学生创建和维持隔离的农业和机械艺术学院，但是规定联邦拨款必须按照公平分配的原则进行使用，要求任何州在没有确定"隔离但平等"制度的情况下，不得因种族原因拒绝黑人学生入学，否则该州就无法获得拨款。在实行种族隔离学校的州，学院课程应该"相似"，经费的发放要建立在公正平等的基础上，赠地资金要平等地分配给黑人和白人学院。此后，在这一法案通过的 10 年之内，各州或将现有的黑人学院变成赠地学院，或为黑人创建了单独的赠地学院。南方及邻近各州根据《第二莫雷尔法案》创建的黑人赠地学院达到了 17 所。① 这极大地促进了黑人高等教育的发展。

（三）社会教育政策

1914 年，《史密斯-利弗法案》要求在赠地学院开展农业推广工作，主要目的在于帮助没有进入赠地学院的人学习农业和家政学科等知识，建立起联邦和赠地学院之间的合作推广服务制度。一些黑人赠地学院在没有联邦资金支持的情况下开展了大学推广工作，将大学的农业、机械工艺等课程推广到社会上，以满足广大黑人的需求，并取得了一些进步和支持。黑人赠地学院的推广工作逐渐得到了普通教育委员会、罗森沃尔德基金会等慈善团体的支持，弗吉尼亚州、亚拉巴马州、俄克拉何马州等州还纷纷增加了州拨款。黑人的社会教育培养了大量的技术工人，扩大了黑人接触高等教育的机会，整体上提升了黑人的文化素质。

19 世纪末 20 世纪初，在政府、教会、慈善团体以及黑人自身的共同努力下，无论是黑人的基础教育还是高等教育，无论是普通文化教育还是职业技能教育都获得了稳定的发展，整体族群的教育水平不断提高。对于刚刚废除奴隶制不久的黑人来说，能够在教育领域取得这样的进步，无疑具有深刻的历史意义。黑人教育的发展成为提高政治地位、改善经济状况和提升社会地位的重要途径，成为黑人争取平等权利斗争的关键所在。此外，从黑人争取平等权利的整体历史进程来看，19 世纪末 20 世纪初是一个重要的转折时期和奠基时期，为 20 世纪五六十年代声势浩大的黑人民权运动打下了坚实的基础。

---

① Dwight Oliver Wendell Holmes, *The Evolution of the Negro College*, New York, Bureau of Publications, p.153.

第三节 美国教育报告的制订及影响

19世纪末20世纪初，受工业化进程和移民浪潮的推动以及社会经济改革的影响，在各州颁布并实行强迫义务教育法的基础上，美国中学作为中等教育机构发展迅速。工业化社会带来教育目标的转变，引发了对中学目标的讨论和分歧，即中学是为升学还是为生活做准备。在这一时期，美国各州的学制并不统一，大多数州实行"八四学制"，即小学八年、中学四年。此外，美国中学存在课程庞杂、教学标准千差万别、与大学之间的关系并不明确、各大学入学要求并不统一的问题。因此，对中等教育进行改组成为当务之急。

一、《十人委员会报告》

1888年，哈佛大学校长查尔斯·威廉·艾略特提出要缩短小学年限，改进教学方法，丰富课程内容，从而提高毕业生的水平，以便使学生能在18岁进入大学。[1] 1892年，艾略特又做了《缩短与丰富文法学校的课程》的报告，建议修改现有的学制，丰富中学课程。[2] 鉴于艾略特在美国教育界的巨大影响，他的报告引起了社会各界对中学课程改革以及中学和大学关系问题的广泛关注。在美国教育理事会1891年的会议上，学院与中学间会议委员会主席詹姆斯·H. 贝克(James H. Baker)提交了一份重要报告。该报告围绕着中学课程统一性与大学入学标准统一性的主题展开。在美国教育理事会1892年的会议上，学院与中学间会议委员会被继续授权举办一次以统一性

---

[1] Charles W. Eliot, *Education Reform Essay and Dress: Can School Programmes Be Shortened and Enriched*, New York, The Century CO., 1901.

[2] Charles W. Eliot, *Shortened and Enriched the Grammar School Course: From Report of Proceedings of the Meeting of the Department of Superintendence*, New York, 1892.

为主题的会议。这直接促成了十人委员会的成立。①

　　1892 年成立的十人委员会由哈佛校长艾略特领导，其他成员包括大学校长 4 名、中学校长 2 名、教授及中学教师各 1 名、教育行政官员 1 名。该委员会主要负责组织召开有中学和大学教师参加的关于中学各主要学科的研讨会，"探讨学科的恰当界限、最佳的教学方法、最适宜的时间分配以及测试学生成绩的最佳方式等"②。1893 年，十人委员会发表了关于中学课程计划的报告，史称《十人委员会报告》。该报告主要包括两个部分：第一部分是总报告，第二部分是各分会完成的分报告。总报告先后叙述了十人委员会成立的经过、十人委员会和各分委员会开展工作的主要过程，并介绍了各分委员会就不同课程设置和教学所提出的建议。在此基础上，十人委员会就中学的课程设置、教学时间和安排提出了一系列建议。第二部分包括 14 个分报告，除了 9 个分委员会提交的报告外，还附有相关专题研究报告和少数意见报告(minority report，即分员会中反对意见的报告)。《十人委员会报告》涵盖中学的性质、中学教育的宗旨、中学课程设置方案、中小学学制以及中学与大学的关系等一系列内容。

　　十人委员会提出的中学课程方案是《十人委员会报告》的主体内容。为了更好地呈现对中学课程设置的建议，总报告部分提出了从小学至中学(1~12 年级)课程设置的总体建议。总报告指出，关于中学的建议是以关于小学的建议大都能够实现为前提的。在制订这些计划的过程中，十人委员会认识到，在目前的学制内，小学的课程学习占用的时间太长，并且小

---

①　National Educational Association, *Report of the Committee of Ten on Secondary School Studies*, *with the Reports of the Conferences Arranged by the Committee*, New York, American Book Company, 1894, p.3.

②　National Educational Association, *Report of the Committee of Ten on Secondary School Studies*, *with the Reports of the Conferences Arranged by the Committee*, New York, American Book Company, 1894, p.3.

学的课程和教学方法与中学课程的设置息息相关。由此,《十人委员会报告》建议把初等教育年限从8年缩短至6年,中等教育提前2年开始,即中学学制从4年延长至6年。这实际上是"六三三"学制的设想。关于中学课程设置的建议是《十人委员会报告》中影响较大、争议较多的内容。为了实现美国中学课程计划的统一、大学入学标准的一致性,从学科之间的连续性和课程时间分配的角度出发,十人委员会提出了如下中学课程计划,如表2-3所示。

表2-3 十人委员会建议的中学课程计划

学年	古典语 三门外语(一门为现代语)	课时	拉丁语——科学 两门外语(一门为现代语)	课时
一	拉丁语	5课时	拉丁语	5课时
	英语	4课时	英语	4课时
	代数学	4课时	代数学	4课时
	历史	4课时	历史	4课时
	自然地理学	3课时	自然地理学	3课时
二	拉丁语	5课时	拉丁语	5课时
	英语	2课时	英语	2课时
	德语(或法语)初级	4课时	德语(或法语)初级	4课时
	几何学	3课时	几何学	3课时
	物理学	3课时	物理学	3课时
	历史	5课时	植物学或动物学	5课时
三	拉丁语	4课时	拉丁语	4课时
	希腊语	5课时	英语	3课时
	英语	3课时	德语(或法语)	4课时
	德语(或法语)	4课时	数学(几何学2、代数2)	4课时
	数学(几何学2、代数2)	4课时	天文学(半年)和气象学(半年)	3课时
			历史	2课时

续表

学年	古典语 三门外语(一门为现代语)	课时	拉丁语——科学 两门外语(一门为现代语)	课时
四	拉丁语	4 课时	拉丁语	4 课时
	希腊语	5 课时	英语(古典2、现代2)	4 课时
	英语	2 课时	德语(或法语)	3 课时
	德语(或法语)	3 课时	化学	3 课时
	化学	3 课时	三角学和高等 代数或历史	3 课时
	三角学和高等 代数或历史	3 课时	地质学或地层学(半年) 解剖学、生理学和 卫生学(半年)	3 课时

学年	古典语 两门外语(一门为现代语)	课时	英语 一门外语(古典或现代语)	课时
一	法语(或德语)初级	5 课时	拉丁语、德语或法语	5 课时
	英语	4 课时	英语	4 课时
	代数学	4 课时	代数学	4 课时
	历史	4 课时	历史	4 课时
	自然地理学	3 课时	自然地理学	3 课时
二	法语(或德语)	4 课时	拉丁语、德语或法语	5 课时或 4 课时
	英语	2 课时	英语	3 课时或 4 课时
	德语(或法语)初级	5 课时	几何学	3 课时
	几何学	3 课时	物理学	3 课时
	物理学	3 课时	历史	3 课时
	植物学或动物学	3 课时	植物学或动物学	3 课时

续表

学年	古典语 两门外语(一门为现代语)	课时	英语 一门外语(古典或现代语)	课时
三	法语(或德语)	4课时	拉丁语、德语或法语	4课时
	英语	3课时	英语(普通3、扩展2)	5课时
	德语(或法语)初级	4课时		
	数学(代数2、几何2)	4课时	数学(代数2、几何2)	4课时
	天文学(半年)和 气象学(半年)	3课时	天文学(半年)和 气象学(半年)	3课时
	历史	2课时	历史(关于拉丁语—— 科学2、其他2)	4课时
四	法语(或德语)	3课时	拉丁语、德语或法语	4课时
	英语(普通2、扩展2)	4课时	英语(普通2、扩展2)	4课时
	德语(或法语)	4课时	化学	3课时
	化学	3课时	三角学和高等代数	3课时
	三角学和高等代数或历史	3课时	历史	3课时
	地质学或自然地理学(半年) 解剖学、生理学和 卫生学(半年)	3课时	地质学或地层学(半年) 解剖学、生理学和 卫生学(半年)	3课时

资料来源：National Educational Association, *Report of the Committee of Ten on Secondary School Studies*, *with the Reports of the Conferences Arranged by the Committee*, New York, American Book Company, 1894, pp. 46-47.

对于这四组课程，十人委员会提出的两个原则值得关注。第一，十人委员会认为升学取向的学生和非升学取向的学生在学习科目上不应该有差异。四组课程中的任何一组都是同时适合于两类不同学生的课程，即升学学生和中学毕业之后参加工作或承担成年人家庭角色的学生。第二，十人委员会建议四组课程中的任何一组作为升学准备都是统一合适的。课程的选择完全建立在学生兴趣的基础上。

关于中学教育目标的确立，《十人委员会报告》指出，美国中学并不是为男、女学生进入大学做准备的，仅有很小比例的学生能进入大学或科学学院。在普通中学，为少数学生升入大学和科学学院做准备应该是次要目标，不是主要目标。关于大学入学考试和要求的讨论，十人委员会认为，学生在四年学习中只要顺利完成上述计划中的任何一门课程，就可以进入大学和科学学院的相关专业学习。此外，该报告还就中小学教师的培养和培训等问题提出了建议。十人委员会的终期报告具有特殊的意义，因为它形成了普遍的中等教育目标框架。该报告的很多方面反映出教育当时处于十字路口，必须做出抉择：给所有人提供相同的教育，还是基于每个人未来职业的发展定位提供相应的专业教育。这份报告是美国历史上对中等教育产生广泛影响的第一个重要文献，使美国中等学校的模式发生了很多变化。但由于该报告所建议的中等学校课程过于偏重为升入大学做准备，被批评为"一份精英主义的设计方案"，出台不久便遭到社会的谴责。

1893年成立的十五人委员会对美国的初等教育状况进行了调查并对八年制小学的课程设置及教师训练提出了建议。经过两年的调查研究，最后该委员会于1895年提出了一份旨在研究小学的结构、科目之间的协调性以及教师的训练等问题的《十五人委员会报告》。该报告赞同初等教育的年限为8年，但提出了节省初等教育时间的问题，引起了社会的普遍关注。该报告从官能心理学出发，认为文法、文学、数学、地理、历史等学科是最佳训练课程。其中文法是初等学校课程中较为重要的课程，要求把七年级和八年级的算术课让出一部分时间教授代数，用拉丁语取代八年级英文文法课。此外，该报告建议学校的主要课程应进行分科教学，主张初等学校应与中等学校相衔接，强调允许天才儿童在学习上具有更多的灵活性，从而使他们比一般学生进步得更快。这些要求明显地表示出对高一级教育的兴趣，显示出大学教授在整个委员会中占优势的事实。

1895年设立的十三人委员会由13人组成，其任务是研究和编制大学各科课程标准。十三人委员会于1899年发表一份研究报告，规定了大学新生在中学应学的课程和各课程的学分。该委员会建议大学预备教育应该只讲授拉丁文、希腊文、法语、德语、英语、历史、公民与经济学、地理、数学、生物和化学。由于没有学生能够学完所要求的课程，因此该委员会批准了选科制，尤其强调外国语教学。这一点体现在它所规定的进大学所必修的课程上：4年外语课、2年数学课、2年英语课、1年历史课和1年自然科学课。十三人委员会秉承十人委员会关于"如果教得同样好，所有学科都具有同等的教育价值"的思想，提出了同等对待所有学科的建议，相应地做出了学分计算的规定。如果一门课每周学习4小时，学习1年可得大学入学考试承认的一个单元学分。大学新生需要获得必修课程的10个单元学分，还要有其他6个选修课的单元学分。自此以后，学分制和选科制在美国的中学普遍实施。

这三个委员会的主要使命就是探讨新的时代背景下美国普通学校(尤其是中学)的课程教学改革，研究中学与大学的关系、中学组织以及中学的职能。然而，这些委员会报告主要将中学定位为为升入大学做准备的精英教育机构，并且都强调进行自由教育和心智训练。这种认识反映了19世纪90年代美国中学教育的现状。

二、《中等教育的基本原则》

1899年，十三人委员会发布报告，同样规定了大学新生在中学应修习的课程和各课程应修习的学分。该报告与《十人委员会报告》的基本精神相同，即要求中等学校根据高等院校的需要确定教学计划。很明显的是，该报告也强调中学目标是为升学做准备的。中学应当使学生为参加社会生活做准备的这一职能被削弱和忽视，从而难以适应当时美国社会对具有一定文化知识和熟练技能的劳动力的需求。于是，要求改组中等教育的呼声开始出现。

1909年8月，自俄亥俄州的哥伦布市创建美国最早的初级中学之后，初级中学开始受到人们的欢迎，并在全国各地创建起来。1912年，由美国全国教育协会提议成立的节省教育时间委员会发表报告，提出中等教育应分初级中等教育和高级中等教育两个阶段，即设立初级中学（三年制）和高级中学（三年制）。到1913年，该委员会明确建议应设立单独的三年制初级中学，以衔接初等教育和中等教育。至此，"六三三学制"的核心部分已经建立。

1913年，美国全国教育协会成立的中等教育改组委员会重新研究中等教育的职能和目的。其指导思想是进一步强调教育的社会效能，教育应该有助于社会生活的改善。经过几年的调查讨论，1918年发表报告《中等教育的基本原则》。① 其中包括改组中等教育的需要，民主社会的教育目的，重新设立中学课程的目标，中学分初级和高级两个阶段，中等教育与初等教育的衔接，中等教育的专门化和统一化，作为标准中学的综合中学以及学校的组织等。

《中等教育的基本原则》的主要内容如下。

一是中等教育改造的必要性。社会的变化、中学学生数的增加以及教育理论发展的背景下，需要制订一个被全国所有中学接纳的改造计划。因为在变化的社会中，个人将处理比以往更多的事务，这些都要求承担更多责任的中等教育进行全面的改变；在中学阶段高比例的辍学学生数应该引起人们的注意；教育心理学对儿童心理的研究能为中等教育的发展提供重要依据。

二是美国教育应该由一个清晰的民主概念所引导。民主的目的就是要建立一种不同的社会。在这个社会中，每个成员都能通过为他人的健康和整个社会的福祉而设计活动，同时发展自己的个性。实现这个目的必须依靠教育。

三是确定中等教育的主要目标。①重视健康。社会、教师和学校都应对学生的健康予以重视，学生个人也应重视自身的健康。②掌握基本技能。教

---

① National Education Association, *Cardinal Principles of Secondary Education: A Report of the Commission on the Reorganization of Secondary Education*, 1918.

学和实践必须紧密联系。③成为称职的家庭成员。学生个人要形成对家庭有价值的品质。④开展职业教育。职业教育应促使个人获得自食其力和赡养他人的能力,在处理好社会关系的同时,为社会做出贡献。⑤具备公民资格。学生个人要形成作为社区、城镇、州和国家合格成员的素质。⑥合理利用闲暇时间。教育应培养个体合理利用闲暇时间塑造身体、心灵、精神以及个性的能力。⑦培养道德品格。道德品格的培养是中学所有目标中最重要的。中学现有的学科都必须以实现上述目标而加以改造。

四是必须把教育看作个人发展的过程,使学生为未来生活做准备。建议制定法律,使所有18岁以下的青年人必须接受中等教育,并要让学生、父母认识到学校课业的价值;合理安排课程以更好地适应继续求学和辍学学生的需要。

五是合理安排学制。学制中,前六年可用于初等教育学习,以满足6~12岁学生的学习需要;后六年用于中等教育的学习,以满足12~18岁学生的需要。中等教育可分为两个阶段:初级阶段和高级阶段。中等教育初级阶段的任务是帮助学生认识自己的能力倾向。中等教育高级阶段的任务是根据学生的选择提供相应的训练。

六是为更好地实现中等教育的专门化和统一的职能,中学应当尽量适应学生的能力、兴趣和需要,同时也应适应社会的需要。涵盖所有课程的综合中学应该成为美国中学的标准类型,原因在于综合中学更有利于教育社会目的的实现。

七是要正确认识学校组织的目标。教师的职责不只是使学生学习特定的课程,而且要使学生掌握学习所有课程以及实现具体教育目标的方法。建议采用校长理事会或通过委员会的组织形式来实现学校的教学目标。

《中等教育的基本原则》在美国教育史上是一份极具影响力的报告。它提出的基本原则不仅对中等教育,而且对其他各级教育都产生了影响。迄今为止，关于美国中等教育的宗旨较有影响并经常被引用的仍然是美国中等教育改组委员会提出的"七大原则"。此外，该报告肯定了"六三三学制"和综合中学的地位，提出了中学是面向所有学生并为社会服务的思想。《中等教育的基本原则》中提及的教育适应生活原则一方面成为学校开展多样性课外活动的指导原则；另一方面又被要素主义者诟病，被认为是导致中等教育质量低下的重要原因。

本章结语

19世纪末20世纪初，随着移民的涌入和乡村人口的移居，美国城市化趋势越发显著。城市化和工业化的发展给美国带来繁荣，但也带来贫富差距过大、文化冲击、道德衰败等社会问题。在这一时期，学校被视为向上流动的途径，被视为对城市贫困、青少年犯罪和社会道德堕落问题进行斗争的武器。然而，各地分权的教育体制在面临迫切的社会需要时却显得力不从心，这便要求美国联邦政府发挥宏观调控的作用，承担必要的社会职能，以解决社会存在的种种问题。综合19世纪末至20世纪前期美国教育发展的理论和实践，可以看到其具备以下几个方面的特征。

第一，美国教育管理体制发生变化，教育领导管理机构逐渐形成。随着美国各级各类学校的迅速发展，加强对复杂的教育系统的控制与管理，完善地方分权管理体制，是美国联邦政府、州和地方共同面对的课题。在这一时期，州教育行政机构的规模和作用逐渐扩大，联邦政府加强了对教育事务的参与和调控；不同层次的教育领导管理机构形成了一个完备的系统，逐渐走向严密化、科学化和统整化，形成了具有鲜明特色的地方分权教育管理体制。

第二，美国教育呈现出国家干预的色彩。美国联邦政府通过建立联邦教育机构、颁布教育法规、提供教育资金、与教育团体合作等措施，使联邦教育行政职权在一定程度上得到强化。除了立法、赠地、拨款外，联邦政府还直接管理殖民地的教育，负责印第安人和少数族裔的教育。总体来说，联邦政府基础教育职能的发挥范围较小，具有偶然性和随意性，仅限于拨款、收集教育资料等形式；在高等教育和职业教育领域，联邦政府在立法技术、资助方式、监管方式上逐渐完善，为未来的联邦教育立法奠定了基础。

第三，美国教育立法呈现出鲜明的国家利益至上的思想原则。例如，在赠地学院立法的发展过程中，美国联邦政府希望通过创建农工学院促进农业生产，提升国民经济力量，最终以促进国家的繁荣和昌盛为首要宗旨。在职业技术教育立法的发展过程中，其立法目标同样体现了个人利益服从国家利益的倾向。这是由于《史密斯-休斯法案》之后的一系列法案是在两次世界大战、冷战和经济危机的背景下出台的，因此当国家处于特殊时期，优先考虑国家的利益成为教育发展的必然走向。可以说，以"法"促进国家利益的最大化是这一时期立法的出发点和立足点。

第四，美国普通教育与职业教育的区隔和分化。在社会效率职业观的影响下，《史密斯-休斯法案》及其后续的法案呈现出强烈的独立倾向。在职业技术教育的立法过程中，普通教育与职业教育逐渐形成了各司其职、泾渭分明的隔离特性。加之当时正是美国工业化和城市化发展的时代，深受科学管理原则、科层管理理论的影响，这一氛围下必然导致普通教育与职业教育在课程、教师、资金等方面的分离。此外，即使在职业技术教育的内部，联邦拨款必须专款专用，农业、工业、商业、家政业等之间互不相通。虽然以上措施提高了法律的实施效率，但是不可避免地造成了普通教育与职业教育的分化，所以这些缺陷还有待后续立法的完善。

第五，美国教育发展离不开教育团体和慈善基金会的支持和努力。例如，对于美国联邦教育机构的成立，美国全国教育协会的协助功不可没。在职业技术教育法律的制定和颁布的过程中，除了政府自上而下的努力外，一些职业教育协会也起着关键的作用。此外，慈善基金会凭借着对教育领域的大量资金捐助、开展教育研究项目等，极大程度上推动了 20 世纪初美国教育的快速发展，对美国教育政策的确立产生了深远的影响。

第三章

20 世纪前期美国的教育思想

第一节　康茨的教育思想

乔治·西尔维斯特·康茨（George Sylvester Counts，1889—1974）是美国改造主义教育思潮的代表人物，著有 29 本书和 100 多篇文章。其中为人们所熟悉的就是康茨在 1932 年所著的那本富有争议的小册子《学校敢于建立一个新的社会秩序吗？》（*Dare the School Build a New Social Order?*）。这本小册子由三篇讲演稿汇编而成，集中反映了康茨的改造主义教育思想，一经出版便在当时美国的教育界引起了极大的反响，彰显了康茨作为改造主义教育家的形象。

一、生平与教育活动

1889 年，康茨出生于美国堪萨斯州鲍德温市一个充满民主色彩的家庭。他的曾祖母强烈反对奴隶制，甚至为此举家从弗吉尼亚州搬到了俄亥俄州。[①] 他的父亲詹姆斯·威尔逊·康茨（James Wilson Counts）和母亲梅蒂·弗

---

① Bruce Romanish，"George S. Counts: Leading Social Reconstructionist," *Vitae Scholasticae*, 2012, p.38.

洛雷拉·康茨(Mertie Florella Counts)也持有强烈的平等观念。平等民主的家庭氛围对康茨产生了很大的影响，父母的价值体系和伦理观给他留下了深刻的印象。康茨从小接受的是卫理公会式的教育。其思想的重要根源就是卫理公会及其社会准则。卫理公会在社会观点上重视下层社会，主张社会改良。这对康茨产生了终身的影响，也为其成年以后关注社会改造埋下了种子。

康茨早年就读于地方公立小学，后进入贝克尔大学，主修古典艺术专业。贝克尔大学是鲍德温市唯一一所由卫理公会开办的高等学校。在读大学期间，康茨学业上勤奋认真，且酷爱运动。1911年，康茨获得了艺术学学士学位，随后进入中学执教并从事学校管理工作，这份教职持续了2年。

1913年，24岁的康茨进入芝加哥大学学习。此时的芝加哥大学虽然还是一所年轻的大学，但与其他传统的古典大学不同，它成为各领域激进思想的发源地。芝加哥大学的第一任校长哈珀曾这样评价这所大学："芝加哥大学的目标不是向学生灌输各学科已经研究成熟的知识，而是训练学生具有独立研究新课题的能力。"[①]

康茨在芝加哥大学主修教育学，辅修社会学。实际上，他对社会学的兴趣并不亚于教育学。这或许是与当时在芝加哥大学任教的阿尔比恩·W.斯莫尔教授(Albion W. Small)给他留下的深刻印象有关。康茨在贝克尔大学毕业时就曾听过斯莫尔教授的演讲，进入芝加哥大学之后，有机会近距离向这位社会学教授讨教。此时的芝加哥大学在美国社会学领域早已声名鹊起。斯莫尔教授正是芝加哥大学社会学系的主任，也是美国第一个社会学系的主任。在芝加哥大学的求学经历以及该校社会学科的熏陶对于康茨以后的思想产生了重要的影响。

1917年，博士毕业之后的康茨成为一名巡回教师，在多所大学辗转任教。他所教授的课程包括教育的社会基础、课程与教学法等。在此期间，勤奋的

---

① [美]E.拉吉曼:《康茨及其教育社会学研究》，禾子译，载《国外社会科学》，1992(12)。

康茨出版了《美国中等教育的选拔特征》(*Selective Character of American Seconda-ry Education*)、《教育委员会的社会构成：社会对公共教育控制的调查》(*Social Composition of Boards of Education：A Study in the Social Control of Public Educa-tion*)和《芝加哥的学校和社会》(*School and Society in Chicago*)等著作，显露出他剖析美国社会和教育的卓越能力。

1927 年，康茨成为哥伦比亚大学师范学院的教师。同年，他接受教育史家孟禄(Monroe，1869—1947)的邀请成为继伯特兰·阿瑟·威廉·罗素(Ber-trand Arthur William Russell，1872—1970)之后国际研究所的副所长。根据该研究所的规定，每一位研究者都要研究某一国家或地区的语言、学校和基本的社会结构。康茨选择了对苏联进行研究，并以研究所成员的身份于 1927 年、1929 年两次访问苏联。特别是第二次到访苏联使康茨进一步加深了对苏联计划经济的认识和了解，对他后来强调社会改造以及教育革新均产生了直接的影响。

二、教育思想产生和成熟的社会土壤

康茨的改造主义教育思想萌芽于 20 世纪上半期。这一时期既是康茨在美国教育舞台声名鹊起的时期，也是美国社会危机四伏的时期。

19 世纪末到 20 世纪初，美国社会经历了一个快速发展的时期。"金色的 20 年代"让人们目睹了经济的空前繁荣。1929 年，美国的工业产值已占全世界工业总产值的 48.5%，超过了当时世界上三个主要工业国家英、德、法的总和。在这一年，美国的汽车产量达到 2650 万辆，占全世界汽车总产量的六分之五。① 经济繁荣为大量的交换和消费提供了必要的物质条件，物质主义和享乐主义开始蔓延。而随后到来的经济大萧条则摧枯拉朽地瓦解了这一代

---

① 何顺果：《美国史通论》，261 页，上海，学林出版社，2001。

人的信念以及他们放浪不羁的生活方式。①

　　1929 年的经济大危机持续了 4 年，对各个资本主义国家的经济都产生了毁灭性的打击，美国也未能幸免。1929—1933 年，美国破产的银行共10500 家，占总数的 49%。② 经济危机对美国人民的生活产生了重大的影响，使成千上万的人失业。当基本的温饱问题都难以解决的情况下，精神、信仰、娱乐等受到了重大的冲击。据统计，1932 年美国失业人数相当于美国劳动力的 24%。梅隆拉起汽笛，胡佛敲起钟，华尔街发出信号，美国往地狱冲，这是当时社会混乱的形象描述。③ 饥寒交迫、穷困潦倒的生活让人们变得不理智，民主政治受到质疑和挑战，民众希望出现一位强有力的政治领袖来带领他们渡过社会和经济危机。

　　对于西方资本主义国家而言，这一时期无疑是最黑暗的时期。但是正当发达国家受到经济危机的重大打击时，在斯大林的领导下，苏联第一个五年计划如火如荼地展开，经济得到了突飞猛进的发展。苏联的成功吸引了世界，特别是美国的注意，包括杜威在内的很多学者都对苏联经验产生了浓厚的兴趣。康茨在两次访问苏联之后，得出的结论是，苏联提供了一个通过管理教育机构来指导社会演进历程的实例。这种制度所进行的理想灌输同其他社会的社会化和训练只是程度上的差别，只不过苏联的做法显得更井井有条和自觉化。在康茨看来，苏联的教育体系中有意识、有目的的教育方式是非常值得学习的。

---

　　① 孙薇：《精英传统与消费文化：伊迪丝·华顿"老纽约小说"研究》，125 页，成都，四川大学出版社，2014。

　　② 《世界通史》编委会：《世界通史：永恒经典 3》，23 页，长春，吉林出版集团有限责任公司，2013。

　　③ 张建华：《世界现代史(1900—2000)》，98 页，北京，北京师范大学出版社，2006。

三、改造主义教育思想的主要来源

康茨的教育思想源于进步主义教育的土壤，这使得他对进步主义教育的认识与批判较其他人来得深刻。

(一)对进步主义教育的批判

进步主义教育运动从 19 世纪末开始发端，经过 30 多年的发展，到 20 世纪 30 年代时已经基本形成自己的模式、特征和规范。这使得进步主义教育运动不易对外界变化做出敏锐的反应，难以对未来的发展方向进行明智的选择。进步主义教育或是采取"鸵鸟政策"，对社会变化视而不见；或是放任自流，拒绝进行任何变革。进步主义教育的这些做法遭到杜威、克伯屈、康茨等人的严厉批评。以康茨为代表的一批社会改造主义者，原本身处进步主义教育阵营中，他们的思想与进步主义教育有着天然的渊源和联系。甚至可以说，即使他们改变了称谓，也难以真正与进步主义彻底决裂。不过，也正因为他们是从进步主义阵营中出走的思想者和教育者，因而对进步主义教育的批判显得直接、大胆甚至激进。

康茨一方面肯定进步主义教育所取得的成就，但他同时认为进步主义过于关注儿童自身的本性，忽视美国社会的传统文化与现代发展，缺乏对儿童进行正确的社会引导，使儿童发展出利己主义思想并冠以"解放个性"的名号。这种利己主义正是导致经济危机的主要原因。在那个时代，许多进步的教育家把注意力集中在教学方法和儿童身上，而康茨则把注意力集中在教育的社会目标上。他相信美国的未来应该建立在集体主义的基础上。因此，民主的精神是未来社会的基本承诺。正是依此为标准，在康茨看来，许多进步的教育家根本就不进步。[①]

康茨认为，进步主义教育"除了无政府主义或极端个人主义之外，并没有

---

① Bruce Romanish, "George S. Counts: Leading Social Reconstructionist," *Vitae Scholasticae*, 2012, p.41.

详细阐述社会福利的理论"①。进步主义教育只是反映了中上阶层人士的观点，满足于在人类历史的剧本中扮演观众角色，很少走出属于他们阶层的舒适圈子。这使得进步主义教育在处理这个时代的重大危机——战争、繁荣或萧条时，显得无能为力。② 在康茨看来，进步主义教育要真正成为进步的，就必须从中上层阶级的影响中解放出来，勇敢和果断地面对所有的社会问题，开始努力对付严酷的生活现实，与社会建立一种有机的联系，发展一种现实可行的和可以理解的福利理论，形成关于人类命运的富有挑战性的观点。③

康茨等改造主义者认为，进步主义教育所倡导的以儿童为中心的教育存在明显缺陷。尽管美国教育界倡导实施以儿童为中心的教育已有数十年的时间，但这种以儿童为中心的教育未能成功地使美国社会避免陷入市场经济或资本主义所造成的社会问题之中。

(二)对苏联教育的观察与思考

康茨曾两次访问苏联，对苏联的社会改革给予了明确肯定。在他看来，苏联在教育和经济上的突出成果足以证明其教育方法和国家政体是正确的。他体会到苏联所采取的这种试图对国家的社会和经济变革做出改变的模式具有重要意义，但也意识到美国与苏联根本上的不同。与此同时，他认为苏联的某些做法是社会变革应该具有的态度：对于每一次已经出现的社会变革，国家和教育都应该敢于进行尝试，认真思考未来的发展方向。

在康茨的眼中，苏联的公共教育制度和体系非常庞大，且受到严格的控制。所谓庞大，体现在两个方面。第一是空间的庞大。不同于传统的在学校进行教育，苏联的劳作教育不局限于学校，还扩展到电影院、工厂、图书馆、

---

① 教育大辞典编纂委员会：《教育大辞典》第11卷，399页，上海，上海教育出版社，1991。

② ［美］L.迪安·韦布：《美国教育史：一场伟大的美国实验》，陈露茜、李朝阳译，322页，合肥，安徽教育出版社，2010。

③ ［美］劳伦斯·阿瑟·克雷明：《学校的变革》，单中惠、马晓斌译，233页，济南，山东教育出版社，2009。

博物馆、剧院等社会场所。第二是教育对象的庞大。从学前教育、小学教育、中学教育、大学教育一直到成人教育，都囊括在公共教育体制之内。让康茨为之惊叹的是，苏联能将如此庞大的公共教育体系有条不紊地控制好。可以说，苏联教育体系中这种有意识、有目的、有计划的教育方式让康茨感到惊叹。

康茨发现，苏联的教育模式是按照严格的计划进行的，且每一步计划都在慢慢靠近一个目标，而每个阶段的目标又都构成社会理想的子集。这种社会理想的设定，对国家和民众来说，是一种追求，也是一种维系个人和社会关系最好的纽带，可以增强每个人的社会责任感和自豪感。由此，教育成为一种可以预见和控制的进程。如果在这个过程中出现任何的偏差，国家都能及时给出相应的解决方案，这种可控性正是当时美国社会在应对经济大萧条时期所缺失的。苏联模式中个人与社会的这种良好的互动关系也是美国教育体制所没有的。

面对突如其来的经济危机，一向对教育怀有崇高信念的美国人对以往的信仰和追求产生了怀疑。想要重拾对生活、对未来的希望，就必须重建一种社会理想。康茨认为："既然教育是一种发展的有机组织，那么自然也是需要方向的。对于这个方向的决定就形成了重大的教育问题之一。"①当然，与苏联所强调的共产主义的社会理想有所不同，康茨追求的是民主集体主义。他希望传递以大众利益为基础的社会理想。他认为应该将更加公平的美国民主理想强加到学生身上，加强学生与社会的关系，激励学生去为实现这个社会理想而奋斗、而学习。

四、改造主义教育思想的主要内容

美国社会所遭遇的重大经济危机对教育提出了新的要求，但盛极一时的

---

① George S.Counts, *Dare the Schools Build a New Social Order?*, New York, Arno Press and the New York Times, 1969, p.6.

进步主义教育此时却显露出与时代不相适应的特征。心怀关切的康茨基于对苏联社会和教育的研究，再加上自身的感悟，强烈呼吁对美国教育进行大胆的改造，最终形成了改造主义特色的教育思想。

(一)教育与社会

1. 社会对教育的重要作用

康茨认为，理想的教育应与特定的社会相契合，教育无法脱离时间和地点按照它自己的规律进行；在历史上，有什么样的社会就产生什么样的教育。① 社会对教育具有决定作用，正如20世纪二三十年代的经济危机对美国教育的巨大冲击。

进入"大萧条"时期的美国，物质分配出现了极端的矛盾："各种商品的极大丰富却伴随着贫困、痛苦甚至饥饿……饿着肚子去上学的孩子走过破产的商店，那里堆积着来自世界各地的丰富食品……经济上的寄生现象，不管是合法的还是违法的，都是如此普遍……那些讲求实际的商人只注重追求物质利益，而常常忽略道德和美学的因素……"②在这样的社会环境下，个人生存成为问题，教育面临重大的挑战。学校经费锐减，许多学校计划无法实施。为了削减教育成本，一些大学取消了大量的专业，很多教育机构扩大了班级规模，部分课程被停止，甚至关闭学校这样的现象也并不罕见。

置身于如此剧烈变化的时代，美国社会应该保持稳定与变化的平衡。所谓稳定是指对于民主观念的坚持。康茨与杜威一样，认为民主不仅是一种政治制度，也是一种生活方式。民主伦理不仅是社会重建的目标，也是社会重建的重要手段。民主观念无论是在美国人民的生活中还是在美国公共教育的架构中都占据着重要的地位。

---

① ［美］康滋：《教育的合理信念》，金冬日译，载《现代外国哲学社会科学文摘》，1959(9)。

② ［美］Howard A. Ozmon、［美］Samuel M. Craver：《教育的哲学基础》，石中英、邓敏娜等译，191~192页，北京，中国轻工业出版社，2006。

至于变化则是指从个人主义向集体主义的转变。康茨在《社会前沿》首刊的发刊词中明确指出，经济中个体主义的时代正在结束，而以社会生活紧密统合和集体计划、控制为标志的时代正在开始。在他看来，民主要在美国生存下去，必须放弃个人主义与经济领域的密切联系，且必须在此基础上寻找新的经济基础，即集体主义。康茨极力主张追求公利而非私利，认为美国人民必须开始从总体福利的观点来思考及审慎地组织其经济与政治活动。在他看来，进步主义教育的重大缺失在于没有从社会福利的角度出发来构思教育活动，过于重视儿童与个人的私利。康茨认为，美国教育的精神、方法及导向应转向倡导团体合作以及为社群服务。简言之，培育能为他人服务的良好公民，才是学校的自我实现之道，也是学校勇于建立新社会秩序的重要象征。

2. 教育对社会的责任

康茨认为，教育必须真正地、勇敢地面对每一个社会问题，与社会建立有机的联系，并形成一个现实的、广泛的福利理论，要发展对人类命运不可少的、挑战的观点。[①] 某些进步主义者虽然意识到了自身的不足，并尝试改革，但他们所做出的教育改革，在康茨看来其实只是隔靴搔痒，完全体现不了其进步性。在特殊时代，教育需要承担改造社会之责。当社会安定时，教育只需要执行社会的要求。这时教育如同社会的一面镜子，其职责是准确、有效地向下一代传递社会的规章制度和生活准则。而当社会出现问题需要重新改造时，教育需要能动地去解决问题，找出新的方法，建立一个新的社会秩序。

康茨认为，进步主义教育要真正取得进步，必须正视且勇敢地面对每一个社会问题，建立与社会的有机联系，发展一个现实而全面的福利理论，形成一个令人信服和富有挑战性的人类命运观，并通过强加和灌输等方式消

---

① ［美］Howard A. Ozmon、［美］Samuel M. Craver：《教育的哲学基础》，石中英、邓敏娜等译，190页，北京，中国轻工业出版社，2006。

除人们的恐惧。尽管他提及甚至强调灌输，但他所理解的灌输内涵非常宽泛，类似于文化和教育等影响。康茨批判进步主义教育以儿童为中心的教育思想。在他看来，进步主义教育希望建立一个新世界，但拒绝为它所建立的世界负责。在他的眼中，学校应该知道自己在做什么，并对自己的行为承担全部责任。[1]

(二)教师与社会

康茨是一位学者，也是一位教师。他非常看重教师的价值，且积极倡导教师参与社会活动。教师这个群体中既包含高层次的科学家和学者，也包含各级各类教育体系中工作的教师。教师是一个受人尊敬的职业，他们掌握了卓越的技术能力和有关历史文化较为深厚的知识。他们的行为天然带有很大的信服力和榜样作用，这些体现在对学生的影响上。

教师是学生的领路人，对学生的人生有着重要的影响。教师通过影响学生的发展进而影响社会未来的发展。教师作为学校的主力军，会直接影响人才培养的效果和方向。教师要充分发挥自身的社会作用力，就必须摆脱学校任务的执行者、顺从者的身份，应该勇于承担社会责任以及敢于争取属于自己的权利。正如康茨所说，教师应该有意地正视自己的权利，并充分利用他们所获得的权利，在学校课程和教学程序许可的范围内，积极地影响下一代的社会态度、理想和行为。但同时，教师要明确的是，他们所代表的不是眼前利益或某个特殊阶层的利益，而是人民群众共同的、持久的利益。教师有责任保护和发展这种利益。[2]

康茨认为，每个时代对教师的要求都是不一样的，教师的责任取决于社

---

① Ari Sutinen, "Social Reconstructionist Philosophy of Education and George S.Counts : Observations on the Ideology of Indoctrination in Socio-Critical Educational Thinking," *International Journal of Progressive Education*, 2014(1), pp.18-30.

② George S.Counts, *Dare the Schools Build a New Social Order?*, New York, Arno Press and the New York Times, 1969, pp.12-37.

会状况。他说道：“如果生活是安宁的，没有被重大事件扰乱，那么，教师就可以展示才能，将注意力集中在儿童的天赋培养上。但是，如果生存于一个变化多端的世界里，教师就一刻也不能将关注社会事务的视线移开，或放弃自己对所处时代的特殊需求的关注。”①这实际上明确提出了教师在剧变时代的社会责任。

他认为，当时的美国教师对社会问题疏于关注。美国教师没有在社区中成为一种积极的力量。这主要是美国教师职业经济补偿低与普遍未经培训和不成熟的状况所导致的。而且，从实践上讲，当时大多数的小学教师和三分之二的中学教师都是女性。由于女性在美国的经济、政治和精神生活中普遍处于劣势地位，因此教师职业也相应地削弱了声望。进一步而言，广泛而完善的教师组织的缺乏，使得教师个体在面对大众批评时显得有些无助。鉴于此，中小学教师通常都只满足于将自己的活动范围限定在课堂教学中。②

为了增强教师群体的力量，实现改造社会的目的，康茨对教师提出如下几点建议。

第一，教师应该广泛地参加政治活动。教师只有深入政治才能明白其中的问题所在，从而找到正确的改造方法。康茨自己就是教师积极参与政治活动的最好榜样。1939—1944 年，康茨先后出任美国教师联合会(American Federation of Teacher)、美国劳工党(Liberal Party)的主席。他还参加过各类竞选，如纽约市议会会员、纽约州副州长等。康茨用实际行动向教育者表明，教师不是只有育人的社会作用，也能成为一位政治家，有能力参与政策的制定和实施。

第二，教师应该积极参与社会活动。教师的本职是为国家培养人才，而

①　George S. Counts, *Dare the Schools Build a New Social Order?*, New York, Arno Press and the New York Times, 1969, pp.12-37.

②　Gerald L. Gutek, *The Educational Theory of George S. Counts*, Columbus, Ohio State University Press, 1970, p.180.

国家的人才培养计划是根据特定时代社会发展的需要而制订的。如果教师不了解当前社会的情况，教育就难以达成目标。教师不仅仅是一名教师，更是一名国家公民，没有哪一种职业能脱离社会而存在。教师应该积极参与处理社会事务，发表自己的观点，提出自己的建议，关心社会动态，为社会发展做出力所能及的贡献。

第三，教师应该团结起来形成专业的组织，凝结群体的力量，提高群体的社会地位和能力。个人的力量是有限的，要想实现改造社会这个宏大的志向，就必须建立专业的教师组织。利用教师组织来凝结每名教师的智慧，让更多的教师有发声的场所，为每一名积极参与社会改造活动的教师提供更多的支撑力量。

康茨对于如何建立专业的教师组织有自己的见解。他针对教师组织提出了明确的要求和希望：一是培养独立批判的领导精神；二是对所有教育工作者开放；三是对政治情况进行理性分析；四是杜绝种族歧视；五是保证资金，保护教师的权利；六是扩大组织的社会服务功能。①

康茨不仅提出独特的教师观，而且始终践行着自己的教师观。据他的学生回忆，康茨是一位苏格拉底式的教师，喜欢用交谈的方式启发学生的思考，发挥"助产士"的作用。当学生跟康茨的交谈结束，学生自然就会得出问题的答案。而这个答案正是学生自己思考的结果。② 这体现出康茨对于古希腊教育理念的继承和发扬。他眼中的教师既是学生的引路者，也是社会的引路者。教师没有办法解决每一个难题，但是教师会教授学生解决问题的方法。

整体而言，在康茨看来，教师面对各种复杂的社会问题时不应该止步于校园，而应该走进社会中心，积极面对并尝试解决社会问题，参与社会活动，

---

① Gerald L. Gutek, *The Educational Theory of George S. Counts*, Columbus, Ohio State University Press, 1970, p.180.

② Lawrence A. Cremin, "George S. Counts as a Teacher: A Reminiscence," *Teaching Education*, 1988(2), pp.28-31.

通过集合群体的力量使社会得到更好的发展。

(三)改造主义课程观

1. 对原有课程的批判

随着美国经济的发展,工业化的需求越来越明显。学校为适应社会发展的要求,增加了大量的实用科学课程,如自然科学、物理、化工、艺术等。相对应的是,古典课程受到削减。除了课程类型的实用化外,课程教学的模式上从传统的以教师、课本为中心,变为崇尚个性发展,用活动、游戏的方式让学生从做中学。这也正是进步主义教育所倡导的以儿童为中心的课程理论。在康茨看来,儿童中心是与特权阶层的经济地位相符合的,但以儿童为中心的学校并不能解决美国教育的问题。若想真正取得进步,进步主义必须确定一个社会远景。

传统课程的编制过程具有阶级性和等级性。"那些被选为更有权力的教育董事会成员的人,就是那些曾经进入我们中等学校和学院学习,并且后来在社会中占有特权地位的人。他们最经常代表的是那些商人、律师、银行家、工厂主和医生。在那些比较不幸的等级中,很少有人被选上。"①通常正是这些人的立场影响着课程编制的决策。为了维护自身的利益,他们势必会将自己的观点融入学校课程当中,所以课程编制的过程已经赋予课程内容明显的阶级性。这种模式下的课程必然牺牲了大部分群众的利益和权利。

康茨认为,当时的课程变革都是装饰性的。美国学校的课程没有从根本上满足美国公民的真正需要。要想真正满足美国公民的需求,教育者就应该摒弃其立场和利益,客观地观察社会民众的现实情况。他希望教育者不要做漠不关心的旁观者,而应该在事件形成的过程中发挥积极作用。②

---

① 王占魁:《价值选择与教育政治——阿普尔批判教育研究的实践逻辑》,110~111页,北京,教育科学出版社,2014。

② 王占魁:《价值选择与教育政治——阿普尔批判教育研究的实践逻辑》,110~111页,北京,教育科学出版社,2014。

2. 社会科学课程

针对当时的课程与社会脱节的情况，康茨提出了社会科学课程。他认为："构成课程的学科的划分，也都将会被给定一种特定的社会意义……地理不仅是作为一种对个人有用和有趣的信息被学习，而且也是作为一种好的文明和文化被教授的。国家的自然资源，其实是被看作国家的财产——亦即作为全体国民共同谋求更为富足生活的物质来源，而不是作为企业追逐利润或个人积累巨额财富的私有领域……为此，构成学校课程的所有学科的发展也都将与一种可能的且富有挑战性的伟大文明的建设事业结合起来。"[1]

康茨眼中的社会科学课程包括以下几个重点：人民群众的生活和命运的历史，和平的艺术和文化的演变，民主理想的发展，工业文明和集体经济的兴起，当代社会的冲突和矛盾，从民主理想的角度对当今生活的批判性评价，以及对当前所有旨在满足时代需要的建议、方案和哲学的彻底审查。[2]

第一是社会科学课程应该全面地描述各个时代和不同社会中普通男女的生活和命运，但重点描述西方世界的事件进程，并最终促进美国现代社会的发展。它应该努力把人民群众的生活、工作、玩乐、爱戴、崇拜、思想、死亡，怎样治理和被治理，怎样辛劳奋斗，都要努力还原出来。第二是世界社会课程要讲述国家和平的重要性和社会文化的发展历程。第三是国家民主课程侧重介绍西方国家和美国民主理想的发展历程。第四是近代工业经济课程要叙述工业化文明以及一体化经济的出现。第五是美国社会历史课程要描述当时美国社会中众多的冲突和矛盾。第六是民主生活评价课程要以民主理想的标准来对人们的生活做一个批判性的评价。第七是把所有相关的建议、计

---

① 王占魁：《价值选择与教育政治——阿普尔批判教育研究的实践逻辑》，111 页，北京，教育科学出版社，2014。

② George S. Counts, *The Social Foundations of Education*, New York, Charles Scribner and Sons, 1934, p.549.

划和哲学都介绍给下一代。①

康茨认为，当时美国的首要任务是提高公立学校社会科学课程教学内容的质量，应该让年青一代广泛接触有关其历史和世界背景下的社会状况的书籍。当然，社会科学课程的教学组织也应受到关注。社会科学课程的教学应该重视学习者的经验、能力与兴趣等特点，及早拓宽学习者的知识面，加深他们的思想和发展行动能力。教育者应通过探险、旅行、阅读、社交等方式促使年青一代与同龄人和长辈进行交谈，迈入更加丰富的领域。②

3. 教育计划

教育者必须真正地、勇敢地面对每一个社会问题，应着手应付生活中各种现实，与社会建立有机的联系。康茨虽然认同进步主义教育的改革，但也意识到了进步主义教育的明显缺陷和不足。他认为，必须制订一个完备的教育计划。但在制订计划时必定有一个关键性因素发挥作用，至少在规划现代世界的活动中是这样的。③ 对美国当时的教育状况进行冷静分析之后，康茨认为，要制订能促进美国民主集体主义发展的教育计划，应该包含四个方面的内容。第一，以美国传统文化为基础制订教育计划；第二，依据民主集体主义对传统教育进行改造，并实施民主集体主义教育；第三，重视包含社会知识的课程；第四，成立专业教师组织以完善教师教育工作。

从小受到美国民主文化熏陶的康茨，成年后目睹美国经济由繁荣到萧条。这场灾难所带来的社会动荡、政体混乱、教育衰落让康茨感到困惑和不安，也让他意识到进步主义教育所做的改革缺乏实效。这时的美国已经千疮百孔，不能再按照以前的方式进行改革，必须进行彻底的改革，并通过改革教育来

---

① [美]Howard A. Ozmon、[美]Samuel M. Craver：《教育的哲学基础》，石中英、邓敏娜等译，57~63页，北京，中国轻工业出版社，2006。

② George S. Counts, *The Social Foundations of Education*, New York, Charles Scribner and Sons, 1934, p.549.

③ [美]康滋：《教育的合理信念》，金冬日译，载《现代外国哲学社会科学文摘》，1959(9)。

改变美国的社会秩序，建立一种新的民主集体主义秩序。为了达成教育改造社会这一宏大的理想，康茨提出了改造主义的教师观，要求教师主动参与政治活动、社会改造，建立教师专业组织，敢于承担改造社会的责任。除此之外，康茨还批判原有的以儿童为中心的进步主义课程，提出了社会科学课程，强调课程应该与社会紧密联系。

康茨的这些观点对当时的美国教育产生了重大的影响。首先，促使教育家重新关注社会问题。学校不再是一个被动的社会服务机构，应该充分利用教育者的社会影响力，为社会的重建发挥积极的作用。其次，唤醒教师的社会改造热情。教师是学校中主要的群体。学校主要依靠教师的活动才能产生相对应的社会影响力。最后，他的思想深深地影响了后来的改造主义教育家，特别是布拉梅尔德（Brameld，1904—1987）等人。布拉梅尔德和康茨一样，也设想了自己心目中的理想社会，提出了以社会问题为中心的课程理论。此外，康茨呼吁教师要敢于面对社会的不公平，并能与学生交流社会中的不公平问题。这为批判教育学的产生埋下了种子。

康茨的改造主义教育思想为后世教育界开展教育反思和批判提供了一个范例。他通过自己观察与实践的结果揭露了美国教育中的种种弊端，并吸收了苏联教育经验提出的具有折中主义色彩的教育理论，为20世纪中期美国教育改革提供了新思路与新方法。

第二节 巴格莱的教育思想

威廉·钱德勒·巴格莱（William Chandler Bagley，1874—1946）是20世纪美国要素主义教育的代表人物，主要著作有《教育与新人》（*Education and Emergent Man*）、《教育价值》（*Educational Value*）、《课堂管理》（*Classroom*

Management)、《教育决定论》(*Educational Determinism*)等。

一、生平与教育活动

1874 年，巴格莱出生于密歇根州的底特律市，于 1891 年进入密歇根农学院学习。1896 年，巴格莱进入芝加哥大学攻读硕士学位，但在 1896—1897 学年结束时转入威斯康星大学，跟随波兰心理学家约瑟夫·贾斯特罗(Joseph Jastrow，1863—1944)和教育学教授迈克尔·文森特·奥谢(Michael Vincent O'Shea)学习。随着研究生生涯的结束，巴格莱在 1898 年进入康奈尔大学跟随爱德华·布拉德福德·蒂克纳(Edward Bradford Titchener，1867—1927)攻读心理学博士学位。

1902 年的秋天，巴格莱成为蒙大拿州立师范学校的一名心理学、教育学教师，还担任蒙大拿州立师范学校实习学校的校长。1906 年，巴格莱成为纽约州奥斯威戈州立师范学校培训部的督导，并承担普通方法(General Method)和数字方法(Number Method)两门课程。[1] 1908 年，巴格莱离开奥斯威戈州立师范学校前往伊利诺伊大学的教育系工作。在伊利诺伊大学工作期间，他一方面承担教育实习的工作，另一方面还讲授教育史、教育心理学、教育概论等课程。1918 年的秋天，巴格莱成为哥伦比亚大学师范学院教师团队的一员，主要讲授师范学校管理实习、教学技术、师范学校课程和学校管理四门课程。[2]

1924 年，巴格莱接受加利福尼亚州的邀请，对该州的小学课程进行调查。他于 1926 年与其助理凯特(Kyte)出版了《加利福尼亚课程研究》。1934 年，巴格莱出版了自己人生中影响较为广泛的教育著作《教育与新人》。在这本著作

---

[1]　James Wesley Null，"A Disciplined Progressive Educator：the Life and Career of William Chandler Bagley，1874—1946，"PhD diss.，University of Texas at Austin，2001.

[2]　James Wesley Null，"A Disciplined Progressive Educator：the Life and Career of William Chandler Bagley，1874—1946，"PhD diss.，University of Texas at Austin，2001.

中，巴格莱以生理学、心理学及哲学知识为基础系统地阐述了自己的教育理
论。1938 年，巴格莱在弗雷德·奥尔登·肖（Fred Alden Shaw）的邀请下加入
要素主义教育协会。同年 3 月 1 日，巴格莱作为要素主义的代表在大西洋城
进行演讲。在这场演讲中，他明确指出美国教育存在软弱、低效率的问题，
主张通过"建立统一课程标准""提高教育质量""组织系统的教材"等方法提高
美国教育的质量。1939 年，人们笼罩在"二战"的乌云之下，巴格莱并不支持
在战争中举行要素主义教育正式会议。因而经过几年的耽搁，要素主义教育
协会便匆匆地在历史舞台上落下帷幕。

二、巴格莱论教育性质

巴格莱意识到，教育是传递永恒价值标准的过程，具有经验目的和伦理
目的，发挥着实用价值、预备价值、常规价值及社会价值，可分为正规教育
和非正规教育。

（一）教育的内涵

教育一词的含义众多，不同教育家对此有不同的理解。巴格莱依据自己
对教育的认识提出，"教育是传递人类积累的知识中具有永久不朽价值的那部
分的过程"①，即永恒的价值标准。巴格莱强调它们在人类社会发展中具有重
要的地位，因为教育的意义便在于获取那些流传下来能够适应人类社会发展
的经验。

在巴格莱的教育理论体系中，教育被划分为两大类别，分别是非正规教
育和正规教育。其中非正规教育是指"种族积累的许多知识通过个体模仿，或
者其他一些无目的的形式一代一代永久性地向下传递，这种教育一般没有明
确方向"；正规教育则为"将人类的知识经验，由年长一代向年轻一代有目的

---

① ［美］巴格莱：《教育与新人》，袁桂林译，37 页，北京，人民教育出版社，2005。

地'传授'的过程"。① 非正规教育与正规教育在不同时期有着不同的表现方式，巴格莱对两种教育方式进行了历史的梳理。他指出，原始社会的正规教育主要表现为家长向子女传授基本的生活技能，非正规的教育往往通过风俗习惯、迷信观念等影响着人们。而在这一时期产生的学徒制是正规教育与非正规教育混合的产物，介于正规教育与非正规教育之间。因为它既带有正规教育有目的传授知识的特点，也有非正规教育传授无目的知识的特征。直到早期文明阶段，有一定数量的学徒出现了，学徒制才成为正规教育。古希腊时期的斯巴达与雅典已为男性儿童建立起了系统的正规教育体系：斯巴达的教育目的是培养武士，而雅典的教育侧重于培养自由公民。古罗马时期的教育制度与体系继承了古希腊教育模式，正规教育发展到了较高的程度。但在古罗马帝国消亡后的 500 年里，巴格莱认为正规教育全面崩盘，社会被文盲充斥。直到文艺复兴与宗教改革时，正规教育才逐渐复苏，但此时的正规教育影响十分有限，因为受众群体少之又少。进入 19 世纪后，普及学校运动在欧洲和北美展开，才促进了正规教育的壮大。正规教育的不断发展使其内部产生了不同的类别，主要可以划分为职业教育、普通教育和文雅教育三类。这三类教育服务于不同的受教育群体，为社会不断输送着各个类别的人才。

(二)教育价值

巴格莱根据他对人类行为的认识指出，教育具有实用价值、预备价值、常规价值及社会价值。② 教育的实用价值是指人们通过对教育材料的学习能够控制自己的行为，进而提高经济效率的作用。经济效率特指个人成功解决谋生所涉及的基本能力问题，如获取食物、住房与衣服等。教育的预备价值意味着教育能为学生未来的学习、生活做准备，如学习拉丁语及希腊语，可以

---

① [美]巴格莱：《教育与新人》，袁桂林译，37 页，北京，人民教育出版社，2005。

② 巴格莱在谈论教育问题时，指出教育所代表的是狭义上的教育，主要指学校教育，教育价值是在教学活动中教给学生的知识所具有的价值。当然，他承认对于教育价值的概括与总结并非是唯一的，因为关于价值标准的选择尚未达到统一。

为学生在大学更深入地学习哲学提供语言基础。教育的常规价值是指所有人都必须接受且能够产生意义的知识，具有代表性的知识为拼写和语法知识。拼写和语法知识是人类生产生活中必须掌握的，对于人们的生存有着重要作用。教育的社会价值是指教育对社会发展所产生的促进意义，可以被看作教育较为核心的价值。因为只有在个人社会化的过程中，教育所发出的行为控制才能发挥出重要的作用。

（三）教育目的

巴格莱指出，教育目的可以分为经验目的和伦理目的。经验目的是希望学生通过教育获得知识，形成理想，成为适应社会发展的新人。伦理目的指向道德，是教育的最终目的，在教育目的中更为重要。教育目的可具体分为生计目的、知识目的、文化目的、和谐发展目的、道德品质发展目的和发展个人在社会上的效能目的。

巴格莱认为，教育的生计目的是指令学生获得谋生的手段，也是他们实现愿望获得更好生活的手段。它普遍存在于教学过程之中，是学生努力学习的动力之一。生计目的的优点在于它的明确性，它所制定的标准没有任何模糊或难以理解的地方，但不足之处在于它将会引导一种狭隘的社会风气。比如，父母们会反对孩子们接受自由（文雅）教育，因为自由（文雅）教育并不十分关注自身的实用价值，对生存能力的发展影响较小。

教育的知识目的强调在教育过程中传授学生共同文化要素。它与生计目的似乎是对立的：生计目的重视实用；而知识目的则较为理想，并试图将物质主义最小化，表达出一种悠闲的生活观。但巴格莱强调，生计目的与知识目的在理论上的对立并未反映于实践中，在实践中生计目的与知识目的是和谐共处的。他指出，知识由种族经验构成，包括事实、法律与原则等内容。这些内容曾经在社会中具有实用价值，并且正是由于它们所具有的实际效用才使它们长久地存在于人类历史中。可见，促成教育知识目的实现的内容能促成生计目的知识的积累与发展，两者在实践中密切关联。

教育的文化目的强调学生获取知识并不单单意味着增长见识，还要承担传承人类共同文化要素的重任。巴格莱以人类生理活动为例指出，虽然有些文化对于现有生活而言作用不大，但正是这些文化存在于个体和民族之中，才使得人与人、民族与民族间有了区分。

教育的和谐发展目的的内涵与标准是模糊且相对的，它所强调的内容不是完全发展，也并非均等发展。巴格莱指出，完全发展是人们对于教育的一种理想目标，实现这一目的存在现实上的困难。因为从进化论的角度可知，没有人能够在每一个领域都得到极致发展。同时，和谐发展也并非均等发展。巴格莱认为，无所不能、无所不知的人往往意味着一无所长。尽管万事通的人在生活与工作中都有需求，但这类人并不需要教育进行专业培养。他强调，和谐发展目的需要有一个标准，以便于人们选择经验和采取措施。

教育的道德品质发展目的即培养学生良好的道德修养，让学生能用社会公认的价值标准控制自己的冲动行为。巴格莱指出，道德品质发展目的看似比和谐发展目的的标准要明确，但其实不然，道德品质发展目的的难度在于所建立的道德标准难以得到所有人的认可。

教育的发展个人在社会上的效能目的被巴格莱视为教育最终的目的(简称为社会目的)。他指出，课程内容、教师教学方法乃至培养个人能力的类别皆需以社会效益为准则。巴格莱认为，教育的社会目的并不在意自身对于和谐发展目的、道德品质发展目的是否有价值，它更强调个体为社会创造价值的多寡。

三、巴格莱论课程

随着时代的发展，人类共同文化要素并未失去光彩，反而仍履行着传承人类文化中最宝贵、最有价值东西的责任。它们凝聚着人类的智慧与思考，是学生快速掌握经验、获得成长的最佳路径。巴格莱强调要重视人类共同文化要素的价值，以系统、科学的方式编排教材，将优秀的人类文化传递给学生。

（一）对美国课程的批判

1912年，美国全国教育协会下设的时代经济委员会（Committee on Economy of Time）针对过去课程中存在的问题进行了改革。课程改革者们重视教育与儿童生活间的密切联系，关注学校教材的制定与活动课程方法的运用，充分彰显了学生的主体性。但巴格莱却指出，这一时期的课程改革给美国教育发展带来灾难，因为每一个社区必须有一套自己的课程导致教材泛滥，活动课程割裂了知识的系统性。所以他认为被称为"黄金十年"（1912—1922年）的课程改革非但没有达成理想的课程目标，反而使美国课程变得混乱与无序。

不仅如此，巴格莱还批评了进步主义教育极端强调学生兴趣、自由与学生主动性的理论。他认为，过度提倡学生中心导致当时美国课程忽视努力、纪律与教师；一些学校完全放弃将学业成绩作为升学条件的做法更是彻底放任了学生，从而有意无意地降低了学生的升学门槛，导致美国教育质量不断下降。巴格莱指出，民主与自由对于一个国家与民族而言是好的，但不能以牺牲训练与纪律为代价。他还指出忽视系统知识的课程正在一步步削弱美国教育基础，所以重视人类共同文化要素对于美国课程发展而言是刻不容缓的事情。

（二）课程内容与教材

何为课程？在巴格莱看来，"课程是指为达到预定的目的将每门学科的所有科目联合一致的过程"①。课程内容则由具有永恒价值标准的人类共同文化要素组成。他反对杜威打破学科界限的做法，认为知识的连贯性和课程内容

---

① William C. Bagley & John A. Keith, *An Introduction to Teaching*, New York, Macmillan Company, 1924, p.23.

的系统性与科学性十分重要；教材承载着人类数千年凝聚的文化要素，具有不可或缺的意义。他表示，就一般意义而言，教材反映人类前进、奋斗和胜利的历史；就现实意义而言，教材则是人类经验最基本、最持久的储藏所，其教育意义和重要性在于能使人类一代超越一代。① 同时，巴格莱又认为，所谓永恒的价值标准并不意味着教材可以一成不变，相反教材应根据社会、科学与艺术的发展进行常态性调整。他指出，"毋庸置疑，随着科学不断揭示真理，随着艺术创作出现新的成果，随着社会遇到并解决了新问题，经常修订学校课程完全必要"②。课程不仅要包含着过去人类经过实践检验流传下来的知识，还要与时代相接轨，及时反映人类的新动态。尽管巴格莱主张学生应通过系统的教材获得知识，但他却未曾否定过个人经验知识的价值。反而，巴格莱指出，个人的直接经验与间接经验之间存在密切的联系。他认为，在人类最初形成之时，所获得的一切经验都是个人的直接经验，这些经验经过时间的发展积淀成间接经验被后世用来学习。他认可在实践中获取知识的学习方式，所反对的是过度采用个人经验进行学习。

(三)课程组织形式

巴格莱主张以学科为中心组织课程活动，指出以学科为中心和以活动为中心的主要差异在于教学内容性质和教师功能定位的不同。首先，采用什么样的课程组织形式应根据知识的性质——课程内容决定：面对主要由间接经验构成的系统文化知识，应采用课堂讲授法；面对主要由直接经验组成的知识，则需要活动课程。他并没有完全否定活动课程在教学中的作用，而是寄希望于教师在教学过程中采用灵活的教学方式，依据知识性质来选取恰当的教学方法。其次，教师功能包括指导、教学、传授人类共同文化遗产、发现"天赋"学生等。以学科为中心的课程组织形式倚仗教师的教学功能，因为需

---

① [美]巴格莱、[美]克玉书：《教学概论》，林笃信译，53页，上海，商务印书馆，1931。

② [美]巴格莱：《教育与新人》，袁桂林译，119页，北京，人民教育出版社，2005。

要通过教师的教学将系统知识传授给学生；以活动为中心的课程组织形式则倾向于通过教师的指导功能帮助学生在实践中获得知识。

但是，巴格莱并不完全认同以活动为中心的课程组织形式。他说道："承认自从倡导设计教学和活动教学后对教育的巨大贡献是一回事，但是完全相信它们能彻底取代直接的、系统的、连贯的教学则是另一回事。"①他不否认教师指导功能的价值，但不支持这种功能贯穿整个教学过程。因为一旦指导功能在活动和设计中成为普遍原则，就会导致教学功能的弱化。他列举当时苏联从取消教科书到恢复标准化教科书的转变，说明活动课程无法取代学科课程。不过，巴格莱也提到了活动课程在知识传授中的价值，表示"所谓的'各种各样活动'无论在小学还是在中学都有重要的地位，这点应给与肯定"②。他所否定的是活动课程占据了过多的教学时间，导致系统的学科教学出现紊乱的情况，而非活动课程理论本身。也就是说，巴格莱对待活动课程的不满情绪所针对的是现象而非理论。

(四)课程评价

在巴格莱看来，课程评价是激励学生学习的一种方式，通过有效的划分等级与评判分数能够激发出学生内在的学习动机。其中课堂评价与考试是学校中较为常用的评价方式。巴格莱指出，教师应该通过对学生每堂课的表现、作业完成情况的记录等多方面来对学生做出课堂评价。他主张教师在每节课结束后对班级中每名学生的表现做记录并布置课后作业。作业能够有效促使学生掌握所学知识，养成良好的学习习惯，是加深学生对于知识理解的较好方法之一。

考试作为另外一种重要的学习评价方式，不仅能够检测学生掌握与应用知识的能力，还能对教师的教学效率做出考查。巴格莱指出，在设计试卷时

---

① ［美］巴格莱：《教育与新人》，袁桂林译，156 页，北京，人民教育出版社，2005。
② ［美］巴格莱：《教育与新人》，袁桂林译，125 页，北京，人民教育出版社，2005。

注意构建合理情景与保持逻辑自洽。此外，试题除了要结合实际外，还要能够将学生所学的知识连贯成系统进行考查。巴格莱还举例：在讨论有关南美洲的位置和范围时，可以通过它与其他大陆间位置的对比来设计试题。除了可以设置客观题外，还可设置主观题以丰富试卷内容，从多个角度考查学生的能力发展情况。

四、巴格莱论教师

为了能够培养出理想的教师，巴格莱设计了一套系统的师范教育课程体系，并且描述了优秀教师所应具备的品格与技能。不仅如此，根据多年从事培养教师工作的经验，巴格莱还撰写了班级管理与教学方法的教材，以推动美国教师的专业化发展。

(一)重视师范教育

巴格莱认为，20世纪初美国教师质量下降与师范教育选拔和培养效率低下有关。一方面，各州师范学院所录取的学生相比于赠地学院学生来说成绩较差；另一方面，教师从业门槛较低，人们通常认为成为一名教师并不需要具备专业素养。不过，即便如此，师范生在选择工作时，教师职业往往只是备选项。除了选拔标准较低之外，师范院校的物质资源也较为匮乏。1921年，马萨诸塞州对1所招收600名学生的农业学院的拨款超过了对10所招收3000名师范生的师范学院的拨款。[①] 在这种环境下，巴格莱坚定了提高教师地位、促进教师专业化的决心。

美国教师发展的现实环境促进了巴格莱重视教师培养思想的发展。不仅如此，巴格莱还关注到教师在教学过程中的价值。他指出，教师在课堂中不仅能够帮助学生弄清楚自己的兴趣并选择适合自己的学习方法，还需指导学生学习复杂知识。教师作为系统知识的掌握者，在学生发展过程中具有不可

---

① [美]巴格莱:《教育与新人》，袁桂林译，148页，北京，人民教育出版社，2005。

替代的价值与作用。

(二)师范学院课程设计与课程内容

为促进教师专业发展，巴格莱设计了一套系统的师范教育课程方案。他指出师范教育必修课程包含教育学专业知识和学科知识两个部分。其中教育学专业知识包含心理学，教育史，教学方法(教学原则)，学校管理，观察、参与及实践课程五个部分。学科知识则根据所选择的专业不同而有所差异。

巴格莱认为，教育学专业知识是教师成长为优秀教师所必须具备的。他指出，心理学是未来教育课程中的一门导论课程，它的"价值不在于提供实践细节的一般原则，而是为实践研究提供一个解释性的基础"[1]。心理学的教学内容不仅包括有关本能、习惯与学习规律以及个体间差异等基础知识，还包含教育心理学的相关知识。比如，在算数课程中，向学生讲述不同阶段儿童的思维特征、学习规律以及习惯养成的原则。此外，巴格莱强调，尽管教育心理学的教学内容涉及具体的教学方法，但却不能与教学法混为一谈。教育心理学的教学内容更多包含本能、习惯等内容的基础知识，而教学法则更多是对教师的教学任务有一个整体的俯瞰，是用简单和基础的术语来定义教学中的问题。

巴格莱认识到，教育史是经过时间所积淀下来的文化遗产，对未来教师的发展有着重要价值。教育史的内容主要包括古代、近代以及现代中的重要教育思想与教育制度，如裴斯泰洛齐(Pestalozzi，1746—1827)，赫尔巴特(Herbart，1776—1841)和杜威等教育家的教育思想；个人教学、兰卡斯特等教育制度。此外，他还指出教育史这门课程不仅包括教育的历史，还应当涵盖一些学科的历史。因为学生在知道过去阅读方法的基础上学习现代阅读方法，将更加敏锐地理解阅读中的精妙所在。同时，当教师掌握了阅读方法

---

[1]　William S. Learned, I. L. Kandel, & Homer Walker Josselyn, et al., *The Professional Preparation of Teachers for American Public Schools: A Study Based Upon on Examination of Tax-Supported Normal Schools in the State of Missouri*, New York, The Carnegie Foundation for the Advancement of Teaching, 1920, p.180.

时，他的学生也将受益。因此巴格莱强调："让每一位在教学方法、学校管理和教学原则方面的教师负责他的学科历史内容，将会有明显的优势。"①

20 世纪早期，教学法被称为"教学的一般方法"。它可以普遍应用于任何课程之中，是一种普遍有效的程序。但巴格莱认为这种观点并不符合教学规律，因为没有人能够研究出一套固定的教学方法供教师解决所有的教学问题。巴格莱还提到，1870—1890 年美国师范学校所使用教科书中呈现的教学方法，是在怀特等人的教育学基础上形成的。这些书籍以经验型居多，并未上升到理论高度。它们虽然能为刚入门的教师提供指导，却难以更深一步地为高层次教师提供帮助。巴格莱意识到，美国教学法真正形成的时刻是走出经验教学法迈向理论教学法的时候。

学校管理课程的内容以管理学生、学校方面的经验为主，如有关纪律、学校卫生、评分、班级纪律、学生道德培养等复杂多样的工作。巴格莱指出，明确学校管理课程的内容，首先要理解它与其他课程之间的关系。学校管理与教学方法之间既有区别，也有联系。优秀的教学原则可以解决学校管理中面临的问题，学校管理的经验能够为教学方法的实施营造良好的环境。同时，学校管理、教学方法与实践相结合有助于有效教学的实现。

观察、参与及实践教学被巴格莱视为实训学校中每门课程的核心与关键要素。② 他反驳了教育理论在实践中无用的观点，强调理论与实践间的碰撞有助于培养教师的教学能力。观察课包含对学校、教师、学生、教法及教材等

---

① William S. Learned, I. L. Kandel, & Homer Walker Josselyn, et al., *The Professional Preparation of Teachers for American Public Schools: A Study Based Upon on Examination of Tax-Supported Normal Schools in the State of Missouri*, New York, The Carnegie Foundation for the Advancement of Teaching, 1920, p.188.

② William S. Learned, I. L. Kandel, & Homer Walker Josselyn, et al., *The Professional Preparation of Teachers for American Public Schools: A Study Based Upon on Examination of Tax-Supported Normal Schools in the State of Missouri*, New York, The Carnegie Foundation for the Advancement of Teaching, 1920, p.192.

一切与教学相关的观察、参与和实践活动。巴格莱指出，观察是第一位的；学生通过进入学校观察有经验教师的教学过程不仅能获取间接经验，还能在参与实践过程中获取直接经验，并将学习到的理论知识转化为实践。

(三)教师品格

巴格莱认为，教师的个人能力不仅表现在指导学生学习中，还反映在良好的品格上。他强调教师应该是坚韧、聪慧、博学、积极乐观、充满希望、拥有热情与服务精神等的人。巴格莱曾给予一名65岁学生极高的赞扬，他认为该学生在这样的年纪依然有着年轻时的教学热情，说明该学生是一个善于保持头脑清晰且思想年轻的人。这正是一名教育工作者所应当拥有的品质。

巴格莱将教师的品格分为普通和特殊两类：普通品格是所有教师都应具备的；特殊品格更具专业化性质，需依据教师所在的教学阶段进行划分。巴格莱提出，教师所应具备的普通品格为：个人仪表、健康的身体与充分的热情、社交的智慧、道德品质。其中道德品质主要包括诚实与忠诚，忠诚包括对学生、学校、同事及教师职业的忠诚。

教师的特殊品格在不同教学阶段或儿童的年龄阶段是有差异的。巴格莱认识到幼儿园至初等教育一、二年级(3～8岁)时期的教育是具有先导性的，有着重要意义。他指出，幼儿园至初等教育一、二年级的教师应具有四种特殊品格，分别为：对于琐碎事物的兴趣、对教育儿童有兴趣、忍耐心、清晰的头脑与和蔼的态度。① 初等小学的中间教育阶段被巴格莱称为少年时期(9～12岁)。对待少年时期的学生，教师应具有从容镇定的态度、温和与坚毅的同情心与多方面的兴趣与能力。高等小学与初级中学的学生正处于青年早期(13～15岁)。这一时期学生的身体与心理都处于极具变化的状态，同时也是教师极易塑造学生的时期。对待青年早期的学生，教师应对学生有信心，

---

① [美]巴格莱、[美]克玉书：《教学概论》，林笃信译，335～336页，上海，商务印书馆，1931。

具有领袖能力、宽广的视野、多方面的兴趣，能与同事保持良好合作，具有承担组织课外活动责任的品格。高级中学的学生处于青年中后期(16~19岁)。巴格莱认为这一时期的学生处于较为危险的时期，如他们极易更改自己的宗教信仰而陷入迷茫之中。不过此时教师所应具有的特殊品格与青年早期较为相近。其中巴格莱特意强调教师的领袖品质，因为具有领导力的教师能够令学生信服，使学生听从教师的指导。

五、巴格莱论教学

教学作为学校教育中较为核心的活动，连接着教师的教和学生的学。在巴格莱看来，教学活动并非教师的独角戏，它的顺利开展需要教师、学生、教学方法等要素的共同支持。

(一)教学的内涵

巴格莱意识到，教学的根本意义在于"促进学生有效学习"[1]。要完成一堂课，教师不仅需要维持课堂秩序、营造良好的环境、注意儿童的心理状态及课堂休息时间等，还需要利用刺激学习、鼓励学习、指导学习等活动促使学生学习。

巴格莱强调，唯有深入了解学习活动，才能理解教学是什么。他指出，学习是十分复杂的活动，是为了组成明了的观念，以引导和约束行为的一种历程。学习的主要构成要素有五个：①学习是行为的变更；②学习是新神经结的组成；③学习是心灵活动；④学习的重要意义在于明了观念的组成；⑤由复习而促成明了的观念能够令行为进步。[2] 教学活动是刺激和指导学生心灵活动的历程，能够指示、解释、分析、鼓励、引导学生的心灵活动，但不

---

① William C. Bagley & John A. Keith, *An Introduction to Teaching*, New York, Macmillan Company, 1924, pp.33-34.

② [美]巴格莱、[美]克玉书：《教学概论》，林笃信译，27~30页，上海，商务印书馆，1931。

能取代学生的心灵活动。①

巴格莱认为，人的一切学习都是由观念而来的。观念的来源有两种：
①第一次偶然发现或发明的；②在第一次获得的经验或观念上经过加工所得
来的。观念的直接与间接来源意味着学生的学习包括直接和间接两种方法。
巴格莱指出，基于对学习观念的不同认识，形成了两种不同的教育学说——
教育生长说与教育替代经验说。教育生长说认为个人的经验为学习的第一要
素，教育的发展过程要与自然相一致，即身体构造和机能开发完全由自然法
则所决定。教育生长说强调，教学的根本任务为指导生长，即在恰当的时间
给学生适宜的刺激以促进他们的生长。巴格莱还指出，这一学说的目的在于
打破师生之间的界限，使学生成为学校的中心。教育替代经验说是与教育生
长说同等重要的教育理论，它强调学生学习的内容应为间接经验，因为民族
经验难以通过学生活动习得。间接经验相对于直接经验而言，超越了时间与
空间的界限，包含的经验往往是极具深度的。所以在教学过程中，教师不能
忽视间接经验的学习。此外，巴格莱强调，间接知识与直接知识共同组成了
学习内容；不管是直接经验还是间接经验，人们都有获得它们的权利与能力。

(二)教学结果及教学法

教学活动的顺利开展促使产生教学结果。巴格莱根据教学结果影响行为
方式的差异，将教学结果划分为固定的结果和顺应的结果。

所谓固定的结果意味着行为是比较稳定，或者在未来生活中变化较小的。
巴格莱举例，在美国学校中学习的儿童将来必须能够使用流畅的英语交流是
固定的结果。固定的结果主要包括习惯、技能与态度。其中习惯是指解决循
环情景中问题的特殊反应，也是当出现刺激时产生的自动或机械的联合。比
如，当学生经过多次练习算数中的乘法口诀后，能够十分流畅地回答二乘
五得十，四乘七得二十八。巴格莱认为，对学生发出二乘五的刺激后，他们

---

① ［美］巴格莱、［美］克玉书：《教学概论》，林笃信译，32页，上海，商务印书馆，1931。

能够不假思索地、毫不费力地回答的过程即养成习惯的过程。习惯是人们生存与生活中所必需的知识，对于形成态度非常重要。如果儿童养成了让长者或妇女先行、尊重他人的习惯，那么这些习惯将会成为他们态度中的一部分。

技能是较为复杂的特殊习惯的组合，这也是习惯与技能之间较为明显的不同之处，可以将技能看作在形成习惯的基础上发展而来的。巴格莱以驾驶汽车为例，指出在顺利驾驶汽车之前，需要经过多种动作，每一个动作代表着一种习惯。此外，巴格莱还提出，养成习惯与技能的教学方法为训练。教师在运用训练法的过程中需要注意五个原则：①兴趣；②精力集中；③注意的复习；④阻止错误；⑤效果律。①

态度是人们对于事件或问题的看法、意见。巴格莱举例，生活在南、北方的人对于民族问题的认识存在差异。由于环境对人具有重大的影响，南、北方的人往往难以跳出固有观念而产生偏见。巴格莱认为，学校教育对态度发展具有重要作用。比如，英国的伊顿公学、温彻斯特公学等学校之所以闻名于世，是因为它们重视通过学校生活培养学生的态度。

虽然人们的行为具有固定属性，但由于人们所生活的情景是处于变化之中的，一些固定的结果与行为会不适应将来发生的事件。巴格莱指出，教学需要培养学生一些能力或行为以顺应事情发生的环境与影响，即顺应的结果。顺应的结果主要包含观念、意义、事实与原则、理想。

观念是一种心理现象，可以被看作意识的复现或经验的改造，亦是形成习惯的基础。意义是由事物提示、表达或指明的含义，即当人们看到一事物便能想到它所指代的其他事物。比如，街上十分喧哗意味着车水马龙，落叶纷飞暗示着秋天的到来。事实与原则是指观念间发生的关系的表示。比如，地球是圆的，即地球这一观念与圆这一观念所产生的关系的表达。理想可以

---

① William C. Bagley & John A. Keith, *An Introduction to Teaching*, New York, Macmillan Company, 1924, p.231.

被称为主要的观念。在巴格莱的教育思想体系中，它代表的是一种决定行为的较广约束，既含有意义，也拥有价值。理想可以被分为两类：一类为普遍的理想，它们较为远大，往往被看作雄心壮志；另一类为标准理想，往往被看作行为标准或道德准则，是较为具体的理想。

针对观念、意义、事实与原则，巴格莱提出了叙述式教学法、启发式教学法和设计教学法三种教学方法。叙述式教学法是指教师按照知识的逻辑结构教导学生，优点在于学生能掌握较为系统的知识且效率高。启发式教学法是指教师鼓励学生根据自己的学习或研究内容选择或制定法则，它包括归纳的启发和演绎的启发。巴格莱在赫尔巴特"四段教学法"的基础上，提出了五段教学法，分别为预备、提示、比较和抽象、概括、应用。[①]

①预备。预备是指教师在讲授新课之前需向学生阐明新课的目的，并让新知与旧知产生联系，为接下来的教学做准备。

②提示。提示是指教师引导学生联想到要讲授的内容。

③比较和抽象。比较是指将要学习的新内容与已有的旧知识做对比，在对比的过程中，将新知识的特点揭示出来。抽象是将许多特殊的要素牢记心中的过程。

④概括。概括意味着从新知与旧知之间抽象出普通的要素，然后对这些要素加以总结，得出定义或原则。巴格莱强调，学生在概括时可能会出现不全面、不详细等问题，但这些不是概括步骤中最重要的。教师应该关注的是对学生概括能力的培养。

⑤应用。应用即学生将新习得的知识用于新的环境。比如，学生将新词用在新句子中，并根据句子的变化熟练运用新词。

巴格莱指出，五段教学法对于教师传授新知有较大的价值，但值得注意

---

① ［美］巴格莱、［美］克玉书：《教学概论》，林笃信译，223～225页，上海，商务印书馆，1931。

的是，五段教学法并非普遍的教学方法，掌握了它并不意味着能解决所有的教学问题。

　　演绎启发法是五段教学法中应用阶段的拓展，是从问题出发进行教学的方法。比如，对于数学中的公式或命题，根据这个问题进行演绎推理出结果。巴格莱指出，这种方法最初来自赫尔巴特，后被杜威改造并产生了深远的影响。他认为，杜威的教育即生活的观点是演绎启发法的典型，因为将生活教给学生的最佳方法为帮助他们解决生活中所遇到的问题。设计教学法亦来源于注重问题的教学。巴格莱认为它是最能代表杜威教学思想的教学法。设计教学法以问题或目的为起点，通过对问题的解决来获得知识与技能，与系统教学法之间存在巨大差异。

六、巴格莱教育思想的特征及影响

　　巴格莱以要素为核心的教育思想引起了美国教育界的广泛关注，同时也对进步主义教育运动产生了冲击。在巴格莱等要素主义者的共同努力下，美国教育发展方向得以修正，并重新构建了学校发展的秩序。

　　(一)巴格莱教育思想的特征

　　巴格莱以美国教育发展现况为根基，构建了具有时代特点的教育理论。该理论主要有以下四个特征。

　　第一，具有系统性和全面性。一方面，就整体而言，巴格莱教育思想阐述了有关初等教育、中等教育及高等教育的教育理念和方法，形成了一个严密的逻辑体系；另一方面，在具体的教育实践中，巴格莱关注到了课程、教学、教师、学生、师范生等多个教育要素。

　　第二，以人类共同文化要素为课程内容的主要组成部分。巴格莱认为，经由历史流传下来的人类共同文化要素是最有价值的知识。人类共同文化要素具有普遍适用性，对于学生传承文明、融入社会、建设国家具有重要意义。

人类共同文化要素在作为基础知识被编写进教材的过程中，需遵循由易到难、循序渐进的原则。选择具体的课程内容时应考虑学生的认知能力、心理发展时期与特点。

第三，关注教师在教育过程中发挥的功能与地位。巴格莱认为，教师是学生构建知识体系、激发兴趣的引路人，是促进学生发展的重要角色之一。同时，在教学过程中，教师功能的发挥是教学活动顺利开展的必备条件。巴格莱强调，教师专业发展是推动美国教育质量提升的重要方式方法，需要提高师范教育质量以推进教师专业化发展。

第四，巴格莱教育思想是理论性与现实性的统一，具有较强的实践性。巴格莱教育思想以生物学、心理学及哲学理论为基础，形成了系统的教育理论体系，指导着现实教育问题的解决。此外，巴格莱教育思想是在不断挽救美国教育危机过程中构建的。他对20世纪30年代美国课程变革深表忧虑，甚至认为美国教育已形成一种偏见，那就是反对一致性、反对任何形式的固定课程。这种理论偏见必将导致美国教育发展的不确定性。基于对美国教育现实问题的思考，巴格莱提出要素主义教育理论以转变美国教育发展方向。

(二)巴格莱教育思想对美国产生的影响

巴格莱教育思想为20世纪中期美国教育发展提供了新的思路。以巴格莱为首的要素主义教育思想顺应了时代的发展潮流，对美国20世纪中后期的教育发展产生了深远的影响。

20世纪50年代后，国家间的博弈促使美国政府更加重视科技的发展。与此同时，苏联卫星的升空令美国民众深陷恐慌之中，社会各界展开的对进步主义教育的批评与指责引起了对教育的反思。美国联邦政府为了增强自身的威信与回应中产阶层的利益诉求，着手进行美国教育改革。1958年，美国国会通过的《国防教育法》强调加强对数学、外语及科学等重要学科教学的财政支持，组织专家与学者为中小学的部分课程重新编写教材，全面提高"新三艺"的教学质量，注重对"天才"的训练。1983年，美国政府发表《国家处于危机之中：教育改革势在必行》。这份报告不仅延续了《国防教育法》中加强学科教学的措施，还对天才儿童的发展给予支持。从一系列的措施中可以看出，美国政府颁布的教育法案融合了要素主义教育思想，不仅更加重视系统学科知识和其在教学中发挥的作用，还通过提高课程难度来提升人才培养的质量。

巴格莱教育思想不仅推进了美国基础教育的改革，也影响着师范教育的发展。巴格莱的师范教育思想打破了教育学知识与学科知识之间的壁垒，提高了美国师范教育的专业性，为20世纪中后期美国教育专业化发展指明了方向。美国教师教育和专业标准委员会在1958年、1959年与1960年的教师教育研讨会中强调，未来教师不仅要懂得教什么，还要学会如何教；教师必须具备深厚的基础知识，精通一门以上的学科专业知识，储备丰富的教育专业知识，并参与严格的教学实习训练。20世纪中后期，美国师范教育的发展融进了巴格莱师范教育理论，更加重视教师培养与教师专业发展，为美国教育发展提供了优质的教师资源。

第三节　赫钦斯的教育思想

罗伯特·梅纳德·赫钦斯(Robert Maynard Hutchins，1899—1977)曾任美国芝加哥大学校长，是20世纪永恒主义教育哲学流派的代表人物。宗教思想的浸染、丰富的教育经历与多年的大学校长生涯构成了赫钦斯教育思想的基石，也留下了解读其教育思想的线索。

一、生平与教育活动

1899年，赫钦斯出生于纽约市布鲁克林区的一个学者家庭。16岁时，赫钦斯考入奥柏林学院接受高等教育。1917年，赫钦斯中断了在奥柏林学院的学习生涯，投笔从戎，随部队奔赴意大利，担任野战医院的急救员。战争结束后，赫钦斯到耶鲁大学就读。毕业之后，他在纽约普莱西德湖的一所私立学校任教了一年半，后应耶鲁大学校长詹姆斯·R. 安杰尔（James R. Angell，1869—1949）之邀返回耶鲁大学担任学校秘书。不仅如此，他在全职工作的同时继续在法学院学习，并于1925年获得法学学位后被任命为讲师。两年后，他被任命为正教授，很快又担负起代理院长的职责。①

在担任耶鲁大学法学院院长期间，赫钦斯启动了一个课程改革项目。这段经历使年轻的赫钦斯成为颇具影响力的人物，也为其成为芝加哥大学校长人选奠定了基础。他试图改变僵化的案例研究课程，倡导法律专业应吸收社会科学新学科的内容，使耶鲁大学成为"法律现实主义运动"的中心，也成为法律改革派的大本营，吸引了一大批支持者。其中就有后来担任美国最高法院法官的威廉·O. 道格拉斯（William O. Douglas）。②

1929年，年仅30岁的赫钦斯担任芝加哥大学的校长，成为芝加哥大学历任校长中最年轻也是任期最长（1929—1951年）的校长，开始了他事业上的"黄金时期"。上任伊始，他就对芝加哥大学进行了改革，推行"芝加哥计划"，继而又推出了名著教育计划，推崇以名著课程为核心的普通教育。

为了推行名著教育计划，赫钦斯邀请大学教授、商界名流及社会贤达，成立了名著编辑咨询委员会（Advisory Board of Great Books），组织出版名著丛书。1945—1952年，该委员会历时8年，遴选、整理与编辑了上至荷马史诗、下至弗洛伊德（公元前5世纪到20世纪四五十年代）的西方经典名著。西方经典名著的出版不仅完善了大学通识教育课程用书，还进一步推动了美国成人名著讨论

---

① ［美］威廉·H. 麦克尼尔：《哈钦斯的大学：芝加哥大学回忆录1929—1950》，肖明波、杨光松译，57页，杭州，浙江大学出版社，2013。

② ［美］威廉·H. 麦克尼尔：《哈钦斯的人学：芝加哥大学回忆录1929—1950》，肖明波、杨光松译，58页，杭州，浙江大学出版社，2013。

运动的发展，也极大促进了西方经典名著在美国的传播。直到现在，仍有大学将这套丛书作为核心课程用书。

值得一提的是，1937年，赫钦斯曾担任圣约翰学院的董事，实施了以名著教育为主的"圣约翰教育计划"，编制了学习西方经典名著的"名著课程"，采用苏格拉底式教学法，注重对话与讨论。圣约翰学院为他的名著教育课程论思想提供了用武之地。1951年，赫钦斯从芝加哥大学退任，担任福特基金会副主任。1977年，赫钦斯在美国加利福尼亚州与世长辞。

赫钦斯一生著作颇丰，其代表作有《美国高等教育》《逆耳之声》《为自由而教育》《伟大会话》《民主社会中教育的冲突》《乌托邦大学》《美国教育之考察》《学习型社会》等。

二、教育思想的理论基础

(一)哲学观

赫钦斯被视为永恒主义教育哲学的代表人物，其教育思想以古典实在论为哲学基础。古典实在论认为："宇宙由许多真实的、实在的实体组成，这些实体存在于它们自身之中，并通过一些真实的、超越于精神的关系被排列起来。"[1]个别的、具体的事物及其变化发展是非本质的、不真实的，只有一般概念才有真实性，共相才是事物的本质。从这一基本观点出发，永恒主义者认为，世界是由先验的"实在"组成的，因而世界上存在由客观实在构成的永恒不变的真理，所有事物的变化都会受到这些永恒法则或真理的支配。尽管人类文明源远流长，世界总是处于不断变化当中，但整个人类文明发展中隐藏着人类历史发展的永恒规律和内在逻辑。也就是说，人类历史不断前进的过程中存在一种永恒不变的规律"实在"，它主宰和支配着人类历史的前进与发展。教育应该帮助学生学习和掌握这些"永恒"的原理和观念，认识和改造

---

[1] 转引自涂纪亮：《美国哲学史》第二卷，457页，石家庄，河北教育出版社，2000。

处于不断变化中的社会。

(二)人性论

永恒主义者认为，人类具有一种共同的理性，能够理智地控制人性和他所生活的世界。人类的同一性或共同的理性是一种永恒不变的法则。理性是区别人和动物的最明显的特征，同时也是人类共同的本性。这种共同的本性存在于任何历史时期、历史空间和任何社会形态中，贯穿在整个人类历史发展过程中。

人类文明史在很大程度上就是理性探索客观奥秘，征服自然，逐步完善自身的历史。人类所独有的这种共同的理性可以使人类和动物区分开来，从野蛮自然状态向文明转变，使人类能够从事自发的、有目的的生产劳动；更重大的意义在于，人类共同的理性能够促使生活在不同历史时期、不同历史空间以及不同社会形态的各个种族都能够追求共同的人类文明和理想。赫钦斯对于当时美国教育功利色彩、实用色彩过于浓厚，忽视对人类长远目标的追求，忽视理性的培养，表示出深深的担忧。在他看来，如果人类只强调眼前既得利益，满足于物资生活富裕，不重视理性的教育，过分追求物质文明，将会付出巨大的代价。

(三)知识观

赫钦斯的知识观与其哲学观和人性论密切相关。在他看来，知识即真理，是普遍的、永恒的、绝对的和统一的。赫钦斯所理解的知识与一般意义上的"知识"是有区别的。在他看来，只有那些经过理智的系统化处理的知识才能称为知识。

知识的获得离不开人的理性能力。赫钦斯十分强调理智训练，将知识的来源分为三种。第一是通过观念知识推演而得到的知识，也就是对形而上学的研究。他认为形而上学是最高智慧，蕴含一切科学的最高原则，因而是最有价值也是最重要的知识。第二是对旧的方法和观念进行提炼而获得的知识。

赫钦斯认为，以前各课程中包含的知识、观念等不够精细、不够准确，依据当代新的知识和方法重新分析，就会形成新的知识。第三是由经验而形成的知识。赫钦斯深信所有的观念来自经验。① 世界上的各种事物和所有知识本来是一个统一整体，但是随着社会的不断发展，人们对专业的划分愈来愈细，最后变得支离破碎，失去了其整体性、普遍性的本质。人类的发展需要学习统一的、永恒的知识，西方经典名著则是"永恒知识"最好的代表。

三、自由教育思想

赫钦斯认为，每个人都是可教育的。教育应该关心生命真正的价值，帮助人们生活得明智、幸福和快乐。② 这种理想的教育就是自由教育或者普通教育。自由教育面向所有人，也是全世界都应该追求的教育。

(一)论自由教育

赫钦斯指出："凡是人……都应该接受这种植根于人的理性的自由教育，以便使自己成为一个真正的人——自由人。"③在他的教育观念中，所有成年人都应该接受自由教育，因为只有当成年人理解并重视自由教育时，自由教育才能在一个国家的学校、学院和大学蓬勃发展。④ 自由教育非常注重培养人的理性，虽然理性最开始只是一种本能，但可以通过严格和系统的训练形成。有两种常见的否认理智训练的观点：一种是"伟人教育论"(the great-man theory)，另一种是"品格建构论"(the character-building theory)。在赫钦斯看来，前者成为一个托词，免去了人们的思考；后者则基于性格是选择的结果而不教学生任何东西。这两种理论都否认了理智训练的必要性。而在他的心目中，

---

① 李明德、赵荣昌：《外国教育家评传 3》，75~76 页，上海，上海教育出版社，1992。

② [美]罗伯特·赫钦斯：《学习型社会》，林曾、李德雄、蒋亚丽等译，102~144 页，北京，社会科学文献出版社，2017。

③ 吴式颖、诸慧芳：《外国教育思想通史》第九卷，448 页，长沙，湖南教育出版社，2002。

④ Hutchins R.M., *The Great Conversation*, Encyclopedia Britannica Inc., 1952, p.69.

教育的目的就是理智与善，任何不能指引学生更接近此目的的学习，都不能在大学中立足。①

赫钦斯强调，自由教育的价值主要体现在三个方面：自我教育和全面发展、社会沟通与民主化、传统文化保存与学术研究。

首先，自由教育不仅能使学生获得一技之长，还能促进学生的自我教育和全面发展。专业教育只能为学生提供一种谋生的方法，而自由教育注重学生品格的养成。当学生具备了综合的学力修养，就为个人的终身教育打下了基础，在面对社会的剧烈变化时能够独立地进行自我教育。可见，自由教育是一种陶冶智性美德和心灵，并养成正确的行为价值观的教育。

其次，自由教育能促进社会沟通与民主化的进程。赫钦斯意识到，美国大学受到专业主义的影响，学科划分越来越细，这将导致社会的分裂、人与人之间的疏离。而自由教育则提供共同的课程内容、共同的语言工具和知识观念以及共同的沟通习惯，使人们具有共同的文化知识和价值观念，加强了人与人之间的交流，有利于促进社会的沟通和团结，强化人们的民主意识，使社会向更加民主化的方向发展。

最后，自由教育有助于传统文化保存和学术研究。赫钦斯认为，那些在漫漫时间长河里经受过考验的西方古典著作应该被放进大学的课程里，供学生学习和研究。因为西方古典著作里大师、圣贤和伟人等对事物所持的本质的观点，是一切学科知识的起源。阅读和学习这些著作不仅对于个人知识水平的提升有很大的帮助，还有助于西方传统文化的保存。

针对赫钦斯的自由教育思想，有人质疑自由教育是反民主的，且带有贵族色彩。他对此予以批驳并指出，如果这种教育真的是适合于那些"拥有闲暇和政治权利的人"的教育，那么这应该是面向所有人的正确的教育，即自由教育。自由教育意图让每个人都熟悉经典，从而使人人都有机会积极地、持续

---

① Hutchins R.M., *Education for Freedom*, Louisiana State University Press, 1943, pp.26-27.

地参与各种人类命运的伟大对话。这不仅不是反民主的，恰恰相反，是一种隐含在民主理想中的真正的教育模式。①

还有学者质疑赫钦斯提出的自由教育与专业化教育背道而驰。但赫钦斯认为，自由教育恰恰为各种专业教育提供了一个共同的学术基础；有了这样相同的基本教育，各个学科的专家、学者或研究员就能进行沟通和交流，从而促进学术研究的深化和发展。

(二)"永恒学习"的内容——经典名著

赫钦斯认为，基于自由教育的目标，教育者有责任赋予学生一种合理、可靠的教学内容。教学内容旨在培养人性，因此不能一味地迎合他人，而应由"永恒知识"构成。"永恒知识"的学习是自由教育中重要的部分，"永恒学习"亦是自由教育、普通教育的核心。②

在赫钦斯的教育理念中，西方的经典名著蕴含丰富的"永恒知识"，是"永恒学习"的基本内容。赫钦斯指出，人们通过对经典名著的学习和研究，能产生共同观念，拉近人与人之间的关系，有助于人们形成完整的社会意识和集体观念。西方国家都需要重新获得、再次强调经典名著的价值，并将这些思想家的著作和他们所进行的讨论中的智慧运用到解决当前的问题上。

赫钦斯十分重视经典名著的地位与作用，他认为名著涵盖了知识的所有领域。比如，柏拉图的《理想国》是法学的基础，亚里士多德的《物理学》是自然科学和医学的基础。③ 但由于各种原因，人们容易夸大将名著引入大学和向大众推介的困难。而在赫钦斯看来，名著是伟大的老师，它们每天都在向人们展示普通人的才能，不仅教人们如何阅读，还教人们如何阅读其他所有

---

① Hutchins R.M., *The Great Conversation*, Encyclopedia Britannica Inc., 1952, p.64.

② [美]罗伯特·M.赫钦斯:《美国高等教育》，汪利兵译，43页，杭州，浙江教育出版社，2001。

③ [美]罗伯特·M.赫钦斯:《美国高等教育》，汪利兵译，47~48页，杭州，浙江教育出版社，2001。

的书。

此外，赫钦斯意识到，自由教育需让学生阅读相同的经典名著。他不赞同美国教育界盛行的所谓个性化教育，因为这种"人具有个体差异""所有人都需要不同的教育"的观点使得没有人建议每个人都读一些相同的书，以致出现一些人应该读一些书，另一些人则应该读另一些书的现象。就像某些大学校长所"吹嘘"的学生都有"量身定做"的课程，以满足学生个人的需求和兴趣。赫钦斯并不认同大学允许一个 18 岁的学生决定其自身教育内容的做法。在他看来，教育者有时会低估年轻人的智力，同时也可能高估他们的经历以及那些缺乏经验的人表达兴趣和需求的重要性。教学的艺术在于让许多人去做一些他们应该感兴趣但却不感兴趣的事情。教育者的任务是发现什么是教育，然后发明让学生感兴趣的方法。①

（三）名著教育计划与自由教育的实施

名著教育计划是赫钦斯自由教育思想的重要组成部分。赫钦斯在芝加哥大学任职校长期间，启动了名著教育计划，试图将名著阅读引入大学教育。大学教育分为普通教育和专业教育两个层次。普通教育层次主要学习一些基础性的和永恒的学科；专业教育层次是在普通教育的基础上学习专门化的知识。其中，在进行普通教育的过程中引入经典名著的阅读。

赫钦斯在芝加哥大学推行名著教育计划时遇到了一些阻力，这使得他的名著教育思想并没有得到很好的落实。1937 年，赫钦斯受聘兼任马里兰州圣约翰学院董事会的董事。在这里他得以开展名著课程的教育实践。圣约翰学院依照由编年史顺序研读西方名著的精神，安排一年级学生集中学习古希腊的名著，包括 15 位思想家的传世之作；二年级学生以学习古罗马、中世纪和文艺复兴前后的经典名著为主，共计 24 本（篇）；三年级学生主要研读十六七世纪的名著，多达 27 种；四年级学生侧重于研读 18 世纪到当代的一些名

---

① Hutchins R.M, *The Great Conversation*, Encyclopedia Britannica Inc., 1952, pp.66-67.

著，共计 24 种。①

赫钦斯还提出了设立"自由教育学院"的想法，他认为："假如我们重新考虑从小学到初级学院的公共教育系统，可知正常的学生可在 6 年内完成小学教育。毕业后即可升入中学，中学应为准备性质，不是学习的终结，其课程可 4 年内完成。虽然某些学生可能需要较长或较短的时间，但中等资质的学生将在 16 岁结束此中等教育。完成这个阶段后，一些学生可选择接受 4 年制的自由教育；某些无法接受自由教育者，可选择接受技术训练，或某种半专业技术训练，如工程或商科等，其课程应该是兼顾自由教育，只是较偏重于技术性训练而已。这两种教育规划在许多地区可由两种机构有效推行。依此情形，推行自由教育者可称为'自由教育学院'；执行技术教育者可称为'技术学院'。"②

可见，赫钦斯虽然重视自由教育和普通教育，但却并没有将它们与技术教育完全对立起来。只不过他非常重视自由教育对于学生心智训练的价值，并将此作为高等教育的核心和基础。

四、高等教育的困境与任务

赫钦斯曾说："我们永远不会有一所没有普通教育的大学。"③这既说明普通教育在赫钦斯高等教育体系中的重要性，也意味着他的高等教育思想是以普通教育为背景而展开的，普通教育或者自由教育需经由高等教育来实现。赫钦斯坚信，高等教育的使命是探究智慧，是培养有学识、有智慧、止于至善的人。他的这些想法使其高等教育思想有了一些"古典"和"精英"的意味。

(一)高等教育与普通教育(自由教育)

伴随进步主义教育的传播和影响，从古希腊流传下来、经中世纪大学改

---

① 李明德、赵荣昌：《外国教育家评传3》，88~89 页，上海，上海教育出版社，1992。

② 王晨：《赫钦斯自由教育思想研究》，载《比较教育研究》，2005(4)。

③ [美]罗伯特·M.赫钦斯：《美国高等教育》，汪利兵译，35 页，杭州，浙江教育出版社，2001。

造的、以古典语言和文学为核心的普通教育，逐渐在美国失去其优势。赫钦斯对此深感不满。在他看来，大学应广泛设立普通教育或自由教育课程，因为最有价值、最应由大学承担的教育就是普通教育。普通教育能帮助学生学会自己思考，做出独立判断，并作为一个负责的公民参加工作。[①]

赫钦斯看到美国的大学课程设置杂乱无章，各个科系之间缺少沟通和交流、变得愈加狭隘的现象。在他的眼中，普通教育不仅能够促进多方面的知识传播，而且可以为各种专业教育提供学术基础。此外，当时流行的观点认为，如果不进大学，普通教育对个人是无用的，它无助于赚钱或出人头地，也不能以任何明显的方式帮助人们适应环境或当代的状况。但赫钦斯指出，普通教育具有更深刻、更广泛的效用——培养人们理智方面的优点。这与大学教育的核心任务是一致的。大学应注重普通教育，以发展学生的理智能力，对他们进行系统的、整体的、基础的训练。名著作为高等教育课程内容，可以帮助学生理解世界，使他们在成人后能够对生活进行明智的思考并选择明智的行动。赫钦斯还反对大学过早专业化，认为专业化的教育应该建立在普通教育的基础上。

(二)高等教育的困境

赫钦斯切身感受到 20 世纪上半叶美国高等教育所面临的两难困境。但即便如此，高等教育机构仍有责任突破时代的重围和迷雾，明确自己的坚守。

针对美国大学出现越来越明显的职业倾向，赫钦斯认为这对大学是有害的。因为这加剧了大学教育的实用主义倾向，导致以培养学生适应特定的职业为目标的学院声誉日盛，如新闻学、商科、图书馆学、社会服务、教育、牙医、护士、林学、外交、药学、兽医外科以及公共行政等。由此，大学成了职业训练的场所，追求知识这一目标在大学变得日益模糊。大学的职业主

[①]　华东师范大学教育系、杭州大学教育系：《现代西方资产阶级教育思想流派论著选》，214页，北京，人民教育出版社，1980。

义倾向还会导致浅薄和孤立，因为它贬低了课程和教职人员的价值。在这种情形下，大学被剥夺了唯一的生存的理由——不受功利或"结果"的压力牵制，为追求真理提供一个天堂。[1]

赫钦斯同时指出了专业主义所导致的困境。第一，大学的过度专业主义有可能影响民众的信任，背离了大学作为非营利性团体的初衷。第二，专业主义会导致不同领域的学者和教授之间的隔离，从而引发孤立主义。第三，专业主义会削弱大学对于理智训练的重视，从而导致反理智主义。

无论如何，大学是培养高级人才、进行科学研究的机构，在社会中拥有独特的地位，有其内在的发展逻辑和自身的运动规律。赫钦斯指出，大学必须独立于社会，有充分的自治权；大学还应该是"学习中心"，是供人畅所欲言、百家争鸣的场所。如果说现代大学像一本百科全书，那么大学中的若干院系正如百科全书中蕴含的若干真理。这些真理在通常情况下是四处分散的，缺乏一个统一的原则。但最终它们将统一于探寻智慧这个目标。智慧意味着了解事物的原则和起因。因而，高等教育机构必须提供一种有助于学生探究智慧的课程。

(三)高等教育的任务

20 世纪初，伴随美国社会的剧烈变化，美国高等教育在某种程度上变得混乱和无序。为此，赫钦斯提出在大学设立形而上学、社会科学和自然科学三个学院。大学教学将使学生理解这些领域的思想，且不带任何职业性的目的。学生将同时学习这三个方面的内容，但可以专攻某一方面。只有这样，大学才能摆脱孤立主义的困境。学科之间不会再相互割裂，而是通过一种合理的原则相互融合在一起。

赫钦斯提出了大学三个方面的任务。第一是传递人类历史文化遗留的精

---

① [美]罗伯特·M. 赫钦斯：《美国高等教育》，汪利兵译，25 页，杭州，浙江教育出版社，2001。

神，培养学生理性的任务。第二是引领国家教育和社会发展的任务。大学不同于其他社会机构，它寻求的是对社会的超越，以期成为引导社会的力量，而不是简单地对社会的适应，否则高等教育就失去了它应有的"完美属性"。因此，大学必须是一个独立思想的中心，是一个批判的中心，是掌握那些寻求建立理性思考的基本原理的地方。第三是促进文化和知识创新的任务。大学不仅要传递前人的知识，还应肩负发展文化、促进人类知识水平不断提高的重任。

五、学习型社会与终身教育思想

1968年，赫钦斯应邀为大不列颠百科全书面世200周年庆典撰写了《学习型社会》一书。在该书中，他为我们描绘了一个值得永远追求的社会——学习型社会。该书是对学习型社会的最早描述，也是对未来教育的大胆畅想。[①]在赫钦斯看来，无论是过去还是当时的教育系统在某种程度上都是不人道的，甚至是反人道的。因为它们把人当成了生产工具，同时又阻碍了经济的增长。赫钦斯有关学习型社会的思想既延续了他之前对美国教育过分专业化和职业化的批判，又是其自由教育、高等教育思想的升华和创新。

根据赫钦斯的理解，所谓学习型社会是以学习、成就、人格形成为目的而成功地实现着价值的转换，以便实现一切制度的目标的社会。学习型社会的提出基于两个重要的事实：快速的变化以及日益增长的自由时间。快速的变化需要不断学习，而闲暇时间使这种学习成为可能。因而，学习型社会带有极大的前瞻性，是应付未来社会变化挑战的需要。伴随科学技术的日益更新，教育已经无法为学习提供预备的教育。教育面向未来的唯一可行的方法就是通过持续不断的自由教育，发挥人的理智力量，在瞬息万变的现实社会

---

① ［美］罗伯特·赫钦斯：《学习型社会》，林曾、李德雄、蒋亚丽等译，2页，北京，社会科学文献出版社，2017。

中以不变应万变。赫钦斯对于学习型社会的呼吁，不仅在于使每个人都能终身学习，还在于通过教育创建一个更公正的、更美好的世界。

赫钦斯觉察到了知识量的不断增加和大学教育时间有限之间的矛盾。在他看来，大学教育只能培养青少年成长过程中所需要的习惯、观念和技能。在完成学校的正规教育以后，大学生需要通过其他不同的途径继续学习。如果他们在系统学习后就终止人生学习，无疑是"对变得更加智慧的机遇的一种剥夺"。人是理性的动物，他们利用理智得到幸福，这意味着他们必须终生利用理智。人的本性研究表明，人类能够不断学习。如果说，残忍和麻木可能发生在生命的任何阶段，那么保持人性的方法就是继续学习。①

学习型社会的提出是赫钦斯对于现代西方教育的又一个重大贡献。这个概念提出后引起了人们的广泛重视，终身教育思潮等都受到了赫钦斯学习型社会理念的影响。

六、赫钦斯教育思想的影响

赫钦斯是20世纪美国教育界颇有影响力的教育家之一。尽管他的教育理论和实践引发了一定的争议，但是其中的合理部分仍然受到了极高的关注和评价。他对自由教育的论述及其在高等教育上的革新实践以及构建学习型社会的思想，促成了高等教育理论和实践的诸多变化，对美国乃至世界教育产生了很大的影响。

(一)积极影响

第一，赫钦斯的自由教育思想对当时美国社会中功利主义、实用主义的盛行具有一定的抑制作用。他针对强调技术、科学至上的社会取向，提出了重视人文科学和大学生基础知识的训练、提高基础必修课分量、培养学生理

---

① [美]罗伯特·赫钦斯:《学习型社会》，林曾、李德雄、蒋亚丽等译，149页，北京，社会科学文献出版社，2017。

性和智慧的观点。他这种主张教育应超越功利目标，以造就人才为目的的观点，对功利主义和实用主义倾向有一定的抑制作用。

第二，赫钦斯与阿德勒等人编排的"名著课程"，丰富了自由教育的课程模式。他们对于西方经典名著的大力推崇有助于西方传统文化的保存和发展。

第三，赫钦斯强调的共同人性、共同的教育目的、共同的课程、共同的教育原则等思想，为构建完整的教育理论、解决教育实践中共同存在的问题提供了有益的思路，对纠正西方现代社会过于注重教育的工具性价值的倾向具有积极意义。[①]

第四，赫钦斯所提出的构建学习型社会、注重成人教育和终身教育的思想有很强的现实意义。学习型社会的构建可以使人类更加从容地面对变化莫测的社会中的种种挑战，不断完善自身，促进美好社会的实现。

(二)消极影响

作为特定时期、特定背景下产生的教育理论，赫钦斯的教育主张存在一些消极影响。

首先，赫钦斯将西方经典名著作为大学教育核心的内容予以强调，倡导和注重"永恒学科"以及培养人的理性，容易将个人的发展与社会的进步对立起来。他所提倡的"永恒学科"，是从古典实在论出发，缺乏坚定的心理学和社会学基础，有脱离教育实际和社会现实的嫌疑。

其次，赫钦斯倡导"名著课程"，注重经典著作的价值及其在学校中的地位与作用，容易导致助长唯理性主义，甚至怀疑和否定现代科学知识的教育价值的倾向。

另外，赫钦斯的教育思想将自由教育、理性训练和职业训练分离开，有倡导精英教育、培养"知识贵族"的嫌疑。再加之他所流露出的某些不重视技能训练和职业准备的思想，也有脱离现实、脱离社会的倾向。

[①] 吴式颖、诸慧芳：《外国教育思想通史》第九卷，463 页，长沙，湖南教育出版社，2002。

虽然赫钦斯的自由教育思想、高等教育思想不完美，但却无人可以否认其价值。作为一位大学校长，他对真理的呼吁依然激励着人们。"我们如何才能改善国家的状况呢？只有通过教育……国家的状况取决于教育的状况；但是教育的状况也取决于国家的状况……只有一些院校足够强大和目标足够明确到不为外界所动，并向我们的人民显示什么是高等教育，我们才能做到这一点。作为教育，这就是真诚地追求知识；作为学术，这就是真诚地献身于知识的进步。高等院校只有献身于这些目标，我们才能对美国高等教育的未来充满希望。"①

本章结语

20世纪前期，美国教育思想进入蓬勃发展阶段。以康茨为代表的改造主义教育思潮、以巴格莱为代表的要素主义教育思潮、赫钦斯为代表的永恒主义教育思潮作为社会危机的产物，对当时美国进步主义教育运动进行了改造与批判。

康茨所代表的改造主义者们从社会角度出发，希望通过教育改革以建立新的社会秩序。康茨的教育思想围绕"进步主义教育敢于进步吗？"和"学校敢于建立一个新的社会秩序吗？"两个问题展开。他对进步主义教育有一种复杂的情感，一方面认同进步主义教育理念的价值与影响；另一方面意识到部分进步主义者并不进步，而且进步主义教育运动脱离了社会现实，成为中上阶层的产物。针对第二个问题，康茨的答案是肯定的。他认为当学校有意识地进行社会改造时，就能够解决社会问题，建立一种新的社会秩序。

巴格莱的要素主义教育思想反映了20世纪30年代后教育家们对于进步

---

① [美]罗伯特·M. 赫钦斯：《美国高等教育》，汪利兵译，19页，杭州，浙江教育出版社，2001。

主义教育运动的反思。他们意识到，美国教育过度强调自由致使它深陷软弱
的泥潭，"黄金十年"间的课程改革是美国课程混乱与无序的助推器。为了扭
转教育发展方向、恢复课程的生机与活力，以巴格莱为代表的要素主义者们
强调教育应是传递人类共同文化要素的过程，因为人类共同文化要素凝聚着
人类最宝贵、最有价值的知识。据此，他们还强调通过建立统一的课程标准，
发挥系统知识在传递永恒价值标准中的作用以焕发美国教育的生机。

　　赫钦斯以古典实在论为哲学基础构建了永恒主义教育思想。他强调，世
界存在由客观实在构成的永恒不变的真理。基于永恒主义的哲学观与人性论，
赫钦斯倡导自由教育，并指出自由教育应以培养人的理性为目的、以永恒的
古典学科为内容。针对当时美国高等教育的困境，赫钦斯明确了高等教育的
性质与任务，重视普通教育在高等教育中的作用。此外，面对快速变化的时
代，赫钦斯提出建立学习型社会以延长人们的学习时间，保持理性思维。

第四章

20 世纪前期英国的教育

　　20 世纪前期是英国经济增速放缓的时期，其世界工厂的霸主地位受到挑战，并逐渐被其他国家赶上。两次世界大战和经济大萧条，更让英国在经济与科技上的国际竞争中处于下风。这些都刺激了英国国民教育的发展。继初等义务教育普及之后，中等教育的改革成为政府和民众关心的主要议题。原有的双轨学制越来越不能满足人们对教育的需求，"人人受中等教育"从一种口号逐步被全民认可。在学前教育领域，民间办学仍然是主流模式。继福禄培尔式幼儿园之后，麦克米伦姐妹的保育学校成为这一时期的特色，蒙台梭利学前教育法大受欢迎。在高等教育领域，除了大学数量上的缓慢增加之外，大学拨款委员会的建立成为高等教育与政府新型关系的一个标志性事件。在职业技术教育上，技术学院和新建理工科大学逐步发展，国家资格的技术人员证书制度逐步确立。在社会教育上，与风起云涌的社会运动相适应，工人教育协会、妇女教育组织、乡村学校文化活动中心、童子军等都成为民众教育活动的重要组织载体。这一切都为"二战"后英国教育的全面改革奠定了历史基础。

第一节 学前教育

这一时期是英国学前教育从初等教育中逐步分离出来的时期。在管理上，英国政府认为学前教育的最佳场所是家庭，因而在举办学前教育上并不积极，更多以监督的方式行使其职权。结果私人和教会团体成了兴办和推动学前教育的主力。继 19 世纪下半叶的福禄培尔式幼儿园之后，这一时期麦克米伦姐妹创办的保育学校成为学前教育发展的一大特色。除保育学校外，承担 2~5 岁儿童教育的机构还有附设在初等学校的保育班（nursery class）、幼儿学校（infant school）或幼儿班（infant class）等。下面以保育学校为中心来论述这一时期的学前教育发展状况。

一、政府对学前教育的初步干预

（一）《关于 5 岁以下儿童入学问题的报告》

在 19 世纪普及初等义务教育的过程中，英国政府就承认幼儿学校是学校系统的一部分，并对幼儿学校进行资助和监督。然而，认可、资助、监督的行政方式事实上表达了英国政府对学前教育的消极态度。这导致 5 岁以下儿童的教育问题长期游离在政府的视野之外，民间慈善团体成为举办学前教育事业的主力。

1905 年，英国教育委员会公布了《关于公立小学 5 岁以下儿童的报告》。该报告指出，对 3~5 岁儿童实施的学校教育对其智力的发展没有任何益处，相反这种机械的授课法会阻碍其想象力的发挥，削弱其独立观察的能力。该报告认为，为幼儿设置的学校不如称为"保育学校"更为妥当。[①] 1908 年，英国教育委员会将调查的对象扩展到全部 5 岁以下儿童，公布了《关于 5 岁以下

---

① 郑文：《英国幼儿教育研究》，硕士学位论文，杭州大学，1995。

儿童入学问题的报告》(Report Upon the School Attendance of Children Below the Age of 5)。该报告对保育学校做出如下定义：通过特殊的房间、特殊的课程和特殊的教授方法来满足幼儿特殊需要的学校，包括公立小学中为年幼儿童设置的婴儿班或婴儿室，和其他为幼儿准备的类似幼儿园或日间托儿所的机构。① 该报告同时指出，在缺乏保育条件的家庭居多数的城市及其郊区尤其需要设立保育学校。然而，以上两份报告都只是简单提及保育学校，对其概念、定位、课程等问题都语焉不详。

在政府作为有限的情况下，在20世纪的最初10多年里，英国儿童的小学入学状况如表4-1所示。② 1904年，完全停止了3岁以下儿童的入学。1905年，英国教育委员会规定地方教育当局开办的学校有权拒绝5岁以下的幼儿入学，更加剧了低幼儿童入学问题的严峻性。总体看来，在10多年间，3~5岁儿童到公立小学就学数几乎减半。

表4-1 英国儿童的小学入学状况

年份	3岁以下儿童（人）	3~5岁儿童（人）	5~7岁儿童（人）	儿童总数（人）	3~5岁儿童/儿童总数(%)
1900	—	615607	—	1428597	43.1
1901	2484	610989	120054	—	—
1903	1460	608389	1249057	—	—
1904	0	583268	1263147	—	—
1905	0	497643	—	—	22.7
1910	0	350591	—	1540542	—
1911	0	332888	1295894	—	—

(二)《费舍教育法》和《哈多报告》对学前教育的规定

1914年，"一战"爆发后，英国政府举办了175所公立托儿所，并实施国

---

① 郑文：《英国幼儿教育研究》，硕士学位论文，杭州大学，1995。
② 郑文：《英国幼儿教育研究》，硕士学位论文，杭州大学，1995。

库补助。但战后这些托儿所都相继关闭，国库补助随之停止。① 1918 年，《费舍教育法》虽然以初等教育为对象，但对学前教育也有涉及。在该法案中，英国政府正式承认保育学校是国民学校制度的一部分。其中第十九款规定："地方教育行政当局对初等教育的权限包括：（1）为 2—5 岁或教育院承认的更大一些的儿童入学提供身心健康发展所必要的理想的保育学校（此种提法大概也包括保育班），并给以财物的供应。（2）关心在保育学校就读的儿童的健康、营养以及身体方面的福利。"②据此，英国政府承认了 13 所保育学校，并决定对其实施国库补助，免费幼儿园也趁势改称保育学校。然而，由于战时经费不足、法案的执行不到位，虽然地方教育当局举办了一些保育学校，改善了某些学校的卫生条件，但是学前教育依然步履蹒跚。1919—1929 年，保育学校仅增加 15 所，保育幼儿增加不足 1000 人。另外，小学中 5 岁以下儿童的入学总数减少了。③

　　1929—1933 年，资本主义世界爆发了严重的经济危机，工人失业现象十分突出，各种社会问题层出不穷。在这种背景下，英国工党内阁任命哈多（Hadow）为调查委员会主席，调查英国的初等教育发展情况，并对中等教育发展提出建议。1933 年，《哈多报告》的补充报告《幼儿学校和保育学校》公布。其对学前教育的发展提出了诸多设想。第一，良好的家庭是 5 岁以下儿童发展的最佳环境，保育学校对城市儿童发展具有重要作用。建议将保育学校定义为"国民教育制度中理想的附属机构"，大力增设保育学校、幼儿学校或保育班。第二，7 岁是儿童发展的重要界限，应为 7 岁以下儿童设立独立学校。第三，幼儿学校教师应注重对 6 岁以下儿童进行户外体育、游戏、会话、

---

① 郑文：《英国幼儿教育研究》，硕士学位论文，杭州大学，1995。
② 日本世界教育史研究会：《世界幼儿教育史》下册，张举、梁忠义、刘翠荣等译，52 页，长春，吉林人民出版社，1986。
③ 日本世界教育史研究会：《世界幼儿教育史》下册，张举、梁忠义、刘翠荣等译，30~69 页，长春，吉林人民出版社，1986。

唱歌、舞蹈、手工、图画等教育，对 6 岁以上儿童进行读写算方面的正规教育。①然而，由于经济危机等的影响，这一设想被搁置，学前教育仍然以 5 岁为界进行分段教育。1938 年，据英国教育大臣的报告，英国 46 个地方教育当局开办保育学校仅 57 所。② 相对而言，《哈多报告》对这一时期学前教育的更大意义在于其理论价值：它站在儿童的立场上，集欧文(Owen)、裴斯泰洛齐、福禄培尔、蒙台梭利、麦克米伦等人的理论之大成，论述了保育学校的理论，吸取了新教育运动的精神实质，正式提出了实施非正规的开放教育的思想，是英国学前教育发展史上具有划时代意义的文献。

二、保育学校的创立和发展

(一)保育学校发展前的英国幼儿学校

与英国政府在学前教育上的"动作迟缓"相比，英国民间力量举办的学前教育机构反而为更多的儿童提供了教育机会。从 19 世纪上半叶欧文式的幼儿学校到 19 世纪下半叶福禄培尔式的幼儿园(kindergarten)，英国民间形成了双轨制的学前教育模式。其中，幼儿学校以工人阶层和贫困阶层的幼儿为对象，幼儿园则以达官显贵和中产阶层的幼儿为对象。

19 世纪末 20 世纪初，一种以贫民和工人家庭出身的 3~6 岁幼儿为对象的幼儿园出现了，这就是英国保育学校的前身——免费幼儿园。这些幼儿园关注幼儿的身体健康，注重提供良好的自然环境，安排医生定期对幼儿进行体检；鼓励户外活动和自由游戏，让儿童唱歌、跳舞、讲故事、说童谣等。然而，这类幼儿园的数量极少。到 1900 年，仅有威廉·马瑟(William Mather)倡导下创立的 2 所存在。它们分别是 1873 年由弗雷泽(Praser)主教创立的女皇街学园(Queen Street Institute，该校又以威廉·马瑟学园而闻名)和

---

① 田景正：《学前教育史》，51 页，长沙，湖南大学出版社，2015。
② 单中惠、刘传德：《外国幼儿教育史》，213 页，上海，上海教育出版社，1997。

1874 年由马瑟本人在曼彻斯特市萨尔福德镇创立的免费幼儿园。随着工人阶层的兴起，工人运动频仍，免费幼儿园的需求越来越大。这就刺激了保育学校的产生。

（二）麦克米伦姐妹和英国第一所保育学校

麦克米伦姐妹是英国保育学校运动的开创者。她们出生于美国纽约一个苏格兰移民家庭，1865 年随母亲返回苏格兰。1877 年，随着祖父去世，姐妹二人被迫辍学。虽然没有受过太多正式的学校教育，但是祖父阁楼上丰富的藏书为她们提供了精神滋养。后来，姐姐雷切尔从事卫生检查工作，妹妹玛格丽特则热心教育事业。

有感于当时英国大量幼儿流落街头无人看管、体质病弱的现状，1908 年，姐妹二人开设实验诊疗所，1910 年改称德普福特学校治疗中心，1911 年发展为野营学校。这是英国教育史上的第一所保育学校。1913 年正式命名为野外保育学校（Open Air Nursery School）。该校以贫民和工人家庭出身的 5 岁以下儿童为招生对象，主要为确保贫民、工人家庭幼儿的健康，预防英国的地方病——结核、眼疾、耳疾、鼻疾以及佝偻病等的早期发育畸形、手脚发育不全等而建的，因而在保育目的上致力于为儿童提供适合的身心发展环境。其具体措施包括两方面。第一，非常注重学校建筑和设施的设置。据史料记载，德普福特保育学校由宽敞的庭院里并排耸立着六幢房子的乡村式建筑组成。每幢房子互不衔接，彼此独立。设有物品储藏室、浴室以及卫生设施。每名教师都配有数名女助手，5 岁以下的儿童每 6 人配 1 名助手。院子里设有滑梯、攀登架以及甬道和阶梯，对儿童来说是具有魅力的游戏场所。① 第二，贯彻"儿童中心"的学前教育法。受新教育运动的影响，一些幼儿学校开始了"做中学""设计教学法"的改革，德普福特保育学校也不例外。该学校糅合欧文、裴斯泰洛齐、福禄培尔及蒙台梭利的教育方法，反对拘谨的形式主义教学，

① 郑文：《英国幼儿教育研究》，硕士学位论文，杭州大学，1995。

注重儿童的手工教育、感觉训练、言语教育、家政训练及自由游戏。

1914—1919 年，麦克米伦姐妹的保育学校为兵工厂工人的孩子所用。政府对每个孩子平均每天补助 7 便士的费用。1917 年，麦克米伦姐妹的保育学校搬进了斯托威吉的新校舍，举行了开学仪式。1919 年，这所保育学校得到教育院(教育委员会)的批准，受到国库的补助。[①] 1923 年，玛格丽特还成立了保育学校联盟(Nursery School Association)，致力于推广保育学校及保育学校教师的培训工作。

(三)1920—1940 年保育学校的发展

麦克米伦姐妹创办保育学校之后，英国不断涌现出新的保育学校。到 1919 年，得到公认的保育学校就有 13 所，接纳儿童 288 名。同时，英国的其他学前教育机构也改称保育学校。表 4-2 显示了 1919—1929 年部分年份公立和私立保育学校数量与保育儿童数量。[②] 从中可以明显看出，20 世纪第二个十年内，英国政府创办的保育学校数量开始大幅增加，保育儿童数量也快速增长。

表 4-2　1919—1929 年部分年份公立和私立保育学校数量与保育儿童数量

年份	公立保育学校(所)	私立保育学校(所)	保育儿童(人)
1919	1	12	288
1921	8	12	744
1927	12	15	1160
1929	12	16	1233

到 1939 年，保育学校总数达到 114 所。1930—1938 年，部分年份学校 5 岁以下儿童的入学状况如表 4-3 所示。[③] 在这里值得注意的有两点：一是保

① 李清萍：《麦克米伦姐妹与英国保育学校》，硕士学位论文，华中师范大学，2012。
② 日本世界教育史研究会：《世界幼儿教育史》下册，张举、梁忠义、刘翠荣等译，53 页，长春，吉林人民出版社，1986。
③ 日本世界教育史研究会：《世界幼儿教育史》下册，张举、梁忠义、刘翠荣等译，56 页，长春，吉林人民出版社，1986。

育学校的顺利发展；二是尽管幼儿学校和小学三四岁儿童的数量没有什么变化，但它占整个儿童的比例却在逐渐上升。

表 4-3　1930—1938 年部分年份学校 5 岁以下儿童的入学状况

年份	幼儿学校和小学 3~4 岁儿童(人)	3~4 岁儿童占儿童总数的比例(%)	保育学校5 岁以下儿童(人)
1930	159335	13.1	1431
1933	156164	13.1	3277
1935	165854	14.2	3747
1936	159642	14.0	4234
1938	165203	15.9	5666

在"二战"期间，英国政府出台了"战时托儿所计划"。根据该计划，承担学前教育职能的机构有三类。①全日制的托儿所。招收出生数月至 5 岁幼儿，每天保育时间为 12~15 小时。②定时制的托儿所。招收 2~5 岁的幼儿，仅在正规学校上课时间内开放。③幼儿学校及幼儿部的保育班。原本招收 3 岁幼儿，改为招收 2 岁。1944 年，这些设施的建设达到高潮。当时，英格兰和威尔士有托儿所 1000 个，收纳幼儿 16000 名，保育班收纳幼儿 12940 名。

1944 年的教育法则把建设保育学校或者保育班定位为地方教育行政当局的义不容辞的义务。该法实施后，保育设施对 5 岁以下儿童的收容情况是，战时托儿所 1535 所，保育儿童 71250 人；370 所公立保育学校和政府正式承认的 41 所私立保育学校，共保育 19182 人；幼儿学校的保育班则收容儿童180000 人。[1]

然而，这种把保育学校和幼儿学校连贯起来的思想并未形成制度。幼儿学校教育仍作为义务教育的最初阶段而包容在初等教育之中，学前教育以

---

[1]　日本世界教育史研究会：《世界幼儿教育史》下册，张举、梁忠义、刘翠棠等译，68~69 页，长春，吉林人民出版社，1986。

5 岁为界被分割开来。到"二战"之后，独立的学前教育制度才逐步建立起来。

三、蒙台梭利运动

玛丽亚·蒙台梭利(Maria Montessori，1870—1952)是意大利学前教育家和改革家。其创立的以教具为主要手段，自由、工作和纪律相结合的蒙氏幼儿教学法在 20 世纪前期的英国影响较大，形成了声势浩大的蒙台梭利运动。

1911 年，英国《双周评论》(Fortnightly Review)发表《教育奇迹工作者：玛丽亚·蒙台梭利的方法》(An Educational Wonder Worker：Maria Montessori's Methods)一文。这是英国国内第一次对蒙氏方法的介绍，仅比意大利晚 2 年。当年，英国教育委员会就派遣埃德蒙·霍姆斯(Edmond Holmes)到罗马调查蒙台梭利法的情况，并于 1912 年发布了报告。该报告详细描述了蒙台梭利的教育原则和实践。蒙氏"在自由氛围中自我发展"的理念，以 3R(婴幼儿阶段实施)、感官训练和身体锻炼为主的教学实践，经过分级的五颜六色、多种多样且有教育意义的教具(didactic apparatus)，都成了这份报告中被大力赞扬之处。

1912 年，蒙台梭利的热情追随者在伦敦市组建了蒙台梭利协会，其会员迅速增加到 200 人。在这种背景下，蒙台梭利学校和班级开始繁荣。1912 年 8 月，霍克(Hawker)在诺福克郡创办了一所蒙台梭利学校。之后，格兰特(Grant)创办了一所蒙台梭利学校。到 1913 年，蒙台梭利班在曼彻斯特大学菲尔登学院、白金汉郡一所初级乡村学校、伯明翰郡的坎特伯雷幼儿学校及其他地方都开办起来。到 1914 年，格拉斯哥大学教育学讲师威廉·博伊德(William Boyd)观察到，没有任何方法像蒙氏教学法一样在英国受到如此广泛的关注。

随着"一战"的结束，蒙台梭利抵达英国，并在英国发表一系列演讲、主持为期 4 个月的培训。当她离开英国时，蒙台梭利协会的成员已达 1000 人，协会的分支机构在利物浦市、伯明翰市、诺丁汉市、格拉斯哥市、爱丁堡市和伦敦市都非常活跃。20 世纪 20 年代，运用蒙台梭利方法的学校有邓肯屋（Duncan House）、梅菲尔德学校（Mayfield School）、达汀顿厅（Dartington Hall）、花园学校（Garden School）等。

在这一时期，蒙台梭利运动在达到最高点的同时也迎来了低潮。反对蒙氏方法的声音大量出现，福禄培尔派、保育学校运动领导人、实验教育学家、科学心理学家都对蒙氏方法提出了质疑。其中，福禄培尔协会的主张几乎与蒙氏针锋相对：蒙台梭利将 3R 带回了学前教育，而幼儿园正在将 3R 从幼儿学校中驱逐出去；蒙台梭利将有形的教具带回学前教育，而幼儿园正在将自己从福禄培尔的恩物和作业的形式主义中解放出来；蒙台梭利将感官训练带回学前教育，而幼儿园正在抛弃福禄培尔的感官材料代之以杜威的项目和社会游戏。① 在这种外部夹击之下，加之蒙氏本人存在的教条主义和专制作风问题以及此前蒙氏信奉者的倒戈等，蒙台梭利运动逐步走向衰落。

蒙台梭利运动是欧洲新教育运动在英国的一个集中表现。蒙台梭利把关注点从教师转向儿童，在重视儿童自由发展的同时注重纪律，帮助儿童获得精神、道德和身体的发展。其在英国引发的蒙台梭利运动在传播新教育理念的同时，也种下了战后学前教育发展的种子。

第二节　普通教育

20 世纪初以来，英国国民的识字率接近 97%，普及的任务基本实

---

① Sol Cohen, "The Montessori Movement In England, 1911-1952," *History of Education*, 1974(1), pp.51-67.

现。① 然而，随着工人运动的发展、工党的组阁，工人阶层提出了对中等教育的要求，原本只能供中产阶层及以上阶层就读的公学、文法中学等学校却不能满足这一要求。因此，在这一时期，伴随着"人人受中等教育"的呼吁，公立中等学校三轨制逐步确立，公学为应对社会形势的变化而做出适当的改变；而初等教育则变化相对较小。其中，免费供餐、医疗检查、牛奶进校园等福利政策的实施是这一时期的特点。

一、初等学校的改革和发展

(一)初等学校的概况

自 1870 年初等教育法颁行以来，英国的初等教育基本完成了普及的任务。然而对于地方政府征收的地方税能否用于补助自立学校(voluntary school)这一问题的争议却愈演愈烈。

在这种情况下，1902 年颁布了新的教育法，史称《巴尔福教育法》。根据该法，英国政府取消了学校委员会，代之以两类地方教育当局：第一类是郡和郡自治市议会；第二类是人口在 1 万以上的自治市议会和人口在 2 万以上的城区。地方教育当局的主要职责是负责城区所有公共初等学校的世俗教育，并资助初等教育之外的教育，协调当地的各类教育。这一规定事实上同意了对自立学校的补助，消除了 1870 年以来公立和教派初等学校各自为政的双重体制，将教派学校纳入公共教育体系。然而，这引起了非国教派的对抗情绪，威尔士的各郡及郡自治市拒绝执行该法。争议造成中央与地方的对抗，于是英国政府通过制定《1904 年教育法》强迫地方教育当局实施。直到 1905 年年底《巴尔福教育法》才得以全面付诸实施。

在这一时期，英国的初等学校分为两类。一类是由公立学校发展而来的，

---

① 于湛瑶：《历史视角下英国近代初等教育的发展》，硕士学位论文，首都师范大学，2014。

现称为官方"供给学校"（provided school）。另一类是由自立学校发展而来的，现称为"非供给学校"（non-provided school）。其虽可获得地方税补助，但是建筑物的资本支出及结构修缮与变更，则由学校所属的宗教团体负责。由于教育标准的提高及改组的推行，自立学校的校董被迫将学校停闭或者移交地方教育当局管理，故自立学校每年减少 100 所。这些学校包括 9480 所英国国教学校以及 1323 所罗马天主教学校。其规模平均较公立学校为小，前者儿童上课的人数远不及后者上课人数之半。1901 年，3~5 岁儿童入公立小学的有5778000 人；10 年后的 1911 年，则有 6111000 人；到 1939 年，在 5~11 岁的儿童中，有 90% 就读于公立初等学校。公立学校成为承担初等教育的主要机构。

除此之外，在这一时期，初等教育和中等教育之间的关系成为人们关注的焦点。一部分是因为社会对中等教育需求的扩大；另一部分源于经济和政治原因，尤其是战后贫困和失业问题的凸显。到 1920 年，大家都认识到英国需要一个更简单、更合逻辑、更连贯的初等和中等教育体系。在此之前，英国初等学校大多是义务教育一贯制学校，主要面向社会下层子弟，自成体系，与主要招收社会上层子弟的中等学校（主要是私立的公学和文法学校）与高等学校并不相通。1907 年颁布的《中等学校章程》规定，所有接受英国教育委员会资助的中等学校必须每年将其招生总数的 25% 作为免费学额，招收初等学校毕业生。这标志着英国初等学校与中等学校和大学正式接轨的开始。据统计，1920—1921 年度中学免费学额生有 42% 来自中下阶层，41% 来自熟练工人家庭，17% 来自非熟练工人家庭。这表明英国初等学校原有的封闭体系开始被打破，原来只能享有初等教育的社会中下层子弟逐渐开始获得接受中等教育的机会。[①] 1926 年，《哈多报告》提出了新的初等教育概念，认为它应于11 岁左右结束，11 岁之后称作"初等后教育"（post-primary education），并建

① 王承绪：《英国教育》，313 页，长春，吉林教育出版社，2000。

议所有 11 岁儿童要么进入中等学校，要么进入中心或者高级学校修读三四年的小学后教育。这种安排消除了原来一贯制初等教育(至 14 岁)和业已存在的招收小部分 11 岁后儿童的"中等教育"之间的重叠。该报告发表之后，英国从事新的初等教育的初级学校得到了很大发展。①

(二)初等学校的课程和教学

19 世纪以来，初等学校的课程变化很小。根据 1900 年《小学法典》的规定，小学课程包括英文、算术、地理、历史、体育、绘画、缝纫，高年级有法文、科学及代数。1903 年，英国教育委员会对小学的课程进行了调查。结果发现，学校中所有学生都上历史地理课，同时有将近 80%的学生学习法语。此外，尤其在城市地区，围绕着学校的活动范围扩大了，这些活动包括夜间协会和夜校、学校聚餐会、出游、较长时间的假日、假期学校、运动设施和比赛的活动。②

到 1904 年，在英国教育委员会常务秘书罗伯特·L. 莫兰特(Robert L. Morant)的主持下，《公立小学规则法典》公布。该法典进一步申明了公立小学的宗旨，确定其"让接受教育的儿童形塑并增强品德，根据学童的不同生活工作的需要，善用在学时光，以期在实用及智能上适应他们"的目的。基于这一目的，过去视小学教育为慈善事业的概念已经不合时宜。儿童学习的课程内容应当包括英语、算术、外在世界共同现象的知识、地理、历史、绘画、歌唱、体育及缝纫(女童)等广泛的内容。1927 年，伦敦教育事业部门制作了一所初等学校的课程表，如表 4-4 所示。从中我们大致可以窥见初等学校课程实施的真实情况。

_____

① 王承绪：《英国教育》，315 页，长春，吉林教育出版社，2000。
② [英]奥尔德里奇：《简明英国教育史》，诸惠芳、李洪绪、尹斌茵译，86 页，北京，人民教育出版社，1987。

表 4-4　一所初等学校的课程表（节选）

功课	每周授课时间
英文和算术	10 小时
历史、地理、唱歌与跳舞	5 小时
科学与实艺	5.5 小时
体育	1.5 小时
游戏记录等	3 小时

除了课程设置发生变化外，这一时期教学方法和实验设备上也出现了一些变化。实物教学法受到重视，在教学原则和教学时间安排上都为该方法实施留下了足够的空间。其应用范围包括科学、绘画、数学等课程，将抽象问题具体化，从而对帮助学生理解发挥了很好的作用。与此同时，自然研究和基础科学的教学变得更加系统，尽管科学设备非常有限或者根本不存在。此外，新的市政设施促进了游泳和游戏设施的供应，学校远足活动变得越来越普遍。

（三）初等学校的福利政策

得益于以亨利·坎贝尔·班纳曼（Henry Campbell Bannerman）和赫伯特·亨利·阿斯奎斯（Herbert Henry Asquith）为首的自由党政府（1905—1914 年）在现代福利国家制度上打下的基础，在这一时期，福利政策对初等教育的影响逐渐增强。这主要体现在校餐制度和校园医疗制度的实施上。

这两项制度的出台都离不开当时人们对儿童健康状况的关注。1903 年，有人建议授权地方教育当局为饥饿儿童提供正餐，但遭到反对，最后不了了之。1906 年大选，这一问题再次成为讨论的议题之一，结果出台了《教育膳食法案》（Education Provisions of Meals Act）。该法案开创了英国的校餐制度。其主要规定是，授权地方教育当局成立学校餐室委员会，以低价格为由于缺乏食品而不能从教育中充分获益的学生提供适当的膳食；授权地方教育委员会为此提供相应的场地、设备和服务，并向家长收取一定的费用；对于无力支付膳食费用的家长，又经过英国教育委员会的批准，可适当降低费用。①
1908—1909 年，有 85 个地方教育当局供餐；1910—1911 年则有 100 个，但不
及总数的三分之一。该法案采取的只是消极的办法，并未加诸地方当局履行
的义务。1920—1930 年，经济萧条和失业的影响导致人们重新关心学童健康
问题，调查发现许多学童存在营养不良问题。于是，1934 年，英国政府颁布
了《牛奶法》，正式推行"牛奶进校园计划"。在"大萧条"期间，失业严重地区
的地方当局与自愿团体，以免费或低价的方式为儿童提供正餐。在"二战"期
间，虽然初等学校的膳食经费有所增加，但是"二战"以前真正能享有免费午
餐服务的初等学校学生比例很小。

1907 年《教育行政法案》(Education Administrative Provision Act)颁布后，
开始推行英国学童医疗检查制度。该法案规定地方教育当局有义务在学生入
学之前、入学时、入学后或者英国教育委员会规定的时间为他们提供医疗检
查服务。为落实这一规定，1907 年英国教育委员会增设了学校医务局(School
Medical Service)。自 1912 年起，学校医务局开始对学童进行治疗。1913 年，
学校医务局的首席医疗官对英格兰和威尔士 600 万名公立小学儿童进行了评
估。结果发现，10% 有较为严重的视力缺陷，5% 有听力缺陷，3% 有耳部溃
烂，3% 有淋巴组织或者扁桃体肿大，50% 有牙齿溃烂，10% 身体不清洁，2%
有肺结核，1% 有心脏病，1% 有癣菌病。②为此，英国政府更加关注学童的健
康问题。教育大臣费舍就曾在 1917 年向下议院介绍教育议案所做的声明中强
调了实行学校医疗服务的重大意义："我们现在懂了……许许多多儿童虚弱的
身体状况，使我们教育系统的价值蒙受了多大的损害；如果我们不想虚掷花
在教育系统中的大部分财力，那么，提高穷人孩子身体健康普遍水平的必要

---

① 王承绪：《英国教育》，312 页，长春，吉林教育出版社，2000。
② W. B. Stephens, *Education in Britain*, 1750-1914, New York, St. Martin's Press, 1998,
p. 94.

性是多么的迫切……"①到 1938 年，学校医务局聘用了专兼任的医生逾 5600 名、护士 5600 名，各种医疗视导（检查）逾 890 万次，诊治病患 300 万人次。

除了关注学童的身体以外，这一时期英国政府还致力于初等教育中免费教育的实现。1900 年，超过 500 万名学生接受免费教育，超过 50 万名学生得以减少学费。1901 年教育令仍要求公立小学收学费的上限为每周 9 便士；而未超过三分之一的学童，则应付此额数的学费。1891 年的法案赋予家长在公立学校享有子女接受免费教育的权利。1902 年以前，仅 633000 名学童付学费，而超过 500 万名学童则接受免费教育。直到 1918 年 8 月通过教育法后才彻底取消所有公立小学的学费。

二、公立中等教育三轨制的形成和公学的改革

（一）公立中等学校的概况

20 世纪上半叶，英国的公立中等学校分为捐办文法学校（endowed grammar schools），以及郡立或市立中学（municipal or county secondary schools）和中心学校（center schools）两类。前者为后来的文法中学，后者则为现代中学。

捐办文法学校在新教育制度中的角色是在 1900—1904 年形成的。1902 年教育法颁布后，捐办文法学校既能从地方当局得到补助，也能从英国教育委员会得到补助。但是 1919 年以后，这类文法学校必须在两个捐助方之间做出选择。那些与英国教育委员会有密切关系的学校称为"直接补助"（direct grant）学校，它们更近似独立的公立学校。与此同时，地方教育当局举办的公立中等学校在 1914 年之前得到发展。它们中既有从此前的高级科学学校（higher grade science schools）、教生中心（pupil teacher centers）或组织化科学学

① 金含芬：《教育学文集》第 22 卷，20 页，北京，人民教育出版社，1993。

校演变而来的中等学校，也有新建立的中心学校等多种类型，其中尤以中心学校为典型。中心学校始建于1911年，其创设的目的是为那些想要在学校待到14岁以后的初等学校学生提供高一级的教育。后来这成为英国在初等后教育发展上的一个普遍趋势。中心学校招收通过11岁考试的初等学校学生入学，为其提供四年制课程。因为大部分学生来自劳工阶层，因而地方教育当局会为那些无法负担学费的学生提供有限的公费补助。中心学校的培养目标偏重实践能力的养成，因而授课内容偏向实用性质、商业或工业，但并非全以职业为目的。在创办中心学校方面，伦敦市走在前面。其中既有选择性的学校，也有非选择性的学校，到1914年已达到50所。曼彻斯特市在1912年左右创办了6所地区中心学校，其他一些地方的教育当局也在1918年前创办了一些中心学校。许多高级科学学校、组织化科学学校都被吸纳进了中心学校系统。这样，中心学校就成了介于中等学校和初级技术学校、初级商业学校之间的一种学校类型，成为公立中等学校的主体。

此外，在这一时期，英格兰和威尔士的女子中等学校也有所发展。1890年，约有220所捐办和自营女子学校（endowed and proprietary girl school）；到1914年，则有349所女子学校和237所男女同校制学校，它们都接受政府补助。在校女生几乎全部是中产阶层家庭的孩子，但是这仅仅代表很小比例的中产阶层女孩。大部分女孩甚至在1914年时依然是在家里或者传统的私立学校里接受教育。虽有数所学校可以称为女子公学，如切尔滕纳姆女子书院（Cheltenham Ladies College）有寄宿生500多人，威克姆阿贝学校（Wycombe Abbey School）有328人，但迄无女子公学制堪与男子公学制相当。

不得不提的是，在这一时期，为了促进中等教育的发展，英国政府还在1907年引入了"免费学额制"（free-place scheme）。亦即所有接受政府补助的中等学校都要提供免费名额给曾在公立小学至少读满两年的学生，以确保学生能跟上文法学校的进度。此类学生的比例不小于前一年入学总额的 25%。每一名学生政府补助 5 英镑。据统计，1913 年奖学金名额增加到 60000 个，1927 年时增加到 150000 个。然而，这对于广大希望接受中学教育的儿童来说无异于杯水车薪。甚至 1919—1920 年，在 282005 名中学生中，仅有 82630 人获得免费学额。①

尽管英国政府在努力发展中等学校，但是 20 世纪前 20 年进入中等学校学习的儿童比例却很小。1904 年，平均入学 86000 人，1914 年则为 187000 人，1919 年学生骤增至 308000 人。根据 1911 年英国人口普查和教育委员会的调查，14~15 岁儿童中的 8%、16~17 岁儿童中的 2%在公私立学校就读，50%的学生在学校待到 14 岁。进入 20 世纪 20 年代，人们对中等教育的需求越来越强烈，英国政府开始对公立中等学校的结构进行重组，以满足这种需求。

（二）"人人受中等教育"与公立中等学校的结构重组

1922 年，教育咨询小组主席 R. H. 托尼（R. H. Tawney）发表《人人受中等教育》（Secondary Education for All）的报告，正式公开主张中等教育大众化的理念。首先，他扩大了中等学校的概念，认为提供适合 12~17 岁学生的普通教育的渐进课程的学校就是中等学校。这就将初等学校高级班、初级技术学校、高级科学学校等定位不明的学校归入中等学校系统。其次，他提议要明确限定初等教育和中等教育之间的界限，改原本的平行发展关系为阶梯式发展关系，增加两者间的衔接性。英国的初等教育和中等教育是以两个不相连接的制度发展起来的。从 1902 年起，由于该年教育法的推行、免费学额方法的产生，也由于教育委员会明智地坚持预备教师须在中学工作四年，两套制

---

① 易红郡：《从冲突到融合：20 世纪英国中等教育政策研究》，170 页，长沙，湖南教育出版社，2005。

度之间才逐渐建立起一些联系。现在是彻底重建这两者之间关系的时候了。① 托尼的报告反映了这一时期人们对中等教育的需求(尤其是工人阶级的教育需求)与中等教育供给不足之间的矛盾，也反映了他力求将原本只有少数人享有的中等教育权利推广到所有人身上的理念。在这种理念的影响下，中等教育的概念逐渐明晰起来。随着 20 世纪 20 年代教育科学化运动的发展，智力测验成为流行的检测学生智力的科学工具。很多人相信人的能力和兴趣存在差异，因而据此进入不同类型的学校是非常必要的。在这种条件下，中等学校的分类和重组成为众多教育报告的主题。总体而言，1926 年《哈多报告》、1938 年《斯宾斯报告》和 1943 年《诺伍德报告》共同调整和规范了这一时期中等学校的结构，最终奠定了英国文法中学、技术中学和现代中学三轨制中等教育的基础。②

《哈多报告》是中央咨询委员会首次提到中等教育结构的报告。该报告指出："现在，进入现有中学的百分比似乎是 8.3% 左右，在 5% 和 27% 之间浮动。民众普遍认为，大幅度增长是人心所向。在近 20 年中，中等教育的发展是我们这个时代最引人注目的运动之一，重要的是，不要束缚它的未来发展……"③因此，提出如下建议：①根据教育心理学家的观点，十一二岁的儿童已进入青春期，故所有儿童应经过"11 岁考试"全部转入中学学习。②以 11 岁为界，学校教育分为 11 岁前的初等教育和 11 岁后的中等教育两个相互衔接的阶段。③将最高离校年龄提高到 15 岁。④中等学校应该采取多种形式，除了文法中学外，还应包括现代中学、公立初等学校的高级班和初等技术学校，且各类中学的地位平等。文法中学 11 岁入学、16 岁离校，为有才华的初等学校毕业生提供学术性教育；现代中学 11 岁入学、15 岁离校，开设具

---

① 金含芬：《教育学文集》第 22 卷，24 页，北京，人民教育出版社，1993。
② 徐辉、郑继伟：《英国教育史》，273 页，长春，吉林人民出版社，1993。
③ 金含芬：《教育学文集》第 22 卷，56 页，北京，人民教育出版社，1993。

有实科倾向的、与文法中学课程相比简单一些的课程；公立小学高级班，招收 11 岁儿童入学，15 岁离校；初等技术学校是技术学院的附属机构，理论上不归属中等教育系统，而属于初等后教育机构。《哈多报告》事实上提出了文法中学和现代中学的双轨制中等教育系统，为英国中等教育沿着三轨制发展奠定了基础。

《斯宾斯报告》赞成哈多按照选择性原则实现人人受中等教育的思想，但是对如何选、何时选提出了异议。具体而言，其对中等教育结构的新建议如下。①将技术中学作为中等学校的第三轨纳入中等教育系统。它们是由现有的初级技术学校发展而来的。技术中学招收能力较强的 11 岁学生，为他们提供以科学及应用型课程为核心的五年制教育。"我们相信，建立新型的更高层次的技术性学校是非常重要的，这种学校完全不同于传统的学术性文法中学。作为实现这个目标的第一步，我们建议，正在传授工程工业（我们把建筑工业包括在内）课程的若干现有的初级技术学校和其他可能实施这种训练的学校转变为技术中学，其意义是让这些学校在各个方面得到与文法类中学平等的地位。"①②将离校年龄提高到 16 岁。③利用开放式的 13 岁转学制度补充为所有三类中学设置 11 岁选择性考试，以加强初等后学校的联系。④重申各类型中学享有平等地位，青少年入哪种类型学校学习取决于其智力水平。为此，应制定新的规章制度，以充分考虑新设的中等学校，并对各类学校在教师配备、工资等级、校舍设备等方面一视同仁。⑤考虑设立多边中学和双边中学的可能性。该报告认为，在同一所学校里将不同能力的儿童安排在一起教学具有一定的好处，因此支持新建地区或人口稀少地区能够开展这方面的试验。⑥强调现代中学是中等教育制度的一个组成部分，而不应该把它看成中等学校的初级阶段。应通过广泛建立现代中学，使低下阶层的青少年受到中等教育。《斯宾斯报告》关于三类学校的设想在"二战"前被英国民众广为接受，并

---

① 金含芬：《教育学文集》第 22 卷，121 页，北京，人民教育出版社，1993。

推动了英国中等教育的发展。据统计，1936 年英格兰和威尔士的中学生达 48.2 万人，是 1913 年的 2.5 倍左右。1938 年，英国已有 63.5 % 的 11 岁以上儿童在各种类型的中等学校学习。

《诺伍德报告》则从儿童中心的角度论述了不同儿童应该进入不同学校的观点，以一种并不科学的方式将儿童分为"那些擅长抽象思维并对思想和学习本身感兴趣的儿童""那些对将思想运用于技术更感兴趣并更擅长的儿童""对实践活动和周围环境更感兴趣的儿童"三大类，并就此分别为其提供文法中学、技术中学和现代中学的教育。另外，该报告还提出了与《斯宾斯报告》类似的建议，即 11 岁考试不再死板地定在 11 岁；即便学生分流后进入相应的中学，也可以选择在 11~13 岁进行转学。可以说，该报告将《哈多报告》的双规制中学结构延伸为三轨制，对政府教育法规的形成产生了影响。正如英国教育委员会主席 R. A. 巴特勒(R. A. Butler)所说：这个写得很好的报告将会很好地为我们的《白皮书》服务——特别是它关于中等教育的规划。①

在中等教育结构重组的过程中，以上三份报告共同完善了英国中等教育的设想，并随着时代的发展而不断地加以巩固。虽然在这个过程中有关多边中学②的争论时有发生，但是在政府决策层面三轨制中等教育的观念最终占据主导地位。1944 年，在《巴特勒教育法》中，英国政府正式采纳了中等教育实施三轨制的主张。

(三)公立中学的课程和考试

《巴尔福教育法》为英国的中等教育发展奠定了基础。1904 年，英国政府颁布了《中等学校条例》(Regulations for Secondary Schools)，对中学的类型、课程等做出了新的规定，将日校和寄宿学校纳入中学的范围，要求其为 16 岁或

---

① 许建美：《教育政策与两党政治——英国中等教育综合化政策研究(1918—1979)》，博士学位论文，华东师范大学，2004。

② 多边中学是指能够满足一个地区所有儿童的各种中等教育需要的学校。这种学校招收在智力、兴趣和学习效率方面都有差异的学生。

以上的学生提供完整分级的课程。其内容较小学所授的范围更广、程度更深。据此，各类中学的共同课程包括英语与文学、外语、地理、历史、数学、科学、绘画、体育、手工(男)或者家事(女)等课程。其中，自然科学(包括理论与实际)和数学每周至少 7.5 小时，英语、历史、地理和外语每周至少 8 小时，外语可以完全免修。①

伴随着课程的改革，有关学校考试的制度发生了变化，在学校中出现了多种不同的"初级证书"。学生一般在 14 岁或 15 岁时获得。到 1911 年，这种校外考试(external examination)混乱的局面已经非常突出。为此，英国教育咨询委员会于当年发表《关于中等学校考试的报告》。该报告在深入论证考试对学校师生的积极和消极影响后，提出中学考试的几个基本原则。具体包括：①由校外考试机构组织的基础课程考试应具有教育性并与视导紧密相关，现有的视导必须修改以满足新的需要。②现有的多种考试已经干扰了学校的正常工作，应该通过一致的行动减少。③所有的校外考试应坚持这样的原则，即每所中学应为平均年龄 16 岁的学生提供一个自由教育的合理基础，以便为多种形式的继续教育提供条件等。②

根据这些原则，英国教育委员会、地方教育当局、大学考试委员会、学校教师等多方联合提出了统一的证书考试的办法来改变校外考试的混乱局面。其主要借助的机构是 1917 年成立的中学考试委员会(secondary school examina-tion council)。该委员会主席由英国教育委员会任命，成员则由考试单位教师及地方教育当局的代表组成。根据英国教育委员会的决议，中学的考试分为两级：第一级是学校证书(school certificate)，便于接受一般课程的 16 岁学生应考；第二级是高级中学证书(high school certificate)，便于 16 岁以后接受

---

① 易红郡：《从冲突到融合：20 世纪英国中等教育政策研究》，169 页，长沙，湖南教育出版社，2005。

② 易红郡：《从冲突到融合：20 世纪英国中等教育政策研究》，173 页，长沙，湖南教育出版社，2005。

2年更专门课程的学生应考。所有公立中学的考生均可应考。考试由大学考试委员会举办，合格者可获得以上两种证书。合格的标准如下：应考人必须五科及格，且其中至少有三科必须包括英文、现代语、数学或者科学。各种应用的与美学的学科有音乐、美术、家事学等。如应考人达到五科优异的标准，以别于通过标准时，他可有资格取得入大学许可证，免试进入一所大学。学生在学校证书考试及格后，再做两年准备，即可参加各大学的高级中学证书考试。各大学的政府奖学金以此成绩为颁发标准。

新的考试制度迅速对中等学校的课程造成了影响。1924年10月，某个区的督学曾说："我必须承认，我对这一考试对中等学校的强大约束感到不安，对地方教育当局通过考试结果来评估学校也感到不安。"事实上，这位督学的担忧并非空穴来风。原本通过考试获得证书只是学生完成中等教育的证明。然而，其实际应用却超出了这一范围，它成了学生进入大学、进行专业工作等的通行证，成了教育当局评估学校的指南针。这就导致中学证书成为学校、家长和学生的一致追求，考试支配了中学的课程设置，甚至导致各门课程在教学中的不同地位。填鸭式教学和补习现象风行，美术与手工等不在必考之列的课程被忽视。为了扭转这种局面，《斯宾斯报告》提出，在首要原则上应是课程决定考试，而非考试决定课程；结合入学考试与学校证书考试，有助于学术与非学术课程间的平衡；删减考试的内容，改为学生至少需要通过五科。然而，这些建议因为其理想化色彩、缺乏可行性及政府财政上的困难而被冷落。加之第二年"二战"的爆发，这份报告更未得到有效实施。

到20世纪40年代，人们对中等学校的课程与考试的批评越来越多。1941年，中学考试委员会组织了一个以西里尔·诺伍德(Cyril Norwood)为主席的委员会调查中学课程和有关学校考试的问题。该委员会于1943年形成《诺伍德报告》。该报告除了重申《斯宾斯报告》中有关中等教育结构重组的问题之外，对课程多样性以及考试也做了直接的阐述。首先，将原有的外部学校证书考试改为学校内部教师自主命题。其次，确定七年过渡期，仍由大学考试团体(University Examining Bodies)负责。但成立小组执行，并加强中学教师的代表性，且变成课程考试。学生选择想要考的课程，过渡期满后再决定转为学校内部的考试，或是继续延长过渡期。另外，配合大学入学、进行专业学习或者满足其他需要，每年应为 18 岁的学生举行两次离校证书考试。① 这一报告对许多地方教育当局教育政策的制定产生了影响。

(四)公学的危机及其改革

公学是公立学校之外的私立中等教育机构，依据信托或者特许公司的方式受某一统治团体的管制，但不受英国教育委员会的控制。之所以称为"公学"主要是因为它是由民众出资兴办、为民众服务的，而非公立中学。公学自成体系，以伊顿公学、曼彻斯特公学等为其中的翘楚，剩余则多为 19 世纪中后期新办或者由文法中学转变而来的。公学的招收对象为 13~14 岁的儿童(约占儿童总数的 2%)，他们一般来自私立的预备学校②(preparatory schools)。因而其父母非富即贵，属于社会的中上阶层。公学实行寄宿制，且收费高昂，每年费用在 120~250 英镑，获得奖学金的考试竞争非常激烈。在课程上，公学偏重古典课程，对实用性的课程强调较少。由于毕业后一般充任公职，因此公学学生除了掌握公学的普通教育知识外，还必须具有适应职业的习惯和经验。③

20 世纪上半叶，公学的数量有所增加。"一战"之前，英国有公学 104 所，1929 年发展到 138 所，1938 年则发展到 161 所。1941 年，公学董事会协

---

① 周愚文：《英国教育史：近代篇(1780—1944)》，173 页，台北，学富文化事业有限公司，2011。

② 预备学校都是寄宿学校，招收 8~9 岁的儿童，由私人举办，费用高昂，主要收入来源是学生学费。预备学校为学生升入公学做准备，因此非常注重公学的入学教师要求。预备学校一般设置在乡间或者海滨，会主动接受教育部门的监督。

③ [英]博伊德、[英]金：《西方教育史》，任宝祥、吴元训译，425 页，北京，人民教育出版社，1985。

会成立,协会成员校方可称为公学。以后,公学的数量持续增加。公学入学学生的构成发生了变化:一些受政府资助的公学有义务保留一些学额,使部分有能力但家长无力支付学费的学生能入学,但这种学生人数有限。在课程设置上,"一战"之后,随着现代中学、技术中学等的发展,现代语、科学等在公学课程结构中的分量开始增加。然而,这些细小的变化并没有从根本上改变公学的贵族性、学术性、高标准等特性,它依然是独立于国民中等教育制度之外的贵族学校。这引起了民众的不满,因而被指责为"特权的堡垒"。"二战"后,英国社会发生的种种变革让人们对公学的"不合时宜"更为敏感,公学本身也居安思危,积极寻求改革的办法。

为了研究如何扩大和发展公学与国民中等教育系统之间的联系,同时考虑男子公学的措施可以在多大程度上适用女子公学,1944年公学委员会发表以扩大招生范围、寄宿制和走读制兼顾为主的《弗莱明报告》(Fleming Report)。根据该报告,其改革的对象是公学管理团体协会和校长会议的188所成员校。其中89所为独立学校,99所是受英国教育委员会或地方教育当局补助的学校。改革有如下两种方案。方案一是对那些接受当局补助的学校,取消25%免费学额的规定,将所有学额对所有学生开放,而不考虑家长的收入,不论是取消学费的还是按家长身份分级收费的。同时,地方教育当局有权保留一些学额,为辖区内的学生提供免费中等教育,与学校管理团体协商而确定比例依据。这些学额应本着公平竞争的原则以学生能力为唯一标准来选拔。方案二是只涉及寄宿学校。学校每年至少需要提供25%的名额给受补助初等小学的毕业生。地方教育当局则依家长收入的高低,给学生提供公费。项目包括住宿费、学费及其他必要支出。公费生候选人的遴选是由家长通过地方教育当局向英国教育委员会提出申请。申请案交由英国教育委员会在中央咨询小组的建议下所成立的地区面试委员会负责。地区面试委员会的成员包括一位公学校长、一位小学校长、一位地方教育当局的官员或成员。申请者的年龄为 11~13 岁，最终结果由学校决定。

《弗莱明报告》成为英国教育史上首先发声打破公学教育特权地位的一份宣言，然而并未被其后的教育部门完全接受。该报告本身也没能解决公学与国家教育制度之间的关系问题，既无法让反对公学的极端者满意，也受到一些文法中学的校长反对，因而并不具备可行性。事实上，该报告中的两种方案充其量只是对公学制度的小修小补。其后《巴特勒教育法》将公学归入独立学校系统，其独立于国家教育制度之外的地位反而以法律的形式被巩固了。这导致英国教育的双轨制一直持续到"二战"以后。

第三节　高等教育

在这一时期，英国高等教育虽然有所发展，但总体发展缓慢，变化不大，且在国际高等教育竞争中处于明显的劣势地位。在这些有限的变化中，大学拨款委员会的建立可以说是影响较大的一个方面。它重新定义了大学与政府之间的关系，深刻影响了战后英国高等教育的发展。除此以外，女子高等教育的进步、城市学院的升格和新大学的建立也都可圈可点。牛津大学、剑桥大学和伦敦大学在科学学科、科学研究、组织结构、学位制度和宗教限制等方面的革新，则从一个侧面反映了这一时期社会变革与高等教育之间的频繁互动。最后，本节还简单谈及了高等师范教育的建立和发展。

一、高等教育的基本状况

(一)高等教育入学规模的变化

20 世纪上半叶，英国高等教育虽然有变化，但总体发展缓慢。这不仅体现在在校生规模上，还体现在英国与其他欧洲国家的对比上。1900 年，英

国(不包括爱尔兰)只有大学生 2 万人,1910 年增加到 2.7 万多人,1920 年快
速增加到 4.8 万人。此后 20 年间则平稳维持在这一水平,发展几乎停滞,到
1955 年只有 8.2 万人。表 4-5 呈现了部分年份英国在校大学生数的情况,可
以给我们更直观的感受。①

表 4-5 部分年份英国在校大学生数的情况

年份	1910	1920	1930	1938
英格兰	19617	33868	33808	37189
威尔士	1375	2838	2868	2779
苏格兰	6736	11746	11150	10034
大不列颠	27728	48452	47826	50002

此外,在这一时期,英国高等教育还处于精英化阶段,高等学校在校生
占人口比例非常小。当时的人口是 5000 万,每 100 个英国青年中只有 4 个进
入大学。相比而言,"在美国则有 20 个,瑞典有 10 个,比利时有 11 个,荷
兰有 8 个,法国有 7 个"②。英国高等教育的相对劣势可见一斑。精英化的另
外一个表现是学生社会构成的变化有限。工人阶级家庭出身的大学生人数比
例几乎从来没有超过 25%。

与总体形势的缓慢发展相比,这一时期女子高等教育规模则不断扩大。
1900 年,英国大学生中女生所占比例为 16%;1910 年,女生所占比例为
20%;1920 年,女生所占比例持续增加,达到 24%。③ 在这一时期,传统大
学开始向女子开放,其中较为突出的是牛津大学。1920 年,牛津大学向女子
打开了通向学位的大门,这比剑桥大学还要早一年。

除了规模上的变化,在课程结构上,重文、轻理工的倾向仍然十分突出。

---

① 王承绪:《英国教育》,467 页,长春,吉林教育出版社,2000。
② 钱乘旦、陈晓律、潘兴明等:《英国通史》第六卷,260 页,南京,江苏人民出版社,2016。
③ 廖雯娟:《英国高等女子学院发展研究(1869 年至今)》,硕士学位论文,湖南师范大学,
2014。

与纯理科和技术学科的学生数相比，文科学生数所占比例是惊人的。1930年，英国大学生中有超过一半的学生学习文科。1930年后，这一比例才略有降低；到1939年，还是有高达46.5%的人学习文科，如表4-6所示。①

表4-6 1921—1939年英国高校文科、纯理科、技术科学生比例

年份	文科	纯理科	技术科
1921—1925	39.8%	17.0%	13.5%
1926—1930	52.3%	16.9%	9.3%
1931—1935	49.9%	16.9%	8.9%
1936—1939	46.5%	16.3%	9.7%

(二)新高等教育机构的出现

在这一时期，新高等教育机构以两种面貌出现。一种是19世纪出现的城市学院此时向城市大学升格，另一种是新成立的一批城市学院。

1900年前后，一批城市学院先后获得了独立大学的地位——获得皇家特许状，成为独立的有学位授予权的大学。这首先是从伯明翰学院开始的。从1903年开始，曼彻斯特学院和利物浦学院、利兹学院、谢菲尔德学院、布里斯托尔学院、雷丁学院相继升格为大学。在这一时期，凡是30万以上人口的城市都有了大学。表4-7为20世纪初新成立的城市大学的基本情况。②

表4-7 20世纪初新成立的城市大学的基本情况

大学	特许状授予年份
伯明翰大学	1900
曼彻斯特大学	1903
利物浦大学	1903
利兹大学	1904

---

① 黄福涛：《外国高等教育史》第二版，212页，上海，上海教育出版社，2008。
② 王承绪：《英国教育》，466页，长春，吉林教育出版社，2000。

续表

大学	特许状授予年份
谢菲尔德大学	1905
布里斯托尔大学	1909
雷丁大学	1926
诺丁汉大学	1948
南安普敦大学	1952
埃克塞特大学	1955
莱斯特大学	1957
贝尔法斯特大学	1909

这些新成立的城市大学有许多共同的特征：从所处区域来看，均设立在人口密集的工业城市，从创立起就与所在区域的工业部门保持着密切的联系；从发展轨迹来看，大都发端于私人赞助举办的地区性技术学院，之后以技术学院为主体兼并当地的医学院或已有的大学附属机构，最后在所处地区的政治支持下形成大学学院；从课程设置来看，课程体系比较现代化，涉及专业领域较宽。①

此外，新的城市学院创办的步伐没有停止。1918 年，莱斯特大学学院成立；1928 年，赫尔大学学院也宣告成立。它们都在"二战"后才成为独立的大学。伦敦理工学院也是在这时建立的。当时英国人密切关注德国的高等教育，尤其欣赏那里的多科技术学院。1902 年，伦敦市政厅的技术教育部发布了一份将科学用于工业的报告，指出英国在这方面十分落后。一批政界人士立即要求以德国技术学校为榜样建立一所类似的学校。于是，1907 年，皇家理工学院、皇家矿业学院和伦敦行业教育学会的中央技术学院合并，建立了伦敦理工学院。②

---

① 殷企平：《英国高等科技教育》，21～30 页，杭州，杭州大学出版社，1995。

② 张泰金：《英国的高等教育历史·现状》，44 页，上海，上海外语教育出版社，1995。

二、牛津大学、剑桥大学和伦敦大学的新进展

（一）牛津大学、剑桥大学的新变革

作为英国古老的两所大学，牛津大学和剑桥大学一直以学院制著称。20世纪以前，两所大学的财富、权力及声望都存在于所属的各学院。但到1919年以前，各学院的资源渐次转移到大学本部的原则基本确立起来。总体而言，在这一时期，其变革主要体现在课程与考试的变化、科学与研究功能的加强上。

首先，科学学科的地位被承认。在牛津大学，1922年以后，自然科学得到进一步发展。许多实验室是由大学统一提供的，不再由各学院提供。选择科学专业的人数是人文社会科学的两倍。与课程的变化相伴随的是学位考试和入学考试标准的变化。在剑桥大学，原本学位考试初试时强迫要考希腊文的规定在1919年以后被取消。后来又规定所有学院强迫实施入学考试，原本可因父母身份而免试的做法被取消。

其次，科学与研究功能得到加强。此前，牛津大学、剑桥大学的主要功能是教学，并且由各学院实施。但是1920年开始接受中央补助后，两校持续承受压力，开始修正自身的认知地图。1922年，皇家牛津大学与剑桥大学委员会建议两校成立研究中心并发展研究生教育。以牛津大学的发展为例，"一战"爆发前，牛津大学已有5所学院拥有化学实验室，化学专业实力因此变得很强。1918—1939年，牛津大学一些科技人员的科研水平日益得到提升。1934年，牛津大学还成立理科校区（Science Area），主要由拉德克里夫科学图书馆、大学自然历史博物馆以及一些新建的自然科学实验室构成。到1939年，牛津大学已经拥有一些在世界上享有盛誉的知名科学家，特别是化学家。他们获得了众多的学术荣誉，并在一些学术团体中担任重要职位。牛津大学开始在英国国内和世界科技领域受到越来越多的关注。其中有5位牛津大学

的在职人员获得了诺贝尔奖。牛津大学在科研领域与剑桥大学的差距大大缩小了。20世纪30年代中期，牛津大学在校生有4830人，在英国高等院校中排名第二；20世纪30年代末，牛津大学的科研人员有119人，在英国高等院校中位于第5位。①

此外，在行政组织、基础设施建设和宗教限制上，这两所学校也发生了一些变化。在剑桥大学，伴随着规模的扩大，学校专职行政人员的人数逐渐增加。由于大学的积极努力和洛克菲勒基金会的捐赠，1870—1919年，剑桥大学对卡文迪什实验室扩建了3次；1920年，大学图书馆得到扩建，馆藏资源变得更加丰富。② 在宗教问题上，剑桥大学于1915年取消所有关于学位及研究院的宗教限制，牛津大学则于1920年采取了同样的政策。这使得大学完全解除了宗教上的限制。

(二)伦敦大学的重组和扩建

20世纪前期，伦敦大学成为英国规模较大的一所大学，招生逾万人，下辖各类机构逾30个，专任教师逾800人。这与英国政府《1898年伦敦大学法》的颁布有着密切联系。该法案及其相应的章程和条例表达了英国政府发展伦敦高等教育的决心。其核心要旨是重组伦敦大学的高等教育结构，扩大其教育网络。

首先，"收编"伦敦大学各学院，构建联邦式大学结构，统一于校内学位制度。伦敦政治经济学院于1900年成为伦敦大学的一所学院。1905年，伦敦热带医学院成为伦敦大学的学院，隶属于医学部；1905年，利斯特预防医学研究所成为伦敦大学的学院，隶属于医学部，从事卫生和病理学研究；1907年，东伦敦学院成为伦敦大学的学院，隶属于文学部、理学部和工程学部；1908年，皇家陆军医学院成为伦敦大学的学院，隶属于医学部；1909

---

① 周常明：《牛津大学史》，36页，上海，上海交通大学出版社，2012。
② 刘亮：《剑桥大学史》，41~43页，上海，上海交通大学出版社，2012。

年，王国学院医学院成为伦敦大学的学院，隶属于医学部；1910 年，伦敦日间培训学院成为伦敦大学的学院，隶属于文学部，1932 年改名为伦敦大学教育研究所；1911 年，皇家牙科医院和口腔外科学院成为伦敦大学的学院，隶属于医学部。① 伦敦大学成了伦敦城的大学。1908 年，伦敦大学的内部生(internal)已达到 4000 多人，超过了牛津大学和剑桥大学的规模。在两次世界大战期间，内部生数持续增加，1921 年达 8099 人，到 1939 年则上升至 14587 人。

其次，改组大学理事会和学部。扩建后的伦敦大学机构繁多、功能多样，这对大学内部管理提出了挑战。1900 年，大学理事会得以重组。大学理事会成员扩充至 56 人，大学理事会内部进一步分为大学教学扩展委员会、学术委员会和外部学生委员会，分管教学与科研、校内和校外学位工作。大学理事会还任命了副校长和行政长官，分别主管大学事务。此外，还成立了 32 个分支学科的委员会，主要负责向大学理事会提供解决教学与研究、考试与学位等问题的相关建议。分层、分类管理的制度提升了大学管理的精细化程度和效率，提升了大学教学和科研水平。

最后，确立校外学位制度。1901—1910 年，伦敦大学在世界各地设立校外学位考试中心，使得成千上万的殖民地和英联邦国家的学生可以通过业余学习的方式来攻读伦敦大学的校外学位。自 1900 年以后，殖民地考试的申请人数逐年增加。从 1901 年的 65 人逐渐增加至 1914 年的 285 人、1918 年的 662 人、1920 年的 897 人、1921 年的 1156 人，1937 年则达到 4908 人。② 其主要借助遍及欧、亚、美、非洲的 79 个伦敦大学学位及入学考试中心来实现。③ 这些申请的考生被统称为外部生(externals)，他们在通过与内部生相同

---

① 袁传明：《近代英国高等教育改革与发展研究——以伦敦大学百年史(1825—1936)为个案》，221 页，广州，广东高等教育出版社，2017。

② 袁传明：《近代英国高等教育改革与发展研究——以伦敦大学百年史(1825—1936)为个案》，226 页，广州，广东高等教育出版社，2017。

③ 周愚文：《英国教育史：近代篇(1780—1944)》，283 页，台北，学富文化事业有限公司，2011。

标准的考试后可获得校外学位。①

此外，伦敦大学还在博士学位制度的引入上领风气之先。1917年，英国大学会议建议引入德国的哲学博士学位，授予那些致力于不少于两年全日制高级学习或研究工作的人。伦敦大学在两年后采纳了此建议，并于1921年首次授予16名学生哲学博士学位。

三、政府与大学的新型关系——大学拨款委员会的建立

1889年，英国政府向新大学及大学学院拨款1.5万英镑。这是政府与高等教育联系的开始。到了20世纪，随着大学对国家影响力的增强，政府的资助从少到多、由简到繁，大学奖学金和助学金计划、科研项目的资助计划陆续出台。这使大学与政府的关系更加密切。以针对大学生的奖学金和助学金计划为例，1902年，英格兰地方政府就开始为学生提供资助。1911—1912年，有1327名学生享有地方政府奖学金，其中40%以上在剑桥大学和伦敦大学上学。由于经济发展的不平衡，各地提供的奖学金存在差异。在5万人以下的地区，只有33%的地方政府提供了奖学金；而在30万人以上的地区，96.5%的地方政府提供了奖学金。② 1919年，获得永久地位的大学经费审议委员会为新的学位增加了基本支出和经常性开支的资金。1920年提供了200份国家奖学金，其他学生则得到地方当局的补助。20世纪30年代末，有40%的大学生从公共基金中得到财政帮助。③

虽然如此，英国大学自治的传统与政府的需要之间仍然存在一定的冲突。

---

① 根据《1898年伦敦大学法》，在伦敦大学的学院中学习的学生被称为内部生；在其他地方或者不在学院学习的学生被称为外部生，并授予通过相关考试的这类学生以特有的校外学位，从而构成了校外学位制度。校外学位制度完全根据考试成绩评定，而且与校内学位的标准是一致的。

② 张泰金：《英国的高等教育历史·现状》，46页，上海，上海外语教育出版社，1995。

③ [英]奥尔德里奇：《简明英国教育史》，诸惠芳、李洪绪、尹斌茵译，174页，北京，人民教育出版社，1987。

为了缓和这种冲突，同时缓解"一战"后大学的经费困难，1919年，隶属于财政部的大学拨款委员会(University Grants Committee)成立。它取代了此前的大学学院拨款委员会，作为一个咨询机构，担当了大学与政府之间的"中间人"角色。大学拨款委员会的成员由来自非申请经费资助的大学的代表组成，他们都由财政大臣与教育委员会主席和苏格兰国务大臣协商后任命。大学拨款委员会的任务是评估大学的经费需求并向财政部报告，然后下拨经费。财政部根据大学拨款委员会的报告制订年度经费资助计划，以总额补助的方式按期划拨，5年为一期。1919年，有39所英格兰院校、4所威尔士院校、5所苏格兰院校和4所爱尔兰院校获得财政部超过100万英镑的拨款①，1936年拨款则达到250万英镑。另外，大学通过大学拨款委员会得到的政府资助只占总收入的三分之一，其余的三分之二依然来自捐赠和地方当局。在"二战"爆发之前，政府的拨款只占大学收入的一小部分。比如，1925—1926年度所占比例为31.6%，1939—1940年度所占比例为33.1%。② 这种财政格局对于保持大学独立性来说是极为必要的。事实上，每所大学对内部事务的控制受到尊重，大学有权决定其教学内容、课程细节、学位考试的组织等。

大学拨款委员会的建立不仅解决了大学经费来源的制度化问题，还反映了英国政府和大学关系的变化，反映了英国的大学管理模式从自由放任走向间接管理，在英国高等教育的发展中起到了重要作用。

四、高等师范教育制度的建立

这一时期是英国现代师范教育制度的形成和巩固时期。不同于19世纪盛行的导生制，为了配合中等教育系统的发展，为中小学培养师资，英国政府

① 袁传明：《近代英国高等教育改革与发展研究——以伦敦大学百年史(1825—1936)为个案》，236页，广州，广东高等教育出版社，2017。

② 贺国庆、王保星、朱文富等：《外国高等教育史》第二版，316页，北京，人民教育出版社，2006。

开始创立地方公立师范学院。同时现有日间培训学院(Day Training College)逐步向大学附属教师培训部(教育系)转型,从而将师范教育提升到高等教育层次。

20 世纪初,英国的师范教育机构主要有三种。第一种是地方教育当局举办的公立师范学院。1904 年,英国第一所地方公立师范学院赫里福德郡师范学院成立。这是在《巴尔福教育法》的规定下英国政府为促进师资培养迈出的重要一步。到"一战"爆发前夕,在英格兰和威尔士,公立培训学院达 22 所。这大大增加了师范生的数量。但是,由于经费困难等原因,公立师范学院发展十分缓慢。1914—1945 年,地方教育当局开设的培训学院只增加了 6 所。第二种是由各宗教团体兴办的私立培训学院。这类培训学院在三类机构中所占比例最大、历史最长,其中尤以英国国教派创办的为主。第三种是由大学和大学学院兴办的日间培训学院。日间培训学院以培养小学教师为主,学制两年,在教师毕业后可直接授予证书。1900—1901 年,就已有 16 所大学和大学学院附设了该类机构,其培养的师资占全国的 25%。[①]

随着初等教育和中等教育的发展,原有的师资训练结构难以满足初等教育和中等教育对师资的需求,加强对中学教师的培训被提上政府的议事日程。这就推动了日间培训学院向大学附属教师培训部的转型。最初,日间培训学院学制为两年或三年,课程中兼顾教育专业训练。1911 年,学制改为四年:前三年攻读专业学位,第四年接受师范专业训练。同年,大部分日间培训学院改称大学教师培训部或大学教育系。此后,越来越多的大学启用了四年制的培训课程用以培训中等学校教师。据统计,到 1939 年,大学已培养2000 名中学教师。这些教师大部分是到文法中学任教。而其他中学的教师则多由培训学院培养,其规格仍旧低于大学本科毕业水平。[②]

---

① 许明:《英国高等教育发展研究》,109 页,大连,辽宁师范大学出版社,1998。
② 许明:《英国高等教育发展研究》,113 页,大连,辽宁师范大学出版社,1998。

1942年，英国教育委员会主席巴特勒要求以利物浦大学校长阿诺德·麦克奈尔（Arnold McNair）为首的调查委员会对师范教育进行调查。1944年，《麦克奈尔报告》（McNair Report，又称《教师和青年工作者报告》）公布，提出了40多条关于师范教育改革的原则和建议。仅就高等师范教育方面而言，该报告从提高教育质量的角度出发，主张师范教育体系应以大学为主体，师范学院应附属于大学，在各地设立由师范学院、有关院校、大学、地方教育当局和教师团体组成的地区师资培训组织，以加强协作；师范学院应增设学术性课程，促进师范生个性和能力的发展，要求尽早延长师范学院的学制①；扩大师范生的招生范围，吸纳已婚妇女和退伍军人等加入教师队伍；改善教师工资待遇，以稳定教师队伍和提高教师素质等。这些建议大多被英国政府采纳并付诸实施。例如，1946年英国教育部发出筹建地区师资培训组织的通知。1947—1951年，英格兰和威尔士15所大学先后成立地区师资培训组织，在校本部成立教育研究所或教育学院，在行政上管理师范学院，并为学生提供高一级的进修机会。②《麦克奈尔报告》因而被誉为"教师宪章"。

此后，英国师范教育与高等教育之间的关系更加密切。高等师范教育以大学教育学院、教育研究所等形式蓬勃发展起来，既成为中小学师资培训的中心，也培养了大批教育专业研究人才。

第四节　职业技术教育

20世纪上半叶，一方面由于战争和经济危机所引起的物质财富匮乏，另一方面由于教育发展的重心在于公立中等教育制度，英国职业技术教育发展

---

① 王承绪：《英国教育》，558~559页，长春，吉林教育出版社，2000。
② 王承绪：《英国教育》，557~558页，长春，吉林教育出版社，2000。

缓慢、层次较低且不成体系。随着普通中学之外的初级职业技术学校得到一定的发展，高等专业技术教育开始兴起。然而，由于英国重人文、轻技术的传统，高等职业教育的师资水平低、课程质量低、学生缺勤率高，政府在职业技术教育领导上的行动迟缓等，英国职业技术教育体系没能建立起来。值得一提的发展主要体现在初级职业技术教育的建立和发展、技术学院和新建理工科大学的发展及国家资格的技术人员证书制度的确立上。

一、初级职业技术教育的建立和发展

在这一时期，英国初级职业技术教育主要的进步是初级技术学校的建立和发展。1901年，伦敦首设日间商业学校(Day Trade School)。这可以称得上是初级技术学校的最初形式，此后各地相继有此类职业学校出现。在此后几年间，英国政府在相关法案中都对职业技术教育、技术课程有所提及。比如，1902年，《巴尔福教育法》允许地方教育当局用地方税收资助职业教育；1904年，《中等学校条例》允许教育委员会提供资金资助中等学校开设技术课程；1905年，《技术学校条例》(Regulation of Technical School)确立政府拨款为小学毕业生开设日间技术班(Day Technical Classes)的规定。这些都在一定程度上推动了职业技术教育的发展。但是，由于英国最高教育当局对是否独立设置技术学校进行职业技术教育存在认识上的分歧，政策上也出现了反复，导致技术学校发展十分缓慢。1905—1907年，北英格兰才创立首批初级技术学校。

1913年，初级技术学校得到官方承认。在这一年，英国教育部正式颁布《初级技艺学校条例》(Junior Technical School Regulation)。于是，有了公立的技术学校，同时开设各种行业专科衔接职业学校。① 此后，初级技术学校在英国各地相继创立起来。这些学校一般以13岁的小学毕业生为招生对象，修业

---

① 陈寿觥：《各国职业教育制度》，21~22页，台北，台湾商务印书馆，1965。

年限为 2~3 年；开设的课程学科面较宽，从机械、建筑木工、金工到整个产业领域，无所不包。除了少数优秀学生可以享有政府奖学金外，其他学生通常每年交 3 英镑学费。1913 年，英国共有初级技术学校 37 所，学生 2900 人。而到 1930 年，初级技术学校和初级商业学校共达 115 所。其中 64 所为男校，10 所为女校，41 所为男女同校。它们共招收 19500 名学生（其中女生为 5300 人），开设 206 门独立课程。① 1935 年，这类学校在英国已达 134 所之多，在校学生到 1937 年已扩展到 30000 人之多。②数量上的增多并没有带来质量上的相应提升。相反，可以说，初级技术学校在许多方面都是失败的，其教学完全停留在非常初级的水平。学校不受学生和家长的重视，学生出勤率低，以考试为导向的教学制度严重束缚学校的发展。《斯宾斯报告》提议将初级技术学校改为技术中学，通过选择性考试招收 11 岁学生入学，为希望进入产业界的学生服务。然而，直到"二战"后，初级技术学校才发展成技术中学。

除了创立初级技术学校外，这一时期还出现了另外两种职业技术教育机构。一种是提供若干职业教育的中等教育机构"中心学校"。它招收 15 岁以下无法升入中学的青少年入学，力图使其毕业后能立即到工商业部门就职。在"二战"后，这些学校发展成现代中学。另一种是附属于技术学院的初级技术学校。它由早年的技术学院发展而来，招收 12~16 岁的学生，十分强调开设技术和数学课程。其学生大多出生于工人阶级家庭。直到 20 世纪 40 年代早期，仍然有三分之一的初级技术学校附设在技术学院内部。随着《巴特勒教育法》的颁布，初级技术学校逐步被改为中等技术学校，被纳入中等教育范围；而所有工商专科学校、艺术学校或专科学校以及一切夜校班等被纳入扩充教育（further education）范围，与中等教育相衔接。

① 王承绪：《英国教育》，389 页，长春，吉林教育出版社，2000。
② 梁忠义、金含芬：《七国职业技术教育》，304 页，长春，吉林教育出版社，1990。

二、技术学院和新建理工科大学的发展

虽然处于整个教育体系的边缘和底端，但是随着高等教育和社会经济的发展，在这一时期，英国高等职业技术教育获得一定的发展。其中以技术学院和新建理工科大学的发展较为突出。

伴随着 1889 年《技术教育法案》(Technical Instruction Act)的颁布，英国的职业教育制度正式确立，技术学院在 19 世纪末相继形成。技术学院始于 19 世纪二三十年代的机械工业学校，作为接收初级技术学校毕业生的继续教育机构，以培养中、高级技术人员为目标，具有很强的职业教育性质。在办学形式上，它以定时制为主，同时适应地区产业界的要求，多以半工半读的形式进行。1912—1913 年，英格兰和威尔士技术学院的全日制学生有 1200 人。与此同时，技术学院夜校的发展也很快。到 1911 年，苏格兰和威尔士技术学院中的夜校生已达 75 万人，到 1937 年超过 100 万人。① 在两次世界大战期间，技术学院进一步得到发展。它虽然实际起高等教育的作用，但是却不被承认为高等教育机关。

新建的理工科大学，是这一时期实施职业技术教育的另一重要机构。1900—1909 年，英国政府先后增设了 6 所高等科技教育机构。其中，伯明翰大学从它的前身梅森学院创立的第一天起就奉行"按照本市和本地区的需求大规模地提供科学教育的手段"的宗旨；利兹大学很早就开设了民用工程学、机械工程学、矿业学、纺织工业学、印染化学、皮革制造和农业学等专业；谢菲尔德大学是由应用科学学院发展而来的。此外，曼彻斯特大学、利物浦大学和布里斯托尔大学决定把科学和技术学科作为学位课程和研究生课程。到"二战"时，英国政府通过成立科学工业研究部、扩大政府奖学金发放的范围等方法鼓励、支持大学加速科研。因此，这一时期学习化学、物理、工艺学等理工科的学生逐渐增多。这导致设置各种科学技术专业的大学变多了：剑

① 梁忠义、金含芬:《七国职业技术教育》，306 页，长春，吉林教育出版社，1990。

桥大学、伦敦大学、南安普敦大学都设立了航空工艺学专业；伯明翰大学和曼彻斯特大学设置了酿造专业；利物浦大学和谢菲尔德大学等则设立了建筑、城市规划专业。可以说，"战时大学的研究和同工业界的合作，使英国在……玻璃业、燃料业、飞机制造业、电机业的研究和发展方面迅速缩小了与德国的差距，而参与这些研究和发展的几乎包括了英国当时所有重要的大学和学院"①。

总体而言，这一时期英国的职业技术教育虽然在人力、物力上有所发展，对国家发展有所贡献，但却长期被官方排斥在高等教育系统之外。虽然《巴特勒教育法》关于补习学校条款的规定指出了技术教育发展的新方向，但在实践层面改变甚微。直到1963年《罗宾斯报告》公布之后，高等职业技术教育才确立其地位。②

三、国家资格的技术人员证书制度的确立

英国的各种行业协会和专业协会是职业技术教育发展的沃土，如伦敦市同业公会（City and Guilds of London Institute）、英国艺术设计协会（National Association for Art Design）、学校考试委员会（School Examination Council）等。长久以来，这些协会自发组织了各种技术专业证书考试，作为从业的凭证。20世纪初，英国有600多所职业资格考试机构，提供了6000多种职业资格证书。③ 然而，由于办证机构各异，各机构的颁证标准不一，结果各类证书相互重复，通用性不高，严重影响了职业教育的发展。

---

① 徐辉：《高等教育发展的新阶段——论大学与工业的关系》，46~47页，杭州，杭州大学出版社，1990。

② 日本世界教育史研究会：《六国技术教育史》，李永连、赵秀琴、李秀英译，154~155页，北京，教育科学出版社，1984。

③ 戴少娟：《二战后英国高等职业教育改革与发展研究》，博士学位论文，福建师范大学，2016。

为此，英国教育署与一些专业团体协作，共同建立了一套较为系统的技术人员证书制度。这就是于 1921 年开始实行的国家证书制度(Scheme of National Certificates)。国家证书制度对全日制学生发国家学位证书(National Certificates Diploma)，对非全日制的业余班学生发国家证书(National Certificates)，作为他们进入某一行业的凭证。证书覆盖的领域从机械工程领域逐步扩大到建筑、纺织、电力、造船、商业等诸多领域。想要申请证书的学生，都要在国家所承认的技术学院等机构中完成规定的课程学习，经过考试并合格，方能获得证书。国家学位证书分为"普通"和"高级"两种，主要授予那些完成 2 年或 3 年全日制课程学习的技术学院毕业生。国家证书也分为"普通"和"高级"两种：普通国家证书(Ordinary National Certificates)一般授予完成 3 年技术学院部分时间制课程学习的学生；高级国家证书(Higher National Certificates)则授予那些获得普通国家证书后再继续学习 2 年部分时间制专业课程的学生。随着国家证书制度的发展，到 1931 年，获得普通国家证书和高级国家证书的就达 2792 人。1939 年，这类证书获得者已达 5330 人。[1] 表 4-8 为 1923 年、1931 年和 1944 年获得国家证书和文凭的人数。[2]

表 4-8 1923 年、1931 年和 1944 年获得国家证书和文凭的人数

类型	1923 年	1931 年	1944 年
普通国家证书和文凭	663	2043	4070
高级国家证书和文凭	168	749	1405

国家证书制度很快被化学协会、电力工艺协会、煤气工艺协会、造船工艺协会、建筑协会等行业团体采纳。1925 年还设立了机械和电子工程、化学、船舶制造专业的国家证书和文凭；1945 年增加了建筑、纺织、商业、土木和

---

① 梁忠义、金含芬：《七国职业技术教育》，307 页，长春，吉林教育出版社，1990。
② 殷企平：《英国高等科技教育》，59 页，杭州，杭州大学出版社，1995。

生产工程专业的国家证书和文凭。[①] 这种国家性质的资格制度在英国的科学技术教育中，特别是在高等教育中具有划时代的意义。因为它在实质上赋予了技术学院毕业生与大学毕业生的同等资格，将原本被边缘化、被贬低的高等职业技术教育提升到真正的高等教育层次。

第五节　社会教育

英国社会教育特别重视成人教育。20 世纪上半叶，成人教育以工人教育、妇女教育等为主要组成部分。这两大群体的成人教育组织展开了丰富多样的成人教育活动，从而推动了这一时期社会教育的大发展。此外，针对青少年的社会教育组织童子军开始出现，并形成了具有国际性影响的青少年社会教育运动。因而，本节以工人教育协会的教育活动、各类妇女组织的教育活动和童子军的教育活动为核心展开论述。

一、工人教育协会的教育活动

工人教育协会(Worker's Education Association)创立于 1905 年，前身是创立于 1903 年的劳工高等教育促进会(Association to Promote the Higher Education of Working Men)。其主要目的是在劳工教育和大学推广教育之间建立联系，为日益壮大的劳工阶层提供教育。

协会创始人是英国国教派牧师艾伯特·曼斯布里奇(Albert Mansbridge)。他 1876 年生于格洛斯特市，1880 年举家迁往伦敦市，14 岁辍学后曾接受过当时的大学推广教育和上过伦敦市的夜校。曼斯布里奇的亲身经历让他认识

---

① 戴少娟：《二战后英国高等职业教育改革与发展研究》，博士学位论文，福建师范大学，2016。

到，绝大多数社会下层的高等教育需求并没有被满足。这成为触发他创办该协会的起点。1905年，协会创立后，在曼斯布里奇的卓越领导和辛勤努力下，迅速向全国扩散。1911年，协会发展到拥有各种会员组织1541个。其包括543个工会和分会及184个合作协会、261个成人学校及班级、22个大学的分部及校外推广教育机构、19个地方教育当局、110个劳工俱乐部和讲习会、97个教师协会、91个教育文学社和214个其他劳工组织。① 工人教育协会成功地成为一个全国性的民间教育组织。

在教育活动上，工人教育协会以创立于1907年的导师指导班(Tutorial Classes)为主要的教育形式，辅之以周末课、暑期课、讨论会、讲座、教育参观和电影欣赏等教育形式。

导师指导班最初出现在牛津大学，与牛津大学一直以来对校外教育的重视密切相关。大学内设校外教育部，保持与中产阶层和下层人民的联系。曼斯布里奇正是看到了这一点，从而成功与牛津大学建立起联系。1907年，牛津大学首届导师指导班中，学生78人，其后急速增加；1913年导师指导班达145个，学生有3234人，逐年普及发展。② 导师指导班通常修业2年，很快发展成3年。导师指导班的招生不限性别，无论何人只要有学习的希望且适合一定的条件均可入学。指导教师一般由大学联合委员从大学教授、讲师、助教或大学毕业生中选定。导师指导班的课程以劳动者直接感兴趣的社会研究类居多，如产业史、政治史、经济学等课程。其后文学、哲学、心理学等课程开始开设，但自然科学课程一直很少。一方面是因为学生缺乏兴趣，教师不易开设；另一方面因为自然科学所需要的实验室、研究器具和机械设备需要大量经费，而指导班没有足够的经费。导师指导班的经费由大学、地方教育当局的教育补助费及地方教育团体的补助费支付。1917年一年一学级(指

---

① 转引自张新生：《英国成人教育史》，230页，济南，山东教育出版社，1993。

② 马宗荣：《比较社会教育》，7页，上海，世界书局，1933。

导班）补助 30 ~ 49 磅，相当于指导教室（指导班）份额的四分之三。1908—1913 年，补助额的具体分配为：大学担负 17440 磅，教育部担负 12000 磅，地方团体担负 6000 磅，其他担负 2000 磅。① 在这种教育形式下，工人的学习被严格要求，不仅要以全日制的方式学满 3 年，还要认真达成相应的课程要求，以系统学习相关的专业知识和技能。比如，在牛津大学导师指导班上，"工人要保证上足 3 年课程，每两周写一篇论文"②。

除了提供长期的、连续学习的指导班外，工人教育协会还会为那些没多少时间参与正规教育的工人提供短期指导班，如短期班（session classes）和暑期学校班（summer school）等。以牛津大学的暑期学校为例，从 1901 年开始，每年的 7—8 月两月均在大学开设暑期学校班，让学生直接与大学接触，补习已经修习的课程，为学生提供相互交流的机会。暑期学校班的学生需要在入学的两周以前，预先请大学内的教授指示所研究课程的参考书，并细为推敲，决定论文题目，于入校时提出。入校后，除听讲之外，注意受个人指导，继续读书研究，最少每星期提交一份研究报告，每星期以部分时间听讲，部分时间请受个人指导。③ 可见，暑期学校班的严格程度并不亚于导师指导班。另外，每年不同学校的暑期学校班教授的时间不同。1914 年，牛津大学的夏季学校开设 8 周，剑桥大学、伦敦大学则只开设 2 周。

工人教育协会的其他教育活动则较为零散，如讨论会，一般是就地方所要求的学科及问题等进行详细研究；遇有可引起一般人兴趣的问题，可以召集联合诸团体的代表、会员以外的劳动者及教育团体进行讨论。讲演会以一般劳动者为学习对象。

总之，由于导师指导班是一种连续的班级学习形态而非间歇性的讲座，

---

① 马宗荣：《比较社会教育》，7 页，上海，世界书局，1933。
② 张泰金：《英国的高等教育历史·现状》，46 页，上海，上海外语教育出版社，1995。
③ 马宗荣：《比较社会教育》，7 页，上海，世界书局，1933。

又有导师辅导，成员固定，是一种固定的组合，能依据课程学习的标准安排课程，其获得了出乎意料的成效，很快得到剑桥大学、曼彻斯特大学、利物浦大学、利兹大学、谢菲尔德大学等的响应与仿效，成为工人教育协会和大学紧密联合的纽带。工人教育协会的其他教育活动作为导师指导班的补充，也满足了不同群体的多样化需求。因而，"一战"爆发后，虽然大学的推广教育有所衰落，但工人教育协会的活动依然在推进。1918—1919 年，工人教育协会已成立 219 个分会，开设 557 个辅导班。其中 153 个是三年制的辅导班，学生达 12438 人。[①] 1924 年，英国政府决定对工人教育协会开设的短期课程进行资助，很多大学也受到了资助。结果导师获得报酬，成了专职导师，促使更多人加入该课程的学习。即便在 20 世纪 30 年代经济萧条时期，参加课程学习的人数也没减少。从 1931 年到"二战"爆发，学生由 57000 人增至 65000 人。在"二战"期间，学生人数略有减少。战争结束后，学生人数快速增加，到 1948 年已是战时的一倍，有 106000 人。[②] 工人教育协会为英国的社会教育做出了重要贡献。作为一个全国性的民间组织，同时又带有工会色彩的政治俱乐部，工人教育协会极大地促进了广大产业部门工人教育的开展，间接推动了劳工运动的蓬勃发展。

二、各类妇女组织的教育活动

由于在教育史上妇女接受正规教育是一个需要不断被证明、辩解、争取的过程，换句话说，她们长期被排斥在正规教育过程之外，因而非正规教育一直是她们接受教育的主要形式。进入 20 世纪，英国一些妇女才逐步享有接受正规高等教育的权利，但这毕竟是少数。在这种情况下，一些以促进妇女教育和保障妇女权益为目的的民间组织先后成立，主要服务对象为不为正规

---

① 孙启林:《社会教育》，73 页，长春，吉林教育出版社，2000。
② 孙启林:《社会教育》，73 页，长春，吉林教育出版社，2000。

教育机构接受的成年妇女。主要有妇女讲习会（Women's Institute）、城镇妇女基尔特会（Towns Women's Guild）和英国妇女俱乐部协会（National Association of Women's Clubs）。

妇女讲习会最初发源于19世纪末的加拿大，"一战"期间传入英国。其主要目的是从社会及教育方面争取妇女的平等权利；冲破传统束缚，解放妇女的个性；提高妇女的地位，改善乡村的物质生活水平。教育是其核心活动之一，主要活动方式是讲座制。讲座的主题一般与妇女的家庭生活相关，如食品卫生、插花艺术等，也会涉及文学、音乐、戏剧等。除讲座外，妇女讲习会也会组织会员组建音乐和戏剧社等内部社团。讲习会的经费除了会员的会费以及个人和团体的捐赠之外，也有少量的政府补助。但总体而言，预算很少。所以，妇女讲习会的大部分工作人员是志愿者。即便如此，在1915年第一个讲习会出现以后，其发展很快，到1927年已达到4000多个，会员有25万余人。1937年，仅英格兰和威尔士的讲习会就已达到5534个。这些讲习会对拓宽妇女的眼界、增进其知识和经验做出了重要贡献，对许多妇女的生活造成了很大影响。

城镇妇女基尔特会以城镇成年妇女为服务对象，旨在鼓励妇女参加教育活动，进而为民众做出贡献，同时为妇女的聚会提供方便。1929年，城镇妇女基尔特会成立于英格兰萨塞克斯。城镇妇女基尔特会的教育活动围绕时事和工艺、戏曲、音乐、社会研究课程展开。学习时事的主要目的在于让成员了解民主程序和公民的责任，为她们参与地方和国家事务管理奠定基础；而后四类课程则主要围绕妇女生活和其所处社会展开，有一定的连贯性。城镇妇女基尔特会以其特异于妇女讲习会的方式培养了不少地方治安官、城镇议员。她们在20世纪中叶的社会治理中发挥了独特的作用。但是，"二战"前，城镇妇女基尔特会的发展速度远不如妇女讲习会那么快。1939年，城镇妇女基尔特会支部只有550余个。20世纪五六十年代，它才逐渐兴盛起来。

英国妇女俱乐部协会是成立于20世纪50年代的民间组织，以普通劳动阶层妇女的教育及条件改善为目标，是从20世纪20年代以来产生的众多妇女俱乐部的协调机构。1929—1933年，世界性的经济危机席卷全球，英国一些深受经济危机之害却无法享有足够好的社会福利的劳动妇女们一起组成了最早的妇女俱乐部。到20世纪50年代成立时，英国妇女俱乐部已有500多个，会员有25000人。其工作中心也转移到妇女教育及条件改善方面。这在协会章程对协会任务的规定中可见一斑：在更大的范围内尽量为妇女尤其是家庭妇女提供社会生活及非正规教育的机会；提供机会使会员了解其公民的责任及权益，鼓励她们相互帮助，效力社会；提供机会使会员能发挥自己的潜力和特长，过上充实而美满的生活。① 作为一个全国性的机构，该协会要协调各俱乐部的工作，为它们安排教育培训计划，组织暑假班和年会等教育活动。这些教育活动往往以家庭工艺为主要内容，后期逐渐增加了音乐、戏剧和消费者教育的内容。此外，展览和音乐会等娱乐活动也是俱乐部的常备项目。其主要目的是丰富妇女的知识，提高其艺术修养。开展活动的时间往往是下午或者晚上。俱乐部的活动有时候会受到地方教育当局的支持，其形式包括提供活动场地或者合作开设课程。

妇女教育组织在妇女教育资源极度缺乏的条件下，为妇女们提供了极佳的社会教育机会，教育了大批各阶层的妇女们，丰富了她们的生活，提升了她们的知识水平，一定程度上提高了她们的社会参与率，从而为英国的社会教育做出了重要贡献。

然而，我们不能不注意到问题的另一面：这些非正式教育松散的组织方式、捉襟见肘的资金预算、相对偏狭的课程内容、与正式教育机构的相对隔离等问题都在很大程度上限制了其发展，从而导致其对妇女造成的正面影响大打折扣。

---

① 孙启林：《社会教育》，75页，长春，吉林教育出版社，2000。

除以上比较突出的社会教育活动之外，在文化教育活动比较匮乏的乡村，也出现了类似的活动组织。这就是乡村学校文化活动中心。该活动中心是为了弥补广大农村地区文化的不足、推动乡村社会教育而建立的合作组织。乡村学校文化活动中心的教育活动包括三类：由职业团体开展的工艺培训类活动，如木工、美容、裁剪、生产工具改进等；由专家开展的专门课程类活动，如外语、速记、书店经营等；由组织方开展的文娱类活动，如跳舞、音乐、戏剧等。这些活动通常在晚间进行，参与者一般不必付费，组织方一般为志愿工作者。这些文化活动中心中较有影响的是 1939 年在剑桥郡建立的乡村学校文化活动中心。

三、童子军的教育活动

20 世纪，英国的青少年社会教育是童子军事业。童子军在当时就已经成为具有世界影响的非营利性、非政府青少年教育组织。其规模之大、涉及范围之广，远超其他青少年社会组织。它之所以有名，既离不开当时的社会环境，也与创始人罗伯特·贝登堡（Robert Baden-Powell，1857—1941）的教育思想和人格魅力紧密相连。

受第二次工业革命的影响，20 世纪初的工人阶级长时间陷入工作之中，无暇照顾子女的生活。这导致很多儿童疏于管教，甚至有一些儿童流浪街头，身心健康都受到一定影响。在教育领域，新教育运动的开展让"儿童中心"成为主要的思想潮流。贝登堡所创立的童子军培训制度，顺应了这些社会需求。

1857 年，贝登堡出生于伦敦市，其父亲是物理学家，母亲是很有音乐和方言天赋的书家兼算术家。4 岁丧父后，他的母亲一手将 7 个子女带大，因而贝登堡深受母亲的影响。他 11 岁入私立学校读书，19 岁参军入伍，此后 34 年都在军旅中度过。童年生活和军旅生涯都为他创立童子军奠定了基础。1907 年，作为陆军中将，50 岁的贝登堡从英国不同的学校中招募了 20 名青少年到南部的布朗西岛进行为期两周的试验性野营活动。这成了童子军成立的标志。在这次活动中，贝登堡将少年们分成4个小组，从事烹饪、露营、追踪、先锋运动、森林技术、陆童军警术、自然认识等工作。1908年，他又在任职的罗桑泼地的黑姆夏组织了第二个试验性野营活动，并且开始在杂志上连载有关童子军教育的系列文章。1909年，贝登堡的系列文章被整理成《童子军：良好公民教学指南》(*Scouting for Boys：A Handbook for Instruction in Good Citizenship*)一书出版。出版后，该书被各学校用作培养儿童的观察、分析、研究能力的教材，更被各地用作建立童子军的指南。据此，童子军训练的风气扩散至英国全国，童子军从1909年的80000人迅速增加到1910年的124000多人。1912年，童子军正式得到英国国家法律的承认。1932年，只英伦三岛就有童子军50万人，三岛以外则有童子军85万人。

在招生对象上，童子军起初只招收11~18岁的男性青少年。但随着活动的发展，很多低龄儿童和18岁以上的成人以及女性青少年也加入进来。这样一来，童子军教育就分男童子军教育和女童子军教育两大类。男童子军教育又分为幼年军(Wolf Club)、男童军(Boy Scouts)和海洋童子军三类教育。幼年军教育以8~12岁儿童为对象，从精神、身体两个方面促进其个性发展；男童军教育以17岁以上的青年为对象，旨在培养公民的社会服务观念；而海洋童子军教育则主要为爱好海洋生活的少年服务，使其获得海洋生活的训练。女童子军教育分为以8~11岁幼女为对象的女幼年军(Brownie)、以11~16岁女童为对象的女童军(Guide)和以16岁以上女子为对象的游骑团(Ranger)三类教育。两类童子军的训练遵循同样的教育原则。不过在具体的训练内容上，女童军还要接受做针线、编物、制作抹布、制作小包、磨小刀小叉及汤匙等劳作；游骑团教育分为公共服务、团的事务、计时、修养娱乐等。①

童子军教育以"为生活做准备"、国家主义教育思想和儿童中心教育思想

---

① 陈友松：《各国社会教育事业》，31~32页，上海，商务印书馆，1937。

为指导，关注青少年的全面发展，"使青少年接近自然，借以陶冶品性，增进健康，希造成优良公民的资格，培植其社会服务的精神"。① 为此，贝登堡针对英国青少年的现状，结合自身生活经验和军事经验，在斯巴达、爱尔兰、日本等的训练方法的基础上，形成了一套系统的训练方法。这套方法旨在以品格（character）、体格（health and strength）、手艺（handicraft and skill）、服务（service to others）四个方面的培养为内容。品格培养注重勇敢、忍耐、自立、信用、应变能力、荣誉观念、负责任的态度等方面，主要通过小组活动、荣誉议庭、爱护动物、追踪术等方式来实现。体格培养则通过游泳、爬山、旅行、游戏、露营、烹饪、训练等方式来实现。手艺训练则通过童子军自设的工厂或者童子军园地等进行。在工厂里，童子军可以经受木工、养蜂、航空、烹饪、电学、博物等 50 多种动手技能的训练，以及救火、游泳、音乐等特种技能训练；在童子军园地里，儿童自己管理田地、牧畜，自己处理各项日常工作，还要选出他们的"市长"来，领导他的小"市民们"开展各种各样的工作。服务意识的训练途径繁多，包括有组织地协助警察、扶助老弱、参与荣誉法庭的争辩和审问、加入急救队、当向导等。② 由此可见，童子军训练的内容是很具体和细致周到的，是真正为生活而准备的教育。

童子军教育开创了一种新的青少年社会教育模式，填补了在这方面的空白。它不仅有效地利用了青少年的闲暇时间，还避免了青少年无所事事所可能产生的社会隐患，培养了他们良好的品格、健康的体格、较强的动手能力和生活技能，较为重要的是养成了他们为社会服务的公民精神，在社会教育史上具有十分重要的意义。

总体而言，20 世纪前期的社会教育发展比较充分，劳工阶层、妇女、青

---

① 陈友松：《各国社会教育事业》，30 页，上海，商务印书馆，1937。

② 刘玉兰：《贝登堡"生活的准备教育"思想与童子军的建立和发展》，硕士学位论文，山东师范大学，2007。

少年成为社会教育运动的主体。这为推动英国民众的教育水平和文化素质提供了必要的补充，为这些群体的生存发展和公民身份的养成奠定了基础。最后，需要提及的是，在这一时期，社会教育所获政府资助仍然有限。直到进入 20 世纪后，随着社会教育作用的扩大、英国政府对社会教育重要性认识的提高，英国政府才分别在 1924 年通过的教育法和 1944 年的教育法及其他法案中明确规定对社会教育给予拨款。

本章结语

在两次世界大战、经济萧条的笼罩下，在第二次科技革命的冲击、工人运动的高涨中，英国教育呈现出诸多与资本主义发展阶段相适应的特征，如国家干预的逐步加强、中等教育民主化和大众化的萌芽等。但是，不管是从各级教育发展的实际情况看还是从政府教育政策和方针的制定和实施看，这一时期英国教育的发展是迟缓的，改革是保守的。学前教育仍然以民间办学为主，政府的各种学前教育计划因战争和经济原因而充满临时性，因而受教育儿童数和教育质量并不乐观；高等教育仍然是精英教育、私立为主，大学课程仍然有重文、轻理的鲜明特征，但牛津大学、剑桥大学和伦敦大学的改革中蕴含了战后高等教育大发展的因子；职业技术教育在一定程度上回应了第二次工业革命和工人阶级发展的需要，在院校数量和证书制度上都有所改善；社会教育以其独特的方式承担起民众教育的职责，工人、妇女、儿童等各个阶层的人们都自发组织起来，形成了这一时期英国教育版图的一部分。相比而言，这一时期中等教育的发展特色较为明显，初、中等教育衔接，中学类型界定和归并，中学考试制度和证书制度的完善等共同帮助确立了英国国民中等教育制度。一定程度上可以说，这是 20 世纪前期英国教育发展中取得的最大成就。

第五章

20 世纪前期英国的教育管理与政策

　　20 世纪是英国社会改造的一个新时期，教育制度作为社会系统的一个重要组成部分进行了一系列的改革。19 世纪中后期，英国教育经历了一系列变革，教育的宗教色彩逐步被弱化。《1870 年初等教育法》打破了教会在教育中的长久垄断地位，政府在教育中的角色逐渐明朗，为英国建立现代国民教育体系奠定了基础。但该法案并没有触动原来的双重教育体制，留下了不少亟待解决的问题。到 20 世纪初，英国的教育已经取得了很大的进步。但是，英国此时还没有建立起比较协调、有效的教育管理体制，教育管理机构各自为政、十分混乱；同时缺乏完整、统一的公共教育体系，免费的义务教育问题仍未完全解决，民主的中等教育体制仍未建立，民办学校组织管理混乱等。随着经济社会的发展，人们对更加公平、普及的教育体系的呼声愈加强烈，对教育管理制度和基础教育进行改革迫在眉睫。20 世纪英国教育的重建和改进工作正式围绕着这些问题展开，其中特别需要提到的就是改革教育行政管理体制和基础教育制度。

第一节 英国教育管理体制的发展

英国教育史专家邓特教授曾说："真正使英国教育制度'运转'的是这样一个事实：办教育的各方，如中央与地方的行政官员、教师以及民间团体，互相之间结成了伙伴关系。"①这一独特的伙伴关系基本上是在20世纪前期形成的。19世纪末到"二战"期间，英国政府通过建立新型教育行政管理结构，为形成中央和地方教育行政机构的伙伴关系奠定了基础；通过拓宽女王督学团在各个领域的职能，促进了英国教育督导制度的发展；通过转变大学拨款委员会的职权，加强了对高等教育的管理与调控。20世纪前半期，教育管理制度的改革形成了具有英国特色的教育行政管理体系，推动了英国国民教育的有序发展。

《巴尔福教育法》颁布后，英国形成了议会、教育委员会和地方教育当局相结合并以地方教育当局为主的新型教育行政管理体制。之后，中央教育行政机构和地方教育当局的组织机构几经变革、权力不断扩大，但一直保持着地方教育当局掌握直接管理权的特点。

一、中央教育管理机构权力的扩大

英国政府对教育事业的管理始于19世纪上半叶。19世纪以前，英国的教育是由教会和慈善团体创办的，国家不设立专门的机构来管理教育。19世纪初，随着工业革命以及资产阶级的发展壮大，原有的教育体制已不能满足需求，要求国家干预教育的呼声越来越高。1833年，英国议会议员约翰·罗巴克(John Roebuck)建议英国议会为贫民提供一定的教育，最终下议院通过了第

---

① [英]邓特：《英国教育》，杭州大学教育系外国教育研究室译，56页，杭州，浙江教育出版社，1987。

一笔为数 2 万英镑的教育拨款来资助初等教育，意味着中央政府对教育干预的开始。起初，英国政府为英国贫民教育促进会提供教育拨款的 80%，为不列颠和海外教育社提供教育拨款的 20%。由这两个团体代表财政部审查资助申请项目。但是这两个团体并不承担对接受资助学校的监督责任。于是，1839 年，英国成立了枢密院教育委员会（Committee of Privy Council on Education），由枢密大臣（Lord President）、掌玺大臣（Lord Privy Seal）、财政部部长（Chancellor of the Exchequer）和内政部部长（Home Secretary）组成，负责监管教育拨款的分配，并按规定对一切受公款资助的学校进行监察。它是英国成立的第一个中央教育行政管理机构，但还不是真正意义上的国家行政管理机构，主要是与国家资助政策有关。①

1856 年，枢密院教育委员会下设教育署（Education Department），管理全国的初等教育。② 与此同时，科学艺术署的权力不断扩大，导致两大机构在权力上交错重叠、纠缠不清。于是，人们都认为有必要建立一个统一的中央权力机关。1899 年，英国政府通过《中央教育委员会法案》（Board of Education Act），决定成立一个英国教育委员会，以取代教育署、科学艺术署和慈善委员会的职能，负责英格兰和威尔士教育的监督管理。此外，该法规定建立一个教育咨询委员会，负责向英国教育委员会提供咨询服务。英国教育委员会的职责包括制定教育政策、管理教育经费、视察教育活动等。但实际上，英国教育委员会并不是支配全国教育系统的权力机关，无权管理大学，无权管理不领取公费津贴的私立学校和捐赠学校，也不能直接管理教师的薪酬与任免、教科书的选择或课程的编制等工作。它仅仅是推动落后的教育机构前进的批评者、劝告者或帮助者。③

---

① 王璐：《英国教育督导与评价：制度、理念与发展》，21 页，北京，高等教育出版社，2010。
② 王璐：《英国教育督导与评价：制度、理念与发展》，7～8 页，北京，高等教育出版社，2010。
③ ［英］诺武德：《英国教育制度》，李鼎声译，73 页，上海，商务印书馆，1934。

进入20世纪，英国教育委员会的工作逐渐合理化。1904年，英国教育委员会设立了初等教育、中等教育和技术教育三个独立的分部。1907年成立了医学分部，1910年成立了大学分部(1919年由大学拨款委员会取而代之)。① 与此同时，英国教育委员会的弊病不断显露。有人甚至说："这是一个虚设的组织，从未召开过一次会议。"②这种说法虽然偏激，却反映了这一机构在管理上的乏力现象。因此，不断有人试图扩大它的管理权限。

1917年，英国教育委员会主席赫伯特·费舍(Herbert Fisher)在向下议院提交的教育议案中就提出加强中央教育当局的权力。《费舍教育法》经过修改后于1918年予以通过。该法扩大了教育委员会的权限，规定地方教育当局应该将本地区教育发展计划提交教育委员会；原来不接受教育委员会视察的公学和民办学校今后也有义务接受它的监督与指导等。但是，英国教育委员会的权力仍然很小，对地方教育当局和其他教育机构只起监督作用。它虽有权要求地方教育行政当局送审其教育计划，但在战后失业和财政困难的气氛下，其权力被完全忽视了。在两次世界大战期间，英国教育委员会的咨询委员会由于发布了《哈多报告》《斯宾斯报告》《诺伍德报告》等一系列报告而获得了应有的信誉。

"二战"期间的教育改革呼声大大刺激了中央政府，这就需要一个强有力的中央教育行政机构来加大对教育的管理。在对战后教育重建进行了大量的调查之后，英国政府最终颁布了《巴特勒教育法》。《巴特勒教育法》使中央教育当局的权力有了实质性的扩大。该法规定，成立教育部(Ministry of Education)以取代教育委员会，新成立的教育部不再像过去的教育委员会那样对公共教育只有监督的权力。教育部部长负责促进英格兰和威尔士人民教育的不

---

① [英]奥尔德里奇：《简明英国教育史》，诸慧芳、李洪绪、尹斌茴译，47页，北京，人民教育出版社，1987。

② [英]奥尔德里奇：《简明英国教育史》，诸慧芳、李洪绪、尹斌茴译，47页，北京，人民教育出版社，1987。

断发展，确保地方当局在教育部的控制和指导下有效地执行国家政策，在每一个地区提供各种综合教育的服务。① 这种控制和指导权在该法案的一些具体条款中得到了体现。比如，第六十八条"教育部部长防止不合理的职权的权力"、第九十三条"教育部部长指示地方调查的权力"、第九十九条"教育部部长关于处理地方教育当局和学校董事会渎职的权力"等条款赋予教育部部长在适宜的情况下下达指示或指令的权力。教育部部长的印章具有官方和法律效力。他一旦提出请求，法院将会发出训令强迫地方教育当局或学校董事会执行。作为单独的法人，教育部部长必须就教育部和咨询委员会的工作向英国议会提交年度报告。这些权责是以前没有的。

此外，《巴特勒教育法》第四条规定，设立英格兰和威尔士两个中央咨询委员会。咨询委员会成员由教育部部长任命，负责向教育部部长提出有关教育理论和教育实践方面的建议，并且就教育部部长委托他们研究的问题提出建议。这两个咨询委员会取代了1899年设立的咨询委员会，且权力有所扩大。②

与以前的教育委员会相比，教育部部长和咨询委员会的权力都得到了扩大，告别了以前中央对教育只有监督权力的传统。但是，与一些中央集权制国家不同，英国教育部部长的权力被严格限制在法律规定的范围内。其不直接控制任何学校或其他教育机构，不直接聘用或辞退教师，不规定课程内容等。英国中央教育管理机构和地方教育当局之间一直都是合作伙伴的关系。因此，虽然20世纪前期英国中央教育管理机构的权力相比以前有所扩大，但与其他国家或地方教育当局相比，其权力仍十分有限。

---

① 金含芬：《教育学文集》第22卷，142页，北京，人民教育出版社，1993。
② 金含芬：《教育学文集》第22卷，142~143页，北京，人民教育出版社，1993。

二、地方教育当局的直接管理权

英国的地方教育管理机关是地方教育当局，产生于20世纪初。《1870年初等教育法》颁布后，英国的初等教育一直由新成立的地方教育委员会管理。1902年，《巴尔福教育法》规定取消地方教育委员会等机构，设立地方教育当局。因此，原有的2568个地方教育委员会和14238个校董事会被318个地方教育当局取代，包括63个郡议会、82个享有特权的自治城市、173个非自治城市和城市区议会。新建的地方教育局分第二地方教育当局(Part II Local Education Authorities)和第三地方教育当局(Part III Local Education Authorities)两类。

《巴尔福教育法》首次把初等教育和中等教育的直接控制权，如中小学的组织、经费分配、校长和教师任命等权力，赋予地方教育当局，奠定了英国的中央和地方合作型的教育行政管理体制的基础。此后，地方教育当局的管理范围和职责不断扩大。

1906—1907年，英国政府立法批准地方教育当局为学校膳食和学生医疗服务提供开支。1918年，《费舍教育法》进一步扩大了地方教育当局的权力，各类辅助服务和活动的范围也进一步扩大。该法案规定每一个地方教育当局有权依据实际情况自行决定教育发展计划。该法案还规定地方教育当局应当为2~5岁的儿童开办幼儿学校，并对接受监督的民办幼儿学校提供资助。这样地方教育当局获得了学前教育、初等教育、中等教育的直接领导权。

1944年，《巴特勒教育法》对地方教育当局进行了整顿，取消了1902年教育法设立的第三地方教育当局，规定剩余的146个郡和郡级市议会为唯一的地方教育当局，负责本地区各种类型的教育。它规定各地方教育当局应在它们的权限范围之内，致力于本地区民众精神、道德、心理和身体的发展，通过提供初等教育、中等教育和继续教育来满足本地区民众对良好教育的需要。①该法案要求地方教育当局应开办保育学校和特殊学校，为 2～5 岁的幼儿提供学前教育；应创办和维持郡立学院，向义务教育超龄者提供非全日制教育和业余教育；与中央政府共同为继续教育和高等教育提供奖学金、助学金和各种其他津贴，以增加师资培训和全日制高等教育的学习机会。至此，地方教育当局拥有了对学前教育、初等教育、中等教育、继续教育、特殊教育的开办和管理权，并开创了地方教育当局参与高等教育经费资助的先河。此外，地方教育当局可以建立教育委员会，以便有效地履行教育方面的职责。

英国在教育上一直以来都有地方分权的传统。虽然法律规定地方教育当局必须将一切教育计划报送教育部部长批准和同意，但是中央政府充分尊重地方的主动性和自主性，地方教育当局实际上拥有直接控制和管理教育机构的权力。② 经过 20 世纪上半期的发展，地方教育当局的职责范围不断扩大和明晰，在促进各地区教育发展上发挥着更加重要的作用。

三、女王督学团职能的拓展

英国的教育督导制度是其教育行政管理体系的重要特色，已经形成了中央和地方两级并行的全国督导网络。英国的督导制度发展大致可以分为四个阶段：19 世纪 30 年代到 19 世纪末女王督学团的产生；19 世纪末到"二战"前女王督学团的拓展；"二战"后到 20 世纪 80 年代女王督学团的起伏与变革；20 世纪 90 年代后教育标准局取代女王督学团。20 世纪前期的督导制度发展正处于女王督学团的拓展时期。

（一）女王督学团的产生与职能拓展

女王督学团是随着普及义务教育以及政府对教育事业的监督需要的出现

---

① 金含分：《教育学文集》第 22 卷，145 页，北京，人民教育出版社，1993。

② 吴式颖：《外国现代教育史》，77～92 页，北京，人民教育出版社，1997。

而建立的。① 如果说 1833 年开始的拨款补助是英国对初等教育进行国家干预的主要手段，那么督导制度就是实施干预的主要机制，以对教育拨款进行监督。1839 年，枢密院教育委员会建立后，第一任主席凯-沙特尔沃思(Kay-Shuttleworth)建议任命督学首先对接受补助的学校进行监察，并且对这些视督导情况而定的学校给予一定资助。尽管有许多教会反对，政府还是于 1839 年 12 月在枢密院内建立了教育督导机构，首次任命了两名女王督学 R. J. 艾伦(R. J. Allen)和 H. S. 特雷明希尔(H. S. Tremenheere)。这是英国教育督导制度的开端。自成立以来，女王督学团主要负责对受资助的初等学校进行审查、督导并提供咨询，且在师资培训、职业和继续教育领域也有所涉及。《1870 年初等教育法》颁布之后，督导制度得到初步发展，督学的督导范围扩大到所有的初等学校。

如果说初创时期女王督学团主要是以初等教育为督导对象，20 世纪前期督学的职能不仅延伸至中等教育，还在初等教育、师范教育、继续教育、职业教育等领域扩大，督导程序和方法也进一步向着系统和科学的方向迈进。

1. 中等教育督导的开端

女王督学团在 20 世纪前期较为重要的发展就是开始对中等教育进行督导。19 世纪末，普及初等义务教育已取得了很大的成就，普及中等教育被提到议事日程上。于是，英国政府颁布了《巴尔福教育法》，大力提倡地方教育当局兴办公立中等教育。《巴尔福教育法》的颁布对教育督导制度产生了重要影响。

首先，督导制度在组织结构上更加完善。该法案结束了英国教育管理上的混乱局面，形成中央和地方两级教育管理体制。督学团随之改组为初等、中等和技术三个部门，每个部门由一位主任督学负责；同时，随着地方教育当局的建立，各郡、市教育局逐步设立视导处。至此，英国形成了由中央和

---

① 王璐：《英国教育督导与评价：制度、理念与发展》，18 页，北京，高等教育出版社，2010。

地方两级督导机构构成的近代教育督导制度。

其次，对中等学校的督导成为女王督学团的重要职责之一。1904 年，英国教育委员会颁布《中等教育条例》。新改组的女王督学团设立了中等教育督学处，首次任命中等教育主任督学负责中等教育的督导工作。督学的工作扩展到中等教育领域后，对督学的任职要求产生了影响，从看重社会地位和学历转变为要求具备相应的学科背景和教育教学经验。

最后，女王督学团提出和采取全面督导的工作理念。即以学校为单位，由若干名督学组成一个督导小组，花四五天的时间全面了解一所中学的管理、课程、教学法和学校生活情况，并向学校董事会和地方教育当局报告。1905—1912 年，几乎所有中学都受到全面督导，平均每年有 200 所。除此之外，督学还对课程和考试进行了专门督导，并产生了重要的影响。

2. 原有督导职能的拓展

19 世纪，女王督学团的职能就已涉及初等教育、继续教育、职业教育等。20 世纪以来，女王督学团在初等教育、继续教育、师范教育等方面的督导范围不断扩大。

在初等教育方面，女王督学团的影响主要体现在两大方面。首先，女王督学团开始对课程发展进行专业指导。1905 年，初等教育主任督学 C. 杰克逊（C. Jackson）为了让教师了解教育领域的最新发展情况，与其他学科专家一起编写了《对公立小学教师和其他方面工作的建议》，从课程的角度论述了如何对能力不同的学生进行组织、改进目前的学科教学状况，受到教师的欢迎。① 其次，女王督学团促进了进步主义思想的传播和应用。1905—1911 年的初等教育主任督学埃德蒙·霍姆斯为进步主义思想的传播做出了重要贡献。他出版了《是什么和可能是什么》（*What is and What Might Be*）一书，总结了他作为改革派督学的经验。在书中，霍姆斯批评了群体教学的设计压制了儿童

---

① 顾明远：《外国教育督导》第二版，6 页，北京，人民教育出版社，2002。

的冲动，忽视了儿童的天性。[1] 在教育从传统向进步转变的过程中，女王督学团经常通过传播新的实验和方法来培训教师。

在继续教育方面，督导的工作促进了继续教育的系统化。1901年，科学艺术署与教育署合并，其督导工作被纳入女王督学团。技术教育督学的 C. A. 巴克马斯特(C. A. Buckmaster)在对英国全国的继续教育进行调查的基础上，提出了继续教育全国系统化的计划，将各类继续教育学校纳入地方和中央的统一管理之下。[2] 女王督学团的督导范围覆盖了夜间继续教育学校、技术教育学院以及工人教育协会举办的扫盲班，并在20世纪20年代承担了心理测验和工业心理学方面的工作。[3] 同时，督学与教育委员会进行合作，通过提出连续性课程计划和国家证书课程计划，将继续教育的课程等级和学制要求规范化。

20世纪初期，师范教育正处于从中学向大学转移的历史转折阶段，面临着许多争议和问题，如师范教育的年限问题、师范学院与大学的关系问题、师范教育的组织形式问题等。这为督导工作带来新的困难。教师培训的主任督学加入了对这些问题的讨论中，提出许多具有建设性的意见。

督导职能的扩展也促进了女王督学团机构设置的完善。1944年以前，女王督学团分为初等教育、中等教育和技术教育三类。随着教育事业的发展，女王督学团的领导层进行了改组，设1名高级主任督学为总领导，下设初等教育、中等教育、继续教育和师范教师4名主任督学。同时，任命9名地区主任督学负责协调上、下级的关系，领导地区的督导工作。[4] 1944年，英格兰和威尔士共有490名督学，其中英格兰430名，威尔士60名。

综上所述，《巴尔福教育法》的颁布使英国各项督导工作得以深化。中等

---

① 王璐：《英国教育督导与评价：制度、理念与发展》，37页，北京，高等教育出版社，2010。
② 顾明远：《外国教育督导》第二版，7页，北京，人民教育出版社，2002。
③ 王璐：《英国教育督导与评价：制度、理念与发展》，36页，北京，高等教育出版社，2010。
④ 顾明远：《外国教育督导》第二版，9页，北京，人民教育出版社，2002。

学校的发展促进了督导向中等教育的延伸，督学为促进初等教育的改革和继续教育的系统化做出了重要贡献，大学参与师范教育给督导工作带来新的问题。同时，女王督学团内部的机构设置更加完善，职能更加全面，从以检查为主向专业指导、课程与考试监督发展。

(二)女王督学团的组织结构与工作方式

教育督导机构是国家教育行政部门的重要组成部分。一方面，女王督学团对教育政策的执行和学校教育质量进行监督和评价，为教育行政部门提供信息与建议。督学团常被形容为政府的"监督者"。另一方面，女王督学团的定位是专业人员，而不是政府的行政人员。这是女王督学团的一个重要传统。因此，女王督学团兼具权威性和专业性两个特点。

英国的督导机构分为中央督学和地方督学。中央督学是由女王任命的。《巴特勒教育法》规定，女王可以根据教育部部长的推荐意见任命督学，让他们作为教育部部长的代表从事视导工作。教育部部长可以向一些人授予权力，让他们协助督学或担任督导助理人员。①在督导工作上，女王督学团有很大的自由权。中央督学工作机构设在教育科学部，由高级主任督学、主任督学和一些常驻教育部的督学组成。高级主任督学向常务次长负责，也可直接向教育部部长汇报工作。督学的报告除本人外，任何人不得修改，连教育部部长也不例外。因此，女王督学团密切地与教育部合作而不是接受教育部的领导。②地方督学由地方教育局招聘和任命。各地方教育当局除了督学外，还聘用许多视导员担任督导职务。

中央和地方两套督学体制相互独立，在工作上相互补充和合作。1922年，中央教育局曾指出，地方教育局聘用的督学在作用上与女王督学是互为补充而不是平行的。二者虽都是评价教育、为政策提供建议，但他们的职能各有

---

① 金含芬：《教育学文集》第22卷，202页，北京，人民教育出版社，1993。

② 吴式颖：《外国现代教育史》，80页，北京，人民教育出版社，1997。

侧重。中央督学的基本职能是向国务大臣报告关于教育制度的情况，了解全国教育质量的情况。而地方督学的主要职责是协助地方议会、地方教育委员会和地方教育当局把每所学校办得更好。因此其工作更侧重于帮助学校和教师更好地进行自我评估和改革发展。此外，中央督学和地方督学又是紧密合作的。每个地方教育局都有一名女王督学与之挂钩。女王督学正式督导每一所学校前都需要事先通知地方教育局，广泛利用地方督学的督导材料和文献。督导结束后，地方督学要听取女王督学的督导过程和结论的说明。

督学的视导工作方式灵活，既可能是几个督学小组在全国范围内对几百所学校进行为期一年或更长时间的督导，也可能是某个督学对一所学校的短期访问、听课等。1902年，英国开始形成每隔五年对所有学校进行全面视导的制度。视导工作一般分区、分类进行。英格兰划分为7个学区，每个学区有40~65名督学。其中至少两名被委派到地方教育当局任地区督学。地区督学负责本地区的视导工作，其他督学可访问该地区任何学校和学院。除了地区督学外，还有全国督学。许多督学既是全国督学，也是地区督学。驻教育部的各级督学负责教育部官员和其他督学之间的联络工作。

随着督学制度的发展，督导制度经常被人们攻击。有的人认为督学视察的次数太多，对学校来说未免太麻烦，而且学校很容易被历次督学员的"偏见"左右；另外，督导制度容易造成教育的同质化，抑制教育上的创造与实验。① 但这些抱怨与实际情况恰恰相反。与其他国家的督学不同，英国的督学不能向地方教育当局、学校和教师下达命令。他们只能提出表扬、批评和建议。但是，督学的意见通常是受到重视的，他们在促进英国教育制度实现更好的效能上发挥着独特的作用。

---

① [英]诺武德:《英国教育制度》，李鼎声译，79页，上海，商务印书馆，1934。

四、大学拨款委员会的建立与发展

20 世纪上半叶，英国高等教育领域较为重要的变化是大学拨款委员会的建立。它标志着英国在国家层面上开始正式干预高等教育。英国大学素来就有自治的传统，尽管英国大学从中世纪就陷于神权和王权的争夺之中，但无论是教会还是政府都仅通过授予大学特权或特许状、财政资助等形式来影响大学的发展。从 19 世纪后期到 20 世纪初，随着宗教审查法的颁布、政府资助政策的实施以及城市大学的创办，英国大学与政府、社会之间逐渐建立起松散的关系。1919 年，英国政府在几个特别委员会的基础上成立了大学拨款委员会。其负责调查英国大学教育的经费需求，并向政府提出拨款建议。大学拨款委员会成立后，在政府和大学之间扮演了重要的角色。后来，这种机构虽几经变换，但工作性质并没有发生实质性的变化。①

（一）大学拨款委员会建立的背景

英国大学从中世纪起便形成了自治的传统，在招生、教学、管理和财务等方面自行其是，国家不予干涉。即使到了 19 世纪，英国高等教育领域中出现了伦敦大学和城市大学等新型的高等教育机构，政府与高校之间也没有什么直接的关系。19 世纪中期，英国政府开始派遣皇家委员会调查牛津大学和剑桥大学的办学状况，表明政府开始关注高等教育，但这时只是提出改革的建议，不给予财政上的支持。大学作为民间办学的结果，依然是名副其实的自治机构。

19 世纪后期，由于新涌现出的高等教育机构主要依靠私人捐助和学费办学，因此经常处于财政困难的境地，它们很希望能获得政府的资助。1881 年，英国政府为威尔士的两所大学学院分别提供了 4000 英镑的年度拨款资助，开创了政府资助高等教育的先河。② 从 1889 年开始，英国政府设置了初期的大

---

① 吴式颖：《外国现代教育史》，77~83 页，北京，人民教育出版社，1997。
② 徐辉、郑继伟：《英国教育史》，275 页，长春，吉林人民出版社，1993。

学拨款委员会，负责信息收集、情况调查和款项拨发等工作。1905年，英国政府又成立了一个常设性的大学拨款咨询委员会(Advisory Committee on University Grants)，负责大学学院的拨款事宜。

"一战"的爆发彻底改变了大学与政府的关系。战时的研究开发工作不仅密切了政府和大学的关系，也使政治家们认识到国家应该资助大学以便更有效地为国家培养高质量的人才。从大学的角度看，战争期间大学获得的捐赠收入和学生学费收入大幅下降。一些高校虽然得到了政府的一些资助，但数量极其有限，可谓杯水车薪。更为严峻的是战争结束后许多人重返大学学习，使大学的财政更捉襟见肘。校舍失修，设备缺乏，成了许多高校战后所面临的共同问题。

为解决这些问题，英国教育委员会主席费舍提出召开一次会议，研究增加政府资助的问题。会议于1919年7月举行，吸引了英国所有的大学参加。会议的结果便是成立大学拨款委员会。这个机构只是一个咨询机构，其授权范围就是调查大不列颠大学教育的财政需要，就议会可能做出的满足这种需要的任何拨款申请向政府提供建议。① 这个机构已经对英国高等教育产生了极为深远的影响。

(二)初建时的大学拨款委员会：大学自治传统的捍卫者

大学拨款委员会成立时规模很小，仅有11名成员，其中包括1名兼职主席和若干名非大学的学者。1943年废除了对委员资格的限制，大学拨款委员会成员才扩大到16人。大学拨款委员会下设在财政部(1964年转属教育和科学部)而非英国教育委员会，其目的就是降低政府通过财政控制大学的可能性。尽管大学拨款委员会的授权范围一直是不明确的，但正如担任过大学拨款委员会主任的约翰·卡斯韦尔(John Carswell)所言，"大学拨款委员会是为

---

① 贺国庆、王保星、朱文富等：《外国高等教育史》第二版，315~316页，北京，人民教育出版社，2006。

承认大学自治而设计的工具"①。在最初的 20 年中，大学拨款委员会是大学自治传统的捍卫者。

　　大学通过大学拨款委员会得到的资助只占其总收入的三分之一，其余的三分之二仍然来自捐赠收入和地方教育当局。大学拨款委员会在 20 世纪二三十年代的报告一再强调政府资金的作用应该是要增加其他渠道的资金收入，而不是替代它们。这种观点在 1936 年财政大臣内维尔·张伯伦(Neville Chamberlain)写给曼彻斯特大学校长克劳福德(Crawford)的信中表达得很清晰："如果这种(自治)特点得以保存，那么就有必要保持大学经济上的独立……这就限制了大学将政府看成是主要的收入来源。"②

　　大学拨款委员会的拨款机制同样有助于保持大学的自治和独立。首先，1963 年以前，大学拨款委员会的资金是通过议会投票而获得的。这样的安排可以使大学放心地接受此项资助而不必担心失去独立自治的地位。而且财政部的工作覆盖全国，可以对全国的大学进行管理；而英国教育委员会却只能负责英格兰和威尔士的教育。其次，大学拨款委员会拨发给各所大学的资金只是一笔补助金。按规定，补助金可以免受政府的审计，而且每个年度剩余的部分不必返还给议会。

　　大学拨款委员会毫无疑问是大学自治传统观念的拥护者，它在 1925 年的报告中明确提出，我们必须承认即使我们认为我们能够为所有大学提出一项理想的共同的政策，我们也不应该希望迫使大学采纳它。③ 但是作为政府的拨款机构，它又是政策的执行者。因此，大学拨款委员会所要做的是如何在保

---

　　① 转引自贺国庆、王保星、朱文富等：《外国高等教育史》第二版，316 页，北京，人民教育出版社，2006。

　　② 转引自贺国庆、王保星、朱文富等：《外国高等教育史》第二版，316 页，北京，人民教育出版社，2006。

　　③ 贺国庆、王保星、朱文富等：《外国高等教育史》第二版，317 页，北京，人民教育出版社，2006。

证政策得以贯彻的同时确保大学自治不受影响。大学拨款委员会根据需要向大学提供一笔为期5年的一次性拨款。经费的使用完全由大学决定,不受大学拨款委员会和政府的审查。如果大学拨款委员会对大学的某种做法有不同的看法,可以提出意见,但是会避免使用直接的方式表达,而是使用诸如"建议""考虑"等词汇,希望大学能在字里行间读懂大学拨款委员会的意图并做出反应。

总之,在"二战"之前,大学拨款委员会将学术自治的传统视为拨款的原则,其对大学的拨款几乎无任何附加的条件。但随着"二战"的爆发,情况发生了变化。

(三)大学拨款委员会职责的转变:大学与政府间的协调者

1939年爆发的"二战"使英国的高等教育遭受重创。战争使得国家对大学的干预增强了,在国家、民族生死存亡的关头,大学的自治变得不那么重要了。战时形成的观念和做法并没有随战争的结束立即消亡,而且即使在战后旧有的学术正统得以重新确立,国家和大学的关系已经发生了根本性的变化,学术正统也不得不进行调整以适应战后新的形势。处在大学和国家之间的大学拨款委员会的职责也发生了重要变化。

1946年发表的《巴洛报告》要求大学拨款委员会转变角色,以帮助大学实现科技人才翻番的目标。该报告认为政府担心干预大学独立是过虑的表现,大学拨款委员会应该顺应形势的需要,加强对积极的大学政策的关注。为此,"大学拨款委员会最好修改它的授权调查范围"。[①]《巴洛报告》发表后不久,财政部便对大学拨款委员会的职责做了新的规定,增加了如下条款:收集和提供国内外与大学教育有关的信息;在和大学及其机构协商的基础上,协助

---

① 贺国庆、王保星、朱文富等:《外国高等教育史》第二版,319页,北京,人民教育出版社,2006。

制订及执行为充分满足国家需要的大学发展计划。① 大学拨款委员会的新职责显然使其地位发生了变化，它已经从一个单纯的咨询机构变为掌握协助制订及执行发展计划实权的机构。这种变化意味着政府已开始利用经济杠杆介入高等教育。随着政府拨款的增加，大学拨款委员会在政府和大学之间开始发挥缓冲器和调节器的作用。

战后大学拨款委员会虽然在角色和地位上发生了一些变化，但它依然坚持战前的大学理想，即大学应该通过自由教育培养全面发展的人。随着战后入学人数的增加，大学拨款委员会不断要求政府增加拨款以保证大学在设施和教师等方面满足学生的需要。作为大学和政府之间的缓冲器，大学拨款委员会努力在大学自治和国家需求之间维持平衡。20世纪50年代之后，随着政府对高等教育介入的不断加深，大学拨款委员会在政府的压力面前越来越难以维持政府干预和大学自治之间的平衡。1988年，大学基金委员会（Universities Funding Council）开始负责管理政府对大学的拨款，大学拨款委员会彻底退出历史舞台。②

第二节　英国教育政策与法律的发展

除了通过教育行政机构进行监督和管理外，英国政府干涉教育的另一重要途径就是立法。20世纪前半期，英国围绕基础教育发布了一系列政策、法规，推动了英国国民教育的制度化。其中，《巴尔福教育法》将中等教育纳入国民教育体系，确立了英国教育管理的基本形式，开创了英国教育的新纪元；

---

① 易红郡：《战后英国高等教育政策研究》，35页，长沙，湖南师范大学出版社，2012。
② 贺国庆、王保星、朱文富等：《外国高等教育史》第二版，320页，北京，人民教育出版社，2006。

《教育膳食法案》和《教育行政法案》开启了学校健康服务制度，推动了儿童福利政策的发展；《费舍教育法》和工党的"人人受中等教育"政策在建立更加公平的国家教育系统方面迈进了一步；《巴特勒教育法》旨在建立初等教育和中等教育相互衔接的国民教育制度，为战后英国的教育重建与发展提供了坚实的政策依据。

一、英国教育的新纪元：《巴尔福教育法》

1902年，英国首相巴尔福提交给英国议会的议案获得通过。这就是《巴尔福教育法》。《巴尔福教育法》是20世纪英国第一部具有里程碑意义的教育法，开创了英国教育的新纪元，为教育管理体制和中等教育的最终改革铺平了道路。但它的颁布和实施过程却并非是一帆风顺的。

(一)《巴尔福教育法》颁布的背景

19世纪以来，围绕着政府是否干预教育的问题，社会各界展开了争论。随着英国政治、经济、社会条件的变化，原有的教育体制已不能适应形势的发展，人们对国家办学的态度也发生了变化。1869年，国民教育联盟要求建立一个免费的、受财政资助的全国性教育体系。《1870年初等教育法》颁布以来，英国通过在教会学校设置不足的地区设立学校委员会，用地方税开办公立初等学校，成功地弥补了教会学校留下的空缺，使英国初等教育形成了公立和民办并存的格局。但该法案并没有触动原来的教育体制，留下了不少亟待解决的问题。

较为明显的问题之一就是教育行政管理比较混乱、缺乏统一性和效率。19世纪，英国对教育的管理不断加强，但是在教育管理机构上却出现了各自为政、缺乏协调的局面。中央政府一级的教育管理机构有教育署、科学艺术署及慈善委员会等，在地方政府一级承担教育管理职能的有学校委员会、学校入学委员会、新建郡或郡级市的技术教育委员会、公学或捐办文法学校的董事会、民办初等学校的理事会等机构。由于它们各自的责任范围划分得不清楚，结果不可避免地出现职能的交叉、重叠和冲突现象，甚至出现责任落空的现象。在这种情况下，建立一种统一的中央和地方教育机构，确保整个国民教育领域有一个良好有效的教育行政管理体系已经十分必要。

19 世纪遗留下来的民办学校的组织问题也是一个亟待解决的问题。由于无法享有与公立初等学校同等的地方税补助，教会学校在与公立学校的竞争中处于不利的地位，许多教会学校出现严重的财政困难。19 世纪 90 年代中期，圣公会宣称由于缺少教育经费，它的学校已陷入生存危机。另外，1870 年之后建立的许多学校委员会虽然在推动初等教育的普及方面取得了成绩，但也引起了一些问题。许多农村地区的学校委员会规模小，工作效率低，常常难以及时有效地贯彻教育署的工作计划；而城市地区的学校委员会虽然规模较大，工作效率较高，但它们与教会、捐办文法学校和新成立的技术教育委员会却积怨很深，矛盾重重。因此，不解决民办学校的组织管理问题，新世纪的教育很难开创一个新局面。

另外，中等教育和技术教育发展不足也是 19 世纪英国教育的缺陷。1860 年以来，各种教育调查研究都提出建立国民中等教育制度的需求。但由于政府的注意力主要集中在普及初等教育，并且教会学校和捐办学校对发展公立中等学校持抵制的态度，这一需求迟迟未能实现。1895 年，由学者 J. 布赖斯(J. Bryce)任主席的皇家委员会发表了中等教育调查报告，对中等教育的落后现象提出批评，呼吁建立一个有良好组织的英国中等教育体制。该报告提出以下几点建议：合并教育署、科学艺术署和慈善委员会等教育机构，成立教育部来负责整个公立教育；建议郡和郡级市议会作为负责发展中等教育的地方教育当局，有权开办、维持和资助学校，有资格征收地方税、接受中央财政部拨款，并为有才能的初等学校学生提供足够的奖学金；所有中等学校都应该得到地方承认并接受中央的督查等。

虽然皇家委员会发表的报告没有立即得以实施,但它的影响却不容忽视。为了更好地发展初等教育、中等教育和技术教育,1899 年,英国政府通过《中央教育委员会法》,决定成立英国教育委员会和教育咨询委员会。这两条建议显然是受到了皇家委员会报告的影响。然而皇家委员会报告的影响不限于此,这一点只要看看《巴尔福教育法》就可以很清楚。①

(二)《巴尔福教育法》的颁布

针对《1870 年初等教育法》颁布后英国教育出现的新问题,英国教育委员会的代理干事 R. 莫兰特(R. Morant)给当时的英国保守党首相巴尔福写信,催促他进行教育改革。巴尔福采纳了莫兰特的建议,并要求他进行调查研究。半年之后,莫兰特起草了一项议案提交给巴尔福。

1902 年 3 月,巴尔福就 1902 年教育法案向下议院做演讲。在演讲中,巴尔福直指 1870 年以来英国民办学校、初等后教育、师范教育以及教育管理体制的问题、疏忽与缺失,并对法案的主要条款做了陈述。② 下议院为此激烈辩论了 59 天,辩论的焦点主要是 19 世纪遗留下来的"宗教问题"。巴尔福顶住压力,于 1902 年 12 月通过了这部法案。

(三)《巴尔福教育法》的内容

《巴尔福教育法》对《1870 年初等教育法》进行了修改,其主要内容包括以下几个方面。

1. 改组地方教育行政管理体制

废除原来独立于地方政府的地方教育委员会和督促就学委员会,设立两类地方教育当局管理学校教育。第一类是第二地方教育当局,即郡议会和郡级市议会。它们负责当地初等教育和初等以外的教育(中等教育、师范教育、技术教育和成人教育)。第二类是第三地方教育当局,即人口在 1 万以上的自

---

① 徐辉、郑继伟:《英国教育史》,253~256 页,长春,吉林人民出版社,1993。
② 金含芬:《教育学文集》第 22 卷,12~17 页,北京,人民教育出版社,1993。

治市议会和人口在 2 万以上的城区。它们只负责当地的初等教育。

2. 修正双轨教育制度

地方教育当局负责资助民办和几乎所有的教会学校，但这种补助主要用于学校世俗教学的开支，学校的基建、修缮和改建费用仍由所属教会机构负责。自此，民办学校和公立学校一样都能从地方税中得到补助。除了提供办学经费外，地方教育当局还对民办学校的世俗事务进行管理，有权否决学校理事会选任的不合格校长和教师。这些措施将促使教会学校在更大程度上被纳入公立教育体系。但教会学校在理事会中仍将维持基础多数（a foundation majority），有权任命校长和教师。宗教教师的任免不属地方教育当局管辖。

3. 发展中等教育和继续教育

第二地方教育当局需要调查本地区的教育需要，经与中央教育委员会协商采取必要措施提供和资助初等以外的教育，协调当地的各类教育。[①] 尤其有必要在以下方面采取行动。第一，对捐办文法学校提供资助；买下民办和私营中等学校；创建郡办文法学校。第二，为初等学校中有才能的学生提供奖学金，使他们有机会进入文法中学学习。第三，创建培养初等学校教师的师范学院，进一步发展公立师范教育事业。第四，发展技术教育，并支持工人教育协会等组织发展成人教育事业。[②]

(四)《巴尔福教育法》的影响

该法案通过后，在实施的过程中仍不顺畅。许多反对者坚持拒交教育税，威尔士的一些地方教育当局甚至完全拒绝为本地区的初等学校提供资助。

虽然《巴尔福教育法》的颁布和实施困难重重，但该法案对英国的教育管理体制和国民教育的发展仍产生了重要的影响。

---

① 王承绪：《英国教育》，310 页，长春，吉林教育出版社，2000。
② 徐辉、郑继伟：《英国教育史》，256~258 页，长春，吉林人民出版社，1993。

1. 对教育行政管理体系的影响

《巴尔福教育法》的重要特点是扩大了地方当局办教育的权力，结束了英国教育长期混乱的局而，并形成以地方教育局为主体，议会、教育委员会和地方教育局相结合的教育行政领导体制。① 这成为英国教育领导权的基本形式。这种管理体制的确立消除了1870年以来公立和民办初等学校各自为政的双重体制，使民办初等学校在很大程度上被纳入政府的公共教育体系，接受政府的监督和控制。② 直到《巴特勒教育法》公布时，英国国家教育领导机构才又有新的变化，即加强国家对教育的领导，但仍具有中央集权和地方自治权相结合的性质。③

然而，该法案规定设立的第三地方教育当局后来被证明是一个弱点。第三地方教育当局尽管在发展初等教育方面做出了一定成绩，但却为之后教育行政管理的进一步改革带来很大的不便，在一定程度上阻碍了教育效率的提高。直到《巴特勒教育法》颁布后，这一类地方教育当局才消失。

2. 对国民教育发展的影响

初等教育与中等教育是一种不相联系的双轨教育制度，劳动人民子女普遍受不到中等教育，这是英国在20世纪初国民教育制度中的一个重要特征。④《巴尔福教育法》的重点是发展中等水平的学校，一方面是为了尽可能满足工业对较高文化水平的工人的需要，另一方面是为了缓和人民接受中等教育的强烈要求。但是，《巴尔福教育法》未触英国原有的双轨教育制度，从而将19世纪的教育问题带进了20世纪。虽然文法中学留有一定的免费学额，但劳动人民子女在初等学校中只能学到读写算课程，而文法中学的入学考试需要具备拉丁文、代数和几何方面的知识，因而他们进入文法中学的希望是

---

① 周采：《外国教育史》，331~332页，上海，华东师范大学出版社，2008。
② 王承绪：《英国教育》，311页，长春，吉林教育出版社，2000。
③ 李申申：《简明外国教育史》，486页，开封，河南大学出版社，1997。
④ 李申申：《简明外国教育史》，486页，开封，河南大学出版社，1997。

十分渺茫的。如何解决就读民办学校的问题一直是哈多起草《巴特勒教育法》、进行教育综合化改组及应对教育经费开支中的难题。①

《巴尔福教育法》毕竟规定为有才华的初等学校学生进入文法学校提供奖学金，从而为 1907 年创立免费学额制度开辟了道路。此外，该法案规定为民办学校增加教育资助，并使它们在更大程度上接受政府的管理和监督。这一措施总体来说有利于初等教育的发展。《巴尔福教育法》虽然未能建立一种完善的国民教育体系，但它为这一体系的最终确立奠定了重要的基础。

二、学校健康服务制度的发展：对儿童膳食与医疗的关注

20 世纪初，英国初等教育的一个重要进展是学校健康服务制度的建立。这得益于英国政府对现代福利国家的建设，同时也得益于 20 世纪初英国新教育运动对儿童身体健康的关注。学校健康服务体系以营养和健康为核心，实施了学校膳食和医疗计划，成为英国福利国家的前奏。

20 世纪初，英国社会对儿童的认识已经发生了深刻的变化，对儿童和儿童权益的关注达到历史新高。当时以平民为主体的年轻一代普遍营养不良、体质较弱的身体健康问题引起政府和社会各界的强烈关注：英格兰的国民——这个国家的脊柱——原来长期生活在营养不良和健康不佳的状态。② 英国政府遂着手成立专门的委员会对青少年尤其是学校儿童体质每况愈下的问题进行全面调研。1902—1905 年，英国政府相继成立了苏格兰体育锻炼问题皇家调查委员会（Royal Commission on Physical Training in Scotland）、体质下降跨部门委员会（Interdepartmental Committee on Physical Deterioration）和初等学校儿童体质检查与膳食跨部门委员会（Interdepartmental Committee on Medical Inspection and Feeding Attending Public Elementary Schools）。三个委员会的调查

---

① 徐辉、郑继伟：《英国教育史》，259~260 页，长春，吉林人民出版社，1993。
② 丁建定：《英国社会保障制度史》，219 页，北京，人民出版社，2015。

均揭示出 20 世纪初英国学校儿童存在的严重的健康问题，并且这与儿童的不良饮食状况密切相关。然而，这三个委员会却抱定为学生提供膳食将打破约定俗成的家庭生活模式的理念，并未在学校膳食政策上走得更远。

在此背景下，曼彻斯特市和布拉德福德市的地方教育当局率先为其辖区的学校儿童提供膳食。借此契机，英国工会联盟提议政府应承担为学生提供膳食的职责。1906 年 2 月，布拉德福德市西区的工党议院下议院议员弗雷德里克·威廉·乔伊特(Frederick William Jowett)递交议案，建议地方教育当局为"因食不果腹而未能充分享受教育福祉的儿童"提供膳食。该议案提出后，支持和反对双方多次辩论，最终支持方占据上方。该议案于 12 月获得批准。英国政府随即将其定名为《教育膳食法案》予以公布。该法案授权地方教育当局成立学校餐室委员会，以免费或低价的形式为初等学校中那些营养不良症儿童提供适当的膳食，授权地方教育委员会为此提供相应的场地、设备和服务。该法案开启了初等学校膳食问题由政府解决的思路，标志着英国学校膳食服务体系的初步建立。①

然而，该法案的通过却并非意味着儿童福利事业发展的顺风顺水。1906 年的法规是一部许可性法规，授予地方教育当局的是权力而非责任，是否提供膳食完全由地方教育当局决定。该法案颁布后，政府拨款不足、地方教育当局敷衍了事使得该法案的实际效果大打折扣。《医疗官》(Medical Officer)杂志在 1913 年透露，绝大多数地方教育当局都不情不愿地为学童提供膳食，把它当作英国政府强迫其提供的一种院外救济。② 截至 1913 年，在乡村地区，接受《教育膳食法案》的地方教育政府屈指可数。次年，乔伊特便向英国议会呈交教育提案，力求修正 1906 年法案，于是便产生了《1914 年教育

———————————

① 陈峥:《冲突与进步：英国基础教育福利化进程研究》，博士学位论文，华中师范大学，2014。

② 陈峥:《冲突与进步：英国基础教育福利化进程研究》，博士学位论文，华中师范大学，2014。

膳食法》。《1914 年教育膳食法》建议取缔每人每餐 0.25 便士的拨款上限，简化拨款申请流程，把假期供膳合法化，强迫地方教育当局为营养不良症儿童提供膳食，并规定由校医而非地方教育当局来决定儿童是否需要接受供膳，由此强化学校提供膳食是出于教育之因而非一种济贫形式。1934 年，英国教育委员会决定资助"牛奶进校园计划"，进一步加强了学校儿童的营养福利水平。但是，直到 1939 年，有机会享有免费膳食的英国儿童占初等学校儿童总数的比例仍未超过 13%，仅 50% 的地方教育行政机构提供膳食服务。① 这种状况直到 1944 年《巴特勒教育法》颁布后才得到改善。该法规定，地方教育当局必须为所管辖区内学校的在校生提供牛奶、正餐和点心，可酌情收费。1945 年英国议会通过《家庭补助法案》（Family Allowances Act）后，学校提供的牛奶才全部免费。至此，学校膳食服务才成为政府的强制性义务。

学校供膳走出了解决儿童健康问题的第一步。除此之外，学校医疗服务也开始展开。19 世纪后期以来，英国地方教育当局就开始自主设置校医开展医疗服务。1905 年，共有 85 个地方教育当局设立了校园医生岗位。② 同时，苏格兰体育锻炼问题皇家调查委员会和体质下降跨部门委员会都建议学校建立医疗检查制度。于是，英国政府于 1907 年通过了《教育行政供给法案》（Education Administrative Provision Act），要求地方教育当局在公立初级学校的学生入学前、入学时、入学后或英国教育委员会规定的时间为他们提供医疗检查服务，授权地方教育当局在假期或其他时间组织假期学校、假期班、游玩中心或其他娱乐活动。③ 这是英国学校医疗检查工作的开端。为了更好地开展工作，英国教育委员会于 1907 年成立医学分部（Medical Branch），任命医学专

① 陈峥：《冲突与进步：英国基础教育福利化进程研究》，博士学位论文，华中师范大学，2014。

② 魏秀春：《20 世纪英国学校健康服务体系探析》，载《世界历史》，2017(4)。

③ [英]邓特：《英国教育》，杭州大学教育系外国教育研究室译，13 页，杭州，浙江教育出版社，1987。

家乔治·纽曼(George Newman)为首席医疗官,负责监督和协调各地的学校医疗保健工作。① 自就任以来,纽曼就教育事宜不厌其烦地对各个地方教育当局进行宣传和劝诫。他曾写道,"苦口婆心、善意、娴熟的宣教工作"可说服人们更正其饮食习惯,并有助于地方教育当局和公共医疗服务推广健康理念且劝勉家长把他们的居所打造成促进儿童健康发展的训练场。②

同年,英国教育委员会要求每个地方教育当局都应任命1名学校医疗官和1名助理医疗官。到"二战"前夕,各地学校医疗服务机构共聘用了316名学校医疗官和720名助理医疗官。除了医护人员的配备外,校园医院也得以建设起来。1908年,英国教育委员会要求各地设立校园医院。1912年,英格兰和威尔士已建成100余所校园医院。20世纪30年代,学校医疗服务体系取得了长足的发展,已有314个地方教育当局建立了2000多所校医院。1918年,《费舍教育法》进一步规定地方教育当局有责任为公立初级学校的儿童提供治疗服务,也有权向其他公立学校提供体检和治疗服务。至此,学校医疗服务成为政府和地方教育当局的职责,从制度上保障了学校儿童的健康。

到"二战"前夕,英国的学校健康服务体系取得了较好的成绩,为英格兰和威尔士学校的儿童带来好处。1944年《巴特勒教育法》将学校膳食和医疗服务规定为地方教育当局的法定责任。由此,学校膳食和学校医疗服务实现了全面福利化。③

三、基础教育政策的公平趋向:从《费舍教育法》到"人人受中等教育"政策

1902年《巴尔福教育法》规定公立中学提供一定的学额给贫困的初等教育

---

① 徐辉、郑继伟:《英国教育史》,260页,长春,吉林人民出版社,1993。

② 陈峥:《冲突与进步:英国基础教育福利化进程研究》,博士学位论文,华中师范大学,2014。

③ 魏秀春:《20世纪英国学校健康服务体系探析》,载《世界历史》,2017(4)。

学生，但比例十分有限。"一战"结束后，工薪阶层对普及中等教育的呼声愈加强烈。英国政府颁布了《费舍教育法》以弥补国民教育的不足，但收效甚微。英国工党诞生后，成为普及中等教育的代言人，使基础教育政策朝着更加公平和民主的方向发展。

(一)《费舍教育法》

"一战"结束后，英国劳动人民在教育领域中争取受教育权的斗争有增无减。特别是在战争中，英国统治阶层进一步了解到德国发展国民教育的成果，因而考虑应对英国国民教育的不足给予改革。[①] 当时英国的教育系统是精英的和阶层分化的，提供的是两种教育：一种是学术性的文法学校，主要是那些父母能够支付起额外学费的中产阶层家庭的小孩就读；另一种是免费的半工半读形式的初等教育，基本上是工人阶级的小孩就读。尽管一小部分的贫困初等学校学生可以通过激烈的竞争获取奖学金或免费学额进入文法学校，但毕竟是极少数。即使减免学费，许多工人阶级的家庭还是负担不起中学的费用。

为建立面向所有人的国家公共教育制度，英国首相乔治任命历史学家、谢菲尔德大学副校长费舍为教育委员会主席。该委员会主持起草了一项议案提交给英国议会，并于 1918 年通过，即《费舍教育法》。《费舍教育法》主要包括两部分内容：一部分是对各级各类教育系统的规定，另一部分是对教育行政管理的规定。

在各级各类教育方面，该法案试图完善当时的教育系统。该法案规定地方教育当局应为 2~5 岁的儿童开办幼儿学校。将义务教育年限延长至 14 岁，且小学一律实行免费制度。其中，5~7 岁为第一阶段，7~11 岁为第二阶段，11~14 岁为高级阶段，禁止雇用不满 12 岁的儿童做工。同时，为年龄较大(14~16 岁)、成绩优秀而又不能进入高等学校的青少年创办中央学校(Cen-

---

① 李申申：《简明外国教育史》，486 页，开封，河南大学出版社，1997。

tral School)、设立中央学级或特别学级；为高级小学生开设实用学科，为其走向社会做准备；为 14～18 岁的青年提供非全日制继续教育(continued part-time education)，创办类似德国式的职业技术夜校。这类学校由工厂负责创办，每周学习两个半天，属义务性质。该法案还改革了考试制度。精简后的校外考试分学校证书考试(16 岁)和高级学校证书考试(18 岁)。

在教育行政管理方面，《费舍教育法》是一个折中方案。1917 年，该法案企图加强中央政府的权力，提议废除第三类地方教育当局并计划通过把权力集中到地区性协会来获得一种更加一致的教育运行标准。这种集权化的倾向遭到了地方教育当局的强烈反对，于是该法案在 1918 年做了大量修改。首先，该法案增强了地方教育当局的权力。该法案明确规定地方教育当局所承担的义务不应仅限于初等教育，还应包括一切形式的教育；地方教育当局要建设学校体育场、游泳池、游戏场等，以供儿童进行体育活动；改善学校卫生设备，定期对儿童进行免费体格检查；注意提高学校教师的工资等。[1] 同时，该法案也扩大了教育委员会制约地方教育当局的权限。它规定原来那些不接受教育委员会资助同时也不接受其视察的公学和民办学校，今后有接受教育委员会视察、监督、指导的义务；地方教育当局还需要将其管辖范围内的教育发展计划报送教育委员会以争取教育委员会的资金补助。

《费舍教育法》尝试弥补英国教育系统的缺陷，首次在英国教育史上提出要建立一个包括幼儿学校、初等学校、中等学校和各种职业学校在内的公共学校系统，为在英国建立一个真正的国民教育体系奠定了基础。[2] 但是，该法案并没有触动教育的双轨制，中等教育机会不均等的问题仍很突出。[3]

(二)"人人受中等教育"政策

保守党、自由党在解决 19 世纪的教育遗留问题上并没有给民众带来太大

---

① 李申申：《简明外国教育史》，486~487 页，开封，河南大学出版社，1997。

② 周采：《外国教育史》，332 页，上海，华东师范大学出版社，2008。

③ 李申申：《简明外国教育史》，487 页，开封，河南大学出版社，1997。

的信心，教育的不平等性和不衔接性问题依然严重。"一战"结束后，工党成为逐渐壮大的政党。在社会主义的旗帜下，工党成为为工人阶级代言的政党。在教育问题上，工党提出"人人受中等教育"的目标，试图通过扩大中等教育的选拔范围、消除文法中学和现代中学之间的偏见以及提供多样性的中学来完善中学的内部体系，促进中等教育的公平化和民主化。

20 世纪初，英国工党①刚刚成立，没有党纲，更别说提出统一的教育政策主张。1918 年，在《费舍教育法》提交英国议会讨论的过程中，工党围绕着战后重建这一重要议题召开年会。悉尼·韦布（Sidney Webb）在年会中强调，所有社会重建的措施中较为重要的是实现教育国有化、消除阶级差别和特权，应该对从幼儿学校到大学的整个教育制度进行一次系统的重组。可以说，工党召开的这次会议基本接受了以实现教育国有化和人人接受同等水平的中等教育为目标的教育政策。② 此外，工党于同年进行了改组，建立了教育咨询委员会作为内部解决教育政策问题的主要组织力量。这使得教育问题在工党的政策讨论上有了一个合法的代言人。从此，工党开始在教育问题上崭露头角。

1922 年，工党的代言人 R. H. 托尼在《人人受中等教育》中揭示了现实教育中存在的不公平问题。他指出："英国的公立教育是作为一个阶级制度发展起来的。'初等'教育就是'自由贫民'的教育……中等教育则是富人的教育……初、中等教育的划分，不是建立在教育因素之上而是建立在社会和经济因素之上的。教育分化不是始于小学之后，而是之前；与儿童的前途无关，

---

① 1900 年 2 月，独立劳工党、社会民主联盟、费边社以及各地工会代表在伦敦召开了讨论有关工人阶级组党问题的特别会议。会议决定在议会中建立一个独立的工人党团。于是，劳工代表委员会建立。1906 年，在劳工代表委员会指导下，工人阶级选出 29 名工人议员，同时还有 25 名工人在自由党旗帜下当选。同年，劳工代表委员会正式更名为"工党"。工党在 1918 年实现了改组并制定了党纲，明确了党的目标是建立生产资料的公有制。参见钱乘旦、许洁明：《英国通史》，288~289 页，上海，上海社会科学院出版社，2002。

② 肖红波：《两次世界大战之间英国工党教育主张评析》，硕士学位论文，湖南师范大学，2010。

而与其家长的地位有关……简言之，初、中等教育不是一个单一制度中的不同阶段，而是为不同阶级设计的不同的教育制度。"①他呼吁为工人子女提供同等接受中等教育的机会，提出要建立彼此衔接而非平行的初等教育制度和中等教育制度。在此基础上，所有儿童不论家长的收入、阶级或职业为何，在11岁时都能由初等学校或预备学校进入某类中等学校，直到16岁为止。②

"人人受中等教育"遂成为工党的中等教育政策口号，结束了工党内缺乏统一的教育政策目标的局面。③ 它所提出的政策成为工党未来20年实施中等教育方案的基础，为《巴特勒教育法》的颁布奠定了基础。④ 托尼在1924年将工党的理想概括为：建立一个在公民自由合作基础上的社会，简而言之是有赖于尽最大努力来普及教育。⑤

从《费舍教育法》到托尼的"人人受中等教育"政策，英国试图不断修正精英化、具有阶级性的基础教育体系，加强中等教育入学机会平等，建立统一的基础教育体系。工党的教育公平政策理念萌生于社会主义意识形态。在同时期，保守党在教育政策上坚持一贯的精英主义教育理念，认为普及的中等教育不该成为为之奋斗的教育理想。两党教育观念的不同在一定程度上阻碍了工党教育政策的实施。尽管存在分歧，两党内部也存在一些共识，都认为应该为不同的儿童提供不同类型的中等教育。正因为如此，工党内部和许

---

① 金含芬：《教育学文集》第22卷，31页，北京，人民教育出版社，1993。

② 周愚文：《英国教育史：近代篇(1780—1944)》，166页，台北，学富文化事业有限公司，2008。

③ 许建美：《教育政策与两党政治——英国中等教育综合化政策研究(1918—1979)》，31~32页，杭州，浙江大学出版社，2014。

④ 许建美：《教育政策与两党政治——英国中等教育综合化政策研究(1918—1979)》，33页，杭州，浙江大学出版社，2014。

⑤ [澳]W.F.康内尔：《二十世纪世界教育史》，张法琨、方能达、李乐天等译，385页，北京，人民教育出版社，1990。

多教师与地方教育组织提倡的"多边学校"的主张未被采纳。①《巴特勒教育法》规定的"三轨制"中等教育正是这种有差异的公平性的体现。

四、战后教育重建的基石：《巴特勒教育法》

《巴特勒教育法》全面地展示了19世纪下半叶到20世纪上半叶英国政府对更加公平、完整的教育体系的不懈追求。其中，该法案对中等教育的建议可以说是汇集了20世纪各种形式中等教育改革的理念和内容。该法案是20世纪英国较为重要和完整的教育立法之一，成为战后英国近半个世纪教育制度的法律基础，对英国教育的重建与发展产生了重要的影响。

（一）《巴特勒教育法》颁布的背景

从某种意义上讲，《巴特勒教育法》是当时英国社会和教育发展的必然产物。早在"二战"爆发之前，社会各界就发出了教育改革的呼声。《哈多报告》《斯宾斯报告》和《诺伍德报告》的出台为进一步改革教育制度提供了政策指导。"二战"的爆发刺激了英国政府改革教育的决心，通过发布教育改革的绿皮书和白皮书广纳建议，战后教育重建的蓝图逐渐清晰。

1. 社会与教育背景

《巴尔福教育法》和《费舍教育法》的出台在一定程度上弥补了19世纪英国教育的弊端，但自工党提出"人人受中等教育"的政策以来，要求增加教育机会的呼声越来越高。围绕着英国教育制度的不足，《哈多报告》《斯宾斯报告》和《诺伍德报告》更加强调以儿童为中心，督促政府根据学生的需求提供多样性的教育，使"三轨制"中等教育形式基本确立下来。这些报告的发表为战后英国教育改革提供了政策依据。

"二战"的爆发对英国的教育带来巨大的冲击，但同时也坚定了英国政府

---

① 许建美：《教育政策与两党政治——英国中等教育综合化政策研究(1918—1979)》，24页，杭州，浙江大学出版社，2014。

改革教育的决心。首先，因战乱而被疏散的儿童使英国教育不平等的问题暴露无遗。在战争期间，几十万受战争影响的儿童被疏散到安全地区与当地儿童一起上课。原来英国还有许多儿童仍被以一种愚昧可怜的方式抚养成人，造成这一现象的原因就在于不平等的教育。正因为如此，战时英国政府表现出了对儿童的教育和健康空前的重视。

其次，战争使英国认识到发展科技教育的重要性。英国是世界上较早实现现代化的国家之一，但与德、美、法等后起的国家相比，现代化教育却尚显落后。这与英国的科技教育长期得不到重视有很大关系。这促使英国人把科技教育和人才培养提高到关系国家存亡的高度。

最后，战争使人们对平等感的追求更加强烈。"二战"对英国来说是一场全民战争。英国人民在相互合作和共同作战中产生了强烈的集体主义感和平等感。在这样一种社会背景和共同经历中，人们逐渐认识到战前英国未能建立起一种令人满意的公正、合理、民主、平等的公立教育制度。①

2. 从绿皮书到白皮书

在"二战"的影响下，教育改革成为人们议论的战后社会重建的重要课题之一。英国教育委员会迅速对此做出反应。1940 年，战后教育重建高级官员委员会(Committee of Senior Officials on Postwar Educational Reconstruction)成立。委员会起草的战后教育重建的备忘录经修改后形成了《战后的教育》(*Education after the War*)绿皮书。1941 年，英国中央教育委员会向各种社会团体和组织散发了该绿皮书，供人们评论、批评或提出建议。人们的反应几乎势不可当，英国中央教育委员会主席巴特勒同其政务次官接连好几个月忙于同有关机构进行磋商。

1943 年，巴特勒向英国议会提交了一份《教育的改造》(*Educational Reconstruction*)白皮书，描述了战后改革教育的建议和设想。该白皮书一开始就提

① 徐辉、郑继伟：《英国教育史》，280~282 页，长春，吉林人民出版社，1993。

出了教育重建的原则："新的教育机会决不能只是一种形式。教育机会的多样性正好与教育机会的平等同样重要……"①基于以上原则，该白皮书全面讨论了对学前教育、初等教育、中等教育、继续教育、宗教教育以及地方教育管理机构等进行改革的措施。该白皮书为《巴特勒教育法》的颁布提供了必要的准备。②

(二)《巴特勒教育法》的颁布与内容

在对白皮书的建议进行了讨论之后，巴特勒又向英国议会提交了他与教育委员会议会秘书 C. 伊德(C. Ede)共同设计的教育议案。经过近几个月的辩论，《巴特勒教育法》于1944年获得通过。③ 总体来说，这项议案的通过较为顺利。尽管上、下两院就各种问题发生过意见冲突，但是对法案中的根本性改革却无人表示质疑。④ 一方面是由于在当时党派纷争让位于国家整体利益，且巴特勒和伊德两人在提交议案之前，已经就必须解决的问题进行了大量的协商并争取到了各派的理解与支持。另一方面是因为社会各界都迫切期望进行教育改革。正如1944年一份政府报告所说的："整个民族已经醒悟到公共教育制度的缺陷……我们亲眼证实了来自公众的有关改革这一制度的最广泛、最持久的要求。"⑤

该法案对英格兰和威尔士的公共教育体制做了大幅度的改革。它的内容较为广泛，几乎涉及教育的各个领域，主要可归纳为以下几个方面。

第一部分(第1~8条)主要是改组中央教育行政机构和地方教育当局。它

---

① [美]艾萨克·康德尔：《教育的新时代——比较研究》，王承绪等译，70页，北京，人民教育出版社，2001。

② 王承绪：《英国教育》，321页，长春，吉林教育出版社，2000。

③ 徐辉、郑继伟：《英国教育史》，282~284页，长春，吉林人民出版社，1993。

④ [英]邓特：《英国教育》，杭州大学教育系外国教育研究室译，18页，杭州，浙江教育出版社，1987。

⑤ 徐辉、郑继伟：《英国教育史》，284页，长春，吉林人民出版社，1993。

规定以教育部取代成立于 1900 年的教育委员会作为全国教育新政领导机构。① 取消原教育委员会所属的咨询委员会，代之以两个中央教育咨询委员会。改组地方教育行政当局，取消 1902 年教育法设立的第三地方教育当局，确立郡和郡自治市的议会为唯一的地方教育当局，并扩大地方教育当局的职责。

第二部分(第 9~69 条)是对具体教育制度的规定。将公共教育体系改组为包括初等教育(5~11 岁以上)、中等教育(11 岁以上至 18 岁以上)和继续教育在内的三个相互衔接的阶段。初等教育和中等教育的过渡年龄是 11 岁左右，中等教育机构的类型及选拔方式交由各地方教育当局自行决定，且由地方教育当局维持的中等学校一律免收学费。把义务教育的年限从 14 岁延长至 15 岁，并在教育部认为可行的时候延长至 16 岁。对学校类型进行部分调整，将国家兴办和维持的学校改称郡立学校，将教会兴办的学校改称民办学校。根据获得的资助和承担的责任，民办学校又分为三种不同的类型，即民办特别协议学校②、民办受控学校③和民办受助学校④。要求不同教会在 6 个月内对其民办学校的归类做出选择。此外，本部分还对宗教教育、师范教育和家长的责任都有所规定。

第三部分(第 70~75 条)主要是对独立学校的规定。要求所有的独立学校必须按规定日期向教育部注册，以此为它们继续开办的法律要求。教育部有

---

① 王桂、李明德：《外国教育通史》第六卷，164 页，济南，山东教育出版社，1994。

② 根据 1936 年教育法，英国政府为了加速推进哈多改革，承担了建造民办中等学校费用的 50%~75%。1939 年大战爆发前夕，所有协定中有 500 个左右未能履行。这些协议可以按照以前的条件继续生效。民办特别协议学校的地位类似于受补助的民办学校。

③ 作为受控学校，它们没有任何财政责任，一切由地方教育当局负责。但它们不得在校内举行自己教派的宗教仪式，不得进行本教派的宗教教育，最多在某些家长的要求下每周为其子女进行两个学时的宗教教育。

④ 作为受助学校，它们有权保留本教派的宗教教育，举行本教派的宗教仪式，以及在一定条件下任命教师。但它们必须承担地方教育当局要求它们改建校舍的一半费用。

权对所有的独立学校进行视导，关闭办学不力或设备低劣的学校等。

第四部分(第76~107条)是法案的一般原则，涉及学校的经费、奖学金、视导制度、家长的权利、教师的工资安排等。

第五部分(第108~122条)是补充原则，对法案中相关术语进行了解释与说明。①

(三)《巴特勒教育法》的影响与评价

《巴特勒教育法》回应了英国自19世纪以来历次重要教育法案中所提出的要求，使《1870年初等教育法》颁布后开始的教育国家化进程得以完成，同时也标志着战后英国新的教育体制的确立。该法案是"英国教育史上最大的一次进步，其条款显示了视野的真正扩展和充足的教育上的远见"②。它是英格兰和威尔士在后来的二十五年时间内教育空前大发展的序曲。正如教育史家邓特所言："它是一项伟大的法案……使这个国家在公共教育领域取得了迄今为止人们所知的最大的进步。"尽管巴特勒在1943年白皮书中认为立法所能做的只是为改革铺平道路，但《巴特勒教育法》所做的不仅如此，它为战后英国40余年的教育改革和发展奠定了坚实全面的法律基础。③

第一，该法案确立和完善了英国中央与地方在教育行政管理体制上相互合作的伙伴关系。一方面，教育部的成立标志着英国对国家教育的关注达到了空前的高度，加强了国家对教育的控制。另一方面，该法案在一定程度上完善了地方教育管理体制，在减少地方教育当局数量的同时赋予其更多的权力，使地方教育当局担负起从小学教育到继续教育的整个教育体系发展的责任。此外，民办学校被置于地方教育当局的管辖之下，它们因此获得了更多的资助。

第二，该法案形成了英国初等教育、中等教育和继续教育相互衔接的统

---

① 徐辉、郑继伟：《英国教育史》，284~289页，长春，吉林人民出版社，1993。

② 转引自王桂、李明德：《外国教育通史》第六卷，166~167页，济南，山东教育出版社，1994。

③ 徐辉、郑继伟：《英国教育史》，289页，长春，吉林人民出版社，1993。

一的国民教育制度。一方面,该法案消除了战前教育的一大弊端,即双轨制的初等教育。另一方面,该法案延长了义务教育年限,取消了公立中学的收费规定,使所有儿童因此都能在初等教育之后获得 4 年的中等教育,促进了教育的民主化。"人人受中等教育"政策的实现被许多人看作《巴特勒教育法》对英国教育发展所做的重要贡献之一。①

第三,该法案推动了战后英国教育的快速发展。该法案改进了中央和地方的教育财政体制,使得中央和地方共同承担起学校的办学经费。中央政府为地方追加教育经费的做法大大提高了各地办学的积极性。1945—1970 年,各地新建了 12000 多所公立小学和中学,中学的入学人数是之前的一倍多。中等教育提供更多合格的毕业生,对继续教育和高等教育的发展起了明显的推动作用,也减少了战前师资训练学院不受重视的现象,促进了师范教育的发展。1951 年,每年培养的教师数量是 1938 年的一倍。1955 年,英国几乎所有的大学都承担起培训师资的责任。②

当然,该法案也存在一些缺陷。首先,它所涵盖的领域太广,确定的某些目标太高,而且未阐明其重点方向。对于战后处于恢复和重建阶段的英国来说,达成该法案的目标有些力不从心。该法案的不少内容是在很多年后才付诸实施的。其次,由于该法案未就中等教育的结构做出明确规定,大多数地方教育当局遂采纳了《教育的改造》白皮书的建议,从而进一步巩固和发展了战前延续下来的文法中学、技术中学和现代中学三类中学的"三轨制"和11 岁考试制度。这与该法案所提倡的平等、公正的教育观念实际上是矛盾的。这一问题成为 20 世纪 50 年代后期英国社会各界教育问题争论的重点,最终导致了综合中学的改革。③

---

① 徐辉、郑继伟:《英国教育史》,290 页,长春,吉林人民出版社,1993。
② [英]邓特:《英国教育》,杭州大学教育系外国教育研究室译,23 页,杭州,浙江教育出版社,1987。
③ 王桂、李明德:《外国教育通史》第六卷,168 页,济南,山东教育出版社,1994。

第三节　英国教育报告的制订及影响

英国的教育报告对推动教育改革、完善教育政策和法律具有基础性的作用。英国的教育改革一般是先由女皇或教育和科学大臣任命一个委员会，负责调查研究，提出报告；接着，由立法部门、教育行政部门根据报告来立法或做出决定；最后付诸实施。20 世纪前半期，英国重要的教育报告主要包括两部分：第一部分集中在对中等教育的改革方面；第二部分则是"二战"期间英国政府对战后教育重建的设想。这些报告不仅反映出不同时期英国教育中的问题与矛盾，也映射出教育立法和教育改革中的争论与动向。

一、中等教育的民主化与"三轨制"的确立

20 世纪上半期，英国较为突出的教育改革就是中等教育的民主化和"三轨制"的确立。20 世纪上半期几个有关中等教育改革的报告——《哈多报告》《斯宾斯报告》和《诺伍德报告》——基本上都延续了工党"人人受中等教育"的口号，强调建立多样性的学校，确立了英国文法中学、技术中学和现代中学"三轨制"的中等教育体制，提高了中等教育的普及程度，同时也为《巴特勒教育法》的颁布奠定了基调。

（一）中等教育概念的扩展：《哈多报告》

1918 年《费舍教育法》颁布后，一些地区的初级学校（junior school）、初级部（junior department）和中央学校得到一定发展。但是，中等教育设施仍然严重不足。1920 年，只有 5%～9% 的初等学校毕业生进入中等学校，且只有 2% 的学生接受了足以使他们升入大学的中等教育。1922 年，工党宣布将"人人受中等教育"作为该党教育政策的基础。

　　1924年，首届工党政府任命了一个以哈多为主席的委员会，负责调查全日制初等后教育的适当形式。1926年，教育咨询委员会发表了《哈多报告》。作为第一届工党政府执政时的产物，《哈多报告》基本上接受了托尼在《人人受中等教育》中提出的有关教育的主要建议，描绘了一个人人都可受中等教育的蓝图。① 它的重要提议是将离校年龄提高到15岁，建立一个以11岁为分界线的相互衔接的初等教育和中等教育系统，并且把中等教育的概念从传统的文法中学延伸到具有实科倾向的现代中学。《哈多报告》关于教育改革的具体建议如下。

　　该报告提出新的相互衔接的初等教育②和中等教育概念。该报告从心理学理论和当时教育组织的发展趋势的角度论述了将11岁作为学校教育分界线的可能性，建议将11岁以前作为第一阶段或初等教育阶段，要求接受普通初等教育的儿童应通过一次选择性考试，分别进入不同类型的中等学校。这就是英国教育史上的"十一岁考试"。新的阶段应被视为"初等后教育"，也即"中等教育"。学生离校年龄延长至15岁，使每个儿童至少接受4年的中等教育。这种安排有助于消除原来一贯制初等教育(至14岁)和业已存在的招收小部分11岁后儿童的中等教育之间的结构重叠。③

　　具体来说，初等教育学校包括幼儿学校(5～8岁)、初级小学(8～11岁)和高级小学(11岁以上)；高级小学招收已达11岁但未考取中学的考生，学生读到13岁可以转到属于中等学校性质的职业学校。中等教育需要适应不同学生的需求，设立两类中等学校，但是地位平等。第一类是文法中学，为有才华的初等学校学生提供学术型教育，以使他们今后能进入大学或从事学

---

① 许建美：《教育政策与两党政治——英国中等教育综合化政策研究(1918—1979)》，35页，杭州，浙江大学出版社，2014。

② 哈多认为应建立中等教育，因此应该用初等教育一词代替基础教育一词，但必须把该词限制使用在11岁或12岁就结束的教育阶段。因此，1931年的报告就是《初等学校》(Primary School)，但"Elementary Education"一词直到《巴特勒教育法》颁布后才正式被"Primary Education"取代。

③ 王承绪：《英国教育》，314～315页，长春，吉林教育出版社，2000。

术性工作。学生在这类学校一直学到 16 岁。第二类是现代中学和公立初等学校中的高级班等。现代中学在前两年开设的课程与文法中学的性质相同，旨在提供一种良好的普通教育。此后，它的课程有所分化，提供具有实科性质的教育。①

此外，哈多委员会不愿意将初级技术学校及类似的职业性学校归类为"中等"教育，因为他们认为这些学校提供的不是中等教育而是职业教育，应视其为技术学院的附属机构。② 因此，建议这类学校的入学年龄继续保持在 13 岁而非 11 岁。从这一点来看，《哈多报告》提出的中等教育基础与其说是文法、现代、技术学校三轨，不如说是文法、现代学校双轨制。③

针对《哈多报告》，工党和保守党反应各异。工党对《哈多报告》表示了极大的热情；保守党则声称他们接受报告的基本原则，但拒绝提高学生的离校年龄，更倾向于将有限的资源用于少数人。1928 年，英国政府正式拨款实施哈多教育重组计划。但是，和初等教育的发展一样，哈多教育重组计划也受到了经济危机的影响。例如，将最低离校年龄提高到 15 岁的建议便一再被推迟执行，甚至 1936 年教育法将这一建议变成法律之后，这一点也未能立即实现。④ 实际上，《哈多报告》所提及的学制改革计划，是把中等教育分为文法中学和现代中学两类。前者为升入高等学校做准备；后者偏重实用或实践教育，用一次选择性考试决定进入哪类中学，以此实现表面上的入学机会均等。而事实上，当时英国劳动人民子弟真正受到中等教育的只占极少数。加之该报告没有考虑中等教育和职业教育之间的联系，因此不能保证向所有 11 岁以上的儿童提供受教育的机会。⑤

---

① 徐辉、郑继伟：《英国教育史》，267 页，长春，吉林人民出版社，1993。
② ［英］邓特：《英国教育》，杭州大学教育系外国教育研究室译，17 页，杭州，浙江教育出版社，1987。
③ 徐辉、郑继伟：《英国教育史》，267~268 页，长春，吉林人民出版社，1993。
④ 徐辉、郑继伟：《英国教育史》，268 页，长春，吉林人民出版社，1993。
⑤ 李申申：《简明外国教育史》，488 页，开封，河南大学出版社，1997。

《哈多报告》是改革英国中等教育的第一步，被称为英国现代教育史上的重要里程碑，对英国教育的发展具有重要的意义。首先，初等教育和中等教育的全新术语开始应用。《巴尔福教育法》将中等教育纳入国民教育体系；而《哈多报告》则极大地扩展了中等教育的概念，为英国中等教育发展确定了明确目标，成为20世纪30年代英格兰和威尔士中等学校改革的基础。其次，在该报告的推动下，11岁分流制得以确立。英国的初等教育从以往义务教育一贯制变为11岁以下儿童的教育，为战后英国现代初等教育制度的确立奠定了基础。同时也使超过11岁的大龄儿童逐渐从过去的一贯制初等学校转向选择性或非选择性的现代学校，从而为确立英国中等学校的三种组织形式铺平了道路。① 最后，英国开始按照《哈多报告》的原则重组中等学校。到"二战"前夕，在经过重组的学校里学习的11岁以上儿童已占总人数的三分之二。更重要的是，《哈多报告》不仅为中央教育委员会所接受，而且得到了许多地方教育当局的支持。一些地方教育当局纷纷设立高级学校（senior schools）或高级学部（senior department），为教育重组做准备。现代中学就是在这些高级学校或高级学部的基础上发展起来的。②

在《哈多报告》发布之后，哈多委员会又先后于1931年和1933年发布了《初等学校》和《幼儿学校与保育学校》两份补充报告，进一步探讨了11岁以下儿童的课程问题和幼儿学校的教育问题。这些报告强调课程应该从以阅读教学为主拓宽到教学生学会生活，反映出英国在传统的初等教育向现代的初等教育转变过程中逐渐脱离了原来的功利主义倾向，为实施一种更加自由的儿童中心教育开辟了前景。

（二）技术中学的出现：《斯宾斯报告》

"一战"后，英国对中等技术人才的需求增加。1938年，以威尔·斯宾

---

① 王承绪：《英国教育》，315页，长春，吉林教育出版社，2000。
② 徐辉、郑继伟：《英国教育史》，268~269页，长春，吉林人民出版社，1993。

斯(Will Spens)为首的教育委员会提交了《斯宾斯报告》。《斯宾斯报告》在《哈多报告》的基础上重述了心理学的依据，总结了当前关于智力测验的效力，联系每年的招生规模和智力分布状况反驳了建立多边中学的设想，呼吁发展技术中学，继续发展由文法中学、技术中学和现代中学三轨组成的中等教育。

在《哈多报告》实施之时，有关中等教育改组的讨论就越来越多。在这一时期，在对"儿童应该在11岁之后进入不同的中等教育机构"的讨论愈演愈烈并且成为主流话语的同时，还有一种潜流正在基层涌动——这就是对"多边中学"的提倡。创建多边中学的思想最初由教师联合会等一线的教师组织提倡，并得到了许多组织机构的支持。总体而言，工党一贯支持沿着分化的路线组织中等教育，但工党内部出现了沿综合路线改组中等教育的声音。1925年提交给工党教育咨询委员会的一份备忘录就迫切要求工党考虑创建多边中学，但这一呼声并未得到重视。

有关多边中学的讨论在20世纪30年代达到了高潮。1934年，剑桥大学基督圣体学院院长斯宾斯爵士接替哈多担任英国教育委员会咨询委员会主席。随着斯宾斯委员会对中等教育的调查，关于多边中学的思想获得了越来越多人的支持。斯宾斯委员会在调查中开始关注多边中学的问题。斯宾斯委员会收集了社会各界对学校的多样性和课程的多样性的看法。结果发现，教师中比较广泛地支持双边中学或多边中学，而地方教育当局则对多边主义持反对态度。最终，教育主管、部长联合会和教育委员会联合会提倡的"三轨制"的组织方式被斯宾斯委员会接受。1938年，斯宾斯委员会在提交的《斯宾斯报告》中明确指出，中等学校应该为独立类型的学校，在得出这一结论之前，我们仔细考虑了多边中学的可能性。[①]

该报告肯定了《哈多报告》的基本原则，赞成按选择性的原则实现"人人受中等教育"的思想。但是，如何选择？何时选择？该报告发表之前关于智力测

---

① 金含芬：《教育学文集》第22卷，122页，北京，人民教育出版社，1993。

验的争论对委员会成员产生了重要影响。11岁进行教育分流的考试起初由英语和算术试卷组成，或者将两门学科考试合并。自20世纪20年代开始，这种选拔性考试越来越为智力测验所取代。当时各地方教育当局和教育专家们对智力测验的价值和适用性的看法存在较大的分歧。1930年，关于智力测验的作用的争论仍然不休。中央教育委员会在对各种研究结果做了谨慎的分析后，于1936年指出："只要是在专家指导下组织设计测验并使用结果，所谓智力测验的价值比以前设想的要高一些。因此我们建议在提供特殊学额时，所进行的考试应包括智力测验。"基于此，《斯宾斯报告》指出，在儿童早期就有可能相当准确地预言儿童智力发展的最终水平……如果公正地看待11岁儿童的能力差异，那么不同的儿童所需要的教育在某些重要方面也应有所不同，这是显而易见的……我们相信11岁的选拔性考试能够选拔出应该接受文法中学和其他中学教育的学生。①至于工商业的需求，斯宾斯委员会认为应该创建一种在地位上与文法学校相同的学校组织来满足，这样不至于破坏文法学校的高水平教育。依据这一思想，《斯宾斯报告》的主要建议如下。

①确定将技术教育作为中等教育的一部分的原则。建议保留初等技术学校，设置2~3年的课程，招收11~13岁的学生；同时将现有的一些初级技术中学改办为技术中学，为学生提供以科学及应用性课程为核心的教育。技术中学与文法中学有相等的地位，这些学校的开办将得到技术学院的支持，从而顺利被纳入从11岁开始的中等教育系统。由此，《哈多报告》所设想的双轨制中等教育被《斯宾斯报告》设想的"三轨制"中等教育取代。

②支持在《哈多报告》基础上创建一些现代中学，强调以下层青少年为主要对象的现代中学是中等教育制度的组成部分。

③重申各种类型的中等学校享有平等地位。建议制定新的规章制度，以充分考虑新设的中等学校，并对各类学校在教师配备、工资等级、校舍设备

① 金含芳：《教育学文集》第22卷，120~124页，北京，人民教育出版社，1993。

等方面一视同仁。

④以智力水平为依据决定青少年11岁起进入何种类型的中学。《哈多报告》认为智力的不同是由遗传决定的，是永恒不变的（这种唯心主义先验论思想对以后英国教育的发展有重要影响）。利用开放式的13岁转学制度补充为所有三类中学设立11岁选择性考试，以加强中等学校之间的联系。而要做到这一点，就要处理好所有各类中学前两年课程的可比性问题。

⑤中等学校课程除普通学科外，还应包括具有直接职业价值的训练。中学应增设实用课程作为选修课，给学生选择学科的最大自由。①

此外，斯宾斯委员会虽然反驳了创建多边中学的设想，但是并没有完全否认多边主义，反而认为让不同能力的儿童在同一所学校学习具有一定的好处，因此支持在新建地区或人口稀少地区开展这方面的实验。

从现实上看，《斯宾斯报告》对当时政府教育政策的影响是很微弱的。当时保守党政府仍然坚持精英主义的中等教育理念，对斯宾斯委员会发布的报告并不热情。但是，《斯宾斯报告》是"英国中等教育发展的最有价值的设计草图"②，是对《哈多报告》的补充和发展，在文法中学和现代中学之外，承认了技术中学的中等教育性质以及三类中学的不同价值。正如 W. F. 康奈尔（W. F. Connell）评论道，《斯宾斯报告》把哈多委员会的事业扩展为建立一种能令人满意的为全体儿童提供中等教育的正规教育……该委员会考虑到初级技术学校的增多，进而把双轨方案扩展为三轨。③ 这为《巴特勒教育法》中为不同类型学生提供不同形式教育的理念奠定了基础，并且"多边中学"的设想就是"二战"后发展起来的"综合中学"的最初模型。④另外，《斯宾斯报告》更

① 徐辉、郑继伟：《英国教育史》，270页，长春，吉林人民出版社，1993。
② 戴本博、单中惠：《外国教育通史》第五卷，176页，济南，山东教育出版社，1993。
③ ［澳］W.F. 康内尔：《二十世纪世界教育史》，张法琨、方能达、李乐天等译，390~391页，北京，人民教育出版社，1990。
④ 周采：《外国教育史》，333页，上海，华东师范大学出版社，2008。

强调教育必须切合社会需要和学校的社会职能，以适应"一战"后英国对中等技术人才的需求，推动了英国中等教育的发展。

(三)"三轨制"中学的建立：《诺伍德报告》

1943 年，诺伍德委员会发表了《诺伍德报告》。[①]针对当时人们对中学课程考试的相关批评，《诺伍德报告》从心理学的视角将学生分为三类，从而为当时的智力测验、11 岁分流以及中等教育的"三轨制"奠定了理论基础。

在公立中等教育制度建立之前，中学的考试都是由各大学考试委员会自行决定的。然而随着公立中等教育的发展，这种相互之间缺乏协调的考试制度越来越不利于学校课程的统一。于是，英国教育委员会于 1917 年设立了学校证书考试和高级学校证书考试。学校证书是为 16 岁毕业的学生设计的，并且以良好的普通教育水平为基础。中学毕业生要想获得学校证书，必须通过由以下三组学科中各选出的一门学科组成的考试：人文学科、外国语、数学和自然科学。学校证书考试不仅起到了统一学校课程的作用，而且对英才教育理想也起到了重要的推动作用。1926—1927 年毕业的文法学校奖学金获得者中，有近一半的人获得了学校证书。相比之下，自付学费的毕业生只有20% 获得学校证书。在 16 岁毕业时获得的学校证书同时还是许多专业工作、行政管理工作和文书工作的有效通行证。文法学校毕业生的工作前景使它的学额竞争非常激烈，常常是 20 名考生争 1 个学额。对那些获得高级学校证书并进入大学学习的人来说，这种证书就是争取大学奖学金的有力资本。

然而，学校证书考试也有它的缺陷，因而受到越来越多的批评。一方面，许多学生发现难以通过一门外国语的考试，因而分组制本身受到了许多人的怀疑和指责。另一方面，更重要的是，学校证书考试起着毕业考试和大学入学考试的双重作用，从而促使学校证书考试不可避免地出现过分学术化的倾向。随着学生人数的增加和能力水平差距的扩大，这种考试给大多数能力

---

① 徐辉、郑继伟：《英国教育史》，271~272 页，长春，吉林人民出版社，1993。

一般的学生所带来的消极影响是显而易见的。1938 年，《斯宾斯报告》建议停止学校证书的大学招生资格作用，以便为中学生提供更大的选科自由。

1941 年，中学考试委员会（Secondary Schools Examination Council）组织了一个以诺伍德为主席的委员会，调查有关中学课程和学校考试的相关问题，于 1943 年发表《诺伍德报告》。①

该报告从理论上论述了不同的儿童应该进入不同的学校，断言中等教育必须按照"三轨制"的方向发展，因为所有中学生都属于三种心理类别中的一类（学术型、技术型和实用型）。② 因此每一类学生只有在相应类别的中学里学习才能获得最有利的发展。那些擅长抽象思维并对思想和学习本身感兴趣的学生应该进入文法学校；那些对技术更感兴趣并擅长的学生应该进入技术中学；那些对实践活动和周围环境更感兴趣的学生则应该进入现代中学。③ 此外，该报告重新强调了《斯宾斯报告》不支持推行多边学校的观点，认为不同类型学校之间学生的适当转学问题可通过在各类学校的前两年开设具有可比性的课程来解决。

《诺伍德报告》发表后，受到许多业内人士的质疑。1945 年，伦敦大学成立课程改革委员会。他们公开声称《诺伍德报告》是"有害的"，它在考虑学校和社会之间的关系方面是失败的。一些心理学家也对《诺伍德报告》持怀疑态度。西里尔·伯特（Cyril Burt）曾批评道，《诺伍德报告》"建议在儿童 11 或 12 岁时根据其智力类型的性质而不是根据其综合智力来分类的任何方案，是与儿童心理学中已知的论据相抵触的"④。

① 　徐辉、郑继伟：《英国教育史》，271～272 页，长春，吉林人民出版社，1993。

② 　文法学校儿童对学习本身感兴趣，技术学校儿童的兴趣和能力明显地表现在应用科学和应用艺术方面，现代中学儿童对付具体事物比对付理性概念更容易些。

③ 　许建美：《教育政策与两党政治——英国中等教育综合化政策研究（1918—1979）》，56 页，杭州，浙江大学出版社，2014。

④ 　易红郡：《从〈哈多报告〉到〈弗莱明报告〉——二战前英国"人人受中等教育"目标的实现》，载《内蒙古师范大学学报（教育科学版）》，2004(3)。

尽管《诺伍德报告》的主要结论缺乏坚实的理论基础，但它仍受到政府的欢迎，因为它与《哈多报告》提出的中等教育重组计划的精神相吻合。[1] 1943年，英国教育改革的白皮书指出了教育改革的基本原则："儿童是教育的中心，在人力所能及的范围内，所有儿童都应受到最适合其才能的那种类型的教育。"[2]同年，英国政府正式采纳了中等教育实行"三轨制"的主张。

自1922年托尼发表《人人受中等教育》到"二战"前夕，英国的中等教育普及程度有了很大的提高。但是一个明显的事实是，这种发展是建立在分轨原则基础上的。奠定文法中学、技术中学和现代中学"三轨制"中等教育基础的就是分别于1926年、1938年和1943年发表的《哈多报告》《斯宾斯报告》和《诺伍德报告》。

二、关于战后教育重建的设想

在"二战"即将结束期间，英国对战后教育重建的讨论被提上日程。1944年发表的重要报告《弗莱明报告》和《麦克奈尔报告》分别提出了战后英国中学的课程与考试、公学改革和师范教育改革的设想，为战后的教育改革指明了方向。前文已经提到《诺伍德报告》，在此不加赘述。

(一)公学的改革：《弗莱明报告》

在"二战"期间，为了对越来越"不合时宜"的公学进行改革，英国教育委员会成立了以弗莱明(Fleming)为主席的公学委员会进行调查。公学委员会于1944年发表了《弗莱明报告》，对公学的改革提出设想。

英国的公学是文艺复兴时期的产物，作为私立学校的重要组成部分，在英国社会中发挥着独特的作用。14—17世纪，公学为社会不同阶层的人提供

---

① 徐辉、郑继伟：《英国教育史》，273页，长春，吉林人民出版社，1993。

② [美]卡扎米亚斯、[美]马西亚拉斯：《教育的传统与变革》，福建师范大学教育系、杭州大学教育系、华南师范学院教育系等译，81页，北京，文化教育出版社，1981。

了良好的教育。但 18 世纪以来，英国公学的招生范围不断缩小，越来越朝向贵族化发展，俨然成为专属英国中上阶层的一种教育机构。19 世纪，公学的课程、招收对象和办学方法更加不适应社会需要，受到社会人士的批评。1861 年，英国皇家委员会成立克拉伦登委员会，首次对九大公学进行调查并发布调查报告。这次的公学改革扩充了公学的课程内容，完善了学校管理制度。

20 世纪以来，英国的国民中等教育制度逐渐形成。而公学的办学模式却一直游离在国家体制之外，导致中等教育一直无法统一。随着 20 世纪 30 年代经济危机的爆发，公学因其特权性成为被批判和攻击的对象，甚至出现了要求取消公学的呼声。人们指责从知名公学毕业的学生形成了一个集团，控制着国家、社会、经济等各方面。这些学校代表社会和阶层分化的最坏形式。①

在"二战"期间，对公学的忧虑不断增加，公学也逐渐意识到正在发生的社会变革并渴望参与其中。为了应对公学面临的质疑且缓和公学与文法中学之间的矛盾，1942 年，英国教育委员会主席巴特勒应各公学的要求成立了以弗莱明为主席的公学委员会，负责研究发展和扩大公学与国民教育制度之间联系的途径，考虑男子公学的措施可以在多大程度上适用于女子公学。该委员会的成员主要来自公学，包括一些知名的公学校长和地区教育管理人员。1944 年，公学委员会发表的《弗莱明报告》指出，随着社会的发展，公学正在脱离它们生存的世界。为改善这种不合时宜的状况，建议公学扩大招生的阶层范围。这份报告可以说是打破公学特权地位的第一份宣言。

为了实现以上目标，该报告建议公学提供日校和寄宿学校两种形式供学生自由选择，这种选择不应该被社会阶层影响。公学委员会还提出了两种改

①　易红郡：《从冲突到融合：20 世纪英国中等教育政策研究》，206 页，长沙，湖南教育出版社，2005。

革方案。第一种方案意在替代直接拨款制度。具体来说,地方教育当局有权为参与该方案的日校或寄宿学校保留一些学额。所有学额应该平等地面向所有的学生,录取的唯一标准应该是学生在该校从教育中受益的能力。任何学生都不应该由于其家长无力付费而被排斥在校外。第二种方案是助学金计划,只针对寄宿学校。它将根据学生的家庭收入情况向来自小学的学生提供学费资助,对候选人的选拔由地区面试委员会和中央咨询委员会进行,最终由各所学校决定是否录取。参加该方案的学校必须将25%的学额留给这些学生。该报告还建议公学对男女学生一视同仁,扩充公学的寄宿设施等。

这份报告引起教育委员会的极大兴趣。有些地方教育当局为寄宿学校提供了一些学额;有些地方教育当局实行了小规模的助学金计划,资助一小部分自愿进知名公学的学生。但是,由于地方教育当局无力解决公立学校与寄宿公学在教育费用上的巨大差异问题、难以挑选出适合公学的候选生,公学校长反对《弗莱明报告》的建议等,作为弗莱明方案(Fleming Schemes)基础的不受财政影响的自由选择实际上从未实现。总体而言,这份报告的建议大都成为一纸空文。但其中一些建议为"二战"后公学的改革做了铺垫。

(二)师范教育的改革:《麦克奈尔报告》

英国的师范教育在19世纪取得了长足发展。从最初的导生制、公助私立训练学院,到《1870年初等教育法》颁布后的走读师范学院、大学教育系和地方公立师范学院,英国最终建立起了现代师范教育体系。在"二战"期间,英国的男子师范学院和大学教育系深受重创,在校培训人数大幅下降。当时师范教育可以说是英国教育事业中最落后的部分。

为了配合战后基础教育改革对大量教师的需求,促进师范教育的发展,1942年,巴特勒成立了由利物浦大学副校长麦克奈尔(McNair)担任主席的十人委员会,负责调查教师供给状况、教师和青年工作者的聘用与培训方法。经过两年的调查,十人委员会于1944年发表《麦克奈尔报告》。

《麦克奈尔报告》针对教师和青年工作者的招聘、提高教师的专业地位、规范师资培训管理等提出多条原则和建议。其部分内容如下。

①增加教师的数量。减少对教师身份的限制，拓宽教师招聘范围，鼓励更多妇女和退伍军人补充教师队伍。

②提高教师的准入标准。教师身份只能由教育委员会授予那些受过经教育委员会认可的教育机构和课程训练的合格者或受过良好专业训练或有其他成就的人。①

③改革师范教育课程。原有的师范教育课程已经不适用，建议加强学术性课程，促进师范生个性和能力的发展，并延长教师训练学院的学制。

④提高教师的地位，稳定教师队伍，改善教师的工资待遇，提出四项测评标准作为确定教师工资的依据。

⑤改革师范教育体制等。一是建议设立英国师资培训和补充咨询委员会（National Advisory Council for the Traning and Supply of Teachers），为教育部制定师资培训和招聘规划提供建议，以改变国家对师范教师指导不力的状况。二是建议在各地设立地区师资培训组织，加强协作，保障师范教育的一体化发展。②

该报告最具争议的地方是师范学院的出路问题，也就是师范学院是否需要单独设置的问题。十人委员会提出了两个方案，即大学教育学院方案和联合考试委员会方案。这两者的争议在于大学应该发挥什么样的作用。

大学教育学院方案由 F. 克拉克（F. Clarke）、F. 曼德（F. Mander）、P. R. 莫里斯（P. R. Morris）、B. B. 托马斯（B. B. Thomas）和 S. H. 伍德（S. H. Wood）5 人提出。他们建议以大学为主体，每一所大学都设立教育学院，负责对所有那些想获得教师资格的学生（大学毕业生和非大学毕业生）进

---

① 李先军：《英国近现代教师教育发展研究》，硕士学位论文，华中师范大学，2006。
② 李先军：《英国近现代教师教育发展研究》，硕士学位论文，华中师范大学，2006。

行培训和评价，由此组成一个一体化的师资培训体系。联合考试委员会方案由麦克奈尔、弗莱明、L. 希琴斯（L. Hichens）夫人、A. H. 罗斯（A. H. Ross）女士和 J. L. 斯托克斯（J. L. Stocks）夫人5人提出。他们建议成立一个英国师资培训委员会，来重组现行的联合考试委员会。重组的联合考试委员会应负责一个地区师资培训的组织工作，建立一个地区的师资培训组织。即各地区都将有一个大学师资培训系和一些教师培训学院，并直接与教育部和中央师资培训委员会相联系。

《麦克奈尔报告》发表后，被视为教师宪章，受到热烈的欢迎。该报告中的许多建议得到各界人士的赞同，一些建议通过《巴特勒教育法》以法规的形式被确立下来。在这之后，英国建立了作为常设咨询机构的英国师资培训和补充咨询委员会。[1] 同时，地区师资培训组织也建立起来。20世纪60年代末70年代初，已经有23个地区师资培训组织，统辖着200多个教育系、师范学院及其他师范教育机构，形成了统一的师范教育网。[2]

（三）高等教育的改革：《珀西报告》与《巴洛报告》

除了着手对公学和师范教育进行改革外，英国政府在"二战"期间对高等教育的态度也逐渐转变。英国政府开始加强对大学的管理工作，扩大大学拨款委员会的职权，使大学拨款委员会成为政府调控大学发展的代理人。同时，战后英国高等教育重建的一个重要特点就是十分重视高等科技教育的发展。《珀西报告》和《巴洛报告》的发布都明确地表明了这一时期高等教育政策的中心所在。

在"二战"结束之前，英国高等教育就已开始从社会的边缘向社会的中心转移，人们已经预见到高等教育将在战后国家的经济复兴与发展中扮演着重要的角色。但科技教育在英国大学发展中一直是弱项，科技发展和人才培养

① 金含芬：《教育学文集》第22卷，135~141页，北京，人民教育出版社，1993。
② 王承绪：《英国教育》，560页，长春，吉林教育出版社，2000。

一直不能满足社会的需要。

20世纪40年代中期，有关社会各行业的人才需求与大学人才培养问题的讨论十分热烈。1944年，英国成立了以珀西(Percy)为主席的特别委员会，研究英格兰和威尔士发展高等科技教育的需求，并就大学和技术学院之间的合作等问题提出相关的建议。1945年，特别委员会发表了《珀西报告》。

该报告指出英国在技术教育方面存在严重的不足，大学与技术学院之间各自为政，国家有关科技教育的政策缺失，产业界与教育界缺乏联系与合作等。因此，应大力发展技术教育，区分大学和技术学院的职能，发展与大学同等水平的高层次的技术学院，满足本地区和全国产业发展的需要。同时，设置地区性和全国性的技术教育协调机构，加强大学与技术学院、产业界与教育界的联系。① 在《珀西报告》发表后的10年间，有关发展技术教育、培养科技人才的报告层出不穷。可以说，《珀西报告》作为英国在"二战"后科学技术教育政策的一幅蓝图，在英国的科技教育发展史上做出了贡献。②

为确定战后重建时期高等教育的政策，英国政府于1945年成立了以巴洛为主席的科学人力委员会(Committee on Scientific Manpower)，负责研究今后10年开发和使用科学人力资源的政策。1946年，科学人力委员会发表了《巴洛报告》。《巴洛报告》的主旨是要求英国加强科技教育，其全面阐述了英国战后科技发展、大学教育规划和政府对大学的作用等内容。

该报告建议扩大高等教育的规模，使高等学校培养的高等科技人才数量在10年内翻一番，但不能以削弱文科的发展为代价。该报告还赞同《珀西报告》的设想，主张创办若干所高层次的技术学院，加强大学工科教育和科研，提高技术教育的地位。同时，该报告还扩大了大学拨款委员会的职责。《巴洛

① 易红郡：《战后英国高等教育政策研究》，33~34页，长沙，湖南师范大学出版社，2012。
② 日本世界教育史研究会：《六国技术教育史》，李永连、赵秀琴、李秀英译，133页，北京，教育科学出版社，1984。

报告》的建议被英国政府采纳，有力地推动了战后英国高等科技教育的发展。它提出的 10 年内使科技人才数量翻一番的目标只用 5 年就实现了。在大学拨款委员会的助力下，英国增加了对大学的拨款，新建了一批大学。[①]

《珀西报告》和《巴洛报告》的发表为英国战后高等教育的重建指明了方向。前者对技术教育体系的建设提出了设想，而后者关注科技人才资源的开发。尽管做出了种种努力，但直到 20 世纪 50 年代中期英国高等科技人才缺乏的状况并未得到明显的改观。实际上，《珀西报告》提出的建议只实施了一部分，至于发展高层次的技术学院等的许多建议都被束之高阁。这一状况在 1956 年的教育技术白皮书发布后得到较大的改善。20 世纪 60 年代，英国的高等科技教育开始在高等教育中占据重要地位；20 世纪 80 年代末，英国才完全改变了科技教育落后的局面。

本章结语

19 世纪末至"二战"的几十年是英国现代教育制度发展的第一个阶段。英国政府围绕着教育改革和战后教育重建发布了一系列重要的教育法规和报告书，逐步形成了协调有序的教育管理体制和完整统一的国民教育体系，推动了英国国民教育的制度化。其中，《教育膳食法案》和《教育行政法案》推行了学校健康服务制度，推动了学校福利政策的发展。《巴尔福教育法》《费舍教育法》《巴特勒教育法》逐步形成了议会、教育委员会和地方教育当局相结合并以地方教育当局为主的新型教育行政管理体制，建立起初等教育、中等教育和继续教育相互衔接的国民教育制度，为战后英国教育的重建与发展提供了坚实的政策依据。《哈多报告》《斯宾斯报告》和《诺伍德报告》推动了中等教育的民主化和中等教育"三轨制"的确立。《麦克奈尔报告》《珀西报告》与《巴洛报告》分别为战后师范教育和高等教育的发展规划

---

① 易红郡：《战后英国高等教育政策研究》，34~36 页，长沙，湖南师范大学出版社，2012。

了蓝图。总之，20 世纪前期英国教育管理与政策的发展加强了政府对教育的控制，促进了免费初等教育的普及，扩大了中等教育的入学机会，建立起现代师范教育体系，也为高等教育的重建指明了方向。这既是国家发展的利益需要，也是广大劳动人民为争取受教育权不断斗争的结果。

然而，英国的教育制度与其他国家相比仍存在很大的不足。在基础教育方面，中等教育的普及程度虽然得到提高，但却是建立在分轨的基础上的。这种由智力理论确立的 11 岁分流制度具有极大的不平等性，为战后综合中学的改革埋下了伏笔。在师范教育方面，虽然建立了师范教育体系，但师范学院的出路问题仍是困扰英国的一大难题。这一问题在 1963 年的《罗宾斯报告》发布之后才得以解决。而高等教育政策在 20 世纪前期几乎被忽略，直到"二战"期间才引起英国政府高度重视，通过不断加强管理和改革，使英国成为世界高等教育强国之一。

第六章

20 世纪前期英国的教育思想

20 世纪前期，欧洲正在开展新教育运动。新教育运动受到自由主义和民族主义思想的影响，主张改造传统教育、建立新型学校、构建新的教育理念。① 英国是欧洲新教育运动兴起、发展的策源地，陆续涌现了大批的新教育改革家。这些改革家关注人的精神世界与道德品质。他们认为人的发展具有整体性，希望教育既能实现个体的自由发展，也要满足工业社会的人才需求。他们的理念与实践体现了新教育运动的改革要义，也反映出不同改革者之间的理念差异。

第一节 罗素的教育思想

伯特兰·阿瑟·威廉·罗素是新教育运动时期的数学家、哲学家和教育家。他系统地论述了教育的目的与作用、道德教育和学校教育方面的问题。对于这些问题，罗素的核心观点是教育要以个体与社会的幸福为最终追求，尊重人的本能与个性，通过培养品德良好的公民来建立一个理想的社会。为

---

① 张斌贤：《西方教育思想史》修订版，407~408 页，北京，人民教育出版社，2011。

了实践自己的教育思想，罗素创办了新式的皮肯希尔学校。

一、生平与教育活动

罗素出生于英国贵族家庭，从小由祖母抚养长大，早年在家中接受教育。罗素的父母都是崇尚科学的改革理论家。他们曾为自己的两个儿子聘请了一位信奉进化论的家庭教师。这位教师有很深厚的科学素养。在罗素父母去世后，他成为罗素幼年时的监护人之一。这些人中对罗素影响最大的人是他的祖母。罗素的祖母对道德品行的要求十分严格。祖母无微不至的关怀与照料给予罗素亲情上的慰藉。罗素的人生观中也留下了这位富有教养的祖母的印记。"她的无所畏惧，她的公益精神……以及她不盲从大多数人的意见似乎一直对我有所助益，这给我留下了深刻的印象，我认为值得我去效仿。"①然而，随着心中科学意识的觉醒，罗素对他的祖母产生了怀疑。他认为祖母的教育中没有任何科学的痕迹。与此同时，他的叔叔罗洛和哥哥鼓励他进行科学探究。叔叔罗洛经常和罗素谈论火山爆发与落日现象之间的联系；他的哥哥则在罗素 11 岁时正式教授他几何学。得益于叔叔和哥哥的教导，罗素的数理逻辑天赋渐渐展现出来。这种天赋对于他之后在数学上取得的成就至关重要。幼年的罗素还对历史、宗教和哲学都产生了浓厚的兴趣。他关注政治和经济学，阅读了大量马基雅维利（Machiavelli，1469—1527）、穆勒（Mill，1806—1873）、但丁（Dante，1265—1321）、托马斯·卡莱尔（Thomas Carlyle，1795—1881）和爱德华·吉本（Edward Gibbon，1737—1794）等人的作品。在广泛涉猎的基础上，他开始思考宗教信仰的合理性、生命和科学的意义，最终确立了研究学术的人生目标。

成年后的罗素先后前往剑桥大学和柏林大学求学，接受系统的学术训练。

① ［英］伯兰特·罗素：《罗素自传》第一卷，胡作玄、赵慧琪译，13 页，北京，商务印书馆，2015。

在剑桥大学，罗素的学识得到了全方位的提升，也结识了许多良师益友。他刚进大学时受穆勒哲学的影响，想要为数学中的各种假设寻找基础。所以，他同时主修数学和哲学，常常和这两个领域的师友们进行学术交流。为了无所顾忌地思考、畅谈各种问题，他还特地加入了学校专门的学术团体。罗素在团体中经常与人辩论。这极大地锻炼了他的口头表达能力，增强了他对专业知识的理解。罗素心无旁骛地沉浸在逻辑思辨的世界中，跟随自己的学术兴趣前行，感受着剑桥大学纯粹而热烈的学术氛围。到毕业时，他已经完成了一系列研究工作，在数学与哲学领域都做出了开创性的贡献。后来，他前往柏林大学继续研究和学习，主修经济学。罗素在柏林大学进行了艰苦的独创性研究工作，耗费了大量心力写研究员资格论文。在柏林大学期间，他继续广泛阅读数学和哲学类的著作。他的学术目标在每日每夜专心致志的工作中浮现出来："我想我要写一系列关于各门科学的哲学的书，从纯数学到生理学，还要写另一系列关于社会问题的书。我希望这两系列书最终达到综合，既科学又实际。"①可见，罗素对教育问题与人生幸福的关注并非偶然，这些问题早就是他在柏林大学求学时所定下的学术目标的一部分。在完成研究员资格论文之后，罗素又致力于莱布尼兹哲学，成功实现了用公式表达哲学知识，还花费近10年时间完成了《数学原理》三卷本的写作。

罗素的教育感悟一部分源于自己的家庭生活，另一部分源于多年来对人生幸福的思考。罗素主张民主教育与知识的实用性。这在他的诸多著作中都有过具体论述，如《社会改造原理》《教育与美好生活》《幸福之路》《教育与社会秩序》等。在这些著作中，罗素时常提到其他的教育家，如阿诺德和蒙台梭利。他十分赞同这些教育家的观点，认为教育应该适当摒弃传统，通过科学知识与现代生活接轨。在教育革新方面，罗素的态度始终与欧洲其他的新教

---

① ［英］伯兰特·罗素：《罗素自传》第一卷，胡作玄、赵慧琪译，170页，北京，商务印书馆，2002。

育运动家们保持一致。另外，家庭生活的转变进一步激发了他对教育的兴趣。1921 年，伴随着他的第一个孩子的降生，罗素承担起父亲的责任。他开始关注、思考幼儿的成长。这种对于家庭的责任感与他长久以来对社会的关怀联系起来。在《教育与美好生活》中，罗素系统阐述了与之相关的教育理念。他提出对不同年龄阶段的学生都要进行品性教育，用民主教育的方式给予学生自我发展的机会。在论述过程中，他常常援引自己孩子成长过程中的具体事例。对罗素来说，无论是教育自己的孩子，或是分析教育问题，他都是在尝试通过教育推动整个社会的发展。1927 年，他与妻子朵拉建立皮肯希尔学校，将自己的教育理念付诸实践。但是，由于罗素对学校的期待过于理想，加之缺乏长期有效的管理手段，这所学校最终倒闭了。罗素总是身体力行地从个体与社会两个方面来审视和改变教育。他将教育作为实现个人幸福和社会幸福的一种途径。他认为真正的幸福会超越每个个体，走向整个社会的安宁。罗素曾经说："对爱情的渴望，对知识的追求，对人类苦难不可遏制的同情心，这三种纯洁但无比强烈的激情支配着我的一生。"①罗素的教育理念与实践正是他的同情心的一种体现。

二、罗素的教育观

（一）论教育的目的与作用

罗素认为，教育的目的是要培养人的理想品质，即活力、勇气、敏感和理智。活力是罗素提出的第一个品质。"活力（vitality）与其说是一种心理品质，不如说是一种生理素质。"②这种生理素质随着人的年龄的变化而变化，在学龄前儿童的身上最为明显。活力能够让人呈现出朝气蓬勃的状态，既促

---

① ［英］伯兰特·罗素：《罗素自传》第一卷，胡作玄、赵慧琪译，1 页，北京，商务印书馆，2015。

② ［英］伯兰特·罗素：《教育与美好生活》，张鑫毅译，34 页，上海，上海人民出版社，2017。

进人们心智健全，也提升人们对事物的感受。有活力的人乐于生活，能在生活中找寻自己的兴趣。这种良好的生理素质是人们接受教育、发展其他品质的前提。罗素提出的第二个品质是勇气。罗素以恐惧为基础提出勇气的概念。恐惧是人们本能的情感反应之一。在社会生活中，恐惧又表现为多种多样的形式，可以分为合理的恐惧与不合理的恐惧。罗素希望通过教育消除人们心中不合理的恐惧。其中的关键在于培养出勇气。勇气包含两项要素——自尊和无我的人生观。"先说自尊，有的人遵从自己的内心而活，有的人则只是对旁人的所感所言亦步亦趋罢了。后者绝不可能有真正的勇气：他们离不开别人的赞许，并因为害怕失去这种赞许而困扰。"①人先要尊重自己的内心，才能为他人所尊重。人生的价值与目标不是以他人的赞许为中心，不应被外界支配，而更应该顺从内心的选择和行动。具有勇气的人首先要做的是勇敢地面对自己的内心。无我的人生观则使勇气的意义更为深入。它要求人不局限于个体、超脱自身。"人性中自有某些东西可以让我们毫不费力地超越自我，其中最普通的就是爱，特别是父母之爱……还有就是知识。"②无我的人生观是人性与知识相结合的产物，它本质上是一种开阔坦然的人生态度和对世界的谦卑。罗素的勇气要求人既要勇敢地面对自己，也要勇敢地面对世界。这种品质顺应人的本性，连接起个体与社会。罗素提出的第三个品质是敏感。他将其定义为："受诸多事物并且是合适的事物的影响而产生快乐或者痛苦的感觉。"③敏感是调节勇气的重要品质。它让人想要得到社会的认可，还能对社会中的不幸产生同情。敏感使得具有勇气的个体更加社会化。这样的个体就能在实际生活中表现得更加明智与通情达理。罗素提出的第四个品质是理

---

① ［英］伯兰特·罗素：《教育与美好生活》，张鑫毅译，37 页，上海，上海人民出版社，2017。

② ［英］伯兰特·罗素：《教育与美好生活》，张鑫毅译，38 页，上海，上海人民出版社，2017。

③ ［英］伯兰特·罗素：《教育与美好生活》，张鑫毅译，39 页，上海，上海人民出版社，2017。

智。理智是一种融合好奇心、求知技巧和勇气的品质，这种品质对于知识的获得至关重要。其中，好奇心是求知的前提。人只有对事物产生好奇心，才有动力进行深入的探究。好奇心会随着人的成长而改变。求知技巧则能将好奇心转变为实际的认知成果。在这个过程中，勇气帮助人不逃避困境和问题，面对真实的情况。罗素认为，人只要具备这四种品质就能够拥有理想的人格。

罗素以理想人格为中心的教育目的建立在对传统教育的批判之上。首先，罗素认为传统教育有碍儿童的自由。传统的教育体制受到社会阶层与文化的限制，往往只面向宫廷贵族子弟，主要传授古典的知识。罗素希望教育体制是民主的，能够杜绝社会的不公平现象，让每一个人都能获得发展。他认为要尽可能让所有人接受教育，同时也要简化学校的古典人文课程。传统教育与儿童的实际生活脱轨，还占掉了大部分的学习时间，不利于儿童去学习真正有实际效用的科学知识。所以，传统教育下的儿童在获取知识的过程中是不自由的。这种不自由一方面表现为不是所有的儿童都能自由接受教育，另一方面表现为知识本身对于儿童来说就是一种束缚。传统教育有碍儿童的自由还反映在纪律意识的培养上。传统教育采用强制命令的方式培养儿童的纪律意识。纪律就是按照父母和教师的指令行事。自由与纪律本不矛盾。然而，传统教育却无视儿童自身的喜好习惯，将纪律变成禁锢儿童的枷锁。关于纪律意识培养，罗素特别认可新教育运动家蒙台梭利的做法。蒙台梭利从儿童的兴趣出发，让儿童将纪律当作游戏规则。蒙台梭利学校中的儿童并不畏惧或抗拒纪律，反而乐于遵守纪律。蒙台梭利成功地将纪律与自由巧妙地融合在一起。其次，罗素认为传统教育不利于儿童的理智发展。他认为传统教育中有许多大国都将国家利益置于教育目的之上，儿童成为国家强盛的一种手段。这样的教育忽视人的发展阶段，有时会对人们提出过高的要求，不利于促进人们理解知识和生活。由于片面强调知识无法增强同情心，因此罗素提出要培养儿童敏感的品质；又由于传统的道德培养偏重美德，因此罗素提出要培养理智，要使儿童能理解和掌握知识。

(二)论道德教育

罗素认为，儿童接受道德教育的年龄段在 0~6 岁。6 岁之后，儿童的个性和习惯基本形成，父母和教师无须再刻意培养儿童的道德行为，只需适时加以巩固。关于道德教育，罗素主要有如下五方面的观点。

第一，道德教育的基础是良好的习惯和进取心。从孩子出生开始，父母就应该帮助孩子养成良好的习惯。在婴儿期，父母要特别关注孩子的身体健康，帮助孩子养成内心的自律。人如果在婴儿期能得到正确的对待，在未来就更有可能成长为坚强善良、受人喜爱的人。这一时期的关键是要达成冷落与疼爱之间的平衡。父母在保障孩子健康的同时，注意不要给予过分的溺爱。婴儿虽然还处于生长的初期阶段，但能感受到身边人的言行，逐渐发展出社会性。过分冷落或者疼爱他都会让他无法形成内心的自律。前者不利于婴儿的身心成长，后者容易让婴儿变得骄纵。好的习惯不只是行为层面的习惯，更是内心对事物的良好态度。进取心是儿童在道德上不断进步的另一重要基石。父母要学会在合适的时机鼓励孩子，让他因为自己的努力而感到幸福。总之，孩子的好习惯与进取心要在父母的关爱中形成。父母的关爱不能盲目，要运用恰当的技巧与知识。

第二，运用游戏培养儿童的合作精神。游戏是儿童主要的娱乐活动。通过游戏，儿童能够释放自己的天性，和教师、家长更加愉快地交流。游戏还有利于培养儿童良好的道德品质，如合作精神。罗素提出："在游戏中，我们有两种权力意志：一种体现在学习做事，一种体现在想象。"①孩子在游戏时常常会认真投入，将自己想象成神话中的英雄人物。教育者要将孩子的这种乐趣适时地与生活中的道德原则联系起来。在孩子认真游戏时，教育者可以

---

① [英]伯兰特·罗素：《教育与美好生活》，张鑫毅译，80 页，上海，上海人民出版社，2017。

引导孩子学会与其他人合作，借助玩具来培养孩子的公共财产意识，利用英雄人物的形象培养孩子的道德行为。游戏是对年幼的孩子进行道德教育、实现孩子与教育者良好沟通的重要方式。

第三，道德教育要培养诚实的品性。罗素将诚实的品性作为道德教育的主要目标。诚实意味着言行与思想上的坦率和自尊。无论是在成长的哪个阶段，人总会面对一些复杂的情境。在这些情境中，诚实的品性会受到考验。罗素认为诚实的重要性更甚于财富和荣誉，做一个道德高尚、品行端正的人远比追求名利要可贵。教育者不只要教会儿童坦诚正直，还要帮助他们形成自尊自爱的人生观念。

第四，合理运用表扬与批评。表扬与批评是教育儿童的有力手段，但教育者应该谨慎使用。当儿童处于婴儿期时，家长和教师要避免批评儿童。对于其他阶段的儿童，教育者也不要过多责备。在表扬与批评儿童时，特别注意不要把儿童与其他人进行比较。与他人比较的行为既不利于儿童对自身的所作所为有正确的理解，也不利于儿童对他人保持友好的态度。教育者需要减少批评，同时也不要随意给予表扬。过多的表扬会让表扬本身失去激励作用，会使儿童因为表扬而产生的喜悦感减少。教育者不应表扬儿童某些理所应当的责任和行为，而要去表扬儿童经过道德努力之后达成的结果。这样的表扬包含对努力的肯定，能让儿童保持积极进取的状态，不因长辈的夸赞而骄傲自满。对此，罗素还提出："所有道德教育都必须是当场和具体的：它必须起因于自然而然形成的情境，而且绝不能超出在这一特定事例中所应该做的事。"①教育者如果能巧妙地运用表扬对儿童进行教育，就能让儿童身体力行地达到道德要求，理解抽象的道德名词。

第五，培养道德行为需要爱与知识。罗素认为，如果让孩子在爱与知识

---

① ［英］伯兰特·罗素：《教育与美好生活》，张鑫毅译，117 页，上海，上海人民出版社，2017。

的海洋中接受道德教育，他们就能自然而然去友善地对待他人与世界。家长培养孩子道德行为的关键在于要用合适的方式关爱孩子，并教会孩子用合适的方式关爱他人。对人的友善的关切，是爱的一种，但并非想紧抓、想占有、老是渴望对方回报的那一种……促进快乐的那种关切，是喜欢观察他人，愿意使与自己有接触的人有机会感受到乐趣与愉快，不想去支配他们或要求他们热烈崇拜自己。① 有道德的孩子能够关切他人，并从中感受到快乐、释放自己的爱。就此，罗素还提及，孩子身边的年龄稍大一些的同伴能够发挥特殊的作用。他们能够比成年人更了解孩子的心境和所面对的问题，并帮助孩子在道德上有所成长。

(三)论学校教育

罗素认为，儿童在接受早期的道德教育之后，就需要在学校接受智力训练。"在道德问题上花费大量时间或心思，应该是大可不必的，因为孩子所需的其他美德应该是纯粹的智力训练所自然产生的结果……如果孩子一直被恰当地照料到 6 岁，校方最好应该注重纯粹的智力提升，并据此促成更可取的品性的进一步发展。"②罗素提出，学校要通过教学培养学生的好奇心、开放的心态、对知识的热爱、耐心、勤奋、专注等品质。好奇心是学生在学校学习中较为基本的品质。教师要将这种天生的好奇心转化为求知欲，引导学生在求知过程中逐渐变得开放与专注。专注意味着学生能进入更好的学习状态，能强烈、持久地自觉寻求知识。耐心、勤奋等其他品质都要经过一段时间的培养才能形成。这些品德是学生走向卓越的基石。除此之外，教师还要激发学生学习的主动性。只有主动地去学习，学生才能意识到知识的意义所在，感受到课程中的乐趣。

---

① ［英]伯兰特·罗素：《罗素论幸福》，傅雷译，170 页，北京，团结出版社，2005。

② ［英]伯兰特·罗素：《教育与美好生活》，张鑫毅译，165 页，上海，上海人民出版社，2017。

罗素将学校教育分为三个阶段：普通教育阶段（6～14岁）、专业教育阶段（14～18岁）和大学教育阶段（18～22岁）。在普通教育阶段，学校要教学生学习生活所必需的一些知识，主要课程包括基本的读写算、画画、唱歌、舞蹈、外语、手工等。学生在广泛接触各类知识后，就能知道自己感兴趣的内容或者擅长的学科。经过普通教育阶段的学习，学生能够掌握基本的生活常识，确定自己想要深造的领域。这一阶段学生的年龄比较小，所以学校教学的重心不在于让他们面面俱到地学好所有课程，而在于培养他们对课程的兴趣。同时，学校还要用生动活泼的教学方式帮助学生形成良好的道德品质。在专业教育阶段，学生要进行专业化的学习。这一阶段的课程分为三大类：古典学科课程、数学和自然科学课程、现代人文科学课程。学生根据自己的天赋和偏好选择学习其中的一类课程。而这并不意味着完全放弃另外两类课程。学生仍需要掌握另外两类课程的一些基本知识。专业教育的主要目的在于培养学生耐心勤奋的品质，让学生的理智得到全面而深入的发展。在这个阶段，学生会意识到只有经过严格的专业学习和艰苦的努力才能真正掌握科学知识。在大学教育阶段，学生要学习更加专业的课程。只有极少数的学生能进入大学。大学应培养两种人才：一种是未来的专业人才，另一种是有志于学术研究的人才。罗素对能够进入大学的学生提出了以下具体的标准："年满18岁，受过良好教育的男女青年，已有能力从事有用的工作。"[①]大学中的学生有自己的专长，要接受学校定期的考核，主动积极地探索新知识。罗素对学校教育三个阶段的划分体现了他对教育与民主的理解。教育中的民主不是要用同一套课程体系来教育所有的学生，而是给予所有的学生接触各类知识的机会，让他们发挥自己的天赋。在教育过程中，教育者要不断地用爱与知识帮助学生实现个人价值，使他们成长为具备优秀道德品质的人。总之，

---

① ［英］伯兰特·罗素：《教育与美好生活》，张鑫毅译，208页，上海，上海人民出版社，2017。

"在早年，教师对学生的爱是最重要的；到后来，学生对教师所教知识的爱变得越发必要"①。学校教育阶段的划分以及每个教育阶段的教学内容和教学方式都要适应学生的实际发展需要和心理特征。罗素反对旧式教育对学生的压制，强调要顺应学生的本性，让学生感受到学习的乐趣。学校教育的内容要跟随学生心智方面的变化进行调整。

三、罗素的教育实践

罗素的教育思想在他的皮肯希尔学校教育实践中得到体现。1927 年，罗素和他的妻子朵拉为了更好地教育自己的孩子，决定创建一所学校。他们认为传统教育会限制孩子的自由，有些新教育家的做法过于偏激。于是，他们打算按照自己的教育理想来创建这所学校。学校的环境有助于孩子结识同伴，养成合作精神，向年龄相近的同伴学习。他们希望所有到这所学校学习的孩子都能自由地发展天性，愉快地学习和生活。

罗素选择在风景优美、视野开阔的丘陵地办学。学校毗邻皮肯希尔山，罗素就将学校命名为皮肯希尔学校。他任校长；他的妻子任副校长。罗素还聘请了一批管理和教学人员。在做好准备工作后，皮肯希尔学校开始招生。学校办学之初所招收的学生大多是罗素朋友们的孩子。罗素的朋友们对他的新教育方式抱有很高的期待。皮肯希尔学校的日常活动和课程教学主要针对这些来自中上阶层的孩子展开。皮肯希尔学校的教师在教学过程中格外尊重儿童的自发性学习冲动和个人天赋。此外，学校实行男女同校，强调儿童自由、道德教育和民主管理。罗素按照自己的教育理念教授各种基础而必要的知识，鼓励儿童积极主动地进行探究。他还成立学生委员会来管理学校的日常活动。

---

① [英]伯兰特·罗素：《教育与美好生活》，张鑫毅译，216 页，上海，上海人民出版社，2017。

罗素花费了很多时间和精力来建设皮肯希尔学校。不过由于面对诸多困难，办学最后还是没有取得很大的成功。皮肯希尔学校开办近20年后关闭了。学校办学过程中的首要难题就是资金问题。为了维持学校的开销，罗素通过不断地写书、四处讲学来筹钱。巨大的资金和管理压力让罗素疲于奔命、分身乏术。学校既无法扩大规模，也没有得到强有力的管理。另外，教员不能落实罗素的教育理念。罗素夫妇经常反复向教员解释学校的办学原则和教育方法，但教员并不能按这些原则和方法去做，需要罗素夫妇到场监督。还有就是学校招收了过多的后进学生。一部分学生由于之前没有接受良好的家庭教育，导致在品行上存在问题。这些学生还不能明白自己行为的后果，让学校的教员和管理者难以应付。在建设皮肯希尔学校的过程中，罗素逐渐明白实际的教育并不像设想的那样美好，推行新的教育理念会面对学校内外的重重压力。但皮肯希尔学校作为欧洲新教育运动期间所涌现的新式学校之一，仍旧为宣扬新教育思想发挥了重要作用，体现了罗素的民主教育主张。皮肯希尔学校是罗素道德教育理念的试验场。无论是管理还是教学，学校努力寻求自由与民主，将现代性的心理学知识和教育学知识融入其中。罗素尽管后来离开了皮肯希尔学校，但他通过这次试验更为深入地理解了教育教学活动，认识到儿童的心理发展过程。

四、罗素教育思想的评价

罗素注重教育的个人本位，同时也将教育作为重建社会的原则。罗素特别强调教育要符合儿童发展的目的与需求。在实际生活中，儿童由于自身缺乏能力与经验，有时会无法确切地告诉学校和家长自己想要走一条怎样的发展之路。但是，儿童自身是独立的个体，有权利接触自己喜欢的事物，发扬自己的天性，体会生命的快乐与幸福。罗素不希望儿童为外在的意志所消融，所以倡导根据儿童的天性来创建课程体系，在教育教学过程中结合现代心理学的知识，让儿童在道德和智力上都能得到充分发展。不过，罗素并没有忽视教育对于社会的意义。他认为教育的目的要考虑儿童自己的利益，但教育理念与制度上的很多问题都涉及社会发展的前景。教育可以培养人们的个性，塑造人们的人生观、世界观和价值观，进而影响人们的社会性活动，改变人们的生活。通过教育，人们可以确立自己的文化精神信仰，独立思考政治与社会等方面的各类问题，并在社会生活中发挥自己的力量。

罗素认为教育上的自由与纪律、权威紧密相关。罗素主张自由教育，认为教育中的自由包括学与不学的自由、学什么的自由和独立思考、形成自己观点的自由。其自由教育的本质特征是，在必要的权威和纪律约束下，尽可能地给儿童更多的自由，更多地发展儿童个人的自由，但必须按照自由的精神或原则行使权威和运用纪律。① 经过皮肯希尔学校的实验，罗素在强调儿童自由的同时更加意识到纪律与权威在儿童教育中的重要性。在教育过程中，教师采用恰当的方式培养儿童的纪律意识和权威意识，提高教学效率，使儿童更好地参与到教学活动中来。罗素反对传统教育对儿童个性与自由的压制，但同时也承认有些纪律与权威是必要的。自由与权威可以相互统一。权威有利于儿童发展自己的道德与能力，发展理性，获得思想和实践上的自由。教育中的纪律和权威以爱和知识为中心，体现自由精神。总之，罗素的自由教育是一种积极的、创新的、尊重个性与知识的教育。

罗素的教育理念具有创新性，但缺乏系统性。罗素在阐述教育理念时经常引用自己实际生活中所接触到的教育事例，不使用高深晦涩的言辞和理论，用提出和回答教育问题的方式展开论述。罗素的教育理念简朴直白，易于理解。他指出传统教育的弊端，并在此基础上提出自己的观点。他主张通过爱与知识实现人的身心自由与和谐发展，在古典人文主义教育和科学主义教育间达成平衡。这对于英国教育思想的传承与发展都具有十分重要的意义。他

---

① 易红郡：《英国教育思想史》，458页，上海，华东师范大学出版社，2017。

还将自己的教育理念付诸行动，一定程度上影响了英国新教育运动改革。罗素的教育理念具有进步性与超越性，但因为没有坚实的教育理论的支撑，不免显得缺乏理论性与系统性。罗素在阐述自己的教育理念时，过于注重个体的道德教育和智力训练两方面，对于学科教育和高等教育等方面只简要地进行了论述，很少提及劳动教育和体育。罗素笔下的教育更多地表现为对自我教育经历和实践经历的感悟。

第二节 利文斯通的教育思想

理查德·温·利文斯通（Richard Winn Livingstone，1880—1960）注重古典教育。在层出不穷的新教育思想与实践中，利文斯通坚定地站在了捍卫古典教育的一边。他主张把古典文化的精神和原理放在首位，发掘古典著作的现代性，改革古典课程的教学方式。利文斯通还提倡用古典文化促进学生的心智发展，主张学习古典著作是循序渐进的过程，学校需要根据学生的年龄和学力不断进行调整。

一、生平与教育活动

利文斯通于 1880 年出生在英国利物浦。他的父亲是英国国教牧师，母亲是爱尔兰贵族后裔。优越的家庭背景让利文斯通从小就能接受到良好的古典人文教育，能广泛涉猎古希腊和古罗马的著作。之后他随父母搬迁到英格兰赫里福德郡的乡村，与教会人士和上流社会建立了紧密的联系。到求学阶段，利文斯通曾先后就读于温彻斯特公学和牛津大学的新学院，多次获得有关古典人文科学荣誉的奖项，学习成绩一直十分优异。

利文斯通大学毕业后留校任教。在此期间，他明确了自己传承古典文化的人生目标,并将其作为自己教育理念中较为重要的一部分。当时,他参加了一个由一些年轻导师组成的促进大学改革的组织。这个组织的目的是促进大学内部的改革,让大学对更多的穷人开放。然而,当投身到大学改革中的时候,利文斯通突然发现当务之急其实并不是提高科学在大学中的地位,而是捍卫古典学科在学校教育中的重要地位。于是,他立刻转变职业方向,进入古典文学委员会工作,成为古典著作委员会成员,并担任《古典文学评论》的编辑。

1924 年,利文斯通离开牛津大学,成为贝尔法斯特女王大学的副校长。利文斯通在任期间尝试推行自己的古典教育理念。他先是积极游说政府与社会各方,解决了学校紧张的财政问题,建立起新的校舍。此外,他还在大学中努力让所有人意识到人文学科,特别是古典学科的价值。但是,这种尝试并没有得到很好的回应与支持。

1933 年,利文斯通回到牛津大学,继续努力说服学生学习希腊古典著作。他利用一切机会告诉学生古希腊和现代社会中的问题之间的联系。在这段时间,他著作颇丰,写下了《保卫古典教育》《论教育》《虹桥》等作品。

二、论教育的目的与作用

利文斯通认为教育的目的与作用根本上来源于人的需要。现代人的生活中主要有三类需要:物质需要、融入社会的需要和追求美好生活的需要。物质需要是现代人生存的基本需要。只有当物质需要被满足之后,人们才能进一步考虑融入社会的需要和追求美好生活的需要,发展自己的社会性与精神性。融入社会的需要是指人有社会生活的需要。现代人要在接受教育后才能成长为合格公民,从而成为社会的一分子。追求美好生活的需要是指人们不光要掌握职业技能在社会中生存,还要形成自己的生活观念,有明确的生活追求,知道好生活的真正意义。根据人的这三类需要,可以将教育分为职业教育、社会教育和精神教育三类。在他看来，教育要给人们提供一定的职业训练，更重要的是它应该帮助人们理解世界，帮助人们成为完善的人。其中，利文斯通尤为重视社会教育与精神教育。在20世纪英国的学校教育中，工商业知识和科学技术知识教育逐渐占据了领导地位。但是，利文斯通认为这些知识只能帮助人们谋求职业、满足物质上的需求；教育还需要关注人们的情感与精神，帮助人们发展心智。学校教育不仅要教授客观知识，还应培养人们的价值观、公民观与生活观。

具体来说，利文斯通提出了教育的两个目的。第一，教育要铸造学生的品性，包括精确性、专注力、同情心和判断力。人们可以不断主动地去获取自己想要的知识，但只有接受教育时才能受到系统全面的心智训练。他将学生比作未被加工的原材料，需要经过多次淬炼才得以成形。学生的精确性、专注力、同情心和判断力能帮助他们理解社会和别人的观点。具备这四种品性的人对人性和事物的变化都能十分敏感，同时又不拘泥于书本知识的束缚，保持开放的态度，对他人充满同情之心。第二，教育要让学生了解自我、认识世界。这就需要培养学生对自我和他人的敏感度。以敏感度为基础，学生就能够形成自己的观点，而且还可以适时地从他人的角度来考虑问题。在学校的教学中，数学教学可以让学生进入抽象的世界，锻炼学生的逻辑思维，让学生形成对事物普遍规律的认识。科学教学可以让学生关注自然界的各种现象，培养学生对世界的好奇心。文学和历史教学可以让学生学会从不同的角度认识社会，从他人的角度来考查自己，感受他人的观念。这样的教育既让学生了解自我、认识世界，也帮助学生更好地融入社会、拥有美好的生活。

教育的作用在于树立学生对知识和理性的信仰，让学生拥有正确的生活哲学观念。科学知识和技术确实能够满足人们的物质需求、改善人们的生活，但是更深层次的对知识和理性的热情更为重要。这种热情是对于二者的信仰，给予学生学习科学的力量和意义。① 只有包含信仰且涉及学生生活观念的教育才是真正的教育。利文斯通认为："无论如何，每个人都应该要看到人类的伟大之处，看到人类精神的最高境界和最广阔的范围。没有做到这一点的教育都是匮乏和残缺的。"②正确的生活哲学观念是人们社会生活的必备要素。它要超越现实的生活，与真理相联系。正确的生活哲学观念能够给予人们指导：当人们身处复杂的境况中时，他们的生活哲学观念为他们提供了一套行事标准和道德原则。通过这些标准和原则，人们就能够理性地解决问题。另外，生活哲学还可以指导人们学会运用自己所学到的知识和技术解决问题。为了让人们积极而合理地运用知识和技术，生活哲学的教育自然必不可少。利文斯通注重信仰和观念方面的教育，这样的教育能够教会人们以正确的态度去面对生活，成为好公民。

在实现教育的目的与作用时，要注意避免片面消极的批判。一些学生在学习科学知识和技术的过程中往往会养成强烈的批判精神。合理的批判能够让人们从不同的观点和意见中看清事情的真相。但当批判过于强烈，变成片面或者过度的批判，此时的批判就不再理性，而且会阻碍人们对事物的准确认识。片面消极地去分析和批判会让教育陷入无尽且无意义的争论中。批判原本是为了培养人们的理性，服务于教育目的。它一旦从一种思维方式不自觉地成为唯一的教育目的，就会掩盖原本的教育目的，有碍学生的精神发展。利文斯通认为，分析和批判往往需要人们从某一角度深入细致地考察问题。这种方式本身有着不系统、不全面的局限性。教育并不是通过这样的方式去获取一大堆零碎的知识，而是要让学生学会用这种方法来鉴别是非，过理性明智的生活。片面消极的批判还不利于精确性、专注力、同情心和判断力的

---

① R.W.Livingstone, *Some Tasks for Education*, London, Oxford University Press, 1946, p.4.

② R.W.Livingstone, *Some Tasks for Education*, London, Oxford University Press, 1946, p.22.

发展。它可能会导致人们对自我、对世界形成片面消极的观念和态度。这与利文斯通倡导的提供生活哲学和知识信仰的教育是相违背的。合理的批判实质上是良好的生活哲学的一部分。在教育中，教育者应避免矫枉过正，通过适当的人文教育和科学教育养成学生健康的心智。

三、论古典教育

利文斯通认为当时的科学教育出现了实用化和功利化的弊端，需要用古典教育来培养学生的思想品质，丰富学生的精神世界。他认为古希腊的文学、语言和理念都具有创造性的智慧，包含了社会生活各个方面的原理。它是现代文学和现代生活的历史源泉，能够帮助人们提升自己的思想境界，促进人们对知识与理性的热爱。古罗马则十分注重品格教育，其对人们的社会生活具有重要的意义。古典著作涵盖的学科范围广泛、体裁多样，包含各个学科的基本原理，既具备外在完整性，也具备内在完整性。古典著作简明地展现了人与人之间的关系，用简单的模式揭示了复杂的道理，并能用自然明晰的语言表达出来。接受古典教育能让人们在精神和心智上都获得成长，弥补当时科学教育所带来的弊端。

利文斯通认为，与人有关的知识是人们生活所必需的知识。每个人都需要通过学习与人有关的知识来理解他人的言行、更好地与他人交往。人并非孤立地生活在世界上，人与自身之外的其他人、其他力量都息息相关。人要了解人性，掌握与人有关的知识，才能带着活力与想象力去生活、去认识世界。与人有关的知识要涉及公民与国家等内容。当一个人拥有公民的身份，他就成为政治生活的一员。这意味着人不光要有良好的道德品质，还要掌握基本的政治知识，发挥一定的政治作用。自然科学存在于人们生活的各处，能帮助人们认识世界。人们也可以通过深入地掌握自然科学知识来拥有更好的物质生活。在学校中，科学教育的目标是要培养能从事科学研究的学者，职业教育的目标是要培养工商业领域的从业者。这些教育都能满足人们的物质需要，却不能丰富人们的内心世界。古典教育的意义就在于教给人们与人有关的知识，给予人们道德与政治上的智慧，培养人们的活力与想象力。在利文斯通看来，"当今时代，我们教育的危险不是来自作为一个整体的科学家，而是来自没有接受多少自由教育的人"①。

古典教育所用的教材主要是古希腊和古罗马的文学作品。古希腊和古罗马的文学作品中蕴含的精神力量能够超越时代，给予现代人启示。人们只要深入学习这些作品，就能有较多的收获。古典著作可能无法满足人们在实际生活中的某些需求，但它是打开知识大门的唯一钥匙。② 它可以教人们透过眼前的事物看到生活的本质。人们还能通过阅读古典著作了解现有事物与制度的历史，认识它们的形成过程。因此，学习过古典著作的人会以客观公正的心态来对待身边的一切，对现有的制度既不过分畏惧，也不过分轻视。客观的心态和理性的思考能让人们对生活更有信心。因此，人们可以避免出现很多错误，过上更为理智和幸福的生活。而这正是古希腊和古罗马文学作品的力量。

利文斯通将古典著作的教育优势总结为完整性和简明性。他将完整性分为外在完整性和内在完整性。外在完整性表现为体裁和文学演进路线的完整性、学科领域的完整性、问题的完整性；内在完整性表现为著作间的连贯性。③ 古典著作的体裁多样，形成从叙事诗、抒情诗、悲剧、诗歌到散文的演化路径，囊括幽默喜剧、风俗喜剧、文学叙事诗、挽歌等众多作品。古典著

---

① ［英］R.W. 利文斯通：《保卫古典教育》，朱镜人译，38 页，北京，人民教育出版社，2017。

② ［英］R.W. 利文斯通：《保卫古典教育》，朱镜人译，42 页，北京，人民教育出版社，2017。

③ 朱镜人：《古典教育到底有什么价值？——〈保卫古典教育〉解读》，载《中国教育科学》，2017(3)。

作还"涉及伦理学、政治学、心理学、逻辑学和形而上学、历史学和科学等领域"①。其中问题的完整性是指这些著作通常从多个视角来审视问题。比如，有哲学领域的"各种享乐主义以及唯物主义、唯心主义、怀疑主义、禁欲主义、苦行主义和神秘主义"②，以及"连续不断的政治实验和探索、共产主义理论、联邦政府、仲裁条约、商业条约、外国人本土化、移民、女子和奴隶地位等问题"③。内在完整性主要体现在戏剧、历史和演说等领域。在这些领域中，作品的风格常常相互联系。比如，在戏剧方面，埃斯库罗斯、索福克勒斯和欧里庇得斯组成的圈子是完整的；在演说术方面，吕西阿斯、伊索克拉底和德摩斯梯尼互相弥补。古典著作的形式多样，将各种事物和人与人之间的关系以不同的方式表现出来。这实质上是对自然规律和社会原理的归纳概括。利文斯通称其为简明性。简明性能让人们更好地了解人性和社会关系。基于此，人们能更好地学习政治学和伦理学等学科的知识。这种简明性强调的不是简单地概括，而是精准地找到知识和思想之间的连接点，建立简化的事物模型。古典著作所蕴含的知识是现代知识的源头和基础，是符合人的认知特征的知识。简明性还体现为语言的简明。古希腊和古罗马的文学作品都使用自然明晰的语言，便于人们理解。内容和语言的简明能让人们准确地把握著作所体现的思想和态度，从而有利于人们更快、更精确地掌握与之相关的其他知识。

古典教育能够避免出现狭隘的专业主义，对现代生活具有指导意义。古典教育简明而深奥，涉及各种形式、各类学科，本身就带有通识教育的性质。

① 朱镜人：《古典教育到底有什么价值？——〈保卫古典教育〉解读》，载《中国教育科学》，2017(3)。

② [英]R.W. 利文斯通：《保卫古典教育》，朱镜人译，119 页，北京，人民教育出版社，2017。

③ [英]R.W. 利文斯通：《保卫古典教育》，朱镜人译，119 页，北京，人民教育出版社，2017。

古典教育和科学教育并不处在对立面，它们都共同服务于学生发展，应该在学校课程中占有合理的比例。同时，古典教育还能有效地促进科学教育发展。古典教育能训练学生的逻辑思维能力，教学生学习原理性的知识，让学生获得精神上的成长。这些都有利于培养出科学家。古典教育之所以受到诸多批判，其主要原因在于学校进行古典教育时往往采用古板单一的教学方法和坚持应试教育导向。这样古典教育中有生命力的内容在课堂上变得枯燥乏味，脱离现实生活，成为学生学习的负担。利文斯通认为要对学校中的古典教育进行改革，挖掘古典著作的内在价值，将古典课程与学校其他课程联系起来，在学校教育中给予古典教育重要且合适的地位。

四、论学校教育

利文斯通认为各级学校要贯彻古典教育。在不同的学习阶段，教师要根据学生的特点选择不同的课程内容和教学手段。聘任优秀的教师和改进教学手段是贯彻古典教育的关键。利文斯通先是深入剖析学校古典教育的问题，然后再据此提出自己对学生、教师、课程和学习阶段的理解。以往的学校古典课程常常特别注重希腊语和拉丁语的传授，却忽视了引导学生欣赏古典著作的特色与价值。学校相关的考试和奖学金设置都以语言水平为衡量标准。所以这样的古典教育培养出的学生大多擅长死记硬背，却缺乏对古典著作的深入见解。为了改变这种状况，利文斯通提出学生在学习古典语言的同时，还要将古典著作与其他科目、现实生活联系起来，以促进学生的心智发展。另外，学校不应轻视古典教育，而应该站在保卫古典教育的立场上让古希腊、古罗马的语言和著作发挥它的价值。

由于不同学生在学习古典课程时具有不同的特点，学校要根据实际情况及时调整课程内容和教学方法。利文斯通将学生分为三类：第一类是心智还未成熟的学生，对希腊语和拉丁语的掌握还不熟练，也不能理解古典著作的思想和精神；第二类是十五六岁、能够顺利地阅读古典著作，能够理解著作部分内容的学生；第三类是在大学里学习古典著作的学生。对于第一类学生，利文斯通明确表示如果学生到 16 岁还没有表现出对学习古典课程的兴趣或者能力，就不应当将这样的学生留在古典课程学习的课堂里。① 当学生对古典著作没有兴趣而在教师的逼迫下不得不去学习时，学生是无法从古典著作中获得精神养料的。针对第二类学生，学校的古典课程应当帮助他们从学习语言到理解内容。第二类学生是能够接受和学好古典语言的学生。他们正式学习古典著作之前首先要接受艰苦的古典语言训练。这就要求他们的心智已经接近成熟而且具备良好的忍耐力。随着学生能力的不断提升，古典教育的重点应该适时改变，从强调语言知识变为强调著作的精神与价值。这一类学生能在古典教育中实现精神上的成长。在大学中接受古典教育的学生则应达到更高的要求。他们在学习古典著作的某一主题时要能够联想起与之相关的其他主题或人物。他们在阅读的时候要能够灵活地运用古典语言和背景知识阐释文本内容。学生这时对古典语言的掌握已经达到很高的水平，所以应该更多地关注古典著作的内容，加强古典学科与现代性学科之间的联系。

古典教育要组织优秀的教师来进行教学。教育活动要取得成功往往很大程度上取决于教师的教学理念与教学水平。利文斯通认为理想的教师不仅要能维持好课堂教学秩序，传授学生古典知识，还要能深入理解古典著作的内容，用古希腊、古罗马的文化引导学生形成良好的知识观以及生活观。另外，优秀的教师应当具有现代性。他们不会过分推崇或者过分轻视古典教育，而是能透过古典知识审视现在的生活，寻找解决问题的办法。利文斯通认为教师是连接古代与现代的桥梁："他们不断地将历史与现实结合在一起，在教学中不仅仅训练鉴赏力或传授知识，而且还用希腊和罗马的智慧与高雅来铸造

---

① ［英］R.W. 利文斯通：《保卫古典教育》，朱镜人译，165 页，北京，人民教育出版社，2017。

学生的品格和心智。"①唯有将古典与现代相结合，才能真正促进学生的发展，让古典教育发挥其应有的价值。这就要求教师能够熟练掌握教学理论，有优秀的教学能力，在教学的同时要研究自己所任教的学科。无论是中小学教师还是大学教师，都要拥有敏捷的思维和高尚的生活哲学观念。只有教学理念正确、教学水平高超，教师才能真正有效地影响学生，让学生发生改变，进而改变社会。

利文斯通还认为大学是中小学的风向标，所以改革大学中的古典教育尤为重要。"大学是整个改革的关键，因为，每个希望上大学的人都得满足大学的标准和要求。"②利文斯通曾批评牛津大学涉及古典教育的奖学金考试和学位考试没有关注学生的心智成长，而是以考查语言知识为中心。他指出："最后的结果就是，当学校专注纯奖学金开始的时候，就几乎不可能再去注意古典著作内容及形式——它们对拉丁语和希腊语的课程内容的要求也就闭口不谈了。"③大学中的古典教育要将关注点从语言知识转向学生的心智成长。一方面，利文斯通认为古典著作的内容和价值有待挖掘；另一方面，他主张大学不应拘泥于刻板的知识传授，还要注重实用性，传授学生生活哲学的知识。能进入大学的学生早在中学阶段就受过严格的希腊语和拉丁语训练。这些训练已经在一定程度上使学生的语言能力和心智水平得到提升，让他们习惯去阅读大师的作品，关注学术问题并且持之以恒地刻苦学习。到了大学阶段，利文斯通认为学生要在接受教育之后最终成为一个合格的公民。所以，大学在培养专业人才的同时要避免过分专门化，忽视知识间的联系，割裂学

---

① [英]R.W. 利文斯通：《保卫古典教育》，朱镜人译，184页，北京，人民教育出版社，2017。

② [英]R.W. 利文斯通：《保卫古典教育》，朱镜人译，170页，北京，人民教育出版社，2017。

③ [英]R.W. 利文斯通：《保卫古典教育》，朱镜人译，171页，北京，人民教育出版社，2017。

术与生活的联系。而过分专门化与利文斯通主张结合古典与现实的观念是相矛盾的。利文斯通提出："补救措施，尤其是学校中的补救措施，并不是对课程作大刀阔斧的变革以完成重心转移，而是减少对奖学金考试的关注，同时，多关注古典著作的内容。"①可以将语法课调整为学生的选修课程，考试应考查学生的思考能力与文化理解能力。大学要注重知识与目标的多样性，在专业性研究的基础上不忽视整体性和统一性，将古典学科变成与生活息息相关的有趣的学问。

五、论成人教育

利文斯通主张除了要建立完善的学校教育体制之外，还要给予大部分普通人学习知识和提高能力的机会。教师和学生群体只是社会的一部分，教育所面临的挑战更多地来自普通人。利文斯通的教育理念中有着强烈的现实关怀。他希望每个人都能通过教育获得更理性的处世态度和更正确的生活哲学观念。成人教育是让普通人拥有幸福生活、为国家培养合格公民的重要途径。利文斯通主张成人教育的对象应该是18岁以上的公民，不仅包括那些只接受过义务教育的人，也包括那些已经受过良好教育的人，同时他更强调后者。② 对于只接受过义务教育的人，他们可以通过成人教育再次进入课堂学习。这一部分人有些因为家庭贫困或能力不足而无法接受系统的学校教育。经过社会的洗礼，他们对人生、幸福和知识的认识都更为成熟。成人教育正是以他们的亲身经历为基础，将理论知识和学科思维传授给他们，从而让他们更清楚地了解自己、认识世界。对于那些已经受过良好教育的人，接受成人教育也是很有必要的事情。社会在不断变化发展，每个人的心智都会随着

---

① ［英］R.W. 利文斯通：《保卫古典教育》，朱镜人译，175~176 页，北京，人民教育出版社，2017。

② 徐致礼：《在古典与现实之间——利文斯通教育思想研究》，硕士学位论文，华东师范大学，2006。

年龄增加和人生经历的丰富而改变。一个人在早年间接受系统教育，能对某些学科有所感悟。等到多年之后，因为环境和自身的变化，这个人对知识的感悟会与昔日有所不同。这些已经受过良好教育的人接受成人教育后可以充分地反思过往，联系理论与实践、古典与现实。而这些都有助于人们获得更正确的生活哲学观念、去思考和追寻幸福。成人教育也因此可以提升公民的整体素质，进而有益于国家和社会的强盛。

利文斯通主张成人教育要采用寄宿制，同时教授古典学科与实用学科。采用寄宿制能让学生专心致志地投入学习中，避免来自外界环境的干扰。教师和学生、学生和学生之间可以充分地进行交流。学生因而能投入高效的学习生活当中，深入掌握学科知识，理解古典文化的价值。接受成人教育的学生一般都有社会生活的经验。所以，成人教育的课程要包括与实际生活相联系的实用课程，也要包括教人理解人性与人生的人文学科课程，包括数学、物理、经济、地理、文学、历史等课程。这些课程可以让学生从不同的学科视角来思考人生问题与社会问题。此外，教师要有意识地选择课程材料和解决问题的方式，让学生明白自然与社会的规律。正如利文斯通指出："我们所有的公民都应该对自然力量改变和塑造我们的经济生活和社会习俗的方式有所了解。这里无疑是现代世界的现代教育。"[1]成人教育要帮助学生学会应对生活中的疑问。这些疑问来源于科学、贸易、工业等领域。学生在思考和应对的过程中能够提升自己的能力，深化对现实和理论的认识。

六、利文斯通教育思想的评价

利文斯通主张的古典教育实质上是以学习古典著作为主的人文教育，根本目的是要发展人的心智、培养公民道德。他摒弃了传统古典教育脱离现实

---

[1] R.W.Livingstone, *Some Tasks for Education*, London, Oxford University Press, 1946, p.6.

的弊病，认为古典教育要有助于人们学习专业知识，满足人们融入社会和追求美好生活的需要。古典教育不应只注重文法训练和篇章背诵，而要根据学生的年龄与心智水平不断对课程内容和教学方法做出调整，引导学生从关注古典著作的语言和形式转为关注内容。古典著作的内容能超越时代，对现代人的生活有指导意义。当时盛行的功利主义和科学教育思想反对学生花费时间学习不能产生实际效用的古典语言，而希望学生将精力集中于经济、政治、法律和科学。利文斯通的教育理念宣扬了古典教育的价值和人的精神发展的重要性，回击了片面强调知识效用的功利主义和科学教育思想。

利文斯通的思想也是对英国工业社会迅速发展的一种回应。经历过两次世界大战，英国国内正处于城市化进程，政治和经济领域的变化引起了一系列教育领域的变革。英国的新学校运动和大学推广运动都要求改革传统的课程内容和教学方法，将自然科学和实用课程纳入学校课程中来。在教育领域中，自然科学和实用课程的地位越来越高，抨击和质疑古典教育的声音也越来越多。古典教育所面对的不只是自身课程与教学的问题，还有社会上日益增长的对自然科学知识和专业技术人才的需求。利文斯通主张通过古典教育帮助人们树立正确的生活哲学观念和理性的处世态度，希望人们在专注科学知识的同时也不要忽略人性与道德。公民道德是社会政治经济发展的基石。古典教育传授给学生生活所必需的与人相关的知识，也是在帮助学生更好地成为现代人，更理性地去生活。

第三节 艾萨克斯的教育思想

苏珊·艾萨克斯（Susan Isaacs，1885—1948）是英国儿童精神分析学家、学前教育家。她主张将精神分析理论与教育相结合，要求从"无意识的幻想"

出发理解儿童的心理与行为,强调给予儿童发展的自由。艾萨克斯还参与了马尔廷学校(Malting House School)的办学活动,在教育实践中总结了办学经验和教育思想。在艾萨克斯的带领下,马尔廷学校成为英国新教育运动的典范之一。

一、生平与教育活动

1885 年,艾萨克斯出生于博尔顿市,从小就接连遭遇到各种不幸。艾萨克斯六岁时,她的母亲骤然病逝,父亲续弦。她与父亲的关系自此开始疏远。童年的艾萨克斯没有在家庭中感受到温暖,在学校中也受到讥讽嘲笑。她变得易怒和焦虑,对学习丝毫没有兴趣。这些打击毫无疑问给年幼的艾萨克斯留下了巨大的心理创伤,但显然也为她后来投身精神分析领域埋下了伏笔。

长大后的艾萨克斯先进入曼彻斯特大学学习,于 1912 年考入剑桥大学。艾萨克斯在大学期间主修心理学,对西格蒙德·弗洛伊德(Sigmund Freud)的精神分析学进行了深入的探究。毕业后,艾萨克斯先后在达灵顿师范学院和曼彻斯特大学任教,讲授逻辑学等课程。随着"一战"的爆发,艾萨克斯的人生轨迹开始发生转变。在"一战"期间,她开始参加布伦斯威克广场诊所的军队训练班,还提供了英国最初的心理治疗和精神分析训练项目。① "一战"结束后,她前往柏林继续从事精神分析工作。1924 年,艾萨克斯加入英国精神分析学会并应聘马尔廷学校的管理职位。这是她接触学前教育活动的起点。艾萨克斯在马尔廷学校的实践产生了很大的影响。伦敦大学学院的心理学教授邀请她到伦敦大学学院讲授儿童发展课程。此后,艾萨克斯不断地反思自己的办学经历、总结学前教育的经验,写出了《幼儿的智力发展》等著作。在

① [英]乔伊·帕尔默:《教育究竟是什么? 100 位思想家论教育》,任钟印、诸惠芳译,330 页,北京,北京大学出版社,2008。

马尔廷学校停办后，艾萨克斯还根据自己的实践经历在《保育界》杂志上以"聪明的阿舒拉"为题连载文章，向民众宣扬自己的学前教育观。艾萨克斯从科学的视角出发，认为不要对幼儿实行绝对服从和压抑的教育。她主张幼儿期的教育应该是宽容的；教育者要关注个体间的差异和个体发展的意义；教育的最终目的是帮助个体成长。[①] 1932年，艾萨克斯在伦敦大学教育学院创办儿童发展系。在"二战"期间，儿童发展系转移至剑桥大学。艾萨克斯对大量的儿童及其家庭开展调查研究并形成了系统的学前教育思想。她的作品还有《心理学导论》《学前期：0~6岁儿童的心理》《幼儿发展的心理学维度》《我们所教的学生：7~11岁儿童》等。20世纪30年代，艾萨克斯成功当选英国心理学会的教育分会主席。

二、教育实践

位于剑桥市的马尔廷学校由英国商人派克（Pyke）创办，是新教育运动期间的新式幼儿学校。派克不认可当时的学校教育，认为这些学校限制了儿童的发展。为了能让自己的孩子自由成长，他特地创办了这所学校。由于自己工作繁忙、无暇顾及学校，派克想要聘请专业的教师来协助管理。艾萨克斯因此受邀来到学校。艾萨克斯与派克的办学初衷是一致的。他们都想要培养儿童的好奇心，让儿童从生活中广泛地汲取经验，在探索中快乐地成长。艾萨克斯在马尔廷学校既当校长，又当教师，充分地将自己的教育理念应用到日常的教学实践中。通过实践，艾萨克斯对学前教育有了更加全面的了解。

马尔廷学校的鲜明特征是不划分教室、不设置课程。学校创建在舒适的住宅区中，有大片的花园供儿童嬉戏。花园配备了各种游戏设备，如带水龙头的沙坑、工具棚、避暑屋、滑板和梯子等。室内主要有绘画作品和一些建

---

① 日本世界教育史研究会：《世界幼儿教育史》下册，张俊、梁忠义、刘翠荣等译，51页，长春，吉林人民出版社，1986。

筑工具、实验器材。除此之外，马尔廷学校还准备了很多蒙台梭利玩具和阅读材料。阅读材料由教师根据儿童的需要来提供，包括各种各样附有故事和标签的图片。马尔廷学校为儿童的成长提供了充足的条件，体现了以自由为本的教育理念。

马尔廷学校主要面向社会精英阶层办学。学校所招收的学生一般都有显赫的家世背景。比如，剑桥大学哲学家和伦理学家 G. E. 摩尔(G. E. Moore，1873—1958)就曾将自己的两个儿子送进这所学校。神经生理学家、诺贝尔奖获得者埃德加·阿德里安(Edgar Adrian，1889—1977)的女儿，核物理学家欧内斯特·卢瑟福(Ernest Rutherford，1871—1937)的孙子等都曾在这所学校就读。这些学生大多智力超群，却在生活行为和情感方面面临困境。这样一群特殊的教育对象为艾萨克斯提供了将精神分析理论引入教育实践的契机。她以"自我实现"为主题进行教育实验，力图为儿童提供尽可能自由的环境，同时科学地观察儿童。[①]

艾萨克斯将这种以自由为本的教育理念落实在两方面。一是让儿童按照自己的意愿学习和活动。尤其是在培养儿童阅读和计算能力时，艾萨克斯认为教师要遵循一个基本原则，即不给予正式的指导，而将指导融入儿童的活动过程之中。儿童是学会如何阅读，不是被教会如何阅读。[②] 儿童的学习应在与外界进行交流的过程中自主完成。二是营造宽松的学习氛围。儿童可以随时到学校的各个游戏场所里玩耍，接触生活中的各种事物，探究丰富多彩的世界。艾萨克斯取消严格的纪律要求，努力让马尔廷学校成为儿童的乐园。

马尔廷学校办学历时5年，在1929年时结束了所有的教学活动。艾萨克斯虽然与派克有相近的教育理念，却在语言教学方面存在很大的分歧。加之

---

① 易红郡:《英国教育思想史》，425页，上海，华东师范大学出版社，2017。
② 陈贤:《精神分析应用于教育的典范——苏珊·艾萨克斯思想研究》，硕士学位论文，南京师范大学，2013。

学校资金紧缩，马尔廷学校最终停办。艾萨克斯也离开了学校。但是马尔廷学校和艾萨克斯的教育实践依然产生了较大的影响。1927年3月，皮亚杰(Piaget)访问了马尔廷学校。同年6月，马尔廷学校的教育实验被改编成电影。

三、教育观

(一) 精神分析与儿童社会发展思想

艾萨克斯精神分析思想的形成和发展，离不开英国和欧洲大陆的教育环境。她在吸收前人思想和亲身实践的基础上产生自己独特的思想体系。艾萨克斯处于欧洲和英国新教育运动时期，各个地方都兴起了建立不同于传统教育的新教育实验室热潮。"一战"以后，在教育实践不断推进的基础上，新教育理论得到进一步发展。

1889年，英国教育家塞西尔·雷迪(Cecil Reddie，1858—1932)在德比郡创办阿博茨霍尔姆乡村寄宿学校，是英国新教育运动的开端。从20世纪初开始，在儿童主义教育思潮广泛传播的背景下，美国进步主义教育运动、意大利蒙台梭利教育方法以及其他新教育方法逐渐影响英国，使英国学前教育界对革新学前教育方法产生了浓厚兴趣。同时，杜威和福禄培尔的教育思想对艾萨克斯产生了重要影响。艾萨克斯的教育思想也是对皮亚杰的儿童认知发展理论的吸收与批判。当然，梅拉妮·克莱因(Melanie Klein，1882—1960)的儿童精神分析学思想也对艾萨克斯产生了影响。

虽然艾萨克斯把精神分析思想引入教育，但她并非是第一个这样做的人。[1] 1913年，美国心理学家霍默·莱恩(Homer Lane，1875—1925)在英国多塞特郡为少年失足者建立"少年共和国"。这些少年失足者既有男孩也有女

---

[1]　[英]乔伊·帕尔默：《教育究竟是什么? 100位思想家论教育》，任钟印、诸惠芳译，331页，北京，北京大学出版社，2008。

孩，莱恩为他们提供精神分析治疗教育。① 在欧洲大陆，弗洛伊德的女儿安娜·弗洛伊德(Anna Freud，1895—1982)提出了精神分析的儿童发展观与教育观，并将儿童精神分析理论应用于教育。② 她说："要认真注意早期的本能希望，这不仅是因为他们的成功和挫折会引起暂时的高兴和难过，也因为这些本能希望是使儿童的发展从自我兴趣和自我陶醉走向属于并最终适应成人世界的推动力。"③在维也纳市，胡克-赫尔穆特(Hug-Hellmuth)、奥古斯特·艾乔恩(August Aichhorn)和西格蒙德·伯恩菲尔德(Siegfried Bernfeld)等人，也把本能发展的理论应用到教育上。④ 艾萨克斯在吸取前人的经验之后，进行了自己的探讨。她主要论述了儿童与社会之间的关系，如原始自我中心态度和敌意与攻击及友善与合作等行为表现。她还认为儿童在出生的时候就已经与社会建立了联系。儿童最先与母亲有身体接触。儿童对于这些都是有深刻印象的，他们将这些记忆储存起来，由此产生了自我和超我。这些对于儿童以后社会关系的形成产生了深刻的影响。儿童由此将这种印象带到以后的社会生活以及与其他儿童的相处中，未来与其他儿童的合作或者敌对的关系等都与最初的印象有很大的关系。艾萨克斯通过自己在马尔廷学校得到的关于幼儿发展的行为记录，以及那些偶然发生的深层次的潜意识心理迹象，来分析幼儿心理中的爱、恨及焦虑的深层根源。

艾萨克斯在一群幼儿身上发现了原始自我中心态度。她指出，当使一群幼儿聚在一个特定的空间里，让他们自由地游戏和活动时，他们只关心与自己有关的事物，仅仅作为一个独立的个体存在。这种原始自我中心态度的产

---

① 易红郡：《英国教育思想史》，426页，上海，华东师范大学出版社，2017。
② 易红郡：《英国教育思想史》，426页，上海，华东师范大学出版社，2017。
③ [英]伊丽莎白·劳伦斯：《现代教育的起源和发展》，纪晓林译，303页，北京，北京语言学院出版社，1992。
④ [英]乔伊·帕尔默：《教育究竟是什么？100位思想家论教育》，任钟印、诸惠芳译，332页，北京，北京大学出版社，2008。

生主要基于以下三方面：首先取决于儿童的年龄，这是 4 岁以下儿童的典型态度；其次基于儿童以前的社会经验，五六岁的儿童如果与其他儿童接触比较少，或者天生缺少这种适应性，就会表现出原始自我中心态度；最后由于儿童在特定的时间和情绪里有某种强烈愿望或目的，就可能表现出这种态度。① 儿童在开始阶段主要存在一些个体行为。只有当社会团体行为逐渐增多，他们获得了以某种方式与感受一起做事的经验，并发现在想象游戏和真正的任务中相互支持的好处和乐趣，才会接受别的儿童，产生一种亲社会的行为。所以，在儿童成长的过程中，团体的活动就显得非常重要。儿童只有在多次游戏活动的过程中才能形成彼此亲密的关系，形成与社会友好互动的情绪。正因如此，对于儿童来说，游戏就显得非常重要。紧接着，艾萨克斯又解释了儿童在成长过程中所出现的敌意与攻击的行为。在她看来，大多数儿童在幼儿时期出现的攻击行为是儿童适应社会的一种自我防御行为，其不是一种原始的本能，而是儿童在社会活动中的一种反映。只有给予儿童充分展现自己情绪的空间，才会使儿童更加健康地成长。所以，对于儿童公开地发泄愤怒、恐惧、敌对和攻击等情绪，教育者应该给予儿童一定的空间，而不是一味地抑制。如果抑制这些强烈的感情，会伤害到儿童幼小的心灵。自由地活动对于儿童的健康成长非常重要，成人应该积极地鼓励儿童发泄自己的情绪。只有发泄出来，儿童才不会让自己的情绪被压抑而影响自己未来的发展，因为健全的人格从来都是自由发展的结果。

（二）论学前教育

艾萨克斯是 20 世纪早期英国新教育思想的代表人物，也是学前教育家。她将自己在精神分析领域的思想很好地运用到学前教育中，形成了自己对于学前教育的独特见解，对世界学前教育的发展产生了较大的影响。她认为，

———————————

① 陈贤：《精神分析应用于教育的典范——苏珊·艾萨克斯思想研究》，硕士学位论文，南京师范大学，2013。

如果缺少精神分析的思考，学校就会只注重儿童智力的发展，而忽视儿童的幻想、恐惧和情绪等问题。她的思想不仅来自理论，还来自她在马尔廷学校中的教育实践。

艾萨克斯在马尔廷学校中工作的时候就收集了很多的资料。这些资料促使她进行了关于儿童智力和社会发展的思考，并且证实了她关于儿童通过自己活动和亲自发现进行学习的信念。①

> ……对儿童的全部教育都需要根据他自己的活动开始……学校和教室的具体环境都应该以儿童自己运动的创造性的价值为基础……当我们要求孩子不要挪动时，我们要有充分的原因才行。我们需要证实有理的是不动，而不是动……在这几年中教育的宗旨是儿童应该成长和发展。为此，一种或其他种类的活动是唯一的关键……
>
> 我们回顾一下，在任何一个阶段，教育的主要手段都是动手实践，……我们作为教师的作用便是唤起儿童的能动性……我们不能大量强加给他们不是来自他们兴趣发展的问题。他们对于周围事物和人物的兴趣——街道、市场、公园、铁路、动植物——确实提供了我们对他们进行教育的机会……
>
> 让儿童不活动并且"教"他们，比起安排他们去"发现"要容易得多。教他们读书写字……给他们讲故事，甚至教他们有节奏的动作，这些都不难做到。而带他们出去沿着电话线或水管走下去，在他们做饭时耐心地等待结果，这些倒是更为复杂一些。其原因当然是因为我们的实践在各方面都是普遍落后于理论的……长期以来，我们

---

① ［英］伊丽莎白·劳伦斯：《现代教育的起源和发展》，纪晓林译，301 页，北京，北京语言学院出版社，1992。

便熟悉儿童的愿望。他们愿意去摸、去拿，把东西撕碎。对于提问题，我们没有给予认真切实的注意，没把这当作我们工作的方向，没有想清楚学校应该是什么样子，又应该做些什么。我们没有利用它来加深他们对学习内容的理解，或更好地认识学校应该给他们什么经历。总体来说，学校成了一个闭关自守的地方，成为设在儿童与他们生动的兴趣之间的一道屏障。在学校里，很容易忘掉或是看不见儿童自发理解的原动力。传统设课和传统教学对我们和孩子们的压力太大了，以至于使孩子们没有机会表现其兴趣，我们也没有时间去注意这些。但是，看看孩子们在校外的情况吧……看看他们对汽车、铁路和气钻的兴趣，看看他们对农村和动物的兴趣，听听他们的问题。特别是要在孩子们失去其天真之前，趁他们在幼儿园期间注意听和看。在他们被告知要把学习与游戏和来自生活的知识分开之前注意他们。然后，便不会怀疑在儿童智力范围内求知欲的力量和自发性。

……

对于儿童来说，特别是在小学早期，知识的范围并不是自发地被分成不同的课程——"历史""地理""自然""算术""英文"及其他课程……他们关心事物和活动——要理解和要做的事——而不是关心"学科"……①

这些都是她对自己经验的总结和关于儿童发展的观点。

艾萨克斯反对对儿童身心的压抑，主张应该重视儿童的能动性，尽可能地让儿童按照自己的意愿来做事情，认为在学校中过分强调纪律和规则都是

---

① ［英］伊丽莎白·劳伦斯：《现代教育的起源和发展》，纪晓林译，301~302页，北京，北京语言学院出版社，1992。

不允许的。她认为学校教育的关键在于促进儿童成长，而儿童的自由活动则是其成长的关键。她指出，儿童有掌握物品制作方法的自由，有探索或实验液体、气体等的性质的自由，也有通过想象游戏中的幻想或利用黏土、木片和积木的实际操作进行创造的自由。而教师应该在那里为这些自由的研究和活动搜集材料，创造一个环境，以教给他们解答世界各种问题的能力。① 所以艾萨克斯同许多新教育家和进步主义教育家一样，认为自由的环境有助于儿童的健康发展，可以抑制不良的行为和性格的形成，有利于建立一种轻松、自由的教学和学习环境。由此，她成为英国新教育运动的代表人物。根据精神分析的理论，神经症是由压抑所引起的，自由可以清除儿童的压力。儿童的智力之所以无法发挥，主要是由他们从小所受的压抑造成的。所以她主张在教育的过程中形成一种自由的文化，使儿童在学习的过程中感到愉快，随心所欲地表达自己的想法，展现自己的特点；通过这种方法使儿童在日常生活中所受的压抑可以得到释放。同时，她积极地鼓励进行游戏，这和许多新教育思想家的思想一致；她认为儿童在参加游戏的过程中可以很好地展现自己的内心世界，从而在游戏的过程中更好地展现自我，得到自身的提高和升华。这样的思想伴随着艾萨克斯。但是，在随后的时间里，艾萨克斯渐渐地发现自己的理论有错误的地方。于是，她很快地纠正了自己关于教育的观点。她认为，确实任凭儿童自由发展可以清除儿童内心中的一些压抑的成分，但是如果一味地简单给予儿童自由，可能会适得其反。儿童内心的自由一旦解放出来，过分的自由有可能会导致另一个极端的产生。自由的教育可以使儿童的内在本能得到释放和升华。如果自由的欲望过分强烈，儿童则可能被在自由活动中得到的释放征服，然后又会压抑自己的本能。这样的自由反而会最终抑制儿童的发展，阻碍儿童未来的发展和性格的塑造。所以，艾萨克斯

---

① 日本世界教育史研究会：《世界幼儿教育史》下册，张举、梁忠义、刘翠荣等译，51 页，长春，吉林人民出版社，1986。

仍然反对压抑儿童的本性，主张儿童主动地动手去做，要求在儿童自由活动中找到一个平衡，而不是一味地放任。

艾萨克斯的思想和梅拉妮·克莱因的思想是非常相近的。1926年，克莱因在刚刚迁入伦敦市的时候就加入了英国精神分析学会。当克莱因参观马尔廷学校并与艾萨克斯沟通之后，艾萨克斯对于克莱因的分析方法产生了极大的兴趣。克莱因的学前教育方法是与安娜·弗洛伊德不同的。她提出了一种适合于儿童的分析方法，倡导在儿童的自由表现和游戏的过程中，通过观察儿童的行为发现儿童在过度的活动中所表现出来的无意识的侵犯的本能。艾萨克斯对于克莱因的这一观点是赞同的，同时也非常感兴趣。克莱因揭示了维也纳学者们所不了解的超我的一些内容。① 所以，既然儿童过度的游戏会引发其无意识的侵犯的行为，那么过度的游戏就可能会激起儿童的侵犯性。儿童在这一时期的超我表现过于积极。克莱因认为负罪感就是源于超我的这种严厉性，它会使儿童变得非常恐惧。②

艾萨克斯和克莱因有一致的想法，认为过度的游戏是不正确的。当儿童出现侵犯的心理时，要给予儿童充分的宽容，让儿童内心中产生的自责和苛刻有所缓和，不会将这种感觉引发为侵犯的行为。宽容在这一方面起着非常重要的作用。所以，对于自由概念的解释，既要有一定的自由，又要给予一定的限制，即在自由和限制之间需要找到一个平衡点，寻求这个恰当的平衡点非常重要。正如弗洛伊德所言："我们对于教育的主要任务须有一明确的观念。儿童须学习控制其本能。完全自由以致顺从一切冲动，不加限制，那是不可能的……这个问题如果有解决的可能，教育必须追求一种完善方法，

① [英]乔伊·帕尔默：《教育究竟是什么？100位思想家论教育》，任钟印、诸惠芳译，332页，北京，北京大学出版社，2008。

② 檀传宝：《世界教育思想地图：50位现代教育思想大师探访》，20页，福州，福建教育出版社，2010。

从而获得最大利益和最小危害。"①也就是在克莱因的引导下,艾萨克斯发现,游戏可以使儿童获得一种自由,释放天性,但游戏过度会导致儿童产生侵犯心理,成为阻碍儿童发展的因素。在游戏中找到合适的平衡点是教育特别需要关注的。艾萨克斯的这一发现对于学前教育的发展有着重要的影响。

克莱因和艾萨克斯一致认为,宽容的状态能以某种方式缓和超我的严厉性,但是过多的宽容会让儿童感到有过失。② 同时,在克莱因的影响下,艾萨克斯证明了游戏的作用不仅仅在于了解世界和学习升华的技能。③ 游戏也是对那些可能阻止发展的烦恼的幻想的真实表现。幻想的主要作用不仅仅体现在游戏中,但是幻想作为儿童学习困难的表现,使艾萨克斯对智力发展和社会关系产生一种微妙的认识:从对自由游戏的强调转向对生物本能和表现的关注。这就是艾萨克斯的研究领域,在这一领域中她为精神分析做出了重要的贡献,给予克莱因最大的支持。④

如前所述,克莱因的思想是相对独立于弗洛伊德学派的。她与弗洛伊德所创立的维也纳学派的辩论是一个漫长的过程,经历了相当长的时间。1943—1944 年,英国精神分析学会正式在会议上讨论了克莱因精神分析理论的创新性问题。⑤ 这时,艾萨克斯是克莱因的得力助手。她在这场辩论中表现了自己严密的思维和敏锐的辨别能力,给对手很大的挫败。在整个辩论的过程中,艾萨克斯给人留下了深刻的印象。她在 1948 年所著的《幻想的性质和

① [奥]弗洛伊德:《精神分析引论新编》,高觉敷译,119~120 页,北京,商务印书馆,2011。

② [英]乔伊·帕尔默:《教育究竟是什么? 100 位思想家论教育》,任钟印、诸惠芳译,333页,北京,北京大学出版社,2008。

③ [英]乔伊·帕尔默:《教育究竟是什么? 100 位思想家论教育》,任钟印、诸惠芳译,333页,北京,北京大学出版社,2008。

④ [英]乔伊·帕尔默:《教育究竟是什么? 100 位思想家论教育》,任钟印、诸惠芳译,333页,北京,北京大学出版社,2008。

⑤ [英]乔伊·帕尔默:《教育究竟是什么? 100 位思想家论教育》,任钟印、诸惠芳译,333 页,北京,北京大学出版社,2008。

机能》一书就引起了很多的讨论。该书也因此成为关于克莱因精神分析理论的经典文献。

四、艾萨克斯教育思想的评价

艾萨克斯将精神分析和学前教育相结合的思想，对20世纪英国教育和整个世界的教育产生了很大的影响。她的教育工作受到精神分析的鼓舞，尤其从压抑、升华、游戏的重要性、无意识幻想的进化思想的观点中吸取了营养。她关于儿童的压抑、自由活动、游戏的观点，给教育提供了一个更加独特的视角，在当时兴起的新教育运动和保育学校运动中发挥了很重要的作用。这些是她留给我们的宝贵的思想财富，也是她最独特的贡献。

第四节　里德的教育思想

赫伯特·里德（Herbert Read，1893—1968）是诗人、文学评论家和艺术教育家。他在文学艺术方面取得了很高的成就，一生共写下60多部著作和100多篇文章。里德基于自己的文学和艺术思想提出要通过艺术来开展教育活动。他认为包含艺术的教育可以充分释放儿童的天性，促进国际间更广泛的理解和团结。里德致力于宣扬关于艺术的教育，并且促成了国际艺术教育协会的成立。

一、生平与教育活动

1893年，里德出生于北约克郡的一个佃农家庭。他是在一座安逸、保守的农庄中长大的。1912年，他在利兹大学学习经济学。在大学期间，他大量阅读文学作品和哲学著作，在阅读中找到了连接美学和社会政治的解释，并成为当时社会主义政治和美学权威杂志《新时代》的定期撰稿人。
"一战"爆发后，里德被迫中断了自己的学业，成为一名步兵军官。"一战"
之后，里德于 1919—1932 年先后在英国财政部、伦敦维多利亚及阿尔伯特
博物馆、爱丁堡大学工作。1933—1939 年，他担任文艺评论刊物《伯灵顿杂
志》的编辑。《伯灵顿杂志》是当时英国文化机构的固定刊物。里德在 20 世
纪 30 年代是支持一些现代主义者的，如作家、画家等。同时，这一职位为
他提供了联系学术界和知识分子的桥梁。他自己也在逐渐地向现代主义转
变，将一系列的通俗的书籍以及杂志等的读者定义为普通的民众。1947 年，
英国当代艺术学院在伦敦市创办，里德成为首任校长。同时，他在 1946—
1968 年担任艺术教师联合会的会长，1954 年还参与创建联合国教科文组织
附设的国际艺术教育协会。当时他提出：艺术最有希望提供一种国际性的
文化交流与理解的媒介……它们建立一种符号语言，这种符号语言从一个
世纪到又一个世纪、从一个国家到另一个国家毫无阻碍地传达着某种意义。
这一见解在后来成为国际艺术教育协会的基本原则。[1] 在艺术方面，里德扩
展前辈约翰·拉斯金(John Ruskin，1819—1900)和威廉·莫里斯(William
Morris，1834—1896)的工作。他们谋求通过探究诸如社会价值以及来自视觉
艺术的工匠技艺之类的审美观来缩小艺术与生活之间的差距。[2] 里德自己是非
常认可浪漫主义的。当面对 T. S. 艾略特(T. S. Eliot，1888—1965)等先驱关于
文学的批判时，他总是表现出一种坚决维护的态度。至于文学，里德也非常
喜欢。不管是他自己的编辑工作还是其他角色，他始终在自己繁忙的工作中
抽出时间和精力来学习和进行文学的创作。1919—1966 年，里德出版了若干
卷诗集。它们在当时受到了欢迎。在 1955 年出版的《歌》中，里德把自己与生

① 易红郡：《英国教育思想史》，429 页，上海，华东师范大学出版社，2017。
② [英]乔伊·帕尔默：《教育究竟是什么？100 位思想家论教育》，任钟印、诸惠芳译，359
页，北京，北京大学出版社，2008。

活融为一体，与艺术和传统融为一体。

> 我的心
>
> 这个小小的精美的血球
>
> 如此长久地
>
> 与你的永恒的汹涌
>
> 一起搏动。①

二、对于艺术的看法

在英国新教育运动时期，里德的主要贡献在于将其对于艺术的观点运用于教育的理论之中。他对于艺术教育的关注主要是由于他对于先锋派艺术的认识。先锋派艺术是现代艺术流派之一，它反对唯美主义所提倡的艺术自律，主张打破传统的艺术体制，追求艺术形式和风格上的新奇。前卫的艺术形式是先锋派艺术的主要表现手法。先锋派艺术的出现表明绘画、雕塑等综合艺术在寻找突破口，那就是让人们通过这种艺术看到美。② 事实上，在倡导、培养新的东西并使社会为其做好准备的时候，里德认为有选择地捍卫传统是他的职业使命——他自己实际上更爱好古典的东西。③ 里德是现代主义的坚定的支持者，他在英国主要从事工业设计和其他与视觉艺术有关的工作，推动了从立体派到超现实主义再到抽象表现主义的运动。④

---

① ［英］乔伊·帕尔默：《教育究竟是什么？100 位思想家论教育》，任钟印、诸惠芳译，359页，北京，北京大学出版社，2008。

② 易红郡：《英国教育思想史》，429 页，上海，华东师范大学出版社，2017。

③ ［英］乔伊·帕尔默：《教育究竟是什么？100 位思想家论教育》，任钟印、诸惠芳译，359页，北京，北京大学出版社，2008。

④ ［英］乔伊·帕尔默：《教育究竟是什么？100 位思想家论教育》，任钟印、诸惠芳译，359页，北京，北京大学出版社，2008。

　　就先锋派自身而言，他们真正的创造力尽管在创作中始终是个人的，但却不是个人的财产。在里德的心目中，社会需要某些有成就者的特殊创造力，这种创造力潜藏在每个人的身上。只有通过异乎寻常的手段，新的美学感才能作为必然的新陈代谢过程获得社会认可。① 先锋派提倡的是超凡的洞察力，其任务是发现某种新的价值或真理。里德作为倡导者的作用赋予了他真实的文化力量。正如他的传记作者詹姆斯·金(James King)所写的那样，里德是"时髦风尚的带头人和文化指挥"②。

　　里德认为美学之所以可以发展，主要是源自人们在生活中的观察。人们只有通过发现生活中事物的美，体会美的各种形式，才能进而用文学或者哲学等的概念来进行阐释和表现。所以，美学与生活的各个方面有着非常密切的联系。只有深入社会的实际生活中去，人们才能真正地体会到其中的真理。我们需要对生活进行探索，从而创造出不同的艺术形式。社会需要有这方面特殊创造才能的人，这里的创造才能不是精英式的，是每个人都会有的。它潜藏在每个人的身上，需要特殊的手段才可以将其激发出来。即使微不足道，这些才能也应该被激发出来。由个人创作出来的艺术形式是个人的创作，但它却不是个人的财富，而是属于这个社会的财富，因为个人只是生活的记录者。在里德的艺术世界里，他将不同的艺术形式都包含其中，包括绘画、雕塑、建筑、设计、陶艺、散文和诗歌等。他在《当代艺术》《偶像与观念》《当代英国艺术》等著作中考查了艺术家们的动机。他是第一个把卡尔·荣格(Carl Jung)的精神分析运用于艺术的人。他不仅将自己关于艺术的理解写出来，而且也耐心地进行讲解。他的听众们大多是一些没有专业知识的人，他总是非常有耐心。里德不仅对于艺术有着深刻的理解，而且也是一位好老师。

---

① 易红郡：《英国教育思想史》，429 页，上海，华东师范大学出版社，2017。

② ［英］乔伊·帕尔默：《教育究竟是什么？100 位思想家论教育》，任钟印、诸惠芳译，359 页，北京，北京大学出版社，2008。

里德不仅仅停留于使人们理解艺术的创新性。他对人类进步持有一个基本的信念，即人类进步将引导艺术超越美学。里德在《艺术与社会》中指出，艺术教师的职责是把培养少数人的积极创造力与成为消费者的多数人追求的趣味、鉴别力及欣赏力区别开来。正如希尔顿·克雷默（Hilton Kramer）所指出的，里德把艺术看作一个进步的社会组织的最基本的要素和影响对社会价值做出大规模修正努力的基石。由此可以看出里德关于艺术的构想和他对艺术的期待，而在这一过程中，教育就发挥着非常重要的作用。

三、通过艺术的教育

里德对艺术教育的关注开始于 20 世纪 30 年代中期，当时艺术教育在英国已经稳固地发展了 50 多年。英国当时艺术教育的相关机构有英国艺术家协会和艺术教师联合会。英国艺术家协会和艺术教师联合会有着各自的目标和任务，各司其职。英国艺术家协会的目标是鼓励教师掌握更高水平的绘画技术，主要关注教师的方面。所以其任务主要是授予表明教师在制图及设计方面能力的证书，是对于教师能力的一种肯定。艺术教师联合会则更注重激发儿童自身的创造力，它奉行这样一条原则：艺术是人类发展的一个方面，缺少这个方面，智力的发展与社会的合理性就会受到损害。[1]

在"二战"期间，里德应英国文化协会的邀请，为战时海外艺术展览收集作品。其中，一幅出自一名五岁小女孩的画吸引了他的目光。小女孩画这幅画可能只是一个无意中的行为，但是里德却在这幅画中发现了荣格提出的有趣假说的东西。他从儿童艺术作品中为那些荣格认为与社会稳定相关的符号找到了原型。这些符号也充斥于成年人的先锋派艺术形式中，如绘画、雕塑。[2] 这使他对儿童艺术教育产生了非常浓厚的兴趣。儿童的艺术作品是充满

---

① 易红郡：《英国教育思想史》，430 页，上海，华东师范大学出版社，2017。
② 易红郡：《英国教育思想史》，430 页，上海，华东师范大学出版社，2017。

着他们自己的情感的，他们将艺术与自己的情感充分地表现在自己的艺术作品中。人类从小就具有自己的创造力，儿童时期的创造力和成年时期的创造力有着很大的连续性。里德关于儿童艺术教育的发现体现了20世纪艺术教育中占主导地位的两种对立模式的融合，为英国艺术教育提供了一种理论支撑，改变了当时英国艺术教育的传统形式，使英国艺术教育有了很大的改变。里德在1943年出版《通过艺术的教育》一书。该书是里德具有影响力的一部书，写于"二战"期间。所以它也代表着里德对于战争的一种观点：他希望利用艺术的美，利用艺术教育去反对当时充斥着暴力的战争，是一种美好的希望。通过该书，人们可以深刻地感受到民族和宗派之间其实并不存在不可逾越的障碍；感受艺术和其中的美，可以抚平人们内心的创伤。里德还曾为此而四处奔走，到处去演讲。之后，他又陆续出版《自由人的教育》《世界秩序中的文化与教育》《艺术的群众基础》等，基本上都阐述了他关于艺术教育的观点。

由于社会环境和时代背景的不同，里德艺术教育思想的形成必然会受到众多学者的影响。其中三位人物的思想对其影响深远，分别是柏拉图(Plato)的艺术应为教育的基础的思想，卢梭(Rousseau，1712—1778)的自然主义教育思想和杜威的实用主义教育思想。正因为受到了这三位人物教育思想的影响，里德构建了自己的思想理论基础。柏拉图在他的《理想国》一书中指出：世界是由两个平行世界组成的，我们的现实世界和现实世界的影子即现实与理想。他认为理想的世界是真实存在的，而我们现在接触到的世界只不过是理想世界的影子。所以，艺术世界是我们现实世界的一个模板。一方面，艺术世界是对现实世界的一定夸张的修饰；另一方面，人类在艺术的影响下，通过艺术的熏陶，可以形成完整的人格。正因为艺术对人类是有意义的，而且有利于其他教育完善，所以柏拉图提出"艺术应为教育的基础"的思想。而他还意识到在分辨是非善恶、美丑以及人格品行方面，儿童早期的感官起到了非常重要的作用。卢梭是法国教育家，其著作《爱弥儿》对后世影响深远。该书体现了卢梭关于儿童教育的主张。他认为儿童应该遵循内心的需求发展，也就是遵循宇宙的自然变化标准生长。他认为儿童本身是纯洁善良的，遵循自然的标准也必然是善良的，所以自然的教育会使人所具有的本性得到自然的发展；教育应该顺应儿童本性的发展，使他们能够按照自己的意愿发展。如果一味地强调标准化的教育，反而会影响儿童身心的健康发展，造成儿童的早熟，危害儿童的发展。里德对卢梭自然教育思想有所借鉴，不过两人在人性的认识上有所不同。卢梭认为人性是纯洁的、善良的，顺应自然发展的必然就会成为真、善、美的人。而里德则主张人性是美好的，而在儿童的教育上既要遵循自然的状态发展个性，也要遵循社会的规则；因为人不是独立存在的，如果个体脱离了社会也就不是一个和谐的人。所以，里德主张儿童的个性成长、人格形成以及自由创造不受外界干扰，确立儿童的人格类型，通过所确立的类型进行相适应的教育，因材施教。杜威的实用主义教育思想也对里德产生了很大的影响。在杜威看来，我们的社会之所以能够发展存在，离不开人类长期以来的经验积累。人类社会和自然是一种相互依存的关系，人类在自然环境中生存、积累经验并改造自然以得到发展，所以经验就显得非常重要。因此，在教育中，他主张"从做中学"。他认为书本上的知识都是虚渺的，而且这些知识都是人类探索的结果，都已经成形；不能用成人的思维对儿童强加灌输，所以教育儿童时只有让其在做的过程中进行学习才是正确的。里德继承了杜威所提出的经验教学论和儿童中心论的思想，并且主张依据儿童自身的个性特征进行教育；而在此过程中教师尽量不要对儿童的创作活动进行干扰。基于此，里德将经验教学论和儿童中心论的思想进行融合，并结合自己多年进行教学和实践的研究，形成了自己关于艺术教育的独特见解。

里德认为，艺术是人类思想史上难以捉摸的观念之一。[①] 他在《通过艺术的教育》中就写道：艺术"之所以这么难以捉摸，是由于我们以事实来解释，即是我们一向把它视为抽象的观念，然而基本上它却是一个有机的且可测量的现象。像呼吸，它有节奏的因素；像说话，它有表现的因素……艺术深切地涉及知觉、思想与有形动作的实际过程。它不是一种指导原则，可应用于生活上，而是一种指导的机械作用，不予理会即有危险，我最后的论点是：没有这种机械作用，文明即失去其平衡，瓦解而为社会与精神的混乱。"[②]艺术并不是一种抽象的、我们不可以表现的东西，其实我们可以通过一种形式——一件艺术品来表现，就是它所成的形。不论它是一座建筑物、一座雕像、一幅画、一首诗或一篇奏鸣曲，它们都呈现一种特别或专门的形，而这个形就是艺术作品的形式。艺术作品是复杂的，而且其表现也千变万化。就艺术本质而言，我们从它最初的起源以及它不断显示的意象中所领略到的，比从文化繁荣时代对它所做的理性阐述中所领略到的要多。[③] 里德指出："我们发觉艺术作品中一些引人之处是由于艺术作品呈现出原始的意象，它们是由心里的潜意识层跃出来的。创作艺术品的艺术家与欣赏艺术品的我们都多少深入了梦的世界。"[④]很显然，我们可以发现里德的思想源自弗洛伊德。《通过艺术的教育》这本书是非常有教育意义的，但是里德并没有按照具体的提纲来具体论述艺术中的课程应该是怎样，艺术的教学应该是怎样。他论述了"知觉与想象""气质与表现""儿童与艺术""整合的无意识模式"等。每章并没有具体的联系，各有自己的主题。他实际上是详尽地阐明了把艺术看作对理智和个性的一般教育的依据。他主要是想为艺术教育提供一个哲学的基础，给予人们在以后进行艺术教育时更多的启发。里德从身心平衡的角度提出教育

---

① 易红郡：《英国教育思想史》，431页，上海，华东师范大学出版社，2017。
② ［英］赫伯·里德：《通过艺术的教育》，吕廷和译，20页，长沙，湖南美术出版社，1993。
③ 易红郡：《英国教育思想史》，431页，上海，华东师范大学出版社，2017。
④ ［英］赫伯·里德：《通过艺术的教育》，吕廷和译，37页，长沙，湖南美术出版社，1993。

要尊重天性，就是要以艺术为基础；艺术与教育在个性培养目标上的一致性，能够使我们强化对艺术本质的理解，而非过多地关注艺术的社会功能。"统整"的概念本身就具有对直觉特性的认定，艺术中的直觉是统整的最佳体现。里德没有采用二分的方法来看待艺术与教育，也没有直接判定艺术存在于教育中的价值，而是给我们展现了艺术和教育目标的一致性。

里德指出，心理分析发现艺术是一种代表潜在现实的象征体系，它能够通过分析证明象征的有意识的真实性，也能够证明象征背后的心灵的诚实性、丰富性和广狭范围。[1] 可以看出里德对于艺术的重视，认为艺术可以使人的心灵走上健康发展的道路。里德不仅关注教育对儿童智力方面的作用，更加关注教育对于儿童情感方面的作用。

里德认为，美育是较为重要的。美育主要包括五方面，即保护一切形式的知觉与感觉的自然强度；知觉与感觉的各种形式彼此间的协调以及与环境的关系；以能传达的形式来表现感觉；以能传达的形式来表现心理经验的样式，否则这种经验将部分或全部地未被觉察；以规定的形式来表现思想。所以，我们通过美育可以将心中未被觉察的那些冲动进行控制；通过美育可以完成对于儿童人格的塑造，使儿童朝更加健康的方向发展。艺术的表现形式是多种多样的，教育可以被界说为表现模式的培养——教儿童和成人怎样创造声音、心象、动作、工具与器皿。一个能把这些东西做好的人就是一个受过良好教育的人。假如他能创造美妙的声音，他就是一位善于说话的人、优秀的音乐家或优秀的诗人；假如他能创造美好的心象，他就是一位优秀的画家或雕刻家；假如他能创造优美的动作，他就是一位优秀舞蹈家或工艺家；假如他能创造良好的工具和器皿，他就是一位优秀的手工艺家。[2] 思想、逻

---

① 伍蠡甫、胡经之：《西方文艺理论名著选编》下卷，87～88 页，北京，北京大学出版社，1987。

② 易红郡：《英国教育思想史》，432 页，上海，华东师范大学出版社，2017。

辑、记忆、感性和智能等都与这种历程有关。不论是哪一方面的教育，都不能离开这一类的历程。它们都是与艺术有关的历程，因为艺术不过是造出美好的声音和心象。所以，教育的目的就是培养艺术家——善于使用各种表现式样的人。①

里德以自己关于艺术的认识为基础，认为教育的目的首先是使儿童能够很好地发展自己的创造性。因此，儿童美术教育的目的是发展儿童的"本我"，也就是顺应儿童的自然生长，以成长的特性为评价范围，保证儿童的天性不受外界压制。这就要求在日常的教学实施中由以前的教师主导变为学生主导；要求教师从学生的个体性格差异出发因材施教，避免干扰学生个性的发展，使学生遵循自己的意志、思维进行美术创造活动；要求教师不能根据学科的强行要求、硬性标准对待学生，不能使学生受到外界干扰而失去自我的特征；要求教师在教学过程中使学生遵循自我的创造意识，拥有一个自由的心态进行表现，提高学生主动寻求的欲望，放手不干预；要求与社会形成互动的关系，即教育的一般目的就是要培养每一个人的个性，同时又要以如此发展的个性与其所属的社会团体的有机统一性调和。只有人的感官能够与外界形成和谐的关系，统整的人格才能够形成，即在发展自己独特性的同时发展社会意识或相互性。里德认为，遗传序列的结果导致个体的独特性，它表现为说话或微笑、观察事物、思考问题、表达情感的独特方法。独特性也许对整个人类有无限的价值，但它在孤立时并无使用的价值。在他看来，教育不仅是一种完成个人化的历程，而且也是一种统整的历程。从整体上看，里德对于教育的目的的认识是一种整体协调发展的观点，希望通过艺术教育促进儿童的整体发展，是一种创新的角度。

在里德看来，教育唯有运用艺术，才能使人类摆脱心灵所受的压制，才能达成民主社会的教育目标——自我实现。他说："民主的教育制度是为每个

① [英]赫伯·里德：《通过艺术的教育》，吕廷和译，17页，长沙，湖南美术出版社，1993。

人而设计的……为此，适当环境的选择——受高尚作品的影响——是教育不可或缺的根基。这种教育引导我们的儿童在'潜移默化之中和理智的美有了交感与和谐，而深烙在他们心中'。"①

里德认为儿童自出生即表现自己。基于这样的认识，在艺术教育方面，里德将游戏视为儿童从出生时表现自由的主要形式。他指出，儿童的各种游戏可以相互结合而促进儿童感情、感觉、直觉、思想四种心理功能的发展。当这样发展时，游戏活动自然和小学教育阶段适当的各学科课程联结在一起。从感情方面来看，游戏活动是以拟人化和客观化发展为主的戏剧；从感觉方面来看，游戏活动是以自我表现的方式发展为主的视觉或造型设计；从直觉方面来看，游戏活动是以韵律活动发展为主的舞蹈和音乐；从思想方面来看，游戏以建设性活动发展为主的手工艺。戏剧、视觉或造型设计、舞蹈和音乐、手工艺这四类游戏活动就是小学教育学制应分的四类，但可合为一体，即人格和谐发展的一体。游戏是儿童艺术教育的主要形式，对于儿童的和谐发展有非常重要的意义。"艺术我们已经界说为人类以物质宇宙的基本形式和生命有系统的节奏努力于达成统整。游戏的一切形式……是很多运动感觉的努力，以冀达成统整。"里德认为，儿童在生活中的自然状态，如情感、理智、直觉等，是他们所自发表现出来的。这些自然状态是他们心理活动的具体表现。所以，教育过程中一定要给儿童创造出适合他们活动的环境，使他们可以快乐地活动，表现自我。

那么，在学校里面具体应该怎样做？里德认为在幼儿学校中应该进行不分化的游戏活动。教师和父母要观察儿童的行动，了解儿童各方面的喜好，根据儿童的兴趣来进行教育。当然，儿童在生长之际，依照气质上的倾向，会在四种游戏活动方向下偏好于某一种方向。但是人格的发展是四种心理功能中一种为主、其余三种为辅形成各种组合模式的过程。所以小学教育不必

---

① ［英］赫伯·里德：《通过艺术的教育》，吕廷和译，289 页，长沙，湖南美术出版社，1993。

采用一种普通的体制以满足某一功能发展的需要，小学教育应以儿童各种心理功能的均衡发展为目标。小学教育是不需要开设专门的艺术教育课程的，只要是适合对儿童进行艺术教育的教学方法都是可以应用的，如韵律活动训练。这种训练通常采用身体的动作配合着音乐的方式。在小学艺术教育方面，里德列举了当时明尼苏达州汉芮宾郡的一所学校所推行的教育。在这所学校，艺术是生活整体的一部分，儿童可以时时刻刻都注意到生活中的美，教育与生活和自然是亲密接触的。里德对这所学校的教育给予了充分的肯定。而中学艺术教育是小学艺术教育的继续，是对之前所受教育的一种深化，应给予个人那种出于感悟和感觉的智慧。这种延续的教育赐予儿童一种能使他们适应社会的一般能力。可以看出，里德所设想的艺术教育是一个联系和不断深化的过程，各级学校是层层递进的关系；让儿童通过与社会和自然的联系可以形成一种各方面相互协调的人格。

四、里德教育思想的评价

里德把艺术视为教育的基础，希望通过艺术的教育可以改变社会的发展状况。他坚定地认为通过艺术的教育是"为了和平的教育"。在他看来，通过艺术的教育可以实现道德教育的目的。结合当时里德所处的社会环境，可以看出里德所认为的艺术教育有益于人们解决社会问题，可以避免人们出现敌对的状况。里德所倡导的艺术教育在这里具有人道主义的色彩，希望可以在艺术教育的基础上建立新的社会原则。里德哲学的问世赋予成千上万的艺术教师的工作新的意义：他们的任务不再只是帮助学生获得技术知识、再创造技巧和消费者的鉴别力，而是要让学生掌握更广泛的课程，并且为了个人幸福，也为了社会集体的和谐健康发展，使天生的创造才能在不协调的社会中得以保留。此外，里德还认为教育与社会有着非常密切的联系。他的代表作《通过艺术的教育》被视为20世纪二三十年代艺术教育思想的纲领，被译成

30 多种语言，并且在许多国家如埃及、巴西和日本被看作具有开创性的著作。这是他为教育家们留下的遗产，不仅是一本书，还体现出一种理想主义。

本章结语

作为欧洲新教育运动家的代表，罗素、利文斯通、艾萨克斯和里德四人都敏锐地觉察到传统教育忽视了人发展过程中的非理性部分，与现代社会的人才需求相脱节。他们不约而同地强调教育要关注儿童的个性、心理和情感，满足儿童的精神文化需要。其中，罗素把爱和幸福作为教育的核心要素，希望培养出道德高尚、有进取心的理想人才。罗素认为蕴含爱的教育是建立幸福社会的根本途径。利文斯通反复宣扬古典教育对人们生活的重要性。古典教育可以传递精神力量和生活哲学知识与观念，有助于人们追寻幸福。艾萨克斯则着眼于学前教育，用精神分析的理论与方法证明了自由对于幼儿成长的必要性。里德希望通过艺术教育培养儿童的个性与社会性，促使儿童最终达到自我实现的状态。他们的教育思想和实践一方面继承了西方长久以来的人文主义和自然主义传统，另一方面又批判和否定了传统教育禁锢儿童天性的做法。这就引导更多人去关注儿童的身心发展、社会关系以及人与社会的联系。但是，他们的教育实践缺乏有力的支持。教育对象又多集中在精英阶层。这就导致他们的思想虽具创新性，但是推行起来还是有所限制。

第七章

20 世纪前期法国的教育

　　19 世纪末 20 世纪初的法国处于第三共和国统治期间。第三共和国执政的 70 年(1870—1940 年)是法国走向现代化的关键时期。在这个历史时期内，无论是政治体制和经济体制方面，还是文化教育、科学技术和思想意识方面，都进行了重大的改革，取得了重要的成就，产生了深远的影响。让-皮埃尔·阿泽马(Jean-Pierre Azéma)和米歇尔·维诺克(Michel Winock)认为，第三共和国得到了绝大多数法国人的拥护，并且维持了 70 年之久的原因，除了传统的政治和经济方面的因素之外，非常重要的是意识形态方面的原因。以世俗化和爱国主义为教育内容的第三共和国有了自己的灵魂。将法国资产阶级的不同派别、城市和农村，特别是广大农民与共和制牢固地联系在一起的纽带正是教育。①

　　第三共和国的缔造者十分重视教育，他们把共和主义纳入爱国主义教育中，同时排除学校中的宗教因素，以共和信念代替宗教迷信，使爱国与爱共和融为一体。这种从基础教育开始广泛推广和渗透的爱国主义教育，虽然带有某种民族主义的色彩，但对共和政体的稳定和维系却起着非常重要的作用。

---

　　① ［法］让-皮埃尔·阿泽马、［法］米歇尔·维诺克：《法兰西第三共和国》，沈炼之、郑德弟、张忠其等译，前言 3 页，北京，商务印书馆，1994。

而关于这一切还要从 19 世纪末法国所面临的国内外形势谈起。

19 世纪末法国的经济发展明显落后于新型资本主义国家。1870—1913 年，德国工业生产是 1870 年前的 4.6 倍，美国是 1870 年前的 8.1 倍，而法国是 1870 年前的 1.9 倍。法国在世界工业中所占的比例由 10% 降为 6%。造成这一时期经济发展相对缓慢的原因是多方面的。法国缺乏重工业所必需的资源。法国的煤储量不大，铁矿虽丰富但含磷过高，不适合利用。因而大量原料和燃料都需依赖进口，成本极大。除此之外，法国分散落后的小农经济在很大程度上限制了国内市场的拓展，造成自由劳动力不足，进而影响了工业发展。总体来看，法国的工业企业以中小型企业为主。据统计，1896 年，法国雇佣 50 名以上工人的企业占全国企业总数的 1.3%，雇佣 5~50 名工人的企业占 13.57%，而雇佣 1~4 名工人的企业占了 83.93%。①

相比于工业，法国小农经济在 19 世纪末依然占据绝对优势。据统计，19 世纪末，法国的农业人口占总人口的 60% 以上。但法国的农业生产增幅却不大，主要原因在于经营分散和工业发展缓慢以及土地分配的不均衡。在法国，耕种 5 公顷以下的 400 万名农民（占 70% 以上）只有 650 万公顷的土地，而其他 85 万名农民却占有 3680 万公顷的土地。这样大佃农、小佃农、农场主、农场工人之间的阶层关系逐渐凸显，阶层对立出现。②

与法国工业和农业发展相适应的是法国人口的缓慢增加。1872 年，法国人口为 3610 万，1886 年增至 3852 万，平均每年增长不足 9 万。这与同期其他资本主义国家人口的快速增加形成了鲜明对比：1870—1900 年，德国人口增加了 1500 万，而法国只增加 200 万。伴随人口增加缓慢的是法国人口出生率的下降：1872—1875 年法国人口的出生率为 26.2%，1896—1900 年降低到 21.9%，每个家庭平均孕育子女 2.2 人。造成这种现象的原因，除了卫生、营

---

① 张芝联：《法国通史》，401~405 页，北京，北京大学出版社，1989。
② 张芝联：《法国通史》，405~406 页，北京，北京大学出版社，1989。

养条件的恶劣致使婴儿死亡率较高之外，人们在主观上节制生育也不可忽略。这种倾向在 19 世纪末曾引起当局和某些学者的关注和不安，但始终未能得到扭转。①

19 世纪后半叶开始，农村人口流入城市成为法国各地区的普遍现象。据统计，1876—1881 年，每年进入城市的破产农民达到 16 万人。这给法国的劳动力市场带来了一些挑战，同时也在某种程度上加剧了社会的不稳定。这些挑战最终导致法国社会关系的紧张和阶层矛盾的凸显。

随着资本主义的发展，工人阶级逐渐发展成法国社会的一支不可忽视的社会力量。19 世纪末，法国约有 600 万名工人，包括从大企业产业的工人到小企业、手工作坊里的被雇用者。他们在辛苦劳作的同时，却并未获得对等的酬劳。尤其在大工业区，工人多被禁锢在繁重的劳动中。工厂主不仅在经济上盘剥工人，还试图利用教会、工厂学校等在思想和观念上麻痹工人，并利用物质引诱等手段拉拢和分化工人组织。② 因而事实上大量的法国工人阶级长期饱受失业、贫困等问题的威胁，处于社会底层。直到 1892 年，法国才出台了关于禁止雇佣 13 岁以下童工和限制妇女工作时间的法规。直到 1894 年，法国工人才争取到矿工退休制和工伤抚恤金制。

在这种经济明显落后于英、美、德，国内工农业发展较为畸形，社会内部阶层矛盾逐渐涌现的时代，法国一方面对政治、经济、社会进行改革和调整，另一方面急切地寻找新的路径来黏合人民，同时提升法国在世界范围内的影响力。这种黏合剂和竞争力就来源于教育。在这一时期，法国从各个层面和领域推进教育改革：在教育体制改革方面，法国中央教育管理体制发生了新的变化，设置了公共教学部，进行了学制改革；在学前教育方面，建立起现代学前教育制度；在基础教育方面，通过实施免费教育、义务教育、

---

① 张芝联：《法国通史》，406~407 页，北京，北京大学出版社，1989。
② 张芝联：《法国通史》，410~411 页，北京，北京大学出版社，1989。

世俗化的教育，加强国家对教育的控制；在高等教育方面，重新组建大学，收回私立高等教育机构颁发学位的权力；在职业教育方面，确立法国职业教育的基本原则和总体框架，明确国家在职业教育的发展、管理、资助等方面的责任和权力；等等。通过大半个世纪的改革，法国教育开启了现代化进程。

第一节　学前教育

19 世纪末是法国学前教育的正式兴起时期。在这一时期，法国的托儿所在之前幼儿慈善教育机构的基础上迅速发展起来。之后随着《费里法案》(《第一费里法案》和《第二费里法案》的合称) 对母育学校的认可以及 1886 年《戈伯莱法案》和 1887 年《母育学校组织法》的颁布，关于学前教育机构的创办和发展问题正式成为法国教育领域关注的主要问题。20 世纪上半叶，法国的学前教育已经迈入现代化教育发展的轨道中，成为法国学校教育体系中不可分割的一部分。

一、早期学前教育机构的兴起与发展

法国最早的学前教育机构出现于 18 世纪 70 年代，肇始于 1776 年 J. F. 奥伯林 (J. F. Oberlin, 1740—1826) 创办的编织学校。这种学校是以 3 岁以上的幼儿和年幼的学童为对象，对其进行保育的场所。编织学校最初只是在农忙季节收容幼儿和学童，教儿童法语、格言和童话故事以及观察植物、会话、地理方面的知识等，同时还带领儿童做游戏。对于学童主要进行缝纫、纺织与编织方法的传授，教授历史、农村经济常识等方面的知识。在创办者奥伯林看来，编织学校旨在满足三个目的：一是为儿童创造一种有秩序的生活，使其形成一定的纪律性;二是通过教授标准法语等,提高儿童的语言表达能力;三是通过手工技能的教学培养儿童的勤劳品质。① 总体来讲,奥伯林的编织学校和当时法国社会的教会学校较为相似,属于一种具有慈善性质的儿童保育机构,更关注其作为一种社会慈善机构对于增进社区福利的功能。

除了编织学校之外,法国社会还存在另一种学前教育机构——托儿所。这种机构最先在19世纪初期由帕斯特莱(Pastoret)夫人发起创办。1826年,在法国妇女会和塞纳县贫民救济会的支援下,一所收容80个孩子的托儿所在法国建立起来。当时贫民救济会为托儿所提供了3000法郎的补助金,附带房屋和土地。因而自建立起,托儿所就具备慈善性质。正如曾对法国托儿所的创立起指导性作用的巴黎第12区区长J. D. 柯夏(J. D. Cochin)在他的《托儿所纲要》中所言:"可以认为,托儿所的创建,在公共的(贫民)救济设施之中是最为有效的、最现实的、最有力的、最有成果的。它……给贫民带来了充足的救济;使他们无论什么时候,至少有了工作的自由;使他们的生存更容易、更愉快、更有名誉。对于祖国来说,它为孩子提供了受教育的有力手段,为父母提供了受益的有力手段。它使人们将来更富裕,使最神圣、最优美、最纯洁的人性开花结果……它显然不仅是为大多数市民创造更好的现存条件,而且为将要继承他们的孩子们创造更美好的未来。"②

托儿所的创办揭开了法国学前教育新的一页。19世纪初期,在柯夏的协助下,法国发起了一场托儿所运动。1837年12月,法国颁布了关于托儿所的最早的敕令,涉及托儿所的管理、监督体系。在那之后,托儿所一直适用该敕令。

---

① 日本世界教育史研究会:《世界幼儿教育史》上册,刘翠荣、梁忠义、吴自强等译,65~66页,长春,吉林人民出版社,1986;唐淑:《学前教育史》,286~287页,北京,人民教育出版社,2007。

② 日本世界教育史研究会:《世界幼儿教育史》上册,刘翠荣、梁忠义、吴自强等译,123页,长春,吉林人民出版社,1986。

该敕令明确指出："托儿所或者为幼儿开设的学校，是考虑到六岁以下的儿童需要母性的监督和最初的教育，而为他们开设的慈善设施。在托儿所里，用必要的方法进行宗教教育、读、写和心算这些初步知识的最基本的训练，而且与教育性的、道德性的唱歌、画线及一切基本的作业结合在一起。"①从这里同样可以确认托儿所的慈善性质，同时可以了解到托儿所的教育内容是进行宗教教育和读写算教学。该敕令还将托儿所分为公、私两种类型，指出公立托儿所的全部或一部分费用由公共经费来供给。除此之外，该敕令还制定了托儿所的管理和监督制度。1840 年，在下议院议员多莱谢尔的努力下，还创设了由国库支付的托儿所基金。多莱谢尔在向法国议会提议时曾强调这笔基金对儿童的益处：第一，由于"孩子们得到了可靠的保护"，从而保证了贫民、工人的劳动；第二，能使贫民、工人的孩子们"从小养成守秩序、服从、爱劳动、爱清洁的习惯"。②

随着托儿所在行政上的整顿、公共资金和国家财政的援助以及民众的认可，到 19 世纪中期，托儿所已经在法国得到了迅速发展和普及。表 7-1 为 19 世纪中期之前法国托儿所的发展情况。

表 7-1　19 世纪中期之前法国托儿所的发展情况

年份	托儿所数量（所）		托儿数量（人）	
	公立	私立	公立	私立
1836	——	——	——	——
1837	——	——	——	——
1840	——	——	——	——

①　日本世界教育史研究会：《世界幼儿教育史》上册，刘翠荣、梁忠义、吴自强等译，131 页，长春，吉林人民出版社，1986。

②　日本世界教育史研究会：《世界幼儿教育史》上册，刘翠荣、梁忠义、吴自强等译，134 页，长春，吉林人民出版社，1986。

续表

年份	托儿所数量(所)		托儿数量(人)	
	公立	私立	公立	私立
1843	685	804	72411	23781
1850	1055	680	129352	30892

　　资料来源：日本世界教育史研究会，《世界幼儿教育史》上册，刘翠荣、梁忠义、吴自强等译，134 页，长春，吉林人民出版社，1986。

二、福禄培尔的幼儿教育思想对法国学前教育的影响

　　19 世纪中期，普鲁士反革命政权为了扼杀三月革命成果，在国内推行一系列反动政策，教育领域也未能幸免。1851 年，普鲁士反革命政权颁布幼儿园禁令，使福禄培尔的幼儿园遭到取缔。福禄培尔费尽心力最终还是未能等到禁令的撤销，于 1852 年去世。福禄培尔的学生马伦霍尔兹·缪罗夫人为推广和普及福禄培尔的学前教育理论和实践奔走呼号。1855 年，缪罗夫人来到法国。在法国停留的 3 年，缪罗夫人做了 100 多场宣传讲演，使福禄培尔的学前教育思想在法国生根发芽。缪罗夫人后来回忆了福禄培尔的思想与实践传入法国托儿所的过程。

　　　　由于皇后(乌色妮)是托儿所中央委员会的名誉会长，当时菲尔德枢机卿马洛特(后来任巴黎大司教)是会长，要向托儿所引入福禄培尔的教育方法，只有直接向这两位权威者请求才能达到目的。我向皇后提出请求后，马上得到采纳。教育部部长福特尔得知后即下令对这个问题要妥善地关照。拜见教育部部长后，我的心愿得到满足——设立实验性的试行研究委员会。为了进行这个初次试验，指定了位于厄休琳街的巴佩·卡尔斑谛夫人领导的国际托儿所保姆培训学校附属托儿所担当这一工作。

在我的指导下，按照福禄培尔的教育方法，儿童在托儿所生活
3个月后，试行研究委员会对实施后所取得的成果表示非常满意。不
仅如此，还向教育部提交了正式报告，建议把幼儿园的方法引入现
有的设施，尽可能使幼儿园同初等学校相衔接。还委托在改进托儿
所方面曾立下丰功伟绩的巴佩·卡尔斑谛夫人继续引入福禄培尔的
工作经验；并且为培养托儿所的指导者，还指示她向师范学校学生
讲授福禄培尔的教育方法。[1]

由此，通过缪罗夫人的努力，加上行政指示和多方协助，福禄培尔的学
前教育思想和实践得以在法国顺利地引介和推广开来。19世纪中后期，法国
教育部发布了大量有关幼儿园的教育刊物和指导手册。为了普及幼儿园这种
新型的学前教育机构，法国民间出版了相关杂志如《儿童之友》《托儿所会报》
等，经常刊载与福禄培尔相关的学前教育理论和实践。可以说到19世纪后半
叶，福禄培尔的幼儿教育思想已经深入法国学前教育领域。

关于福禄培尔的学前教育思想和实践在法国的普及程度，有研究表明，
在法国只有有限的群体和阶层理解并真实地受到了幼儿园的恩惠。因为福禄
培尔的幼儿园最多只能容纳25名儿童，儿童在其中可以得到保姆、教员充分
的照顾和看护。而法国一般托儿所平均收容儿童80~100名。这在某种程度上
就将福禄培尔的幼儿园和法国原有的托儿所区分开来了。幼儿园的真正意义
在于对少量的幼儿进行充分的照料和养护，能进入其中的多是上等阶层家庭
的孩子。而托儿所在本质上依旧是一种面向中下层子弟的慈善机构，旨在为
孩子寻求一个庇护和收容所。这样就在法国形成了一种双轨的学前教育制度：
普通中下层民众的孩子更多进入托儿所，上层子弟则被送到幼儿园。幼儿园

---

[1] 日本世界教育史研究会：《世界幼儿教育史》上册，刘翠荣、梁忠义、吴自强等译，352页，
长春，吉林人民出版社，1986。

主要由上等阶层维系和承担，数量很少；而托儿所主要靠公共经费资助和维持，数量巨大，设备简陋。

关于福禄培尔的学前教育内容和方法在法国学前教育机构的实施情况，可以从 19 世纪末巴黎科学院管区副院长奥克塔维·格里德早期的教育实践中看到端倪。为了践行自己对于福禄培尔恩物作业的设想，格里德曾在巴黎开办了两所托儿所，将福禄培尔的恩物作为教具开展教学，同时增加保姆人数来更好地照料儿童。这可以看作福禄培尔幼儿教育内容和方法在法国学前教育领域的渗透。除此之外，1881—1882 年法国颁布的一些学前教育法规中也可以看到福禄培尔的影子。比如，一些法规要求建立铺着沙子的运动场，设立用于娱乐的庭院，并在庭院中栽种花卉、草木，把一些恩物作为教具等。

由此，可以说福禄培尔对法国学前教育的影响是深远但有限的。它将现代化的幼儿保育内容和手段引进法国，将学前教育的注意力集中到儿童的智识能力、动手能力、思考能力、户外游戏和活动上。但是，它仅为法国上层社会子弟提供了少数人可以享有的幼儿园教育，而大部分中下层子弟依旧被收容在托儿所中。

三、现代学前教育制度的确立：从托儿所到母育学校

19 世纪后期，托儿所继续在法国发展、充实和完善。19 世纪末，托儿所已经成为法国主要的学前教育机构。表 7-2 为 19 世纪末法国托儿所的发展情况。

表 7-2　19 世纪末法国托儿所的发展情况

年份	托儿所数量(所)		托儿数量(人)		托儿数量与托儿所数量之比
	公立	私立	公立	私立	
1850	1055	680	129352	30892	92.4
1861	—	—	—	—	110.4

续表

年份	托儿所数量(所)		托儿数量(人)		托儿数量与托儿所数量之比
	公立	私立	公立	私立	
1863	2335	973	315568	68288	116.0
1865	—	—	—	418798	117.2
1867	2589	1080	356421	75720	117.5
1875	2773	1267	400796	102315	124.5
1876	2785	1367	420110	111967	128.3
1878	2933	1513	451972	134020	131.8
1880	3031	1624	467533	138481	130.2
1881	3136	1734	472111	149066	127.6
1882	3161	1891	480602	163782	127.5
1883	3345	2030	497144	181941	126.2

资料来源：日本世界教育史研究会，《世界幼儿教育史》上册，刘翠荣、梁忠义、吴自强等译，360 页，长春，吉林人民出版社，1986。

19 世纪末，法国每所托儿所平均收容 80~100 人。在城市或工作密集的地区，托儿所收容的儿童可能达到 200 人，有时甚至达到 300~400 人。在这种情况下，托儿所的保育质量其实是难以得到保证的。但这并不影响各地区创办托儿所的积极性——泽尔县动员市、镇、村在创建学校时尽可能留下一部分房间做托儿所用，而且对那些照办者发给奖金；茹库斯学校管理区新建 71 所托儿所；楞奴学校管理区请专业人士协助改进和完善托儿所设施，使学区内托儿所的保育质量在附近保持名列前茅；布罗纽市当局提供 85000 法郎作为托儿所的维持经费，同时还公费雇佣专门的医生来保证托儿所儿童的身体健康；等等。①

1840 年，法国教育部部长卡尔诺曾提出将法国的托儿所更名为"母育学

---

① 日本世界教育史研究会：《世界幼儿教育史》上册，刘翠荣、梁忠义、吴自强等译，361~362 页，长春，吉林人民出版社，1986。

校",但当时并未获得满意的反馈。1881—1882年,法国政府《第一费里法案》和《第二费里法案》确立了国民教育的世俗化、免费性和义务性原则,并规定初等教育中的免费原则同样适用于母育学校。这是官方文件中第一次正式使用"母育学校"这个名称,之后这一名称便一直沿用至今。同时,这也是第一次通过法律形式规定市、镇、村对托儿所的维系和扶持义务。自从这一法案颁布之后,托儿所(母育学校)保姆教员的工资皆由公共经费来支出。

1881年颁布的法规对母育学校做出了如下定义:母育学校是能为儿童提供体、德、智全面发展教育的学校。[①] 当时为母育学校的发展付出诸多努力的教育部母育学校总督学、第一位法国公共教育最高委员会委员保利娜·克戈马尔(Pauline Kergomard)曾谈到希望母育学校成为如同幼儿们在家里学习知识并受到慈母照料一样的地方。

在母育学校中,2~6岁的儿童根据年龄和理解力分成两个组:2~4岁为第一组,5~6岁为第二组。采取男女儿童混合编班的方法使母育学校成为一个大家庭:教师就像是父母一样关怀和照顾每一位儿童;儿童则像是一家人一样聚集在母育学校中,一起游戏,一起生活,一起成长。从母育学校的名称和编班教育的方式来看,法国的学前教育具有一种家庭养护与教育子女的特质,采取一种温暖、宽容、自由发展的教育和培养方式。

母育学校的保育内容主要包括:①道德教育的初步原理,通过家庭中的话题、提问、谈话、歌曲等向儿童灌输对家庭、国家等应尽的义务;②手工作业的训练;③唱歌、身体锻炼;④日常应用知识,主要包括衣、食、住、颜色与形状、时间与季节的区分等;⑤会话、书法、初步读法、语言练习、博物和地理概念以及儿童易于理解的故事等。[②] 从这里面可以看到,母育学校

---

① 日本世界教育史研究会:《世界幼儿教育史》上册,刘翠荣、梁忠义、吴自强等译,366页,长春,吉林人民出版社,1986。
② 日本世界教育史研究会:《世界幼儿教育史》上册,刘翠荣、梁忠义、吴自强等译,368~369页,长春,吉林人民出版社,1986。

相较于主要作为收容机构的托儿所，更关注儿童的智识能力培养和知识学习，且学习范围比较广泛。这一点成为后来母育学校遭到批判的主要原因。同时可以发现，在母育学校中，关于宗教教育的大部分内容已经被清除出去了。这也是1881年和1882年法规所一直坚守的世俗化原则的体现。除此之外，传授日常生活常识和培养生活能力在母育学校中得到了重视。母育学校根据儿童的发展阶段多采用直观教学法对儿童进行教育。

1886年，《戈伯莱法案》再次强调了幼儿学校或幼儿班的重要性。紧接着1887年，法国颁布了《母育学校组织法》，作为对《戈伯莱法案》的补充执行法规。该法规对母育学校应具备的设施设备和教材、教学内容条件做了规定。在教材和教具方面，该法规建议母育学校配备：①玩具，主要包括用木头或橡皮制作的动物、娃娃穿换的衣服、用铅和木头制作的军士模型、过家家玩的器具、积木箱、小桶、铁锹、手车、跳绳、旋转环、球；②完成地理和结构作业用的沙子；③碎木块、小棍等；④连环画；⑤手工作业必需的用具；⑥刻有棋盘纹的石板；⑦日用品；⑧地球仪和挂图；⑨音叉；⑩哨子。在教学内容方面，该法规规定：①游戏以及按发展阶段进行的伴有歌曲的运动；②用手进行的训练；③道德教育的初步原理；④常用的知识；⑤语言的训练、讲故事或谈话；⑥会话、阅读、书法、初步的运算。①

从以上可以发现，母育学校在19世纪末依旧保留了主知主义的特点，而且在里面看到了福禄培尔的玩具、教具、教学法的影子。这些与母育学校的前身——托儿所之间的差别已经不可同日而语。而这种主知主义的保育内容最终在法国社会引发了诸多议论。

1905年，教育部部长在批示中对母育学校进行了批判："母育学校的教育目的有点弄错了，那里的老师有点像小学老师的。人们忘记了母育学校的本

---

① 日本世界教育史研究会：《世界幼儿教育史》上册，刘翠荣、梁忠义、吴自强等译，371～372页，375页，长春，吉林人民出版社，1986。

来目的。它既不是贫民托儿所,也不是初等学校,而仅仅是向初等学校迈进的地方。"部长指责了母育学校的"小学化"倾向,批判了社会上对母育学校功能和地位的错误看法,并对教学计划中的手工作业进行了批判;认为作业应该全部从母育学校中去除掉。对于母育学校中的阅读和书法教学,部长也表示这并不是母育学校的目的。

1908 年,教育部部长再次发布指示:母育学校的目的是对学龄前儿童加以照料,满足他们在体、德、智三方面发展的要求。母育学校不是一般意义的学校,而是保护儿童安全的安置所。因此,母育学校应该鼓励母亲整天在外工作、家里无人照料的儿童每天来这里上学。[①] 由此,明确了母育学校的主要职责在于照顾那些无法得到母亲照料的儿童,促进儿童身心的健康发展,保护他们的天性,而不应该将知识教育和智力培养放在核心位置。

从托儿所到母育学校的发展历程中可以发现,法国学前教育已经关注到儿童的天性、主体性、自主性,已经开始将儿童作为特殊的群体进行保育和教养。虽然主知主义的教学受到了明确的批判,但对于儿童的科学认识和理解已经将法国学前教育推入现代化的轨道中,使其进入了新的时代。

1927 年,法国政府颁布政令,详细规定了母育学校必备的校舍和设备:①门口需要一个客厅作为接待室;②校长室;③物品寄存处;④娱乐室;⑤教室;⑥休息室;⑦厕所;⑧食堂;⑨必要的器具;⑩运动场;⑪教员室。除此之外,还对母育学校每一项设施的配备、采光、取暖、卫生条件都做了详细的规定。至此,母育学校作为法国学前教育的主要机构,和幼儿班一起成为法国正规教育体系的重要组成部分。随着 20 世纪上半叶母育学校和幼儿班的稳定发展,法国学前教育制度基本确立下来。表 7-3 为 20 世纪上半叶部分年份法国母育学校和幼儿班的发展情况。

---

① 日本世界教育史研究会:《世界幼儿教育史》上册,刘翠荣、梁忠义、吴自强等译,375~376 页,长春,吉林人民出版社,1986。

表 7-3 20世纪上半叶部分年份法国母育学校和幼儿班的发展情况

年份	母育学校(所)		幼儿班(个)	
	公立	私立	公立	私立
1939	3440	391	8745	330
1949	3653	217	4385	397

数据来源：日本世界教育史研究会，《世界幼儿教育史》上册，刘翠荣、梁忠义、吴自强等译，195页，长春，吉林人民出版社，1986。

第二节 普通教育

19世纪后期第二次工业革命、马克思主义的迅速传播、巴黎公社起义等重大事件对20世纪法国的政治和社会局面产生了深远影响。虽然不到50年的时间里发生了两次破坏性极大的世界大战和一次严重的经济危机，但法国的教育还是在国内外有利因素的影响下取得了一定的进步，逐步走向现代化。在这一时期，法国初等教育的普及化和世俗化进程不断推进，中等教育逐渐走向现代化、民主化，女子教育和师范教育有了新的进展。最终这些发展借由20世纪上半叶的统一学校运动，共同推进了法国普通教育的民主化进程。

一、初等教育的普及与发展

在19世纪后期的很长一段时间，法国的初等教育基本上由教会控制，发展较为缓慢。直到法兰西第三共和国时期费里教育改革之后，法国的初等教育才得到较快的发展。世俗化、免费性、义务性的原则在基础教育领域被确立下来，义务教育制度得以建立起来。

朱尔斯·费里(Jules Ferry，1832—1893)是第三共和国前期的一位重要人物。作为哲学家 A. 孔德(A. Comte，1798—1857)的学生，他强调人类社会是一个进化着的统一有机体,因而应该促进社会思想的统一。在他看来,要想稳定国家的新秩序,绝对需要建立一个新的精神支柱、一个社会"共同的灵魂"。因此,他试图在理性和科学的基础上建立民族统一体,而学校就是实现这种统一的有效工具。①

在费里看来,基础教育是建立民族统一体的重要基石。因而他将教育改革的重点放在基础教育方面,试图在法国建立一种免费的、世俗的义务教育制度。费里认为一旦所有法国青年都在免费、义务、世俗这三项原则下成长起来时,我们便不必再担心旧日复辟,因为我们有了自己的武装。② 但他的这种主张在当时法国社会遭到了教会和保守派的强烈反对。尤其在关于对所有人进行最低程度的教育的必要性问题上,费里与反对派进行了激烈的论争。最终1881年法国议会通过了关于初等教育的法案,即《第一费里法案》。该法案规定,法国实行免费的初等教育,公立学校不再收取任何学费。为了落实免费初等教育政策,费里提出把国家预算的七分之一作为公共教育经费。通过这样一种免费的初等教育政策,费里事实上为法国多数贫困家庭打开了教育之门,使更多的儿童能够进入学校中接受至少是最低程度的教育。在这之后,费里的初等教育改革并未停止。

1881年之后,费里继续推进初等教育的世俗化和普及化进程,并于1882年说服法国议会颁布了《第二费里法案》。该法案明确规定,国家所有6~13岁的男孩和女孩都应该接受初等教育,这种教育可以在公立学校、私立小学或家庭中进行。对于在家庭中接受教育的儿童要定期接受检查和考核,各地市镇的教育委员会要经常检查儿童上学和在家接受教育的情况。另外,该法案还提出要对那些擅自不送子女进入学校或不对儿童进行任何形式教育的家长进行处罚。这表明一种强制性、免费性、公共性的初等义务教育制度

---

① 邢克超、李兴业:《法国教育》,102页,长春,吉林教育出版社,2000。
② 张芝联:《法国通史》,416页,北京,北京大学出版社,1989。

开始在法国建立起来，该法案也被称为法国的义务教育法。

1886年，费里的继任者戈伯莱（Goblet，1828—1905）继续推进对法国基础教育的改革和完善工作。戈伯莱主持制定的关于初等教育机构的法律《戈伯莱法案》被视为法国初等教育的基本法，它确定了国家和地方政府对基础教育的监督和管理权、教师世俗化以及实施初等教育的主要机构等内容。尤其是对于在法国实施初等教育的机构的确定在很大程度上为法国初等教育长远而持久的发展提供了重要的法律保障。

《费里法案》和《戈伯莱法案》颁布和实施后，法国初等教育得以迅速发展起来。据统计，1876—1886年，公立小学学生从382.3万人增加到444.4万人；1850年全国没有开办小学的市镇有3213个，到1881年减少到152个，到1886年仅剩下80个。1876年，法国小学中超过80人的班级为3543个，到1886年减少为758个；1890年法国84%的小学班级都减少到50人或者50人以下。这样就方便更高效地实施教育教学和学生管理。19世纪90年代，法国公立小学已达到68000所，私立小学达到15000所。[①] 而且，这一进程还在继续加快。1936年年初，代表民主进步力量的"人民阵线"在法国议会选举中获胜，让·泽（Jean Zay）被任命为教育部部长。在任期间，他积极推动法国教育的民主化改革，并取得了较为显著的成效。其中一项重要举措就是，1936年颁布的法案将法国义务教育延长至14岁，使更多的中下层子弟有了接受教育的机会。为保证教育质量，国家还对各级教师资格进行统一规定，要求执教者应具备相应的教学能力证书。这在一定程度上推进了法国初等学校教师的专业化发展。

"二战"爆发后，法国社会陷入倒退，文化教育方面受到重创，世俗教育发展也受到影响，法国基础教育的民主化进程受阻。

"二战"结束后，法国的教育逐渐开始恢复，初等教育也重新开始复苏，

---

① 张芝联：《法国通史》，417页，北京，北京大学出版社，1989。

义务教育制度得以恢复。1959年，教育部部长让-玛丽-皮埃尔·贝尔图安(Jean-Marry-Pierre Berthoin)在教育改革中通过《贝尔图安法》，继续将法国义务教育的年限延长至10年(6~16岁)，而且使16岁之后的法国高中生仍可享有免费教育。

为了保障世俗教师队伍的持续发展，19世纪80年代在义务教育制度建立后，法国于1889年颁布了将公立学校教师列为国家公职人员的法规，使法国成为最早将小学教师作为公职人员的国家之一。以往公立小学的教师都是由地方(市镇)聘任，并由地方为受聘教师提供住房和教学场所；教师工资由市镇和学生缴纳的学费共同负担。而1889年法规明确规定，初等教育的办学经费主要由国家支付；所有公立初等学校和师范学校的教师、行政和教辅人员的工资以及师范学校学生的助学金，也一律由国家负担。市镇当局只负责本地公立学校的日常开支，包括提供校舍、教学设施、供暖、照明及维修等费用。公立学校教师被纳入国家公职人员，对初等教育师资队伍的稳定发展起到了非常重要的保障作用，也在很大程度上为法国初等教育的长远发展提供了物质和人力保障。

二、中等教育现代化进程的开启

法国中等教育的历史较为悠久，到拿破仑时期尤其重视中等教育，开办了国立中学和市立中学，初步显现出涵盖初中和高中的中等教育结构。19世纪后期已经逐步形成了以人文科学为主的古典中等教育传统。19世纪末，随着第二次工业革命的开展、科学技术的迅速发展，在第三共和国时期费里教育改革之后，法国中等教育从学校机构到教育内容都发生了重大的变化，中学的现代科学教育得到强化。之后，随着马克思主义的广泛传播、工人运动的蓬勃发展，教育的民主化呼声在20世纪空前高涨，法国的中等教育现代化进程明显加快。在19世纪末初等教育改革已经基本完成的情况下，20世纪上半叶法国教育民主化的努力主要集中在中等教育领域。

在这一时期，法国中等教育的免费制度建立起来。继 19 世纪末对初等教育实行免费制度之后，中等教育的世俗化、免费性工作便在酝酿之中。20 世纪上半叶，受统一学校运动的影响，中等教育的免费制度工作得以推进。从这一时期颁布的一系列财政法规中便能看到推进过程。1927 年，法国财政法提出，在附设高级小学或设置职业技术教育的中等学校，初中实行免费政策。1928 年，法国财政法再次将中等教育的免费原则提出来，并且将免费范围扩大到中等学校的高中班和小学班。1930 年，法国财政法提出，取消所有公立学校第六年级的学费，以期逐步实现中等教育完全免费这一改革。1933 年，法国财政法再次扩大免费范围，对国立和市立中学的所有班级全部实施免费政策。

免费政策的持续性推进在很大程度上推动了法国中等教育的发展。1929 年，国立和市立中学第六年级接收 10848 名男生，1930 年入学时突然增加到 14955 名。之后这种增加的态势还在继续，到 1939 年，第六年级有男生 19967 名。[①] 伴随着入学人数增加，公立中学学生总数也在不断增加。仅 1930—1936 年，法国公立中学的学生就从 18 万人增加到 27 万人。1941 年，法国当局恢复了高中收费制度，对 20 世纪 30 年代的教育民主化浪潮倒行逆施。1945 年，法国政府又恢复了战前的规定，继续推行国立和市立中学的免费制度。之后又将免费制度拓展至大型国立中学的大学校预备班和其他中学后班级。20 世纪 40 年代免费制度的推行又一次推动了法国中等教育的发展。1944 年，法国中学学生数量约 21 万人，到 1958 年增至 50 万人。

20 世纪初期，法国义务教育年限得以延长，拓展至中等教育阶段。《费里法案》提出对 6~13 岁儿童实行强制性、免费性的义务教育。1936 年，执政的"人民阵线"决定把执行了半个多世纪的义务教育制度的教育年限延长 1 年，

①　张人杰：《教育学文集》第 20 卷，44 页，北京，人民教育出版社，1994。

到14岁结束。这样6~14岁儿童的强制义务教育制度延伸至中等教育阶段。

"二战"爆发后，中等教育的民主化进程受到影响，义务教育制度的推进和中等教育免费制度的持续实施也受到一定的影响。但这两项制度的建立确实带来了法国中等教育的现代化，为战后的恢复和发展奠定了重要基础。"二战"之后，法国中等教育发生了根本的转变。经过几次重要的教育改革，最终建立起比较完整的中等教育体系。

1959年，戴高乐政府颁布了一项重要的教育法规，对法国中等教育结构进行改组。首先，把义务教育的年限延长，实施6~16岁的义务教育制度。其次，取消小学升初中的入学考试，以利于普通民众尤其是中下层子弟入学，推进教育的民主化。最后，更改中学机构的名称，建立普通和技术两种类型、长期和短期两个层次、四种机构并存的中等教育机构。1959—1967年，法国基本完成了十年义务教育的普及。[1]

三、女子中等教育与师范教育的进展

19世纪末至20世纪上半叶法国教育民主化的另外一个表现是女子中学和师范学校的发展。虽然1850年法国相关政策就规定居民超过800人的市镇就要开办一所女子学校，但当时学校的主导权主要还是掌握在教会手中。1880年，法国通过了一项法规，提出要在省和市镇支持下由国家开办女子中学。1881年，法国的30个城市中建立了女子教育的相关设施。据统计，当时一共创建了18所女子国立高级中学和12所女子市立中学。[2] 20世纪初，女生进入中学及以上层次教育机构的比例持续增加；且教育的层次越高，女生比例的增加速度越快。仅1920—1939年，女生在大学所占的比例就从不到5%上升至30%。

---

① 邢克超、李兴业：《法国教育》，120页，长春，吉林教育出版社，2000。
② 张人杰：《教育学文集》第20卷，19页，北京，人民教育出版社，1994。

除女子中学之外，19 世纪末期起，专门培养小学教师的师范学校在法国迅速建立和发展起来。1883 年，法国尚有 8 个省未创建培养小学男教师的师范学校，只有 19 个省创建培养小学女教师的师范学校。1887 年，法国所有省都创建了培养小学男教师的师范学校，并且创建了 67 所培养小学女教师的师范学校。① 另外，为了确保师范学校的教师得到培训，使师范学校体制日臻完善，费里创办了两所高等师范学校，即丰特奈-欧罗斯高等师范学校和圣克卢高等师范学校，专门为师范学校培养教师。② 之后，更多的师范学校创建。到20 世纪上半叶，法国的师范教育已经步入快速发展的轨道。伴随着女子中学和师范学校的发展，法国中等教育进入了现代化进程。

四、统一学校运动

19 世纪末 20 世纪初，随着第二次工业革命的推进，工业化、城市化进程加快，法国社会不同阶层之间的界限越来越分明、矛盾越来越凸显。在教育领域主要表现为不同阶层出身的青少年在教育机会、接受教育的级别等方面有明显的差异。由此，一种要求教育平等、公平和统一化的声音越来越响亮，教育民主化的呼声也越来越受到关注。"统一学校"就是在这种背景下提出的，进而在 20 世纪发展成一场席卷法国各级教育的统一学校运动。

19 世纪末 20 世纪初，法国教育制度基本呈现出双轨制的态势。在学前教育阶段，一轨是家庭教育，另一轨是母育学校；在初等教育阶段，一轨是国立中学、市立中学和中学预备班，另一轨是小学、高级小学、补习班和职业学校；在中等教育领域，一轨是国立中学和市立中学，另一轨是职业学校和职业讲习班以及师范学校；在高等教育阶段，只有国立中学或市立中学的毕业生才可能进入大学和高等技术学校，如图 7-1 所示。

---

① 张人杰：《教育学文集》第 20 卷，19~20 页，北京，人民教育出版社，1994。
② 张人杰：《教育学文集》第 20 卷，20 页，北京，人民教育出版社，1994。

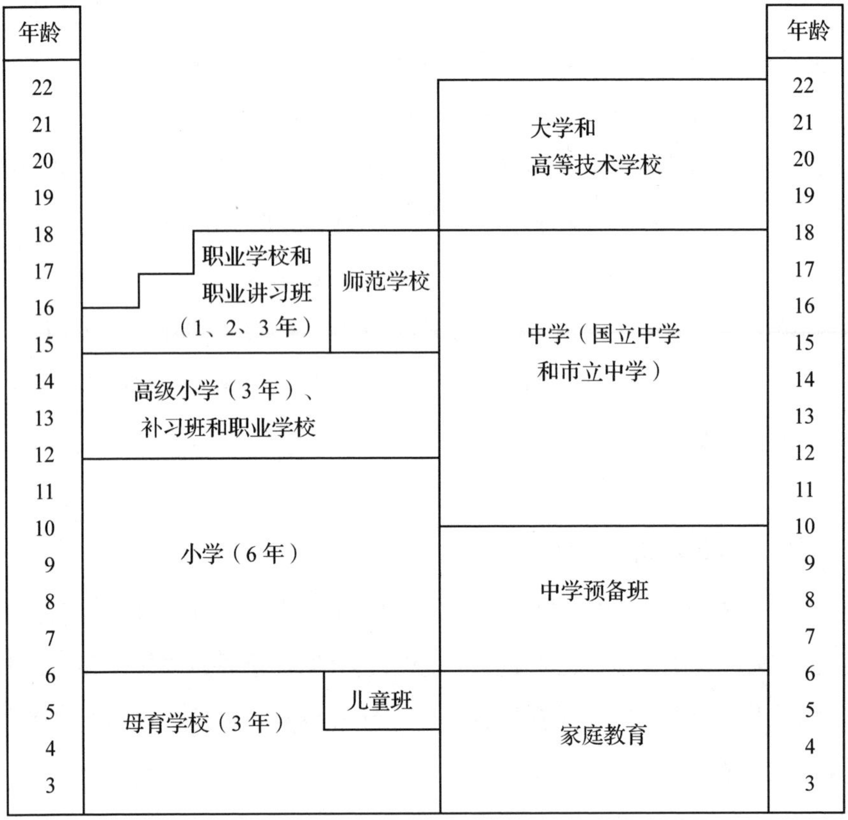

图 7-1　20世纪初法国学制

资料来源：曹孚，《外国教育史》，307页，北京，人民教育出版社，1979。

　　这样各自有完整的体系的两个等级的教育显然无法满足民众对于教育民主化的期待。1918年，法国新大学同人会曾指出，"把法国人一出生就分为两个阶级，通过不同的教育而永远固定之，这是违背良知、违背正义而违背国家利益的"①。该组织呼吁建立一种统一的教育体制，同时解决民主教育和择优录取两个问题。一方面确保所有儿童都有接受国家所能施行的最广泛的教育的权利，另一方面通过区别禀赋择优选拔。

_____

① 张人杰：《教育学文集》第20卷，11页，北京，人民教育出版社，1994。

1924 年，法国成立统一学校委员会，致力于探讨统一学校的可行性问题。在法国新大学同人会继续探讨统一学校的可行性问题时，教育同盟及各个工会也发表报告讨论这一问题。在众议院，国立中学教师 H. 迪克斯（H. Ducos）更借着每一个预算案讨论之机都将统一学校的讨论进展加以介绍。然而讨论的结果并不尽如人意，因为在人人称赞的统一学校之下掩藏着意见分歧。

在关于初等教育应该统一和中等教育应该免费的立场上，民众的意见基本一致。但在关于初等学校和中学第二阶段的学校结构上，民众出现了比较严重的分歧：第一种观点认为应该扩大初等教育，将其从 11 岁延长至 13 岁或 14 岁，这样中等教育就可由之前的 7 年缩短为 5 年；第二种观点是坚持维护法国的中等教育传统；第三种观点则建议从中等教育中划分出中间学校。[①] 除此之外，对统一学校的一些误解导致了统一学校发展缓慢。比如，统一学校政策被认为是一种削弱甚至撤销私立学校而使公立学校独占鳌头的教育政策。另外，由于民众谴责当时的中等教育具有阶级性，费用昂贵，将寒门子弟排斥在外，因此统一学校政策被简单地理解为只要是免费的中等教育便能民主地选拔英才。这些观念上的分歧和误解使统一学校虽得到诸多支持但发展却一直步履维艰，难以付诸实践。

1926 年，教育部部长 E. 赫里奥特（E. Herriot）试图通过一种混合的实验将高级初等学校或工商实科学校的学生与国立中学或市立中学相应水平的学生聚集在一起，上某些共同的课程（如法语）。这是试图将水平相同而使命不同的学校进行协调的第一步。由于学生人数有限，要在一个市镇同时创建和维持市立中学、高级初等学校、工商实科学校其实是很困难的。但出于对完整的教育管理权的期待，多数学校都愿意加入统一学校实验中。1926 年参加实验的有 150 所学校。1926 年 7 月，北方省率先开始推行这种统一学校实验。设在小学之后，先是一年的中学预科，学习拉丁文、古代史、现代外语等，

---

① 张人杰：《教育学文集》第 20 卷，38~39 页，北京，人民教育出版社，1994。

学习程度与小学第六年级相近;在一年预科之后,学生分别进入中等教育、高级初等教育和技术教育三个不同的方向接受不同的教育。[1] 这是法国的第一所统一学校,之所以能够顺利实施这一实验是因为它是作为教育节约措施被提出来的。在 1926 年的教育法规中,赫里奥特提出,"一战"导致出生率大幅下降,致使 10 年后高级初等学校和中学的学生数减少,因此创建统一学校的目的在于节约师资和物资。战后随着人口的增加,这一实验也随之结束。

1927—1933 年,法国教育部都在为免费中等教育及其选拔标准而努力。1933 年,六年级入学考试制度建立。但中等教育内部的混乱问题,小、初衔接的不畅问题并未得到解决。后来让·泽作为新一任教育部部长开始进行全面的教育革新。

1936 年,让·泽首先使长期以来存在争议的义务教育年限延长至 14 岁的法案获得通过。之后,为了使教育成为上下相序、连贯顺畅的整体,他建议取消国立中学里的基础班,将各类中学的基础班都划归为初等教育,在国立中学和市立中学的初级阶段实行统一学校制度。把古典教育、现代教育、技术教育作为同一教育等级中的三个平行系列,使中等教育成为统一的、分阶段且相互承续的整体,形成中等教育的统一体制。另外,在中学阶段进行方向指导,对学生的兴趣和能力进行系统的、连续的指导。1937 年,统一学校草案提交法国议会,但这项被称为"人民阵线"的法案由于法国国内外政治危机的原因并未获得通过。之后,J. 卡克皮诺(J. Carcopino)继承让·泽的事业,试图将法国的高级初等学校并入中等教育,使其成为市立现代中学,改变高级初等教育和中等教育因财富而分化(前者为富裕子弟而设,学费昂贵;后者为贫家子弟免费设立)的局面。同时,卡克皮诺将工商实科学校并入中等教育,使其成为市立中学。这样集古典、现代与技术为一体、既平行又竞争的

---

① 张人杰:《教育学文集》第 20 卷,42 页,北京,人民教育出版社,1994。

几种中学，成为改变之前互不连贯、相互隔离、陷入不良竞争状态的又一次尝试。

在教育部部长 C. 福切特（C. Fouchet）的努力下，法国于 1959 年通过《教育改革法令》，决定在中学第一阶段（初级中学）设置两年的"观察期"，之后再进行学业定向指导。原因在于，福切特认为之前在 13 岁就为学生确定学业方向为时过早。① 随后，福切特于 1963 年颁布法规决定创建一种新型综合学校——市立中等教育学校，把中等教育第一阶段的各种教育渠道置于统一领导之下。② 市立中等教育学校学制四年，前两年为观察阶段，后两年为方向指导。由此，市立中等教育学校作为统一学校改革的象征，成为法国推行综合中学教育的第一步。

法国统一学校的进程事实上到 20 世纪 70 年代才有了更大的进展。1975 年，法国议会通过了国民教育部部长 R. 哈比（R. Haby）提出的《哈比改革法案》。其中就法国的中等教育综合化进行了考量，决定取消之前不同渠道的各类中学形式；而在统一小学之后创办一种新型的、面向所有学生（不论其性质和未来选择）的统一中学——初级中学，为所有入学学生提供连续四年统一的中等教育。初级中学分为基础观察阶段和学业定向指导阶段；前一阶段教授必修课，所有学生接受完全相同的教育；后一阶段是选修课，学生对自己的兴趣和能力进行适当检验和选择。该法案要求，学业定向指导阶段不应当是扩大能力差异的阶段，而应当是志趣爱好明显地得到区别对待的阶

---

① 张人杰：《教育学文集》第 20 卷，84 页，北京，人民教育出版社，1994。

② 福切特建议法国中等教育第一阶段（初中阶段）采取多种渠道完成学业方向的选择。主要有三种：一是长期普通教育渠道的前四个学年，含古典教育和现代教育组；二是短期普通教育渠道的最后四个学年；三是为期两年的过渡阶段，在此之前有基础阶段，在此之后有为期两年的结业阶段。学生在离开基础学校时，基本上有四条出路：未达成基本要求而被认为没有能力继续学习的学生进入过渡班，使其在普通教育方面得到补偿；如若这种努力依旧失败，则进入结业班；结业班学习至义务教育阶段结束（16 岁），教授学生实用性课程（准职业教育）；有能力继续学习的学生，可在普通教育组就现代教育课程和古典教育课程之间做出选择。

段。[1] 在初级中学毕业进入中等教育的第二阶段——高级中学，学生既可选择进入普通高中，三年后参加中学毕业会考；也可选择职业高中，学习年限1年、2年或3年，毕业时分别获得职业教育考试合格证书、职业能力证书和职业教育证书。或者学生也可选择技术高中，如图7-2所示。由此，哈比为初级中学毕业生提供了抉择机会。

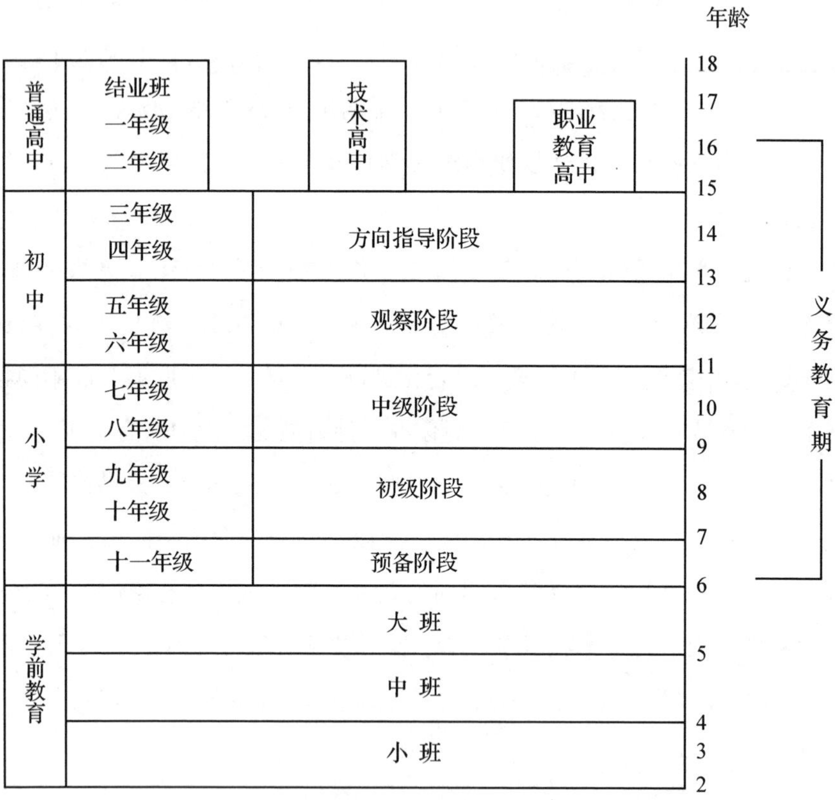

图7-2　哈比改革之后法国学校结构

资料来源：张丽，《二十世纪50—80年代法国初中等教育体制改革述论》，载《史学月刊》，1996(6)。

---

[1]　张人杰：《教育学文集》第20卷，119~120页，北京，人民教育出版社，1994。

1975年教育法案草案明确指出，该法案的主要目的在于向教育系统提出新目标，以更好地保证机会均等，实施一种均衡的教育，承认技术与职业教育的价值，培养公民，建立学校共同体，并确定其责任。① "哈比改革"一直遵循三项原则：其一，尽可能地保证同一年龄组的全体儿童都在一类学校中受到同样的培养；其二，调整学术性和智力性太强的课程计划与教学法；其三，使学生及家长进一步参与学校生活。② 因而，在课程设置方面，哈比完全取消初级中学各年级的拉丁语和希腊语教学，将现代科学课程引进中学课堂。自六年级起，引入两门新学科作为必修课：手工与技术教育、物理与化学。后者同自然科学又一起组成了新的实验科学。另扩大了一些学科的范围，历史和地理课程还包括与经济和社会问题相关的基础知识；艺术教育除了教授图画和音乐技能之外，还包括与建筑、城市规划、舞蹈设计、戏剧、电影、体育运动等相关的知识和课程。③ 1977年重新设置生物、地质、物理、化学等实验科学。同时，开设手工技术教育课和到企业及服务行业进行学习的技术选修课。

在普通高中，哈比要求学校提供非专业性的普通文化课程，使学生为将来的学习做好准备。高中前两年为统一必修课，以共同的基础教育取代纷繁复杂的课程系列。第三年才凭学生的兴趣开设选修课。④ 这样，高级中学其实体现了某种统一教育或教育综合化的精神。

哈比改革使法国初级中学发生了深刻的变化：学校课程开始注重实践、具体事务和有生命的东西，且面向现实世界，使年轻人掌握适应其发展及文化所必需的知识和技能。在1975年6月的电视座谈中，法国总统首次使用"统一的初级中学"这一称谓，之后在1977年2月的公报中再次声称："今后，

① 张人杰：《教育学文集》第20卷，244页，北京，人民教育出版社，1994。
② 张人杰：《教育学文集》第20卷，275页，北京，人民教育出版社，1994。
③ 张人杰：《教育学文集》第20卷，125页，北京，人民教育出版社，1994。
④ 张人杰：《教育学文集》第20卷，120页，北京，人民教育出版社，1994。

使法国所有的年轻人都进统一的小学和统一的初中以掌握统一的文化,这是团结法国社会和减少机会不均等的一个要素。这还将是朝着团结和公正的方向发生变迁的一个要素。"随后 1977 年 6 月法国总统在与高中生进行电视会晤时再次提及关于统一中学的看法。①

在受到赞誉的同时,哈比改革在后期也受到了越来越多的批判。批评者认为试图将所有矛盾遮掩在统一的初级中学之下,让个性、兴趣和学习能力参差不齐、志向完全不同的学生强制性地聚集在一起,事实上给初级中学的教学和管理工作带来很多困难。加上难以对学生素质和潜质做出准确的定性以及学生家长的介入,初级中学对学生的定向指导及针对性教育变得形同虚设。学生事实上对初级中学之后自己的出路表现出迷茫和困惑。但整体来看,整个 20 世纪法国对统一学校的追求和初衷基本没有动摇。这表明法国在迈入教育现代化的过程中在不断地寻找更公平、民主的方式。

第三节　高等教育

19 世纪 60 年代至"一战"期间,法国近代高等教育制度基本确立,形成了由理学院、工学院、综合理工学院、科学研究机构等构成的高等教育体系。与欧洲其他国家的高等教育不同,法国形成了一种独特的近代高等教育模式。其高等教育带有浓厚的国家主义色彩和中央集权特色,教学与科研分离的特征十分明显。直到 19 世纪末,法国对高等教育进行了一系列调整和改革,以迎合工业化、城市化带来的社会需求,使高等教育一步步地走向近代化。到 20 世纪上半叶,伴随着两次世界大战的爆发,"维希政府"的逆行倒施和独裁

---

① 张人杰:《教育学文集》第 20 卷,122 页,北京,人民教育出版社,1994。

统治，给法国高等教育带来不利影响。总体来看，19世纪末至20世纪上半叶法国高等教育在曲折中前进。

一、19世纪末之前高等教育的发展概况

法国大革命之后不久，1793年资产阶级国民议会通过了《公共教育组织法》(简称《达鲁法案》)，关闭了当时的22所大学，同时在原有教育机构的基础上新建了一批高等专科学校①，用于培养各领域(军事、机械、农业、医学等)的专门人才。之后1794年综合理工学院创立，开设科学与技术课程，培养近代新型科学人才，成为法国近代科学和技术学院的典范。

大革命之后，法国还在改造法兰西学院之外建立了自然历史博物馆、科学研究院、医学研究院以及国立文理研究所等专门从事科学研究的机构，初步奠定了法国近代高等教育的基础。

拿破仑统治时期通过法律规定了19世纪之后法国高等教育发展的主要模式和特点，形成了颇具法国特色的近代高等教育体制——中央集权的高等教育体制。首先，法律规定，法国的教学与科研领域相互分离。高等教育机构——各类学院②(faculty)主要致力于培养各领域的专业技术人才，而法兰西学院、自然历史博物馆等则侧重科学研究。其次，各高等教育机构之间缺乏有机的联系。从纵向来看，各高等教育机构和研究机构分别由相应的政府部门或其他行政机构实行自上而下的直接管理，相互之间不干涉。从横向来看，不仅教学机构之间不存在相互联系，而且各研究机构之间也因各自研究领域的不同而缺乏相互沟通与交流。最后，中央政府各部门对所辖高等教育机构

---

① 后来这些专科学校被统称为"大学校"。

② 法律规定，由国家设立的学院属于法国的高等教育机构。法学院、医学院等主要教授传统的高深学问。理学院和文学院除了教授各自的专业知识之外，还附有行政管理职能，负责主持国家统一考试、颁发中等教育毕业证书和国立中学教师资格证书。

的管理较为死板。① 这种将教学和科研工作置于不同国家部门的管理之下缺乏相互交流与联系的学术模式，最终造成了法国学术研究和教学研究缺乏活力和创新机制。

19世纪60年代后，随着工业化进程的不断推进，对实用技术提出了新的要求，加上法国国内政治经济改革的影响，法国高等教育开始进行一些局部的改革与调整，在内容与形式等方面做出变通。尤其是19世纪80年代至20世纪初，由于受到国内和国际形势的影响，法国一批有识之士如克劳德·伯纳德（Claude Bernard，1813—1878）和路易斯·巴斯德（Louis Pasteur，1822—1895）等将高等教育与国家存亡和社会进步联系起来。他们振臂高呼，强烈呼吁要复兴大学，发展科学，重振法国。② 在这一时期，法国一方面关注已有高等教育机构的课程改革；另一方面考虑创办新的高等教育机构，改善高等教育管理体制，同时加强高等教育机构与地方工商业的紧密联系。法国曾试图建立一种综合性大学，甚至社会上还出现了由私人或工商业者创办的高等教育机构。可以说，19世纪末，法国高等教育开始有了向近代化转型的趋势。

二、19世纪末20世纪初高等教育的发展与改革

19世纪70年代后，随着工业化进程的推进、民主运动的兴起，法国之前建立的高等教育体制在内容和形式上发生了一些新的变化。原有的高等师范学院和理学院有了新的转向，新型工科学院创建，从此法国高等教育走上了工业化的轨道。同时，高等教育加强了与地方工商业和特色产业之间的联系，在科学研究方面与地方建立新的合作关系，被纳入参与地方发展的社会化

---

① 黄福涛：《欧洲高等教育近代化——法、英、德近代高等教育制度的形成》，87页，厦门，厦门大学出版社，1998。
② 黄福涛：《外国高等教育史》第二版，164页，上海，上海教育出版社，2008。

轨道。

（一）高等教育机构的发展

19世纪末20世纪初，法国大学各学院在各自的领域中继续承担培养专门人才的责任。法国大学各学院学生的数量变化情况如表7-4所示。

表7-4　法国大学各学院学生的数量变化情况

年份	法学院	药学院	医学·药学院	理学院	文学院
1875	4780	599	1706	123	4449
1890	4570	1590	1371	1278	16587
1895	8057	2226	1850	2254	24855
1900	9709	2555	2370	3857	29377
1905	12528	2260	2547	5152	33618
1910	16915	1448	2002	6287	41044
1915	3213	339	803	2731	11231
1920	13948	2168	0	10517	44938
1925	16517	3257	0	11466	52960
1930	19586	5232	0	15286	73601
1935	24326	5683	0	13512	82218
1940	15017	5011	0	9794	55479
1945	30370	8102	0	18403	97007

资料来源：转引自黄福涛，《外国高等教育史》第二版，94页，上海，上海教育出版社，2008。

从表7-4可以看出，19世纪末20世纪初，法学院、医学·药学院、理学院学生的数量增加相对较快；文学院学生的数量增加略为缓慢。这从侧面或许可以用19世纪末以来法国工业化的推进来解释。随着社会发展对实用、效率、新技术等的需求越来越强烈，那些能够即时有效的学科和专业门类更容易获得青睐。

在各学院继续发展的同时，有必要特别提到高等师范学院和理学院。高等师范学院和理学院除了像医学院、法学院一样教授专业知识外，还有一项职能就是致力于培养中学教师和颁发中学毕业证书，尤其是理学院承担了一定的行政管理工作。19世纪末，这两类学校在目标和课程方面发生了一些新的变化。

高等师范学院长久以来的主要目标就是培养中学教师，其课程教学也是以此为中心的。学生毕业后多会被分配至巴黎市以外的国立中学任教。但是到19世纪中后期，学校放松了对毕业生的职业定向。学生可以选择去往巴黎市以外的中学任教，也可以选择继续留在学校，攻读博士学位。在完成博士论文的写作后，学生可以进入外省的理学院任教，之后还有机会再回到巴黎市的理学院从事专门的研究工作。表7-5为高等师范学院毕业生就业一览表。

表7-5 高等师范学院毕业生就业一览表

入学时间 （年）	从事研究		中小学教师		合计	
	人数	比例（%）	人数	比例（%）	人数	比例（%）
1808—1856	14	19	61	81	75	100
1857—1903	147	75	49	25	196	100

资料来源：黄福涛：《欧洲高等教育近代化——法、英、德近代高等教育制度的形成》，88页，厦门，厦门大学出版社，1998。

从表7-5可以看出，从19世纪后半叶起，高等师范学院学生毕业后从事研究工作的越来越多。这可以在某种程度上证明高等师范学院的培养目标在随着社会形势的变化进行调整，原本仅专注于培养中学教师的高等教育机构已经开始转向研究领域。虽然毕业生们所从事的研究主要还是集中在教育教学领域，还无法与那些专门从事科学研究的机构相提并论，但这依然可以作为法国高等教育领域转型的有力证明。有研究表明，到19世纪末，高等师范学院已经逐渐取代综合理工学院成为法国科学教育的中心。①

---

① 黄福涛：《外国高等教育史》第二版，87页，上海，上海教育出版社，2008。

除了高等师范学院之外，从 19 世纪末开始，作为考试和颁发文凭机构，具备一定行政管理职能的理学院发生了较大的变化。它们通过建立附属学院等形式，设置实用科学课程，逐步取得了地方工业和企业的支持，在原有职能基础上形成了独具特色的实用科学教育和研究机构。①

19 世纪 80 年代后，到"一战"之前，法国工业发展逐渐由冶金和化学工业转向水利发电，继而过渡到汽车和飞机制造业。② 伴随着这一进程，一方面理学院通过增设附属的研究或教育机构，向应用技术型方向倾斜；另一方面这些应用技术型研究又反过来继续推进法国工业化的转型进程。在这一时期，理学院纷纷在学院中建立起与地方工业发展相适应的各种教学和研究机构，颁发的文凭从中学毕业证书发展到各种与工业技术相关的证书。最终，在理学院中学习工科课程并获得工科学位的学生越来越多，如表 7-6 所示。尤其是 20 世纪初，各地的理学院中学习实用工科知识的学生数量增加迅速。比如，1912—1913 年，格勒诺布尔理学院共有 468 名学生，其中有 350 人都进入了学院附属的综合工科学院。除此之外，还有 100 名学生选修了电学方面的课程。巴黎市的应用化学学院、图鲁斯理学院中的电机学院等的大多数学生都获得了工科学位。③

表 7-6　法国理学院中学习工科学生数

年份	工科学生数（人）
1897—1898	249
1898—1899	374

① 黄福涛：《欧洲高等教育近代化——法、英、德近代高等教育制度的形成》，89 页，厦门，厦门大学出版社，1998。

② 黄福涛：《欧洲高等教育近代化——法、英、德近代高等教育制度的形成》，95 页，厦门，厦门大学出版社，1998。

③ 黄福涛：《欧洲高等教育近代化——法、英、德近代高等教育制度的形成》，91 页，厦门，厦门大学出版社，1998。

续表

年份	工科学生数(人)
1899—1900	549
1900—1901	642
1901—1902	764
1902—1903	742
1903—1904	941
1904—1905	1005
1905—1906	1074
1906—1907	1363

资料来源：黄福涛，《欧洲高等教育近代化——法、英、德近代高等教育制度的形成》，91页，厦门，厦门大学出版社，1998。

在外部建制下，理学院中新开设以化学、电学、机械学等为主的课程，以与法国工业革命的转型(从冶金和化学工业转向水利发电，继而过渡到汽车和飞机制造业)相适应。除此之外，各学院还根据当地特色，有针对性地开设一些地方性的特色专业，以满足地方需求。比如，设置酿酒和木材制造专业、造纸专业等。① 20世纪初，一些工科教育发展比较快的地区，在理学院已经形成了实力雄厚的独立工科学院(technical faculty)或类似于德国工科大学的机构，成为法国近代高等教育的重要组成部分。20世纪初法国工业的成功应该直接归功于理学院对技术教育的关注。

除了创建高等师范学院和理学院之外，19世纪后期也创建了一批专门的新型工科学院。与医学院、法学院或综合理工学院不同，新型的工科学院专门培养工业人才，直接向工业社会提供科学和技术力量，直接为法国创造经济利益。需要指出的是，19世纪末期出现的工科学院纯粹是法国工业化的产

---

① 黄福涛：《欧洲高等教育近代化——法、英、德近代高等教育制度的形成》，93页，厦门，厦门大学出版社，1998。

物，从培养目标到课程开设完全是从工业发展需要出发，最终形成了良好的发展态势。但工科学院的发展并非是一帆风顺的，它存在的合理性一直受到质疑。在建立和发展初期，工科学院便因与综合理工学院、军事工程学院、炮兵学院、海军工程学院、道路学院、桥梁学院和矿业学院等由国家各部门所控制的高等教育机构的竞争关系而受到多方指摘。之后随着法国工业化的推进对技术创新与应用的要求越来越高、需求越来越大，工科学院才逐渐被认为是一种不可或缺的教育机构，才被社会认可，成为法国高等教育的重要组成部分。

在各种高等教育机构不断适应社会发展、满足工业实用需求的同时，1896年法国议会通过《国立大学组织法》，决定将原来每个学区里的几所学院重组为大学。每个学区一所大学，共计在法国创建15所大学。大学的教学和财政由校长领导下的理事会负责，校长由大学区总长代表国家兼任，院长和教员由国家任命，大学毕业文凭和学位颁发权依旧归属于国家。这样，法国结束了长期以来"有学院，无大学"的局面，大学得以重新在法国出现。最终，在法国出现了17所文、理、法、医四科齐全的综合性大学，学生增至近3万名。①

（二）科学研究机构的发展

19世纪末20世纪初，虽然理学院、新型工科学院已经具备了某些研究职能，但它们主要还是教学机构，以教学为主。而以自然历史博物馆、法兰西学院等为代表的由国家管理的传统学术机构依旧掌控着科学研究的主导权。随着19世纪中后期自然科学的发展，以及法国政府对科学研究的重视带来的经费预算的增加，博物馆在科学研究方面有了进一步的发展。一方面，博物馆的教授讲座数有所增加；另一方面，更为重要的是，博物馆的研究内容和方法发生了较大的变化。1837—1880年，自然历史博物馆增加了5个教授讲

①　贺国庆、王保星、朱文富等：《外国高等教育史》，228~229页，北京，人民教育出版社，2003。

座。其中 19 世纪中后期新增设的 3 个教授讲座基本上都属于实验研究领域，分别是 1857 年的植物物理学、1879 年的比较病理学和 1880 年的植物生理学。[①] 从这里可以看到，博物馆已经从之前侧重自然历史的描述性研究发展为强调系统科学理论与实验的研究。

在博物馆控制科学研究的情况下，19 世纪末期，巴黎市以外的一些理学院出于满足地方经济与社会发展的考量，开始建立地方性的科学研究机构或协会组织，如表 7-7 所示。

表 7-7 法国科学研究机构和协会组织[②]

研究机构名称	成立年份
法国物理协会	1873
法国动物协会	1876
法国矿物学协会	1878
国际电子协会	1883
法国天文协会	1887
法国海洋地理协会	1897
法国心理学协会	1901
物理化学协会	1908
法国鸟类协会	1909
生物化学协会	1914

与自然历史博物馆这类实力雄厚的科研机构相比，地方性研究机构的研究水平和学术声望还比较低。它们主要依靠地方当局或民间集资获得经费，且多数研究机构只能以附属于教学机构的形式服务于教学工作，还远未达到

---

① 黄福涛：《欧洲高等教育近代化——法、英、德近代高等教育制度的形成》，104 页，厦门，厦门大学出版社，1998。

② George Weisz, *The Emergence of Modern University in France*, *1863—1914*, Princeton University Press, 1983, p.279.

可以进行大规模独立研究的程度。

尽管如此，19世纪末法国高等教育的改革与重组还是在法国教育史中具有里程碑式的意义。首先，各项法律的颁布为高等教育机构自治权的扩大奠定了基础。1885年，相关法律反对宗教干涉大学，恢复了大学一度被取消的法人资格，决定组建大学权力机构——大学理事会，来管理国家下拨的办学经费以及所属学院的行政、财政、教师晋升等事项。1890年，相关法律发布，规定为公立大学学院提供财政预算经费，改善办学条件。1892年，相关法律又规定各学院委员会拥有大学财务的处理权。1896年，法国议会再次通过立法决定每个学区的五所学院组成一所大学，大学的教学和财政由校长领导下的理事会负责。其次，通过理学院、工科学院、高等师范学院的发展与变化以及博物馆的转向，法国高等教育的科学与研究能力得以提升的同时，高等教育机构与地方社区的联系逐渐多起来，高等教育开始走上地区化、社会化道路。最后，高等教育办学经费增加。1875—1905年，法国的教育经费是1875年以前的6.2倍。其中高等教育经费由第三共和国初期不足一半增加到三分之二以上。同时高等教育机构开始设立奖学金，为经济困难的学生提供经济资助。由于国家的重视，这一时期法国大学学生和教师的数量都得到了较快的增加。1886—1911年，法国在校大学生由17000多人增加到36000多人，大学教授由1880年的503人增加到1909年的1048人。

在高等教育取得长足进步的同时，必须指出的是，直到"一战"之前，法国高等教育体制的结构和框架并没有发生太大的变化。虽然创建了迎合工商业发展需要的工科院校和研究机构，且将分散在各地、互不关联的文学院、理学院、医学院和法学院等进行合并，并贯之以"大学"之名，但这在本质上只是行政上的统一机构，并未在学术和研究领域形成现代意义上的学术整体。因而这没有从根本上触动法国传统高等教育体制，它们只是在现有的体制框架内实现了规模、数量、形式或内容上的变化而已。

三、两次世界大战期间法国高等教育的发展

"二战"之前，法国高等教育已经基本形成了"大学"(综合大学)与"大学校"(高等专科学校)并行的双轨制教育体系，即"一个国家，两种大学"的格局。由于这两类高等学校各自开办的历史和社会背景不同，因此它们的办学理念、教学内容和方法、培养目标等各不相同。大学主要从事理论教学和科学研究，培养教师、学者和研究人员；大学校着重实用性教学，重点培养工程技术人员和管理人员等各种专业技术人才。在两次世界大战期间，受到战争和国内政局的影响，高等教育的发展常会受到影响。但总体而言，进入20世纪之后，法国高等教育是朝着复兴的方向发展的。

法国大革命之前创办的高等专科学校构成了法国高等职业技术教育的主要力量。最早创办的高等专科学校有炮兵学校、巴黎道路桥梁学校、军事工程学校、骑兵学校、巴黎矿业学校等。这些学校后来成为法国闻名遐迩的高等学府，也是法国精英教育的摇篮。在两次世界大战期间，高等专科学校发展缓慢，仅开办了33所。"二战"结束时，法国各种专业类型的高等专科学校共计90所，规模不大，在校学生从百人至千人不等。"二战"之前，高等专科学校主要从事实用性专业教育，重视学生技能培养，与企业界有着传统的联系，较少涉猎基础理论研究。①

大学系统经过19世纪末的重组，为法国高等教育的复兴创造了有利的条件，但"一战"爆发使这种发展势头一度中断。"一战"结束后，经过几年的恢复，到20世纪二三十年代，大学在学生数量、学科建设以及管理等方面得到一定的发展。根据1896年《国立大学组织法》，每所大学设立大学理事会。作为法人代表，大学有权决策校内的行政、财政、教学和科研等重要事宜；校

---

① 黄福涛：《外国高等教育史》第二版，167页，上海，上海教育出版社，2008。

长作为教育部部长代表在大学行使行政管理权力。在这一时期，大学在教学和科学研究方面出现了许多新的变化。以巴黎大学为例，该校成立了大学理事会，作为权力机构加强了对学院的统一管理；理事会有权设立各种专业教学职位。教学和科学研究方面更是变化较大。在人文和社会科学方面，文学院不仅从事传统的语言文学教学，而且增加了心理学等实验学科；过去的经院哲学不再是"一统天下"。法学院改变了以往教学仅限于对罗马法进行注释和研究的做法，将法学、政治学和经济学综合于一体，相应开设了行政法、国际法、公法、私法等新课程，并运用历史和比较的观点，深入开展外国立法的比较研究。当然，这一时期巴黎大学引以为豪的还是科学方面所取得的成就，出现了一批新的学科，产生了一批影响较大的科研成果，特别是拥有一批国际学术界知名的大师。①

在这一时期，巴黎大学的理科课程形成了数学、物理、自然科学三大类。其中数学类课程有普通数学和高等数学、差别计算和积分学、分析力学和天体力学、天文学、概率论和数学物理、物理力学和实验力学、理论力学、流体力学等课程。物理类课程有普通物理、放射物理、理论物理和天体物理；无机化学、有机化学、应用化学、生物化学、物理化学；燃烧研究、矿物学、地理物理；普通生物学、有机生命演变、解剖学和比较生物学、实验生物学；植物学；植物生理学；物理地理学、应用地质学和区域地质学、古生物地质岩类学等课程。②

除了人文社会科学和自然科学中纳入了最新学科，课程教学有了新的改革和发展之外，这一时期巴黎大学引以为傲的是培养了一批科学家和艺术大师。其中，有诺贝尔奖得主约里奥·居里夫妇(物理、化学)，加布里埃尔·李普曼(物理)，夏尔·里歇(医学)，让·佩兰(物理)，伊蕾娜·约里奥-居

---

① 黄福涛：《外国高等教育史》第二版，167页，上海，上海教育出版社，2008。
② 黄福涛：《外国高等教育史》第二版，168页，上海，上海教育出版社，2008。

里(化学)。除此之外，还有一批国内外知名学者，包括保尔·阿佩尔、埃米尔·皮卡尔、潘维勒、加比唐、迪尔凯姆、德拉布拉什、塞纽伯斯、罗曼·罗兰等。他们的研究成果为人类社会的发展和科学进步做出了具有原创价值的重要贡献。[1]

当时在巴黎大学镭学院工作的约里奥·居里夫妇，利用人工方法首次获得放射性元素，发现了人工放射性。这一发现是人类改造微观世界取得的重大突破，被称为20世纪重要的发现之一。在现代数学方面，由一批法国青年学者组成的布尔巴基学派以创新的研究方法，以数学结构为分类的基本原则，开展了大量卓有成效的研究。他们撰写的《数学原理》丰富了人类对数学本质的认识，促进了世界现代数学的发展，先后7次荣获菲尔德奖。[2]

1939年，法国国家科学研究中心成立，成为法国从事基础研究的主要机构。战后，该中心相继增加了应用科学和社会科学研究，始终与高等教育保持密切关系。实际上，该中心的1万多名研究人员中，有一半以上都长期在高等学校的合作实验室工作；中心的大部分专用实验室也是设立在大学的。多年来，法国国家科学研究中心已经发展成法国重要的基础科学、应用科学和社会科学研究机构。同时，该中心在推动和支持法国高等教育教学和科学研究发展方面都发挥了非常重要的作用。

尽管两次世界大战期间法国高等教育受到国内外局势的影响，在发展中遇到各种波折，但是大学设置了许多新的学科，重视开展科学研究，并取得了一系列研究成果。这表明法国高等教育已经开始改变18世纪之前科学发明和发现多发生在大学校园以外的状况，法国现代高等教育已经不同于传统的中世纪大学教育。经过几百年曲折发展的法国高等教育正在走向复兴，迎接"二战"后新的发展机遇与挑战。

---

① 黄福涛：《外国高等教育史》第二版，168页，上海，上海教育出版社，2008。
② 黄福涛：《外国高等教育史》第二版，168页，上海，上海教育出版社，2008。

第四节　职业技术教育

作为欧洲大陆理性主义的重要堡垒，法国在教育方面一直存在重文轻理、重智识轻技能的传统，因而职业技术教育长久以来并未受到应有的重视，导致职业技术教育发展缓慢。19世纪后期至20世纪前期，随着工业革命的发展、科学技术的进步，法国开始在职业教育领域谋求发展，关注职业技术技能的提升和职业知识的丰富。各种类型的职业学校在这一时期开始出现，为法国工业社会提供了劳动力。加上这一时期关于职业技术教育的法规的颁布，更为法国职业技术教育的长远发展提供了法律保障。到"二战"爆发前夕，法国已经基本形成了以工商实用学校和高等专科学校为主的中、高等职业技术教育体系。

一、学徒手工学校

1862年和1867年分别在伦敦市和巴黎市举行的两次大型国际博览会引发了法国对职业教育的重视。1872年，巴黎市政厅开办了一所学徒学校。该校招收13~16岁的青少年，学习年限为三年。作为小学后的一种补充教育，该校除了学习普通知识之外，还设有实习车间，进行木工、制模、铁工等方面的操作训练，让学生可以选择某种职业方向加深学习。学徒手工学校注重实践经验教学，主要培养熟练工人。这样培养出来的工人既具有一定的知识基础，又掌握了一门职业技术，一方面满足了19世纪后期对更高质量的人才的需求，另一方面又可以使学徒在未来的职业岗位中获得比其他工人更高的酬劳。学徒手工学校的这一经验很快便在社会中得到了相应的拥护。当时巴黎大学的校长格雷阿尔、参议院戈尔蓬和多兰等人纷纷主张利用公共经费在各地开办学徒手工学校。①

1880 年，法国议会通过了创办学徒手工学校的法律，规定学徒手工学校可以作为公立高级小学。所不同的是这种学校更多地开展手工训练教学，对学生进行的是学徒式的培训。1881 年，维尔松市开办了一所公立学徒手工学校，对学生开展职业技术教育。随后，多个地区相继开办了学徒手工学校。之后，学徒手工学校划归至商业部，而具有职业性质的高级小学仍归教育部管理。

二、高级小学、高小补习班、工商实科学校

除了学徒手工学校之外，19 世纪末法国还出现了一种以职业为导向的小学后教育——高级小学。这种学校主要面向那些在未来将从事中产阶层职业的学生，为其提供中等教育水平的终结性教育。康内尔曾描述德国这种学校的功能是为"向就读于该校的学生提供一种适当类型的准备教育，使他们适合于州、市行政部门的各种终极职位，以及大型工商企业和农业部门的终极职位"②。法国的高级小学发挥着与德国中学相似的功能，只是水平略低于德国中学。这种学校主要为完成 6~7 年初等学校学业的年满 12 岁的学生提供 3 年的课程。它刚开始先为学生提供普通教育，之后在第二年或第三年提供工商业、农业和家事方面的各种职业课程。同时，高级小学可以为培养小学教师的师范学校提供准备性课程。③ 除了高级小学和学徒手工学校外，还有些地方会在小学增加一至两年的补习班，为学生提供一种简编的课程，主要是传授一些手工技能和知识。这种补习班成为后来法国高小补习班的前身。

---

① 顾明远:《世界教育大事典》，328 页，南京，江苏教育出版社，2000。

② [澳]W.F. 康内尔:《二十世纪世界教育史》，张法琨、方能达、李乐天等译，392~393 页，北京，人民教育出版社，1990。

③ [澳]W.F. 康内尔:《二十世纪世界教育史》，张法琨、方能达、李乐天等译，392~393 页，北京，人民教育出版社，1990。

在法国，绝大多数儿童的教育终结于小学。13 岁毕业（1936 年以后是 14 岁毕业）之后，一小部分经过挑选的儿童进入中学继续接受教育，另外还有一小部分儿童进入高等小学。直到 20 世纪 30 年代末，这两部分儿童的数量增加了 40%。高级小学所容纳的学生数是正规中学的一半。[①]

1886 年，《戈伯莱法案》正式确立了高级小学、高小补习班和学徒手工学校的地位和功能。该法案规定，高级小学为三年制，主要设农、工、商三科；教学内容有法语、几何及应用、绘图与测量、自然科学、物理、法国史、法国地理、唱歌等；学生毕业后主要进入各种职业学校继续学习。高小补习班为一年制，学习高于初小程度的知识和手工技术，主要为直接就业做准备。学徒手工学校主要学习职业技术课程，为就业做准备。据统计，1889—1899 年法国高级小学毕业生进入农、工、商三科学校的比例分别为 10%、29% 和 20%。

在《戈伯莱法案》颁布之后，学徒手工学校改为由商业部和教育部共管，取消学徒学校和职业学校高级小学的区别。但是，由于培养目标的倾向不同，商业部和教育部常常因为人才培养问题产生分歧。商业部更关注学徒手工学校培训工人和劳动力的职能，强调学生的实践能力；而教育部更关注学校的育人功能，强调学生的智识能力。1892 年，财政法重新对两类学校的管理权做了调整，将职业高级小学改为由商业部管理，并将学校更名为工商实用学校。[②] 之后，工商实用学校更倾向于培养具备科学知识、通晓车间技艺、能即刻投入工作的工人。这种学校的修业年限为 3 年，进行定向性的职业训练。后来这种学校在南特等地逐渐发展起来。据统计，1938 年，在工商实用学校学习的学生是 1919 年的近 4 倍。[③] 工商实用学校成为法国中等职业技术教育

---

① ［澳］W.F. 康内尔：《二十世纪世界教育史》，张法琨、方能达、李乐天等译，394 页，北京，人民教育出版社，1990。

② 顾明远：《世界教育大事典》，328 页，南京，江苏教育出版社，2000。

③ 张保庆、高如峰：《今日法国教育》，80 页，武汉，武汉大学出版社，1986。

的重要构成部分。

除了以上中等教育性质的职业学校之外，一些地方还开办工艺学校、商业学校等，专门培养某一方面的人才。

三、高等专科学校

法国大革命之后不久就通过了《公共教育组织法》，在关闭了当时的22所大学的同时新建了一批高等专科学校，用于培养各领域的专门人才。19世纪末20世纪初，这些学校依旧是法国高等职业教育的主要力量，且依旧带有浓重的国家垄断和中央集权色彩。

从表7-8可以看到，20世纪初，综合理工学院、路桥学院、矿业学院、工艺学院、中央工艺与制造学院、工艺学校等培养工科人才的高级专门机构，分别隶属于中央部门直接管辖，以满足国家特定的经济、军事和政治需要。它们有国家规定的严格的入学标准、课程设置、考试制度和必须达到的培养目标。而且直到19世纪末期之前，法国政府还在竭力阻止这些机构进行工业人才的教育。

表7-8　法国中央部门管辖高等教育机构①

管理部门	高等教育机构
战争部	综合理工学院
公共工程部	路桥学院、矿业学院
商业部	工艺学院、中央工艺与制造学院、工艺学校

虽然有严格的管制，但19世纪末20世纪初，高等专科学校在数量、类型和地域分布方面还是有一定的拓展。在数量上，1870—1914年，高等专科学校增加了70所。加上1870年之前增加的圣艾田矿业学校、高等商业学校、

---

① Rober Fox & George Weisz, *The Organization of Science and Technology in France*, *1808—1914*, New York, Cambridge University Press, 1980, pp. 328-329.

中央工业学校、巴黎河流森林学校等 15 所，共计 85 所。在这 85 所新建立的高等专科学校中，工程学校有 69 所，商业学校有 14 所，其他类有 2 所。在类型上，与经济、技术等密切相关的应用科学逐渐被引入高等专科学校的教育教学中，相关课程开始受到重视。在地域分布上，巴黎之外各省的高等专科学校逐渐出现，打破了巴黎地区对高等专科学校的垄断。①

除了以上职业技术教育机构之外，1912 年法国还创建了专门的技术教育高等师范学校。从职能来看，这是一种专门培养职业技术教育领域师资的教育机构，属于高等教育机构。在学校，学生学习的主要课程都是与工业社会所需的科学技术和职业技能相关的。同时学生还要学习一些基本的教育理论、教学法等课程，为未来进入职业学校做教师做准备。

技术教育高等师范学校的学生毕业之后直接走向法国各地的职业学校，成为法国较早的职业技术教育专职教师。这种教师区别于传统的学徒工的师傅，他们是经过专业学习与训练，具备职业技术专业知识和技能，同时掌握教育教学理论的专职教师，是师范教育的一个专业群体。除此之外，因为技术教育高等师范学校属于高等教育机构，所以它的地位在某种程度上是高于传统的职业学校的。这表明职业技术师范教育已经在 20 世纪初获得了法国当局的认可和重视，之前重文轻理的局面得到一定程度的改变。这为法国技术教育的进一步发展奠定了基础。

除了以上各种职业学校的发展之外，19 世纪末至 20 世纪上半叶，法国职业教育的发展还体现在推行职业考试和职业证书制度以及成立职业培训中心。20 世纪初，法国借鉴欧美一些国家的经验，建立了义务职业课程讲座制，并于 1911 年开始推行职业能力证书考试制度，规定由包括商人、工业家、行政官员在内的地方和部门委员会负责该制度的实施。凡接受职业讲座三年以上

① 贺国庆、朱文富等:《外国职业教育通史》上卷，133~134 页，北京，人民教育出版社，2014。

者可以参加职业证书考试，通过考试后获得职业能力证书。① 1919年颁布的《阿斯蒂埃法案》对职业能力证书考试制度做出了明确规定，规范了义务职业课程的实施办法。根据该法案的要求，课程内容包括作为初等教育补充的普通教育课程、作为职业基础的各门科学课程及车间操作课程。同时，《阿斯蒂埃法案》还要求雇主应尽到允许工人参加职业培训和进行职业考试的义务。1926年，法国建立了新的职业能力证书制度，规定只有参加至少两年以上的实科讲座并考试合格者才能获得职业证书。在《阿斯蒂埃法案》和1926年法规的推动下，参加职业培训和考取职业能力证书的人越来越多。1936—1939年，参加职业培训的由14.4万人增加到18.4万人，获得职业能力证书的由1.6万人增加到2.6万人。② 之后为了让更多人有机会参与职业课程讲座学习，在1938年《阿斯蒂埃法案》修订案中将开设职业课程讲座的最少时限从100学时增加到150学时。③

法国职业培训中心的成立始于"二战"之前。法国曾尝试为从初等学校毕业、年龄在13~18岁的青年人提供业余职业培训，但由于各种原因一直效果甚微。到"二战"之前，法国政府决定成立职业培训中心，培养能够满足国家及社会需求的人才，应对经济危机造成的严重失业问题。"二战"爆发后，法国颁布法规继续要求职业培训中心为14~20岁的青年提供国防工业所需的相关技能培训。1944年，法国共设立职业培训中心897个，招收56000名学生。④

尽管在两次世界大战期间，法国政局受到影响，政府更换频繁，教育部部

---

① 贺国庆、朱文富等：《外国职业教育通史》上卷，272页，北京，人民教育出版社，2014。

② 贺国庆、朱文富等：《外国职业教育通史》上卷，272~273页，北京，人民教育出版社，2014。

③ 贺国庆、朱文富等：《外国职业教育通史》上卷，273页，北京，人民教育出版社，2014。

④ 贺国庆、朱文富等：《外国职业教育通史》上卷，274~275页，北京，人民教育出版社，2014。

长亦随之更迭，这种状态使国家教育政策难以稳定、缺乏连续性，但职业技术教育仍在《阿斯蒂埃法案》及其他职业教育法规的指导下继续稳定向前推进。

本章结语

总体来看，19 世纪末至 20 世纪上半叶法国教育的历史是一部逐渐从传统走向现代，并逐步形成独具法国特色教育体制的历史。从各级各类教育的发展情况来看，学前教育领域形成了以母育学校和幼儿班为主的教育机构，开始将儿童作为特殊的群体进行保育和教养。初等教育领域通过《费里法案》确立了世俗化、免费性、义务性的原则和义务教育制度。且这一制度延展至中等教育领域，推进了中等教育的民主化进程，在法国掀起了一场统一学校运动，将法国的初、中等教育推入现代化轨道。高等教育领域在各个方面的改革虽然本质上仅是局部调整，但相较于之前的中世纪传统已经发生了翻天覆地的变化。高等教育已经与地方和时代逐渐接轨，走向近现代。在职业教育领域，这一时期发展起来的各类职业学校，使法国的中、高等职业教育体系逐渐建立起来，职业教育作为法国公共教育的组成部分得到前所未有的重视。

在各级各类学校获得发展的同时，也需要意识到，来自政治、宗教、战争、内乱、国际竞争等因素和环境的变化在不断地影响着这一时期法国教育的发展和走向。它们时而推进教育改革向前发展，时而又成为教育改革的阻力，掣肘改革进程。因而可以说，19 世纪末至 20 世纪上半叶法国教育是在曲折中不断探索前进的。

第八章

20世纪前期法国的教育管理与政策

19世纪末20世纪初的法国处于前所未有的社会转型时期。工业化、城市化的推进给学校教育带来了各种机遇与挑战，更对既有的教育管理体制产生了重大冲击。中央集权、国家控制与地方参与，宗教观念与世俗化改革，教育行政与督导制度的确立等，使法国的教育管理制度走上了组织化、世俗化、法制化的道路。

第一节　法国教育管理体制的发展

19世纪末20世纪初，在进行教育改革的诸多举措中，中央集权制的国家管理与地方参与是主线。在这个过程中，法国教育领域始终面临着宗教权力与世俗权力的对抗。第三共和国时期便开始试图扭转宗教权力对学校教育的控制和介入，转而将教育的管理权收归世俗管理机构。同时，双轨制的学校管理制度越来越明晰，各种学校管理机构成立。在此基础上，督导制度发展起来。

一、教育行政制度的建立与发展

法国的教育管理制度与它的政治制度有着紧密的联系。作为中央集权制的国家，法国的教育管理体制独具特色。在中央集权制下，自第一帝国时期形成中央—学区—省和地区—市镇的一套严格的自上而下的管理体制之后，这种体制几乎延续了两个世纪之久。

（一）中央集权的教育管理体制

中央集权的教育管理制度主要形成于第一帝国时期。拿破仑执政之后较紧迫的事情之一便是组建国家机器，其中包括教育制度的重建。拿破仑十分重视教育，于1806年颁布了一项有关帝国大学创办的法令，之后1808年对该法令进行了具体阐释。至此，长达近两个世纪的中央集权的国家教育制度在法国建立起来。

在帝国大学体系内，帝国大学作为法国教育行政的最高领导机关，负责组织和管理全国各类公共教育事务。帝国大学的最高首长称为总长，由皇帝直接任命，负责批准和取缔办学，批准任教申请，任命校长和教师，授予文凭，提出规章制度草案等。帝国大学还设有评议会和总督学署，协助总长管理全国的教育事务。[①] 教育总长同时兼任帝国大学评议会的议长，负责处理各级各类学校立法、财政等重大问题。从学区的校长到所有公共教育机构的教师任免也由教育总长负责。[②] 在帝国大学体系内，法国被分为29个学区。每个学区设学区长1人，并由10人组成学区评议会，负责管理本学期内各省和地区的学院、国立中学、市立中学、小学及其他教育机构。每个学区设立一所高等教育机构，由学区长兼任高等教育机构的最高负责人。学区长、帝

---

① 帝国大学评议会，议员共有30名，其中10名是由皇帝任命的终身议员。

② 黄福涛：《外国高等教育史》第一版，97页，上海，上海教育出版社，2008；邢克超、李兴业：《法国教育》，181页，长春，吉林教育出版社，2000。

国大学和学区的督学以及学区的大学校校长、中学校长和教师等各级各类教学人员均由帝国大学的总长来任命;各级各类学校的规章制度、课程设置、课时安排均由国家统一确定和监督实施。教育总长、学区长、教师都属于国家的官吏,由国家支付薪资。① 这样一种中央—学区—省和地区—市镇自上而下的教育管理体制建立起来,中央拥有至高无上的权力。这种严密的中央集权教育行政体制,成为法国教育管理制度的鲜明特点。中途历经波旁王朝、七月王朝、第二共和国、第二帝国、巴黎公社等时期的曲折与前进,到1870年第三共和国成立,法国的教育行政体制基本上继续沿用拿破仑时期确定下来的中央集权制。

在中央集权制下,中央政府成立教育部。教育部部长由总统任命,是全国最高教育行政长官。在教育部下,法国被划分为27个不同于普通行政区的大学区。每个大学区设学区长1人,由总统任命。学区长负责统一管理和组织本学区内的所有学校。为了加强中央对教育的集中领导,1902年法国政府解散了50多个从事教育活动的教育组织,封闭了3000多所教会学校。1905年废除了1850年颁布的《法卢法案》,实行教会与教育相分离的政策。② 由此,法国的教育行政体制得到了进一步发展,法国现代教育行政体制的基础得以确立。

从拿破仑政权继承下来的这种将各级各类教育完全置于中央政府的严格控制和监督下的做法实际上是对中世纪大学遗留下来的学术自由、学校自治等传统的背离。在此后虽多有调整和改革,但多属于微调,基本原则几乎未发生改变。中央政府依旧一直掌握着开办学校、制定学制和教学大纲、组织考试、授予文凭、招聘教师等各项权力。

(二)教育管理的地方参与

法国教育管理体制中的地方参与是在中央集权制下得到执行和落实的。

---

① 曾天山:《外国教育管理发展史略》,43页,北京,教育科学出版社,1995。

② 曾天山:《外国教育管理发展史略》,44页,北京,教育科学出版社,1995。

长期以来，小学一直与基层行政单位——市镇紧密联系，由市镇来负责管理；市立中学由省来管理；国立中学则由学区直接负责管理。虽然学区长、省长、校长、督学对各级各类学校有具体的管理权和监督权，但上行下效的管理体制依然束缚着地方办学自主权，学区长、省长、校长并未获得对学校的实际管理权，中央集权制带来的诸多问题依然存在。管理僵化、官僚主义盛行，导致地方缺乏积极性、学校质量和效率低下。这种情况一直到20世纪中叶后才有改观。

20世纪60年代，中央逐步把管理中等教育的权力下放给各个学区；1962年，学区长对本学区教育机构的组织和运行决策权得到扩大；1964年，学区长的人事管理权扩大；1968年高等教育改革后，学区长不再担任大学校长，学区的主要精力放在中等教育领域；1970年，学校建筑权委托给省长和学区长；1971年，职业技术教育方面的权力下放给省和学区；1979年，各省在初等教育方面的权限得以扩大；20世纪80年代初，学区长在中等教育布局方面、学区督学在财务和人事方面获得了新的权力。[1] 1983年，议会通过相关法规，规定中央在人事和教学方面的部分权力陆续下放给学区长、督学、校长，便于他们更加主动地组织教育教学工作；同时，中央在行政和财务方面的部分权力也陆续下放到地区、省和市镇三级地方行政部门，以调动地方的积极性，扩大学校经费来源。[2] 这样中央集权和地方参与的管理体制一直延续下来。

(三)教育管理的督导制度

为了确保教育权置于中央集权国家的统治下，第一帝国还建立了督导制，使法国成为较早建立教育督导制度的国家。这一制度一直发展至20世纪上半叶，依旧是法国教育管理制度中不可或缺的组成部分。

---

① 邢克超、李兴业：《法国教育》，182、193页，长春，吉林教育出版社，2000。
② 邢克超、李兴业：《法国教育》，182~183页，长春，吉林教育出版社，2000。

拿破仑时期确立下来的中央集权的教育督导体制经过不断发展，到 1852 年更加完善。在这一年，中央教育部设总督学局，下设公共教育督查处、学校管理督查处、学校组织督查处、学校工作督查处。地方大学区总长公署下设大学区督学处，负责督导中学教育工作。大学区以下的省教育厅督学处负责小学教育督导工作。① 1854 年，一项法规规定每个省设立一名学区督学，分别在学区长和省长的指导下管理中学和小学。② 1947 年，一项法规再次确定了督学作为各省教育部门负责人的身份，之后便确认了督学受学区长和省长双重领导的地位。作为"教育监察的眼睛"，教育督导的主要职责是检查学校和教师的各项工作，并对其进行评价；同时向教育行政部门反馈意见，提出改进建议。

二、国民教育制度基本原则的确立

除了教育行政制度在 19 世纪末 20 世纪上半叶得到发展之外，还有必要谈一下法国国民教育制度的基本原则的确立。这一时期世俗化、免费性和义务性原则的确立直接影响了 20 世纪上半叶法国基础教育管理权力的转移。对这一转移过程的阐释有利于更好地理解法国基础教育管理制度的变迁以及基础教育现代化进程的发展。

(一)世俗化原则

对教育进行世俗化改革是当时共和派政府采取的一项重要措施。在第二帝国时期，宗教团体发展得很快。它们凭借 1850 年的教育自由法创办了大量的教会学校。而公立学校中也充斥着大量宗教神职人员。这样导致的结果就是有相当一部分青少年的教育掌控在教会手中，这对共和派政府而言是不能容忍的。共和派政府认为，形而上学的时代已经结束，科学时代正在来临。

---

① 曾天山:《外国教育管理发展史略》，50 页，北京，教育科学出版社，1995。

② 邢克超、李兴业:《法国教育》，194~195 页，长春，吉林教育出版社，2000。

共和派政府要求把教育世俗化作为国家的一项重要工作。

法国首先对教育领导部门进行调整，把公共教育高等委员会调整为由世俗教育人员组成的机构，负责起草一系列教育改革法案。1879 年 2 月，费里出任教育部部长后，为了消除《法卢法案》所引起的宗教左右国家政策的影响，改变教会控制教育的局面，于当年 3 月向议会提出一项法律草案，建议自上而下地对国家教育行政管理机构进行全面改组。但该草案提出后遭到了教会和保守势力的极力反对。最终，经过激烈的辩论和斗争，法国议会终于在 1880 年 2 月通过了费里的提案，并以法律形式颁布了法规，决定改组法国的教育管理体制，成立新的国家公共教育委员会，取代之前的教育委员会。

该法规规定，新的国家公共教育委员会由 60 名世俗教育代表组成。其中三分之二的代表应该通过选举产生，取消主教在原最高教育委员会中的席位。公共教育委员会分设一个常设机构和非常设机构。常设机构由 9 位代表组成，负责管理公共教育的重大事宜。地方各级教育管理机构恢复学区长对地方教育的领导与监督权。学区成立教育委员会，由学区长主持工作，其成员包括省议员和地方教师代表。学区教育委员会有权对私立学校实施监督和管理，也可对省教育委员会的决定做出最后裁决。学区督学由教育部部长任命，主管辖区内各省的初等教育。改组后的各级教育管理机构中，世俗教育力量占据主导地位，教会势力被大为削弱。①

之后，《费里法案》继续对教育管理的世俗化原则做出规定。该法案提出必须对学生进行世俗化的公民道德教育，而宗教教育只能在学校之外开展。为了打破教会在女子教育方面一统天下的局面，法国政府还决定创建新型的公立女子中学，排除宗教观念对女性思想的侵袭和渗透。除此之外，还颁布法规规定私立高校不得以"大学"自称，只有国家才有权决定大学人员的考核

---

① 顾明远：《世界教育大事典》，328 页，南京，江苏教育出版社，2000。

和学衔。①

1886 年,《戈伯莱法案》对国家和地方政府关于教育的监督管理权做出了明确指示。《戈伯莱法案》指出,国家有权对所有公立学校和私立学校实施监督和检查;私立小学必须遵守宪法和国家其他法律及道义;地方教育管理机构以省为单位成立教育委员会,成员应包括省长、学区督学、4 名由选举产生的省议员以及师范学校校长和 2 名小学教师代表,以保证国家对教育的领导和监督。这种监督和管理要求保证了世俗权力对教育的领导和监督权,使以往初等教育由教会控制的局面发生了根本性的转变。

除此之外,《戈伯莱法案》还对教师的世俗化做了要求。所有公立学校教学只能由世俗教师担任,宗教人士不能从事任何世俗教育活动;所有教会学校要逐步由世俗学校取代;所有小学教师一律由市镇当局决定聘任。1889 年,法国继续颁布法规,将小学教师正式列入国家公职人员,将工资改由国家负担,进一步保证了世俗教师队伍的来源及稳定性。

20 世纪初,法国在教育领域进行的政教分离改革依旧没有停止。1901 年的一项法律规定,未经法律允许不得组成任何宗教团体;未经行政法院批准任何宗教团体不得新建学校;部长会议有权解散宗教团体和关闭他们开办的学校;未经授权的宗教团体的任何成员不得管理和领导学校或在学校任职授课。1904 年再次颁布的相关法律进一步明确禁止宗教团体举办任何层次和性质的教育机构,10 年内取消曾授权办教育的所有宗教团体及其开办的学校。

除了在办学、教学方面消除宗教影响之外,法国在学校课程的设置上试图消除宗教的影响。在课程设置中,除了教授科学知识和现代语言等实用性课程外,法国将爱国主义和民族主义作为重要的教学内容纳入学校课程体系。在《费里法案》颁布后,初等学校之前的"道德与宗教教育"课程改为"道德与公民教育"课程,主要向学生渗透爱国主义教育和民族主义教育。费里认为,

---

① 张芝联:《法国通史》,417 页,北京,北京大学出版社,1989。

教育世俗化就是要培养法国青少年的爱国主义情感。这不仅是反对教权所必需的，也是培养社会团结精神所必需的。除了在初等学校进行爱国主义教育，费里还将民族主义的相关思想和精神渗透到学校中。除此之外，当时的中小学还格外注意军事训练。法国还在加强师资培养、完善教育体制、修建校舍等方面采取了一系列措施。

在这里值得一提的是，法国小学教师其实在教育世俗化的过程中发挥了重要作用。19世纪末以后法国各项法规的颁布使曾经饱受质疑的小学教师摆脱了过去一直被市长、市参议会等监视和控制的局面，同时增强了他们对于国家所宣传的教育民主化、自由与平等观念的信任与期待。因而他们愿意投身到取缔宗教秩序并建立以科学和公民道德为基础的秩序中。这对法国推进基础教育领域的世俗教育有重要作用，并且也取得了效果。20世纪初，在法国教育领域占据统治地位的宗教势力基本失去了其合法性和合理性，教育的世俗性因素已经占据明显优势。据统计，法国的宗教学生从占学生总数的69.6%（1850年）下降到43.5%（1886年）。到"一战"前夕，宗教学生仅占全体学生的6%。

需要注意的是，温和的共和派政府并没有像激进派建议的那样彻底与宗教决裂，以完全改变法国的教育面貌，而采取的是一种在避免与教会发生冲突的基础上逐步取而代之的策略。① 费里在谈到这一问题时专门指出，教育领域消除宗教影响的各种举措并不是完全反对和彻底取消宗教教育。在参议院的一次演讲中，他阐释了自己的立场："我们需要反对教权的斗争，但决不是反宗教的斗争。"在他看来，道德教育才是学校的职责，而宗教教育是家庭的职责，应该被归置在个人的私领域。所以当时就有规定，除星期三之外，学校每周会有一天让学生在家中或教堂中接受宗教教育。②

---

① 张芝联：《法国通史》，417页，北京，北京大学出版社，1989。
② 邢克超、李兴业：《法国教育》，105页，长春，吉林教育出版社，2000。

(二)免费性原则

法国教育的免费性原则可以从大革命时期谈起。从1791年起,孔多塞、塔列朗、多努等人就曾提出过免费教育的议案,从不同层面论证了它的合理性。在第一帝国时期,国家将主要精力放在中等教育领域而忽视了初等教育免费性原则的推进。直到第二帝国时期,在V.迪律依(V. Duruy)的推动下,法国于1867年颁布法规规定市镇可以从省和国家得到资金用于兴办免费初等学校。1870年,法国免费教育已经使较多的学生受益,之后由于普法战争的爆发延缓了免费学校的发展。

到第三共和国时期,免费教育制度开始在法国全面推广开来。1879年,费里就任教育部部长后便开始改革初等教育。1881年颁布《第一费里法案》,确立了免费教育的基本原则。该法案明确提出,法国公立小学和幼儿园不再收费,师范学校食宿免费。之后免费原则又推广到高级小学和高等师范学校中。至此法国初等教育开始走上了免费的普及化道路。

随着初等教育普及程度的提高以及统一学校运动的推进,关于中等教育的免费问题在20世纪被提上议程。1927—1933年,多部法律的颁布将中等教育的免费性原则确立了下来。虽然由于维希政府的倒行逆施,中等教育免费制度被中断过,但时局一经稳定,法国即刻就恢复了这一制度。

后来,法国的免费制度继续延伸到高等教育阶段。法国大多数公立大学不收学费,每学年只收取相当于法定最低月工资的十分之一左右的注册费。①

(三)义务性原则

在大革命时期,法国主要关注中等教育,而将初等教育权留给了教会,之后几个时期又多反复。到第三共和国时期,共和派掌权之后开始将初等教育的世俗化和义务性改革提上议程。1879年,费里就任教育部部长后,在1882年颁布的《第二费里法案》中明确规定,6～13岁儿童必须接受小学教育,

---

① 邢克超、李兴业:《法国教育》,177页,长春,吉林教育出版社,2000。

各市镇建立专门的委员会监督这一原则的实施。

1889年，另一项法规明令禁止企业雇佣处于义务教育阶段的儿童，且要求义务教育阶段的儿童必须进入学校接受教育。这样，基础教育的义务性原则进一步得到落实。1936年，法国将义务教育延长至14岁。1959年，法国将义务教育延长至16岁。在此之后，法国初等教育的免费性原则与义务性原则常常相伴而行，并从初等教育拓展至中等教育。法国整个基础教育的免费制度和义务制度建立起来了。

第二节　法国教育政策与法律的发展

19世纪末20世纪初，伴随工业化进程的推进和国内政治局势的发展，法国颁布了各项法规来保障教育事业的发展。这些法规涉及学前教育、初等教育、中等教育、职业教育等各个领域，使法国教育改革全面地开展起来。同时这些改革共同推进了法国教育的近代化和现代化进程。这里主要介绍各级各类教育中比较重要的教育政策与法律的颁布及实施情况。

一、学前教育立法

虽然19世纪后半叶来自德国福禄培尔的学前教育思想和实践已经传入法国，但是由于福禄培尔幼儿园的幼儿数量少，加上福禄培尔幼儿园教材、教具、教学内容的设计更关注幼儿的智识能力、理解能力，这些是中下层子弟无法即刻享有的，因此它主要面向的群体还是上等阶层子弟。所以直至19世纪末，法国学前教育的发展主要体现在母育学校上。

1881年颁布的一项法规规定，以母育学校取代各种学前教育机构。就此托儿所时代暂告一段落。该法规规定母育学校应该根据儿童的年龄特征让儿童学习读写算的基本知识以及自然科学和地理基本知识，应该让儿童交叉进行体操练习和唱歌等活动。

1886年，《戈伯莱法案》要求将学前教育机构纳入整个学校教育体制，将其作为第一级教育机构。该法案规定，居民在2000人以上的市镇应开办一所幼儿学校，1200人以下的居民点应在小学附设学前幼儿班；幼儿学校校长和教师一律由师范学校负责培养，并必须取得相应证书；各级教育行政部门设立学前教育督学。[①] 至此，法国学前教育制度初步建立起来。

在《戈伯莱法案》颁布后，1887年法国又颁布了《母育学校组织法》，对母育学校做出规定。该法规规定，凡居民在2000人以上的市镇应开办一所母育学校，1200人以下的居民区可以在当地小学里附设学前教育班；幼儿学校校长和教师一律由师范学校负责培养。

《母育学校组织法》的颁布在很大程度上表明母育学校已经明显区别于它的前身——托儿所，母育学校更倾向于知识的教育和能力的培养，而非仅仅为儿童提供一个庇护所。而这一观念和倾向最终在20世纪初受到了严厉的批判与纠正。

在《母育学校组织法》颁布后的一个多世纪里，法国学前教育继续从法律和制度上进行完善，在入学儿童和学前教育机构的创建方面不断改进，在教学内容与方法方面也不断改进和完善。这在很大程度上都源于教育法律对学前教育基本原则的规定以及其在实践中的贯彻执行。

二、初等教育立法

(一)《费里法案》

曾三次担任教育部部长的费里在任职期间主持颁布了几部重要的教育法律，对法国义务教育制度的确立和改革产生了重要作用。

---

① 邢克超、李兴业：《法国教育》，223页，长春，吉林教育出版社，2000。

1879 年，刚刚上任一个月的费里就提出关于世俗教育的法律草案，建议未经政府批准的宗教团体的任何成员不得在私立学校或公立学校任教或担任领导工作。这一提议遭到参议院的否决，未被采纳。1880 年，有两项法规突破了参议院的抵制。其中一项法规决定改组公共教育最高委员会、学区及省共三级教育委员会，以减少和排除教会对国家教育的影响。除此之外，法规还规定地方教育委员会由学区长领导，世俗教师要占主要地位。① 另一项法规则强制未经核准的宗教团体必须提出批准请求。②

1881 年，《第一费里法案》规定，公立学校不再收取学费；在市镇收入不足的情况下，其办学费用由国家提供补贴。这从法律上确立了初等教育的免费性，从而为法国初等教育的普及提供了法律保障，使更多贫困家庭子弟获得进入学校接受教育的机会。

为了进一步推动义务教育的普及性和世俗化，在《第一费里法案》颁布之后，费里继续推动义务教育法律的制定工作，最终于 1882 年颁布了《第二费里法案》。该法案明确指出，对所有 6～13 岁儿童实施强迫性、义务性的初等教育，且规定了教育的非宗教性原则。该法案规定让 6～13 岁儿童进入公立小学或私立小学，或在家庭接受教育；对于在家庭接受教育的儿童自第三学年起，每年必须接受一次公立学校考试，以检查家庭教育的效果；由各地市镇长和初等教育督学组成的市镇教育委员会要经常检查儿童上学或在家接受教育的情况；对于不按规定送孩子入学的父母将进行处罚；宗教教育不再作为学校教育的内容，学校不得开展宗教教育。对于想让子女接受宗教教育的家长，每星期四可以在学校之外的地方进行；公立学校的教学全部由世俗教师担任；原来的道德与宗教课程改为道德与公民课程。在小学开设法语、历史、

① 邢克超、李兴业：《法国教育》，103 页，长春，吉林教育出版社，2000。

② ［法］让-皮埃尔·阿泽马、［法］米歇尔·维诺克：《法兰西第二共和国》，沈炼之、郑德弟、张忠其等译，111 页，北京，商务印书馆，1994。

地理、生物、自然、物理、算术、道德与公民教育、法政常识、农业常识、卫生、图画、音乐、体育、军训(男生)、缝纫(女生)等课程。该法案还规定，设置小学学业证书，取得该证书的学生才被认定为完成了义务教育。

法国通过《费里法案》将宗教教育排除在学校之外。同时，教会在教育领域受到了全面限制。至此，宗教教育从法国初等教育领域被隔离出去，之前学校的"道德与宗教教育"课程改为"道德与公民教育"课程。初等学校开始向学生渗透爱国主义和民族主义的教育。① 1886年，法国又通过明令禁止宗教人士在公立学校任教而实现了教师队伍的世俗化。

从《费里法案》中可以看到，该法案一方面推进了法国义务教育的世俗化进程，另一方面也通过承认统治阶层和上层子弟家庭教育与中学预备教育的义务性和合理性而维系了社会结构的稳定。由此既加强了国家对教育的领导，又保护了少数人的利益不受侵犯。在这种意义上，费里领导的教育改革事业既是现代的，又是保守的。说它是现代的，因为它将世俗化、义务性、强制性原则和基于理性、科学的课程纳入学校教育中；说它是保守的，因为它维持了原有的社会阶层结构，继续保持了社会现状。②

(二)《戈伯莱法案》

继费里之后，法利埃出任教育部部长，之后是戈伯莱(Goblet)。戈伯莱曾两次出任教育部部长。在任期间，他主持制定了《戈伯莱法案》。该法案提出了法国初等教育的组织结构、教师队伍的世俗化、国家与地方对教育的管理与监督以及私立学校的若干规定。

根据《戈伯莱法案》的规定，法国初等教育机构包括初级小学、高级小学、高小补习班和学徒手工学校等。该法案对初等学校的这种分类实际上是法国

---

① 邢克超、李兴业：《法国教育》，105页，长春，吉林教育出版社，2000。
② [法]让-皮埃尔·阿泽马、[法]米歇尔·维诺克：《法兰西第三共和国》，沈炼之、郑德弟、张忠其译，108页，北京，商务印书馆，1994。

普通教育双轨制度的开始。① 一类是高级小学、高小补习班和学徒手工学校实施的平民教育，与之形成对比的另一类是市立中学和国立中学为资产阶级子弟实施的学术性教育。

关于教师世俗化方面，《戈伯莱法案》明确规定，各级公立学校一律由世俗教师任教，教会牧师和教士人员不得在任何世俗教育机构从事教学活动；所有男子教会学校5年内由公立世俗学校代替，女子教会学校也要逐步由世俗学校取代；公立小学教师一律由各省省长经教育部部长授权、征求学区督学意见后任命。几年后，国家规定公立小学教师一律转为国家公职人员，领取国家工资。

除此之外，《戈伯莱法案》还对私立学校的办学和管理提出了要求。该法案规定，所有私立学校必须按照国家规定办学，道德品质不良者不得任教，更不能担任校长职位；私立学校教师必须具备《费里法案》所规定的任教条件。新开办的高级小学教师应该具备相应的学历证书，并得到所在市镇行政长官的批准。

从以上可以看出，《戈伯莱法案》的颁布在很大程度上巩固了《费里法案》确立的义务教育制度。它的实施为全面贯彻落实义务教育制度提供了组织上的保证。它是第三共和国前期重要的教育法之一。后来，法国还分别于1936年和1959年颁布法规，延长义务教育的年限，扩大义务教育的对象和范围。1936年颁布的法规明确规定，法国的义务教育年限由7年延长至8年，使更多中下层子弟可以进入学校接受教育。到1959年第五共和国时期，法国通过了另一部非常重要的法令——《教育改革法令》，更是将义务教育年限延长至10年。

（三）《教育改革法令》

"二战"结束后，虽然法国依旧是西方国家中央集权化程度比较高的国家，

---

① 顾明远：《世界教育大事典》，330页，南京，江苏教育出版社，2000。

但法国逐渐开始在教育体制方面进行民主化改革。其中对法国教育制度影响较大的便是1959年发布的《教育改革法令》。通过此法令，法国进入了教育体制改革的新时代。

该法令规定，义务教育延长至16岁，义务教育的最后3年可在各种类型的职业技术学校或企业的艺徒学校完成。同时，该法令决定取消中学入学考试。该法令还将10年的义务教育分为三个阶段。6～11岁为第一阶段，是五年制的初等教育阶段。所有学生学习相同的课程。11～13岁为第二阶段，是中学的初级阶段，称为"观察期"。学生依旧学习相同的课程。但同时对每位学生的能力与倾向进行观察，并给予升学和就业方向的指导。13～16岁为第三阶段，也是义务教育的"完结期"。学生经观察指导后，分别进入普通中学和各种技术教育学校学习。其中部分学生继续升入大学和高等专科学校；其他学生则在完成义务教育之后，走上职业岗位。①

该法令规定，普通中等教育学校的学习年限为7年；学生毕业时参加学士学位考试，通过者可直接升入大学；取消大学入学考试和口试。同时，该法令还规定技术中学和普通中学地位同等；技术中学的学生毕业时可获得毕业证书，也可升入高等技术院校。这实际上提升了职业技术教育在法国教育领域的地位。

可见，《教育改革法令》的颁布可以说是对20世纪上半叶之前的法国基础教育进行的结构性改革，在法国教育改革史上有重要的地位和意义。在此之后，直到1975年教育部部长阿比提出法国教育系统的现代化改革之前，法国基础教育基本上都以《教育改革法令》为指导进行改革和完善。

三、职业技术教育立法

1901年，法国高等劳工理事会对法国职业培训工作场所进行了一次调查，

---

① 王天一、夏之莲、朱美玉：《外国教育史》下册，41页，北京，北京师范大学出版社，1993。

认为应该对原有的职业技术教育立法进行调整，以适应政治、经济、社会局势变迁对该领域提出的新的要求。1905年，法国贸易部提出了一项引进和提升职业教育培训和课程的建议。这些建议的相关内容后来成为《阿斯蒂埃法案》的核心部分。但最终由于存在争议，即使贸易和工业委员会主席 P. 阿斯蒂埃（P. Astier）竭尽全力，依旧未获得通过。1913年，阿斯蒂埃再次将该议案递交法国议会。但直到他1918年逝世，该议案始终未获得通过。随着"一战"的结束，法国已经意识到职业教育对于恢复和发展经济的重要性。

1917年，教育部部长维维安尼（Viviani）提议对所有20岁以下的男孩和18岁以下的女孩以及全体读完小学的青年实施免费的、义务的继续教育和业余补习教育，以培养法国社会发展与经济恢复所需的"好工人、好士兵、好公民"①。最终经过讨论，1919年法国通过了这部旨在适应当时法国工业生产发展需要，特别是适应电气、交通和新兴工业部门迅速发展的需要，加强对学徒、普通工和职员进行技术培训而制定的，对未来法国职业教育具有重大影响和意义的"技术教育的宪章"——《阿斯蒂埃法案》。

《阿斯蒂埃法案》对法国职业技术教育进行了全面的设计和规定，内容涉及职业技术教育的性质和地位、目的、管理及机构设置、考核及证书颁发等。关于职业技术教育的性质和地位，《阿斯蒂埃法案》明确指出，职业教育应该与普通教育居于同等地位；职业教育的目的是促进工业和商业的发展，从理论和实践上学习各门科学知识和各种技艺知识；由国家来代替个人承担对工人子弟进行职业教育的职责。

该法案还指出，凡14~18岁的青年男女均有接受免费的职业教育的义务；须保证学徒每周在工作时间内抽出4小时在专为他们开办的职业学校学习，

---

① Greinert, Wolf-Dietrich, *Mass Vocational Education and Training in Europe*, Thessaloniki, CEDEFOP, 2005, p.91；[澳]W.F. 康内尔：《二十世纪世界教育史》，张法琨、方能达、李乐天等译，359页，北京，人民教育出版社，1990。

每年累计学时不得少于100小时。

该法案规定设立国家技术教育最高委员会,地方各级要设立相应的培训机构。按照该法案的要求,法国每个市镇都必须创建一所职业学校,其经费由国家和雇主各负担一半。允许公立和私立两类职业学校并存;公立职业学校由国家拨给经费,校长和教师由教育部任命;私立学校在一定条件下可得到国家认可,由国家提供补助金,且校长和教师的任命需要经教育部部长同意。另外,还可由企业主在企业内或由地方职业委员会在市、镇、村举办职业讲座,为学徒提供免费的职业教育,由国家给予津贴和补助。企业职工享有接受职业技术教育的权利,企业主有提供培训条件的义务等。

可见,《阿斯蒂埃法案》确立了法国职业教育的基本原则和总体框架,明确了国家在职业教育的发展、管理、资助等方面的责任和权力,打破了之前职业教育主要由私人机构举办的格局,使职业教育进入了法国公共教育的范畴,成为法国公共教育的重要组成部分,并走上了免费性、义务性的轨道。同时,该法案将职业教育与普通教育放在同等重要的位置进行讨论,在很大程度上提升了职业教育的地位。《阿斯蒂埃法案》颁布之后,最初由工商部管理的技术教育从1921年起改由国民教育部管辖。这可以在某种程度上证明法国对职业技术教育的重视以及职业技术教育进入公共教育领域的事实。除此之外,该法案允许公立、私立两类职业学校并存、共同发展,表明国家承认私立职业学校的合法性和正当性,对职业学校的各种经济和政策援助则在很大程度上为法国职业教育的发展提供了法律、经济和社会保障。所有这些都旨在适应和满足法国社会对更大规模、更高质量的劳动力的需求。

然而,《阿斯蒂埃法案》也有一定的局限性。该法案对地方政府、工厂主、工商主、行会等在职业教育中所应承担的教育责任缺乏清晰的厘定和有力的保障执行机制。加上国家后来担心法案的实施会对私营企业造成影响,最终该法案在当时未能完全付诸实施。但作为法国开始建立现代职业技术教育体系的标志，《阿斯蒂埃法案》使法国的职业技术教育成为一种由国家统一管理的正规教育。在这一点上，它被称为法国"技术教育的宪章"是毫不为过的。

第三节　法国教育报告的制订及影响

一、里博特委员会及其研究报告

随着工业化、城市化的推进，法国社会对于即时有效的实用性知识的需求越来越高，人们比以往任何时候更需要关于工业、商业、经济、农业、家政等方面的知识，以期在新时代能够凭借一己之力在社会中占有一席之地。但是法国学校尤其是中学依旧在拉丁语、希腊语等古典课程计划上坚持着心智训练的信念和原则。这显然已经无法适应时代和社会的需求，最终导致的结果就是中学与现实社会之间出现了一条越来越宽的鸿沟，二者之间越来越疏离。而这种疏离直接导致中学的辍学率上升，因为学校无法满足学生越来越强烈的对于实用性知识的需求。因而，中等教育面临着应该继续坚持古典传统还是顺应时代适时变革的抉择。

事实上，从19世纪70年代开始，法国围绕中等教育究竟应该继续教授古典课程还是应该教授现代实用课程的问题已经展开了激烈的争论（史称"文实之争"）。各方站在自己的立场上各执己见。为了解决这一问题，1898年法国议会成立了以法兰西学院院士 A. 里博特（A. Ribot）为首的专家委员会对中等教育面临的问题进行调查研究，以尝试提出解决问题的可行方案。

里博特委员会在对当时法国中等教育进行详细调查和广泛听取各方意见的基础上，于1899年发布了研究报告《关于中等教育的调查》。该报告共有6卷，内容涉及中等教育的各个方面，提出了52条结论。该报告指出，现代生活需要有创见、敏于行动和富于理解力的人；中等学校应该重视现代科学，既要致力于训练学生的智识和知识，又要注意培养学生适应现实生活的能力。而传统课程只关注学生的理性分析能力，这是不足以适应现实生活的需求的。因而中学应该同时开设多种课程，既包括古典课程，又包括现代实用课程；既关注学生的智力训练，又注意强调适应现实生活，培养学生多方面的能力。该报告要求中学将现代学科和古典学科置于同等重要的地位，同时将二者结合起来。以古典课程为主的文科教学，应该辅以自然科学课程的教学；以现代科学为主的教学应辅以古典文科课程的内容。该报告为法国中等教育课程确立了改革原则：保留古典课程，同时限制其开设范围，减少学习的人数；肯定现代实用课程的价值，使科学教育受到更多的重视，向大多数学生教授现代学科课程。

该调查还对中等教育的组织和管理提出了意见，认为国立中学应该获得财政自主权，扩大中学校长的职权；中学应更好地按照教学法培养师资；坚持实施中学毕业会考制度，更好地发挥它在中等教育和高等教育之间的衔接作用；中学应该坚持课程的选修制度等。

可见，关于中学课程的"文实之争"其实是关于中等教育职能定位和教育目标问题的讨论。里博特委员会对这一问题的调查和研究最后直接促进了1902年法国中等教育的课程和教学改革，因而在法国教育史上有重大意义。

二、朗之万-瓦隆委员会及其研究报告

"二战"结束前夕，法国社会兴起了一股反思现代教育的思潮。20世纪以来法国社会发生了剧烈的变化，生产机械化、新能源的利用、运输与传递手段的发展、工业的集中与产品增加、基础教育的扩展等，这一切都在改变着人们的生活环境。而在19世纪80年代普及基础教育之后，法国基础教育并没有回应社会结构变革对教育提出的新挑战。

1944年，设在阿尔及利亚的法国临时政府设立了一个由大学、中学、小

学、教育行政部门及教师工会等各方代表组成的委员会，负责制订战后法国教育改革的总体计划。该委员会由法国科学院院士、法兰西学院教授保罗·朗之万（Paul Langevin，1872—1946）担任主席。1946年朗之万去世，委员会的工作还在继续。来自法兰西学院的另外一位教授亨利·瓦隆（Henri Wallon，1879—1962）接替朗之万主持委员会工作。1947年，朗之万-瓦隆委员会提交研究报告《朗之万-瓦隆计划》。在该报告中，该委员会首先批评了法国当时的教育制度，指出教育制度存在不适应社会和经济发展、既不公平又不平等、既不重视科学进步又不注意从中汲取营养三大缺点，进而提出重建法国教育的提议，主要涉及指导思想、核心原则、学制结构、各阶段教育内容等各个方面。

该报告的指导思想是，要对法国教育实施全面的改组，克服现行教育制度因循守旧、脱离现实等弊病，以适应社会和科学技术的发展，培养现代生产者。该报告还提出了教育改革的核心原则：每个人都有受教育的权利；社会上的每一种工作都具有同等的价值；教育应该尊重儿童的个性和发展他们的才能；在通识教育和一般方向指导的基础上对学生进行职业培训；各级各类教育均应该实行免费政策；加强师资培训并提高教师的地位。除此之外，该报告还建议调整学校布局，增设中小学和幼儿学校，减少班级的学生数量，扩大对学生的资助力度，增加教师数量，以便完成文化教育、职业培训、公民教育等多重任务。该报告首次明确提出了"教育民主化"的口号，呼吁维护社会正义。同时，该报告强调"以儿童为中心"，尊重个性；主张根据儿童不同的心理和生理特点创建学校，促进他们发展。

该报告还设计了6~18岁分阶段推行的义务教育学制，以尽可能地开发学生的能力，为学生实现最适合他们的职业理想以及为集体服务做好准备。该报告提出的义务教育学制分为三个阶段：6~11岁为义务教育的第一阶段，是学前教育的继续。实施统一的基础教育，但教学方法应根据学生的资质和能力加以变化；同时创建一定数量的专门学校，接收残疾学生。11~15 岁为义务教育的第二阶段，又称方向指导阶段。教师应根据对学生的系统观察（主要在前两年），对学生的发展给予方向性指导（主要在后两年）。在这一阶段，除了为全体学生开设共同的课程外，还应根据学生各自的兴趣和能力进行包括职业培训在内的特殊培养，以利于他们以后进一步的学习和就业。15~18 岁为义务教育的第三阶段，又称定向教育阶段，旨在培养现代生产者，分为理论型、职业型和实际型三个方向。义务教育之后是高等教育，包括 18~20 岁两年预科、20~22 岁两年本科，之后为获得最高的国家学位做准备。该报告强调每个阶段的教学组织要灵活，给学生自由转换的余地，加强自然科学、经济科学和技术科学的教学比例。

该报告发布后，在法国教育界和社会上形成了激烈的讨论。由于传统势力的阻挠，加上各种观点众说纷纭，改革的支持者和拥护者们最终并没有就新思想达成统一共识。尤其考虑到在战争中遭到严重破坏的经济还难以为如此大规模的改革提供所需经费，再加上战后初期法国政局动荡，法国政府对教育民主化的兴趣减弱，因而最终该报告被束之高阁，未能付诸实施。但是，该报告集中了战前流行的"统一学校"和"新教育"两种重要教育思潮的优点，体现了法国在教育学和心理学方面的研究进展，提出了法国战后一系列教育改革的指导原则，对后来的教育政策制定产生了一定的影响。

本章结语

总体来看，19 世纪末至 20 世纪上半叶，在延续之前教育传统的基础上，从中央到学区，再到省和地区、市镇一级，地方参与教育管理的空间在逐渐变大。与此同时，基础教育的世俗化、免费性、义务性原则的确立表明，法国教育已经初步走上现代化轨道。在这个过程中，一系列教育政策与法律的颁布无疑具有里程碑意义。它们明确了学前教育作为学校教育体系重要组成部分的地位，确立了国民教育制度的基本原则，提升了职业教育作为法国公共教育组成部分的价值和意义等。这些对于法国教育继续沿着组织化、世俗化、法制化的轨道前进有着广泛而深远的意义。

与此同时，这一时期也不断有问题出现，如关于中学的职能目标和定位问题的持续讨论、关于学制改革问题的研究与讨论等。除此之外，中央集权与地方参与之间的张力、基础教育世俗化改革与宗教权力之间的张力等一系列问题并未完全消失，它们依旧在对法国的教育造成困扰。

第九章

20 世纪前期法国的教育思想

　　20 世纪前期是欧美教育，包括学校教育改革风起云涌的时期，也是教育思想充满争论、多元发展的时期。从教育思想上看，20 世纪以来，美国进步主义教育思想成为这个时期影响较大的、主流的教育思潮。但是到 20 世纪 30 年代，随着西方政治、经济危机的爆发，人们对进步主义教育思想提出批评，特别是一些大学和学院的具有人文主义倾向的学者纷纷发表观点，认为以实用主义哲学为基础的进步主义教育在面对经济危机时是无能为力的，进步主义教育思想支配学校教育实践是存在问题的。它导致现代人的理智的破产，导致学校教育质量的下降。

　　正是在这样的背景下，与进步主义教育思想相对立，欧美出现了新传统教育思潮，包括要素主义教育、永恒主义教育和新托马斯主义教育。这些新传统教育思潮主要以人文主义哲学和宗教哲学思想为基础，强调教育的终极目的，要求恢复传统教育的基本精神和原则，反对过于迁就儿童的兴趣、放弃教育责任的做法等，形成了对进步主义教育的多方面的挑战。

　　本章所要介绍的两个重要的教育家是法国永恒主义教育的代表人物阿兰（Alain，1868—1951）和新托马斯主义教育的代表人物雅克·马利坦（Jacques Maritain，1882—1973）。他们的思想和主张成为新传统教育思潮的主要内容，也成为现代教育思想的重要组成部分。

第一节　阿兰的教育思想

阿兰，本名爱弥儿·奥古斯特·夏提埃(Emile Auguste Chartier)，是法国哲学家、教育家、散文家。阿兰曾就读于法国巴黎男子高等师范学校，专攻哲学专业。毕业后他在里昂等城镇中学执教，后在巴黎亨利四世中学任哲学教授，1933年退休。阿兰一生著有多篇论文和散文，总计有4000多篇。主要著作有《阿兰语录》《文学论丛》《政治论丛》等。阿兰是现代教育思潮中永恒主义教育的重要代表之一。

一、生平活动和思想基础

1868年3月，阿兰生于法国诺曼底地区的莫尔塔尼欧佩尔什。13岁时，他进入阿朗松中学学习，并对柏拉图、笛卡儿(Descartes)、巴尔扎克(Balzac)等人物感兴趣。18岁时，他在旺夫的米什莱中学做走读生，在那里遇见哲学教师佩尔·拉尼奥，从此走上哲学学习的道路。

1889年，阿兰进入巴黎男子高等师范学校学习，1892年毕业并获得中学哲学高级教师的资格。以后他相继在约瑟夫·罗特中学、高乃依中学和孔多塞中学担任哲学教师。1909年，阿兰又到亨利四世中学继续担任哲学教师，培养了许多优秀的学生，如哲学家雷蒙·阿隆(Raymond Aron)、乔治·康居朗，作家安德烈·莫洛亚(André Maurois)、朱利安·格拉克(Julien Gracq)等。

"一战"爆发后，阿兰主动应征参军。1917年，他因脚被轧伤而复员，并回到亨利中学继续他的教学工作。参与"一战"的经历对阿兰影响很大。战后，阿兰积极投入独立自由和反法西斯的运动。1927年，他签署了一份反对废除知识独立和舆论自由法律的请愿书；1934年，他与保罗·朗之万等人共同创建反法西斯委员会，成为反法西斯运动的重要代表人物。

1936年，在经历长期的风湿病折磨后，阿兰又患上了脑中风，只能依靠轮椅活动，但他仍然继续思考问题和进行写作。1951年5月，阿兰获得法国文学大奖。同年6月，阿兰病逝，终年83岁。

阿兰自1903年起就为《鲁昂快报》的"漫谈"专栏撰写文章。1914年，他所发表的漫谈文章超过3000篇，并结集成专著出版。主要有《关于精神与激情的八十一章》《美术体系》《美学漫谈》《权力漫谈》《幸福漫谈》《文学漫谈》《政治漫谈》《经济漫谈》《精神季节》《宗教漫谈》《精神的值夜者》。①

在教育方面，阿兰的代表作是《教育漫谈》。这是一部从哲学的角度观察和思考教育的著作，主要关注中等教育现象及问题。该书收集了他在1921—1931年发表在《自由漫谈》杂志上的文章，首次出版于1932年。该书有86篇文章，采用短小精悍的散文文体，反映了他对法国社会及教育现象和问题的全方位思考。该书自出版以来多次再版，成为现代教育的经典名著。

阿兰的教育思想是以他对自然和人类社会、知识和经验等方面的认识为基础的。关于自然与人类社会，阿兰指出，与野兽在自然中的缓慢成长不同，人类诞生于人类组织。人类就是在人类组织中存在和成长的，没有选择的余地。而动物的野性是与生俱来的，处于文明之外；动物是不具备人性的。使人成为人和维护人类组织存在的是人类社会的规则和秩序，人类社会的秩序体现在规则之中。遵守规则是人类社会的基本礼仪和最重要的特征。人类发展就是在学习和实践、遵守这些规则、纪律的过程中实现的。关于知识和经验，阿兰指出，人类的知识是源于经验的，但人的认识不能仅仅停留在经验，还要远离经验。在他看来，人对于真实事物的感知不仅是眼前的展示，还要通过其他感官感知使自己的思考远离经验，使观察的不变的物体变成概念，

---

① ［法］阿兰：《教育漫谈》，王晓辉译，译者序2~3页，北京，商务印书馆，2019。

使抽象进入经验。从这个角度看，阿兰认为，儿童的最初经验实际上是一种共生的经验。儿童认识的过程和思想发展的过程不是从具体到抽象、从差异性到一致性，而是从抽象到具体、从一致性到差异性的过程。基于这些认识和观点，阿兰十分重视教育中的规范、纪律、努力等概念在儿童发展中的指导作用，重视古典著作的学习及其在儿童思想的形成和培养上的地位。这些构成了阿兰教育思想的基本内容，使他成为现代教育思潮中永恒主义教育的代表人物之一。

作为永恒主义教育的代表人物之一，阿兰在《教育漫谈》中既有对传统教育忽视儿童理性和活动的激烈批判，也有对现代教育过于强调儿童本能、兴趣发展的极为不满。阿兰极力主张教育要认识儿童的学习与游戏，强调学校应重视古典主义教育和古典名著的永恒价值。阿兰的这些思想和主张是现代教育思想的重要组成部分。

二、论儿童的学习与游戏

阿兰非常重视儿童的学习与游戏问题，并对这一问题有自己独特的理解。这种理解主要表现为他比较注重在结合历史上哲学家的思考来分析和认识现实生活中儿童学习与游戏的关系问题。

阿兰指出，人们都喜欢儿童做众所周知的字母游戏，目的是让儿童把零散的字母组合起来，凑成单词，以获得对单词的认识。这种组合游戏是学习专业词汇和正字法的极好机会。这种游戏可以吸引儿童的注意力，在学习与知识之间架起一座桥梁；让儿童在不经意间全神贯注地投入工作，形成习惯，使学习成为他们生活中的休息和娱乐的方式。阿兰认为，寓学习于游戏中这一思想是文艺复兴时期法国思想家、哲学家蒙田（Montaigne）的主张；通过这种活动可以使儿童不再把学习的记忆活动看作一种痛苦。

阿兰认为，蒙田的观点是有一定道理的，但黑格尔（Hegel）的"影子说"更值得重视。黑格尔的"影子说"主张，成人一般认为在现实生活中儿童完全就是儿童，他们高兴于儿童状态。但这是成人的想法，不是儿童的想法。通过思考，儿童拒绝儿童状态，他们要成为成人。于是，他们变得更为理智，更少些儿童状态，不像成人那样看待儿童。阿兰认为，睡眠是动物的一种快乐，但这是一种不能超越自身状态的快乐。对于竭尽全力走向成人的儿童来说，成人的状态是美好的。儿童可以在超越自身的状态中获得快乐。在阿兰看来，超越自然的、生理的状态，走向成人的、理性的发展状态，对于儿童的成长是非常重要的。

关于游戏与学习的关系问题，阿兰认为，游戏与学习是不同的；想通过字母游戏来学习阅读和书写知识与技能，通过数榛子等来学习计数知识与技能，是不够严肃和庄重的。学习不仅是高兴和快乐的事，还应该让儿童具有成人般的羞愧感，感到自己还有需要继续完善的地方。在这里，阿兰实际上是要通过分析儿童的游戏与学习关系问题，回答儿童与成人的关系问题，反对仅仅把儿童看成儿童的观点及做法。他指出："我愿意儿童按照人类的次序自助，形成尊重的品质。因为人由于懂得尊重而伟大，而非由于幼小。通过极大的谦逊，他可以构建伟大的雄心，伟大的处事能力。他能自律，他能担当，他总是自强不息。"①在阿兰看来，仅仅满足于儿童的兴趣或者快乐的学习是低层次和低水平的；而高水平的学习是让儿童在学习活动中感受到自己的努力和进步，是对学习困难的战胜，是对自尊和尊严的提升。

关于儿童学习的问题，阿兰批评了儿童学习中关于一味训练的主张，提出不能认为只要为了儿童好，就可以对他们进行这样或那样的训练。阿兰指出，不能违背儿童的意愿，因为意愿之外没有其他价值可言。教育中的所有习惯性训练都是非人性的，是对精神的致命摧残。这种训练的结果是，习惯在控制儿童；使他们相信习惯的作用，见到某种刺激或者情景就会以某种习

---

① [法]阿兰：《教育漫谈》，王晓辉译，2页，北京，商务印书馆，2019。

惯的方式来应对，以减少或者躲避痛苦。阿兰指出，应当认识这种控制的影响。不要轻易相信那些容易的事情，轻松的注意根本不是注意。真正的解决问题是先要尝到苦味，快乐是战胜困难之后获得的。不要许诺快乐，战胜困难才是目标。只有这样做，才适合儿童的学习。① 阿兰还指出，在儿童学习的过程中，逐步加大难度和衡量努力程度是一门帮助儿童发展的艺术。赋予儿童认识其能力的高境界思想，并通过胜利来支持儿童至关重要。虽然兴趣是儿童发展必不可少的，但如果缺少其自身感兴趣的事物，便没有必要让儿童产生兴趣。也就是说，不能强迫儿童对什么事物感兴趣。另外，那些容易引起儿童注意的方法并不是好的方法。好的方法不仅使儿童能够克服烦恼和解决抽象问题，还能使儿童知道自己的能力。要进行智力的训练和精神文化的实践，就需要尝试这种方法，最终实现一种美好的志向。

　　阿兰认为，儿童需要接受严厉方法的训练才有可能成才。在他看来，儿童的许多行为是在社会的各种活动中形成的。阿兰还认为，教育仅仅靠温柔是不够的，这不是培养人才的方法。人只有通过严厉的方法才能取得成就，而拒绝严厉方法的人永远不会成才。当然，阿兰并不是赞成在儿童的成长过程中采取棍棒式的惩罚教育，而是强调儿童的成长总会出现不足和失误。因此，儿童在成长过程中需要自己寻找困难，拒绝帮助或者照顾，接受生活的磨难和考验。② 关于玩具和儿童成长的关系，阿兰也提出了自己的看法。他认为，儿童身上有的根本不是对玩具的热爱，因为每一分钟他们都试图从对玩具的热爱中脱离出来。所有的儿童会忘记自己昨天曾经是儿童。他们唯一的希望就是不再是儿童。这样他们对玩具的热爱不断让步于对未来的愿望。他们想从玩具中脱离出来，成为真正的自己。这是儿童意志的萌芽和开端。儿童应当成为玩具的主人。针对一些人提出的应当让儿童高兴，应当顺其自然，

---

① ［法］阿兰：《教育漫谈》，王晓辉译，4 页，北京，商务印书馆，2019。
② ［法］阿兰：《教育漫谈》，王晓辉译，5 页，北京，商务印书馆，2019。

这才是真正的教育的观点，阿兰表示反对。他认为，如果一个人完全顺应他人，其结果就是无法控制秩序，无法控制混乱。阿兰举了一个关于教授开设讲座的例子，说这位教授很想引起年轻听众的关注，发言时充满情感，但是他从未能控制住混乱的场面；而出现这种混乱场面的根本原因是他不慎重的许可。在阿兰看来，儿童如果只满足于别人的恭维，只喜欢所有现成的东西，喜欢令自己愉快的事情，就会出现不遵守秩序。

阿兰指出，游戏结束后就应该返回有着严格秩序的教学。教学需要加强对注意力的培养。这种注意力是一种艰苦和耐心，是一种向上仰望的期待。①

阿兰不太相信幼儿园里或者其他地方注重兴趣的教育方法的创新性，包括一些阅读方法的创新性。在阿兰看来，一些阅读的方法是让儿童沉湎于轻易得来的快乐，却不注重让儿童获得高层次的快乐。没有什么比获得高层次的快乐更能提高人的素质。阿兰说："蒙田的著作难懂，但首先要去了解，去探索，去回顾，然后就会发现。同样，通过纸板组合学习几何，可以有一些快乐，但严肃的问题会带来更大的快乐。在最初的课程中，理解钢琴作品的快乐并不明显，首先需要经历厌倦……他应当获得真正的快乐，他值得拥有这些快乐。他应当在获得之前付出，这是规律。"②

这种高层次的快乐是什么呢？按照阿兰的观点，高层次的快乐是思想的快乐。浅层次的快乐只能带来思想的厌倦。而思想首先是严肃的，然后才有快乐的回味。阿兰指出："童年是一个感觉不能停留的矛盾阶段，成长迫切地加速这一向前超越的运动，之后成长就会特别缓慢。成人会感觉到自己比儿童更少理性，更少严肃。也许这里有儿童的肤浅，有儿童对运动和喧闹的需求，这便是游戏。但是从游戏过渡到工作，也需要儿童感受到成长。"③

---

① ［法］阿兰：《教育漫谈》，王晓辉译，8 页，北京，商务印书馆，2019。
② ［法］阿兰：《教育漫谈》，王晓辉译，8~9 页，北京，商务印书馆，2019。
③ ［法］阿兰：《教育漫谈》，王晓辉译，9 页，北京，商务印书馆，2019。

总之，阿兰关于儿童学习与游戏关系的论述是非常丰富的。它涉及许多问题，包括儿童的游戏、儿童的成长、儿童的快乐以及严厉的方法等。其中核心的观点是，儿童的发展需要游戏，但不是为了游戏而游戏；儿童的游戏只是儿童达到更高目的的一种手段；这个更高的目的就是通过教育教学中对困难的克服和严格要求，不断提升儿童克服困难的能力和意志力，使他们尽快摆脱儿童的游戏状态，促进思想的形成和发展。显然，阿兰的这一认识与20世纪20年代欧美国家特别强调儿童兴趣的和儿童中心思想的教育主张是不同的。它反映了阿兰对传统教育中一些合理思想的继承，以及对欧美教育改革中存在的一些问题的批判和思考。

三、论家庭教育与学校教育

儿童的成长离不开家庭与学校，而家庭教育又是儿童成长过程中第一阶段的教育。因此，家庭教育和学校教育两者的关系问题是阿兰非常关心的。不过，与家庭教育相比，他似乎更重视学校教育在儿童发展中的作用和影响。一般来说，阿兰对家庭教育基本上是持一种批评的态度。他认为，家庭不善于教育，甚至也不善于养育。阿兰分析了其中的原因。首先，因为家庭中的血缘群体发展了基于血缘关系建立的情感。为了维护和强化这种情感，家庭形成了一种群体压力的共同体，压抑了各自的情感。其次，由于对这种情感的维护和强化，家庭也就没有任何自由，并产生家庭成员对父母权力的崇拜。家庭中一个非常重要的生物学特征就是年龄差异。它体现了无所不在的等级，而其中父母的权力是最高的。最后，由于家庭成员过于期望一致，也就不允许产生任何分歧和冲突。它导致家庭在一定意义上是一个封闭的共同体。在阿兰看来，这些生物学规律总是在控制着家庭。许多家庭都是以父亲的形象教育着孩子，而父亲又是按照父亲的父亲——祖父的形象复制着教育。家庭的这种以情感和等级为核心的特征，造成了对家庭成员思想的控制，这对儿童的存在和发展是不利的。

　　关于如何认识家庭中父亲的地位以及父亲在教育子女方面的作用是阿兰非常关心的。阿兰发现，在家庭教育上，即使一些优秀的父亲也不知道如何教育子女。其中一个原因是，这些父亲往往认为学校的教师对孩子缺乏热情，因此在家庭中较多地强调情感的重要性。不过，阿兰指出，恰恰相反，父亲在家庭教育上存在的主要问题是情感过度、热情有加，这反而害了子女。例如，许多教师可以在本职工作上做得很好，但是却未能够成功地教育好自己的子女。与孩子相比，这些父亲更少理性，更多情感。他们常常对孩子缺乏耐心。阿兰引用亚里士多德的话：情感转瞬变成专制。①

　　阿兰指出，与家庭教育相比，学校教育在培养和发展儿童的多方面能力方面更具优势。他指出，学校是一个令人赞美的地方，它可以使一个人全神贯注地工作，避免外界的干扰。阿兰不赞成学校墙上挂许多供人观赏的、即使是美丽的东西。他认为，学校应当注重简朴，应当把注意力放在工作上。无论是儿童阅读、书写或者计算，这些活动对于儿童来说都是有一定意义的。在学校，学生不仅要听、要看，还要做，只有做才是最重要的。

　　为了更好地认识学校教育，阿兰还专门对教育家和社会学家关于学校教育的不同争论进行了比较、分析，并提出了自己的观点。

　　在教育家看来，学校并不是一个要取代父母的更大的家庭，但是要有爱和能力。教育家认为，师范教育对教师有两个要求。第一，要像父母那样乐于教育其子女；第二，要具备这种能力。教师要接受父母的委托，需要关爱班级里50多个如同亲生的孩子。

　　但是社会学家不赞同教育家的观点。在社会学家看来，学校与家庭不同，学校是由一些相互合作的家庭另行重组和编排的。社会学家认为，学校里的儿童是依年龄划分群组的，他们各有自己的活动。这些不同家庭小孩子与大

---

① ［法］阿兰:《教育漫谈》，王晓辉译，17 页，北京，商务印书馆，2019。

孩子的划分，是一种权利与义务的自然分配。学校里有情感，也有忠诚、信任和崇敬。男孩模仿父亲，女孩模仿母亲，每个人都是保护者，同时又受到保护，既尊重他人，又被他人尊重。在社会学家看来，学校与家庭明显的不同之处是学校可以将儿童从封闭的家庭本能中唤醒。

通过上面的比较和分析，阿兰提出了应该重视学校及学校教育的主张。他指出，如果要寻找家庭和教堂的中间项，便会找到学校。学校是一个社会组织。这个社会组织由游戏构成，同龄人在其中相互交往。儿童不论陌生与否，自然而然地聚在一起，形成一个游戏共同体，一个交流的社会，而不是家庭社会。① 在阿兰看来，学校是一个特别的社会，学校是通过游戏把儿童组织起来的。在学校，儿童发现错误，改正错误，都是有价值的。也正是在这个改正错误的过程中，儿童可以学会判断和认识自己。

阿兰认为，学校在解决儿童的一些行为问题上比家庭更有力量。例如，一个孩子在家里具有较强的对抗意识，而一旦被送进学校，问题就很快被化解了。②

阿兰还认为，应当避免根据在家里的观察，以自己的偏见来评价儿童。在学校里，儿童群体不是个体的简单集合，是在教师召集下的众多同龄儿童的集合。由于模仿与感染，这个群体会产生一个强大的气场，并且对每一个儿童产生影响。在这个群体里，儿童能够去爱，去尊重，不是仅凭思想，而是靠每个人的能力。不过，阿兰也强调，这一群体首先要守秩序，要保持安静与专心。如果没有这样一个好的开端，儿童就会没有希望成为一个值得尊重的、忠诚的、热情的人。关于如何面对学校里的混乱无序的状态，阿兰建议教师首要考虑的是，不要有任何恶言恶语，甚至不要有这样的想法。如果

---

① ［法］阿兰：《教育漫谈》，王晓辉译，16页，北京，商务印书馆，2019。
② ［法］阿兰：《教育漫谈》，王晓辉译，19页，北京，商务印书馆，2019。

教师施加一种有形的力量，直接反对混乱无序的状态，则马上会改变这种状态。①

阿兰指出，学校是有利于儿童发展的重要场所。在那里，儿童可以体会到平等、友谊，可以在同伴活动中认识自己，在群体活动中获得统一的认识。不过，这个群体也有自己的规则，即对群体中同伴的信任与关系的牢固和对外来者的警惕与防备。阿兰建议，教师要认识到学校儿童群体的这个特征，充当家长群体和儿童群体之间的使者和中间人。

总之，在阿兰看来，与家庭教育相比，学校是另一种类型的社会，明显不同于家庭，也明显不同于普通人的社会；它有其自身的条件和自身的组织，也有其自身的崇拜与激情。② 这应该成为社会学家和教育家的一个很好的研究内容。在关于家庭教育与学校教育的对比分析中，阿兰提出的许多观点和主张都是值得进一步研究的。

四、论古典名著的学习与阅读

作为永恒主义教育的代表人物，阿兰是一个古典主义教育的倡导者。在长期教学和教育研究中，阿兰积极支持现代学校把古典语言和古典名著放在重要位置上，强调对古典语言和古典名著的学习。

针对一些人认为学习古典的东西是倒退和落后的问题，阿兰进行了批评。阿兰认为，教育应该是滞后的，但滞后不等于落后。欲冲向前，需要先退一步。如果一个人没有对过去的了解，企图学习最新的知识都是不容易做到的事。③ 阿兰指出，有确定的东西，才有未来。比如，法学家使权利变得更好，正是因为他们知道权利，所以相信权利，珍惜权利。在阿兰看来，古老

---

① [法]阿兰：《教育漫谈》，王晓辉译，24页，北京，商务印书馆，2019。
② [法]阿兰：《教育漫谈》，王晓辉译，30页，北京，商务印书馆，2019。
③ [法]阿兰：《教育漫谈》，王晓辉译，30页，北京，商务印书馆，2019。

的东西蕴含着新的元素，古老的东西更具有真实性。

阿兰认为，各种知识之间是有区别的，表面现象的东西与永恒存在的真理有很大的不同。例如，在观察天体方面，表面上看，每天太阳都在升起与落下，但实际上是地球在转动。大众学习方面也存在这种只关注表面现象的情况，因为他们相信最新的真理便是最适合自己的真理。但真理不能这样从一种思想注入另一种思想。对于那些从表象出发并未获得真理的人来说，真理便什么也不是。①

关于什么学科知识有利于儿童发展的问题，阿兰主张应当让儿童学习几何学、拉丁语和诗歌。阿兰批评那些在学习上让儿童进行选择的做法。阿兰指出，让儿童或者家庭去选择学习这些而不是那些，是不合理的。因为什么也不需要选择，选择已在那里。阿兰认为，对于儿童的发展来说，几何学、拉丁语和诗歌是必须学习和掌握的。由于古典名著主要使用的是古典语言，因此学校教育要加强古典语言，特别是拉丁语的学习。儿童学习拉丁语可以阅读名著，拓宽他们的视野。在阿兰看来，几何学是通往"自然的钥匙"。对于几何学一窍不通的人，绝不会很好地认识他所生活、所依存的世界。当然，学习几何学不是了解整个自然界，而是根据客观事物，了解所知事物的必要性，调整思想。几何学确是极好的科学，总是提供最严谨的证明。诗歌是人类"秩序的钥匙"，也是"灵魂的镜子"。高尚的诗歌能够引起人们的敬仰。儿童对于诗歌开始时确是不懂，但通过每次的阅读，通过对声音和韵律的把握，逐步规范他们的喜好，使他们处于学习所有喜好的状态，随即提高其感知力，达到发现所有人类景观的地步。②

阿兰非常重视儿童的阅读。在他看来，儿童的阅读不仅可以增长知识，还可以陶冶情操，使他们更理智地认识社会、融入社会，使其身心得到更健

---

① ［法］阿兰：《教育漫谈》，王晓辉译，35 页，北京，商务印书馆，2019。
② ［法］阿兰：《教育漫谈》，王晓辉译，37~38 页，北京，商务印书馆，2019。

全的发展。阿兰指出，儿童不仅要注意周围人的影响，还需要阅读，这样才可以更好地发展自己。儿童不仅要学习字母，还要掌握语法规则。儿童要掌握规则和范例，还要将其扩展到其他的应用上。这些都需要阅读、再阅读。从这个认识出发，阿兰还指出，不要考虑儿童在自然中的缓慢成长，不要只想着从事简单的工作，也不要考虑只对名著中提及的人性有最初的需求。自儿童早期开始，就要让他们尽其所能读名著。名著对所有的人都有益处。在早期阶段如何教育儿童？阿兰提出的建议是，不要把物理学、化学这些内容放在儿童学习的内容里。可以根据培养诗人、演说者、讲述者的标准来培育儿童，而且尽量让儿童去阅读。①

阿兰指出，教育者要帮助儿童学会阅读。这不仅仅是能够认识字母，把字母连起来发音，或者把精力放在构词上，而是要快速地阅读，注意句子的完整性。阅读要有节奏，它不是让儿童一个一个音节地读。这样费力的拼读会分散注意力。阿兰认为，阅读要有整体思维，要摆脱拼写困难，不要一块一块地阅读，也不要一个一个音节地阅读。②

关于阅读的认识，阿兰坚持的原则是阅读、阅读、再阅读。在他看来，无论是历史、物理或道德，书籍总是首要的教师，而教育者是书籍的助手。教育者要从服从书籍开始，自己需先清晰地、用心地阅读，然后再让儿童阅读相同的内容，并且不止阅读一遍。要保证每个人低声阅读，并使其注意到有人在监督。要经常出其不意地变换阅读者。阅读不是玩，不是为了娱乐。③

在阅读的问题上，阿兰提出这样一个问题：教育中为什么会有许多文盲？他发现，在初等教育的课程上，小学成了大学的缩减版，要求教师无所不知，还要在半小时的课堂上全部讲完学习内容。在这种情况下，一些年轻教师多

---

① [法]阿兰：《教育漫谈》，王晓辉译，51 页，北京，商务印书馆，2019。
② [法]阿兰：《教育漫谈》，王晓辉译，77 页，北京，商务印书馆，2019。
③ [法]阿兰：《教育漫谈》，王晓辉译，80 页，北京，商务印书馆，2019。

喜欢夸夸其谈，儿童只是在那里听讲。这样，儿童仅仅听讲，则什么也学不到，所以阅读才是学习之路。而在一些展示的技巧课上，儿童目不转睛地看着引人注目的各种标记。可以肯定，儿童在那里根本学不会阅读。

在阿兰看来，书写与计算比较容易学习，阅读则比较困难。一个人可以毫不费力地听别人朗读，以致思想与文字相脱离，不能注意其意义。一个人很费力地学习拼读，只注意发出声音，但不知道什么意思，那么这种人只是阅读的"奴隶"。阿兰认为，所有的课程都应该学习阅读。人们读历史，读地理，读卫生保健，读道德，等等。只要在读书中掌握阅读的艺术就足够了。学校可以不传授雄辩术、可以不要关于解释阅读的评论，只要求儿童阅读，不断地阅读。一个人高声阅读，其他人跟随低声阅读，只要教师进行监督就足够了。对教师的评价要根据他的学生所知道的来展开，而不是根据他所知道的来展开。①

阿兰发现，一些人不会阅读，但很会计算，而真正的困难是没有学会阅读。

阿兰认为，要培养儿童用眼睛阅读的习惯。用眼睛阅读与听讲、背诵、高声朗读完全不同。书中的观点就像一个物体，是固定的、外在的。儿童可以把它置于自己的面前，可以多次思考观点的各部分内容。同样，儿童的思想也像一个物体。儿童可以把它置于自己的面前，可以验证它。在阿兰看来，所有的思想都应该接受这样的检验。儿童可以从常规阅读开始，然后超越它。② 阿兰指出，真正会读书的人是用眼睛读，而不是用嘴读。就像海岸瞭望员看到烟囱就能认识船只那样，根据外形就能认识词汇。

阿兰指出，许多名著都是非常美好的、宝贵的文本。这些名著既可以约束激情，也可以唤醒激情。阅读一定要回到这些名著上，绝不要删减或关注

---

① ［法］阿兰：《教育漫谈》，王晓辉译，83 页，北京，商务印书馆，2019。
② ［法］阿兰：《教育漫谈》，王晓辉译，87 页，北京，商务印书馆，2019。

摘要。摘要的功能仅仅是把读者带入著作中。最好的著作是无注解的著作，因为注解是虚华的平庸。①阿兰还强调，一定要阅读和再阅读原版书籍。名著的每一版本都是最好的版本，都具有传统文化知识的价值。可以直接读柏拉图、蒙田或者圣西门著作的某些段落，知道他们定义的或者阐明的观点以及列举的证据。在阅读时，可以让儿童打开书，熟知所有章节，包括带插图的页面。阿兰指出，原版书及其主题有一种能力将我们把持在印字的长方框前，就像雕刻爱好者被美丽的雕刻所吸引。雕刻爱好者只是说"我认识它"，然后便一言不发，他要观赏，再观赏。对一幅美丽的插图，需要认真研究。它的整体，它的各部分的关联，它的光亮与阴影，或是观察细节，或是退后看整体……在这里，任何东西也不能替代原版书及其主题，也不能替代拉丁语。②

总之，在古典名著的学习与阅读上，阿兰非常强调古典名著中的确定性和永恒性的东西。这种确定性和永恒性的东西主要是指人类文化中的人性、理性以及对规则的认同和遵守，是维护社会秩序的基础。同样，在名著的阅读中，可以通过知晓拼写和阅读规则而形成对规则的认同，也可以形成对人性的感悟和认识。他要求在教学中教师不应夸夸其谈，学生也不只是埋头听讲。改变这种情况就是让学生大量阅读名著，阅读原著。学生只有学会阅读，才会有自己的发现，才可以与学者对话，知道他们的定义、观点，以及为观点所列举的证据。另外，阿兰提出的"用眼睛阅读"的观点也是值得思考的。它注重阅读中整体与部分的关联，有助于学生在学会客观地看整体的同时，学会观察细节。可见，学习与阅读名著不仅是读书知理，还是一个通过阅读学习思维和进行思维训练的过程。这是阿兰非常重视通过阅读提高儿童思考力的一个重要方面。

---

① ［法］阿兰：《教育漫谈》，王晓辉译，88页，北京，商务印书馆，2019。
② ［法］阿兰：《教育漫谈》，王晓辉译，131页，北京，商务印书馆，2019。

五、论实物学习与思想学习

阿兰不仅重视古典名著的学习方法、阅读原则，还提出许多通过思想学习来促进儿童思想发展和提高思考力的观点。这也是阿兰教育思想的一个很有特色的内容。

阿兰认为，人可以通过实物来学习，也可以通过思想来学习，二者有很大不同。实物的学习是技术之路，可以成功分辨真实与荒谬。比如，学习打铁的人只是关注铁与锤的关系，没人关注打铁人的思想。小学里的计算也是通过实物来学习，是由实物决定的。在阿兰看来，通过思想来学习主要是形成社会。其基本内容是，人们在对话中通过清晰的定义明白，通过推理回应所有可能的异议，以征服他人。由此产生被称为普遍性的知识，即所有人共同的知识，从而促进社会的形成。① 也就是说，通过思想来学习可以促进人们进行思想交流，形成共识性的东西，最后促进社会的形成，这是比实物的学习更有意义的事情。

从以上这个认识出发，阿兰批评了当时只注重儿童通过实物来学习的做法。他指出，几乎所有的人都对自然现象感兴趣，而与机械相关的人更是对自然现象投入极大的关注。儿童也是这样。一些成人看见儿童在那里拆拆、卸卸，去尝试探索，看到他们像懂得钟表机械那样最终明白道理就为他们感到高兴。这种情况实际上是不利于儿童发展的。阿兰指出，如果人们想要通过这种方法唤醒儿童的思维，便是错了。有兴趣的事物从无教益。②

阿兰指出，思想与事物的性质完全不同。在思想中，人们可以安静地倾听而无冲动。在新的经历中，即使最有学问的人也不可能解释一切。也就是说，思想的形成有自己的特点和过程。人们构建思想的过程犹如锻造武器。思想形成的历程非常类似工具发展的历史。也就是说，思想形成的过程是

---

① ［法］阿兰：《教育漫谈》，王晓辉译，53 页，北京，商务印书馆，2019。
② ［法］阿兰：《教育漫谈》，王晓辉译，53 页，北京，商务印书馆，2019。

一种继承、发展的过程。阿兰指出,人们从小就知道没有任何真实的物体可以用经常使用的方法绝对精准地进行描绘,只是可以描绘得比较接近。正如土地测量员不能准确测定每一块土地的边缘一样。在阿兰看来,最早的工具使人制造出另外的工具,最早的思想使人产生另外的思想。也就是说,后人的思想总是对前人思想的继承和发展,总是在已有思想或者知识基础上发展和突破的。①

关于知识和经验的关系问题也是阿兰十分关注的。他指出:"人们说所有知识来源于经验,是因为每个人都接受我们时代的信条。我毫不反对。然而我想将这一类核心原理的轴心做一点改变,以便转向于人并服务于人。我喜欢说,所有真实的知识,无论什么性质,都是经验。"②在阿兰看来,真实的知识多与真实的事物相联系。因为,一般人的观点是,对于事物的感知主要是通过眼前的展示和通过其他感官的感知来实现的。不过,精力充沛的思想者如果不能将观察的不变的物体变成概念,他们会变得停滞不前或者迷失方向。例如,数学家可以将物体视为圆、抛物线、对数,并使人信服这些数学概念。

那么儿童是如何实现对事物的感知的呢?人们的一般认识是,儿童会根据简单、确定的物体构建最初的知识。阿兰指出,儿童的最初经验是一种共生的经验,体现了共同的需求、愿望、情感、爱好和思想。对于儿童来说,他们在与父母的接触中获得了控制的经验。阿兰认为,儿童语言的发展最能体现这个特点和过程。儿童首先学习语言,当学会一个词以后就会将这个词的意思尽可能地扩展开来。"爸爸"这个词意味着他的父亲;"面孔"这个词意味着他父母的面孔和其他所有人的面孔。儿童认识的发展特点是,先认识一致性,然后才认识差异。语言随即引导儿童在经验和外部秩序下走出抽象,

----

① [法]阿兰:《教育漫谈》,王晓辉译,59页,北京,商务印书馆,2019。
② [法]阿兰:《教育漫谈》,王晓辉译,61页,北京,商务印书馆,2019。

再后来则依靠教师走出抽象。阿兰指出："所有我们的概念，也不排除其他概念，应当具有人类秩序和初步抽象的双重特征，儿童会从这里继续其认识。因此，我们最初的思想越过隐喻的状态，同时所有思想从抽象发展到具体。"①阿兰认为，这一认识是对英国哲学家约翰·洛克（John Locke，1632—1704）"经验论"的"从具体到抽象"的认识路径和观念的颠覆。

从上面的认识出发，阿兰非常重视儿童思想的学习和形成。在他看来，一些人不喜欢思考，是因为害怕犯错误。思想的学习就是从错误到错误的过程。同时，还需要形成整体的思想。在阿兰看来，如果思想的规则是从具体到整体，我们的思想永无收获，因为任何具体事物相互分离、无任何目的，整体的思想才是思想。②

在谈到思想形成的方法问题时，阿兰强调模仿的作用。阿兰认为，创新只有一个方法，就是模仿。思想的好方法只有一种，就是继承先前的思想并予以验证。这里所谓"验证"是指如果是相同的思想，可以看到其同一思想的连续性；如果是相反的思想，需要提供相反的验证，并表明相应的态度。③ 针对一些教育家提出的——儿童的特性比任何东西都宝贵，需要保留儿童的思想的观点，阿兰表示不同意。他认为，需要给予儿童帮助，而不是放任他们，让他们停留在他们自己思想的实物阶段。教师要指导与带领儿童，使他们最终走出自己思想的实物阶段。儿童越是能得到教师的帮助，他们就越具有创新的能力。④

从儿童思想形成的角度出发，阿兰也看到了教育的局限性，强调模仿并不是一味地模仿，儿童的思想形成最终还是要靠自己。

为了促进儿童的思想发展，阿兰非常重视科学在思想发展中的作用。不

---

① ［法］阿兰：《教育漫谈》，王晓辉译，62 页，北京，商务印书馆，2019。
② ［法］阿兰：《教育漫谈》，王晓辉译，78 页，北京，商务印书馆，2019。
③ ［法］阿兰：《教育漫谈》，王晓辉译，106 页，北京，商务印书馆，2019。
④ ［法］阿兰：《教育漫谈》，王晓辉译，107 页，北京，商务印书馆，2019。

过，这里的科学主要指的是科学精神。在阿兰看来，要让科学精神渗透到各处，以启发人们的思想，解除人们普遍认同的锁链，即真正束缚思想的锁链。①

阿兰指出，思想与语言有密切联系。一切思想方法都包含在语言中，不能思考语言的人也不会思考。根据这个判断，在阿兰看来，掌握多种语言更有利于人的思考。②

阿兰认为，思想与阅读也有密切联系。当阅读荷马史诗时，我们是与诗人在一起，与奥德修斯(Odysseus)和阿喀琉斯(Achilles)在一起，还与读过这些诗的人在一起，甚至还与仅仅听过诗人名字的人在一起。阿兰指出，在现代社会，需要关注现实，但还要通过阅读，尊重与崇拜一些也许根本不存在的思想，但却是应当存在的思想，如智慧、勇敢、节制、公正等。在阿兰看来，现实中的合作不足以形成一个社会，而是过去与现在的联结形成一个社会。这不是人们对于构成社会的前人的继承，而是人们对于前人的追念。追念是对死者作品的再生，是对死者所推崇事物的敬仰，是对死者所经历的珍贵时刻的敬仰。正是由于这样的崇拜，人才成为人。阿兰指出，我们的思想不过是一种连续的追念，伊索、苏格拉底等都活在我们的思想里，我们直接或间接地同他们的思想保持联系。③

总之，阿兰关于实物学习和思想学习的论述反映了他对二者关系及在儿童的思想形成和发展中技术之路和思想之路的认识。在阿兰看来，思想与实物的性质完全不同。实物可以刺激儿童，使其对某些东西感兴趣，但是这些做法并不利于儿童思想的发展。对于实物，儿童可以通过展示或者感官来感知，但是如果不把这些实物变成概念，那只会使自己的思想停留在实物阶段，

---

① [法]阿兰：《教育漫谈》，王晓辉译，119页，北京，商务印书馆，2019。
② [法]阿兰：《教育漫谈》，王晓辉译，128页，北京，商务印书馆，2019。
③ [法]阿兰：《教育漫谈》，王晓辉译，138~139页，北京，商务印书馆，2019。

使其变得停滞不前或者迷失方向。概念的形成可以使儿童的行为或者看法远离经验，形成抽象的东西，并用这种抽象的东西来认识和解释社会和世界。阿兰的这些解释和认识对于形成儿童的思想是有意义和价值的。

六、论儿童学习与教师教学

如何认识儿童？如何认识儿童学习与教师教学的关系？等等。这些问题也是阿兰非常关注和思考的问题。

阿兰指出，认识儿童与认识自然具有明显的不同之处。在对自然的认识上，物理学家和化学家的主要工作是常常针对一些物体提出问题，把它们打碎，把它们磨粉，然后置于高温或低温下，经过无数次实验，试图发现其隐藏的规律。在对儿童的认识上，不同的研究者有不同的观点。一般来说，心理学家主要是通过对儿童的观察找出决定测量的变量，为进行教育做好准备。教育家对儿童的认识主要是对学校的儿童进行观察，以便在他们的童年时传授一些他们还不知道的东西。在教育家看来，为了教育儿童，首先需要研究和认识儿童。

社会学家不同意上面的观点。他们认为，对自然的认识和对儿童的认识是有很大不同的。例如，在对自然的认识上，作为第一科学的天文学，是产生自然规律的第一思想。天文学的对象往往在人们的掌握之外，是人们无法改变的唯一物体。因此只能耐心地观察，并培养出能够长时间细心观察的人。在对儿童的认识上，社会学家指出，受对自然认识的影响，教育上往往采取同样的方式来认识儿童。但是教师对儿童的认识是通过教育教学实现的。阿兰指出："您说需要认识儿童以便教育他们，这毫无道理。我倒是要说，需要教育他们以便认识他们。因为他们真正的本质，是通过学习语言，学习各种著作和科学而发展的本质。也就是说，在学习唱歌中，我会辨认他是否会成为音乐人。"①在阿兰看来，儿童的本质是通过学习发展的。不存在单纯地认识儿童，然后再对儿童进行教育的问题；对儿童的认识主要是在对儿童的教育教学中实现的。从这个意义上说，阿兰非常重视教师的教育教学。

阿兰指出，有两种学习和教育的环境是要区分的。一种是儿童学习与教学的环境，另一种是学徒学习与教学的环境。对于学徒来说，学习和教学往往是相互对立的。这种对立源于不愿创新的劳动。因为创新容易出错，会把器材弄坏；许多学徒还要面对许多严格的规矩。对于学徒工来说，他们特别要学习的是，绝不要试图做超出他们不知道的事情。这样的经历会使他们变得胆怯和谨慎。在这种情况下，那些犯错误的儿童，损坏东西的儿童，浪费时间的儿童，往往被看作一些具有不良行为的儿童。这会使这些儿童过早地学会了谨慎，学会了不再勇敢。②

阿兰认为，在学校，可以允许儿童犯错误，可以争论和纠正儿童的错误，以后让儿童重新开始。在学校，当儿童可以高兴地发现自己的错误并无担心时，儿童的思想在发展。关于如何对待儿童的错误，阿兰认为，教育的全部艺术在于不要把儿童推向顽固之点。首先，不要点明他的全部错误；其次，称赞他的优点，忽略其他，什么也不说；最后，需要乐观地对待错误。儿童喜欢思考，就会犯错误。但是由于怕犯错误，而不会或者不敢思考，是更可怕的事情。③

关于教师教学，阿兰指出，好的教师是自己能够学习和学会教学的教师。教师要根据自己的兴趣，通过学习拿到文学和科学的文凭。同时，教师应当学会教学，不要把所知道的东西全部灌输给儿童，而是指明一些细节。儿童应当成为教室的忙碌者，而不是倾听者。在教室，儿童应当学会阅读、计算、

---

① [法]阿兰：《教育漫谈》，王晓辉译，32页，北京，商务印书馆，2019。
② [法]阿兰：《教育漫谈》，王晓辉译，57页，北京，商务印书馆，2019。
③ [法]阿兰：《教育漫谈》，王晓辉译，66页，北京，商务印书馆，2019。

绘画、讲述和抄写。①不过，阿兰指出，在教学过程中，把成人都难以理解的东西讲授给儿童是危险的。

总之，阿兰关于儿童学习和教师教学的认识反映了他对学校教育教学实际问题的重视和关注。在阿兰看来，学校的教育教学环境是儿童成长的较好的环境，儿童的成长与教育环境是密切联系的。正是因为儿童是在教育教学环境中成长的，也是被认识的，因此在学校教育环境中儿童犯错误是被允许的，也是可以原谅的。儿童正是在纠正自己错误的过程中重新开始他的学习和生活的。学校教育教学的艺术在于鼓励儿童成长，不怕儿童犯错误；让他们在成长过程中，在纠正错误的过程中，得到身心和思想上的最好发展。

七、阿兰教育思想的评价

阿兰的教育思想属于现代教育思潮中的永恒主义教育思想。永恒主义教育思想是一种重视古典教育和传统教育的教育思想。其哲学基础是欧洲古典主义的实在论。这种理论主张从宇宙和人类的"共相"中寻找教育的真谛，强调共同的人性、共同的教育目的、共同的课程、共同的教育原则，试图通过提供一种完整的教育理论来解决现实教育实践中的共同问题。在学校教育上，永恒主义教育思想主要关注三个方面的问题。一是重视古典教育在学校教育中的地位，强调对古典名著和古典学科的学习。二是强调学校教育在培养人上的主动作用，反对学校对社会和对儿童的一味适应。三是倡导自由教育和公民教育，把教育看成一个终生的过程，主张建立学习化社会。阿兰的教育思想在许多方面反映了永恒主义教育思想的基本主张和所关注的问题，但也有自己的特点。

从总体上看，阿兰的教育思想与永恒主义教育思想是一致的。但由于他

---

① [法]阿兰：《教育漫谈》，王晓辉译，66页，北京，商务印书馆，2019。

工作和关注的重点主要在普通教育，特别是在中等教育方面，他的教育思想更多地反映了他对中等教育现实及问题的思考。下面从其比较突出的几个方面进行分析和评价。

第一，阿兰重视学校教育管理在儿童发展中的作用，把学校管理与形成儿童的秩序感和规则意识联系起来，赋予学校管理新的理解和价值。阿兰所生活和工作的年代正是欧洲新教育和美国进步主义教育运动较为活跃的时代。新教育和进步主义教育所倡导的许多理念和主张在当时引起了较大反响。如何认识这些新的主张及观念，是否要放弃传统教育的一些基本思想和做法，成为阿兰思考的主要问题。在阿兰看来，人是在人类组织中存在和发展的。人类组织不仅具有与动物不同的人性和理性的个体，还具有使人成为人以及维护人类组织存在的规则和秩序。从这个意义上说，遵守规则和纪律是属于人类组织的学校教育基本的礼仪和重要的特征。儿童的存在和发展就是通过学校教育，在学习和实践、遵守和适应这些规则和纪律的过程中实现的。因此，阿兰十分重视学校教育中的规范、纪律、努力等原则在儿童发展中的重要作用，并对与这些原则相关的问题给予较多的论述。阿兰的这些思想与新教育和进步主义教育所提出的强调儿童的兴趣、自由，学校教育要适应儿童自然发展的主张是不同的。在他看来，学校教育顺应儿童，让儿童高兴，这不是真正的教育。如果学校教育完全顺应儿童，其结果就是无法控制学校秩序，无法控制课堂混乱。从这里可以看出，完全适应儿童自然发展的教育存在一个有问题的逻辑，即只有顺应儿童的教育才是好的教育，反之是不好的教育。这种教育把儿童的自然发展与学校的管理对立起来，把儿童的自我发展与外部的纪律约束对立起来，实际上是不利于儿童发展的。从儿童的成长与外部的条件来说，阿兰的观点是值得思考的。

第二，阿兰不仅强调儿童发展中的学校教育管理，还把学校教育与家庭教育进行比较，突出了学校教育的价值和意义。从总体上看，阿兰对家庭教育是持批评态度的。他认为，家庭在儿童的养育和教育方面都存在不足。其中的主要原因是，由于家庭是基于血缘关系建立的，血缘关系是维护家庭存在的主要因素。为了维护家庭的关系和价值观念，就可能压抑家庭成员的情感，减少家庭成员的自由。再加上家庭中父母权力的至高地位，家庭教育就会成为一种按照父辈形象不断重复或者复制的教育，成为一种控制和压抑家庭成员思想的教育。另外，家庭教育也存在父母对孩子的情感过度的问题。孩子做得好，就大加奖励；做得不好，就加以批评。家庭教育的这些做法对儿童的发展都是极为不利的。

阿兰认为，与家庭不同，学校是一个社会组织，不是一个家庭社会。学校是通过活动和游戏把儿童组织起来，不分情感远近；学校里所有的儿童都是自由的、平等的。学校也是一个学习的社会。在学校，儿童可以犯错误，改正错误；儿童的每一步成长都是有价值的；每个儿童都是在改正错误的过程中学会判断、认识自己和逐步成长的。由于每个人都是从家庭过渡到学校的，阿兰主张应当避免根据在家庭的观察来评价儿童。学校教育的力量在于，学校不是一个大家庭，而是一个强大的群体；学校主要靠体现公正来教育儿童。在学校的这一群体中，首先要培养守秩序、安静、专心等品质，形成一个好的开端，使儿童成为一个值得尊重的、忠诚的、热情的人。

第三，作为永恒主义教育的代表人物，阿兰也是一个古典主义教育的倡导者。在他的教育思想中，研读古典名著，学习古典语言，不仅是让学生理解和掌握永恒知识，还是发展学生的思维能力。在长期教学和教育研究中，阿兰积极支持现代学校把古典名著和古典语言放在重要的位置上的做法，倡导对古典名著的学习和研读。阿兰指出，之所以强调古典名著的学习，主要在于古典知识比一般知识更重要。在他看来，各种知识之间是有区别的，反映现象世界的知识与反映永恒真理的知识有很大的不同。获得现象的知识不意味着能够获得永恒的知识。同样，古典名著中也存在永恒的知识。在他看来，这种永恒的知识主要是指人类文化中的人性、理性，以及对规则的认同和遵守。学生通过阅读，可以与学者对话，知道他们的观点以及为观点所列举的证据。总之，在阿兰看来，永恒的知识是关于真理的知识，需要透过现象的知识去把握。学校教育应该把帮助学生获得永恒的知识放在重要的位置上。

为了掌握永恒的知识，阿兰认为几何学、拉丁语是必须学习和掌握的。学习几何学时可以根据客观事物，认识所知事物的本质，认识所生活和依存的世界。古典名著主要使用的是古典语言。加强古典语言特别是拉丁语的学习，可以使儿童阅读古典著作，拓宽视野。阿兰在这里所思考的问题实际上是哲学中的一般和个别的问题。在他看来，仅仅知道个别是不够的，还要通过个别来认识一般，这是提高学生思维能力的重要途径。学校教育在培养学生通过个别的学习来认识一般的问题上可以发挥更大的作用。需要指出的是，在现代学校比较重视学生的学习体验和课堂实践的教学上，阿兰的观点是有一定意义的。他提醒现代学校的教育者在关注实际知识教学的同时，不要忽略学生的思维能力的培养。而且研读古典名著对于提高学生的思考力、概括力等具有重要的价值。阿兰的这一思想与他对知识和经验的关系的认识有关。阿兰指出，人类的知识源于经验，但不能仅仅停留在经验层面。在他看来，人类对于事物的认识不仅是眼前的感官感知，还要使自己的认识远离经验，使对物体的认识变成概念，以更好地认识事物。

第四，阿兰的教育思想中重要的、较有特色的内容是他关于思想学习的观点。阿兰主要把学校的学习分为两个方面。一个方面是与动手或者活动有关的实物学习，另一个方面是与阅读、思考、对话等有关的思想学习。在阿兰看来，思想学习与阅读名著有密切联系，二者都是促进儿童思想发展和提高思考力的重要手段。实物学习主要是技术的路径，关注的是技术和操作；思想学习主要是思考的路径，关注的是人的思想。通过思想学习，人们可以利用定义和推理回答问题，以理服人，促进思想交流，形成共识性的东西。它比实物学习更重要、更有价值。阿兰指出，思想与事物的性质完全不同。在思想中，人们可以安静地倾听，思考而无冲动。前人的思想可以影响后人，使其产生新的思想；后人的思想总是对前人思想的继承和发展。阿兰还提出了思想形成的方法。他认为主要的方法是在继承前人的思想的同时，提供一定的案例（包括反例）加以验证。另外，思想与语言有密切关系，掌握多种语言更有利于人的思考；思想还与阅读有关，阅读经典是与人物、历史联系在一起的。

总之，作为永恒主义教育思想的代表人物之一，阿兰的教育思想反映了对传统教育一些主张的现代继承和对现代教育问题的重新思考。具体包括对传统教育忽视儿童理性和活动的批判，对现代教育过于强调儿童本能、兴趣发展的不满。阿兰极力主张教育要重新认识儿童学习与游戏的关系，强调学校教育应重视古典主义教育和古典名著的永恒价值，培养学生的思维能力。阿兰的这些思想和主张是现代教育思想的重要组成部分，在现代教育思想中占有重要的地位。

第二节　马利坦的教育思想

雅克·马利坦，是法国哲学家、教育家和 20 世纪西方现代教育思潮中新托马斯主义教育的主要代表人物。他曾获得巴黎大学哲学博士学位。他曾在巴黎天主教学院任教，讲授现代哲学。他担任过法国驻梵蒂冈大使。1948 年以后，他在美国普林斯顿大学等校任教，讲授哲学，直至 1956 年退休。他的教育著作主要有《教育在十字路口》《托马斯主义教育观》等。

一、生平活动与思想基础

1882年，马利坦在巴黎市出生。马利坦认为只有科学可以解决人们所关心的问题，以后逐步对科学主义的幻想感到失望。在哲学上，马利坦早年信奉柏格森哲学，后来摒弃柏格森主义，专门从事托马斯思想的研究与宣传。1907—1908年，他到德国的海德堡市研究生物学和哲学。回到法国后，他主持《实践生活辞典》的编辑工作3年。在这期间，他认真研究了托马斯·阿奎那(Thomas Aquinas，1225—1274)的哲学。马利坦还曾在多伦多天主教中世纪学术研究院、哥伦比亚大学、芝加哥大学等学校任教。从1970年开始，马利坦过着隐居生活，直到1973年去世，终年91岁。马利坦一生著作颇多，其关于托马斯主义哲学的著作主要有《哲学概论》《自然哲学》《道德哲学基本概念新论》；关于认识论的著作主要有《试论理智及其生命》《理性与理由》；关于哲学史的著作主要有《柏格森哲学》《反现代》《笛卡儿》；关于社会、政治与文化的著作主要有《精神的首要性》《宗教与文化》《完整的人道主义》《人格与社会》《人的命运》。

马利坦把对宗教、哲学的理解与对教育的认识结合起来，形成了以宗教哲学为基础的教育思想。从思想渊源上看，马利坦的宗教哲学是建立在托马斯·阿奎那的思想基础上的。由于马利坦主张全面恢复托马斯·阿奎那的宗教哲学思想，以他为代表的思想和主张一般也被称为"新托马斯主义"。

新托马斯主义作为一种宗教哲学，与中世纪的托马斯主义既有内在的联系，又有区别。它把中世纪托马斯·阿奎那学说的主要成分——理性为信仰服务以及信仰与理性和谐的原则，与近代的伊曼努尔·康德(Immanuel Kant)、黑格尔等人的思想体系，以及现代的逻辑实证主义、存在主义、人格主义等思想结合起来进行重新解释，形成了自己的思想体系。20世纪60年代以后，新托马斯主义开始宣传"世俗化"和"现代化"思想，寻求与其他宗教或意识形态之间的对话，试图建立适应时代需要的天主教哲学。后来新托马斯主义内部出现分化，产生了人格主义的、超验主义的、进化论的托马斯主义等。新托马斯主义还重视教育问题。马利坦在"二战"以后撰写了许多论著，系统地阐述了新托马斯主义的教育思想主张，试图用宗教教育思想解决现代社会的教育问题。马利坦成为新托马斯主义教育思想的主要代言人。

理解马利坦的教育思想首先需要认识他的哲学。这里主要从两个维度进行分析：一个是从本体论和认识论的维度；另一个是从自然哲学和信仰哲学的维度。

在本体论上，马利坦认为，哲学上需要关注作为存在的存在问题。[①] 在马利坦看来，"作为存在的存在"主要有三个方面的含义。一是"本质"意义上的存在。其含义是，本质是理智首先注意到的、事物存在的根据；理智没有注意到的，不能构成事物存在的依据。"存在"存在于人的理智和人的心灵中，人们可以通过理智理解事物。二是"实体"意义上的存在。其含义是，实体是依靠自己，而不是别的事物来生存和获得东西的。实体分一般的实体和个别的实体两种。一般的实体是至善至美的精神存在；个别的实体是被创造的、不能独立的实体。三是"变化"意义上的存在。其含义是，凡是有变化的地方，都有一种存在到另一种存在。存在先于变化，任何变化都有变化的主体。在马利坦看来，"作为存在的存在"具有三个首要的概念，即本质、实体、实在。这些概念是一切概念的出发点，并且主宰一切。有研究者指出，从思想渊源上说，把"作为存在的存在"视为哲学的中心问题，并不是马利坦及新托马斯主义的原创。它是源于亚里士多德的"形而上学"的理论。亚里士多德早就把永恒不变的"作为存在的存在"，视为其哲学的中心概念。[②]

在认识论上，马利坦认为认识论的主要任务在于判断知识本身。他还指出理性是如何并遵照哪一些认识规律来达到真理且获得知识的；人之成为人，

① 吴宗英：《现代西方新托马斯主义》，16页，福州，福建人民出版社，1988。
② 吴宗英：《现代西方新托马斯主义》，22页，福州，福建人民出版社，1988。

是由于具有理智或理性;理性是我们达到真理的唯一的自然手段。① 当然,关于理性与感性的关系,马利坦认为,一切知识都是从感官开始获得的,但是感官的功能有限。感官与事物的接触所得到的认识只是个别的知识,而理性与事物接触得到的认识是普遍性的知识。

关于自然哲学,马利坦认为,"在一切思辨智慧中,自然哲学是最低微的,它最接近感觉的世界,完善程度最低……然而,这恰恰是与我们理性的本性相称的秩序。这种在纯粹的和单纯意义上甚至不是智慧的智慧,是呈现在我们思想的前进升腾运动中的第一种智慧。它对我们来说之所以具有如此重要的意义,正是因为它处于哲学初级阶梯的最底层。"②在马利坦看来,自然哲学与感官知觉相联系,依赖于经验,是一种低层的智慧。不过,自然哲学是必要的,是理性智慧秩序的一个环节。因此,不能否定自然哲学的存在,不能抑制它。"如果你抑制自然哲学,你就是在抑制作为自然地接近我们理性存在的最高神秘的思辨知识的形而上学……只有在作为重要基础的自然哲学的帮助下,一种正确的形而上学才能建立起来。"③从这一点来看,马利坦还是比较重视自然哲学的。这为他进一步论述自然哲学与自然科学、实验科学的关系奠定了基础。马利坦认为,经验论类型的知识是关于自然现象的科学,它需要借助于本体论类型的知识即自然哲学来发展。反之,自然哲学必须借助实验科学来发展,自然哲学不能单独提供关于自然界的完全知识。自然哲学应该借助实验科学来寻求自身的完善。自然哲学和自然科学的共同点是,它们都属于抽象和理智性的同一种类的层次。④ 它们不是感觉活动的对象。马

① 吴宗英:《现代西方新托马斯主义》,31页,福州,福建人民出版社,1988。

② [法]雅克·马利坦:《科学与智慧》,尹令黎、王平译,36页,上海,上海社会科学院出版社,1992。

③ [法]雅克·马利坦:《科学与智慧》,尹令黎、王平译,48页,上海,上海社会科学院出版社,1992。

④ [法]雅克·马利坦:《科学与智慧》,尹令黎、王平译,51~53页,上海,上海社会科学院出版社,1992。

利坦指出，在理解自然哲学和自然科学的关系时，需要避免两种错误：一是希望从粗糙的科学事实中找到哲学的准则；二是排斥科学事实，试图建构一种独立于科学事实的自然哲学，并且使自然哲学独立于科学之外。总之，在马利坦看来，自然哲学不能离开自然科学，需要借助自然科学来发展，需要自然科学的确证和推动，以便从基本的科学事实中获得哲学事实。①

关于信仰哲学，马利坦认为，信仰哲学是哲学得到信仰和启示的帮助所形成的高级形式的智慧。这种帮助主要是得到自然秩序的启示真理。马利坦批评实用主义哲学，认为它是西方文明中一种特殊的病态现象。实用主义哲学仅仅喜好暂时的存在，而否定和毁灭纯粹性的观念和具有思辨价值的智慧。②

与写有大量的哲学著作相比，马利坦的教育著述较为有限，其主要代表作是《教育在十字路口》一书。1943年，马利坦曾经在美国耶鲁大学举办过系列教育讲座。4次演讲的主题分别是"教育的目的""教育的动力""人文学科与自由教育""当前教育面临的考验"。同年，他将这4篇演讲稿合辑成册，以《教育在十字路口》出版。该书结合"二战"期间人类社会及教育所发生的重大变化，对教育的目的、内容、方法及发展方向进行了思考，试图寻找一条符合现代社会需求的道路。该书系统阐述了马利坦的教育思想和主张，成为新托马斯主义教育流派的较有影响的代表作之一。1955年，马利坦还撰写了《托马斯主义教育观》一文。下面主要结合他的《教育在十字路口》一书的内容来分析其新托马斯主义教育思想。

---

① ［法］雅克·马利坦：《科学与智慧》，尹令黎、王平译，60页，上海，上海社会科学院出版社，1992。

② ［法］雅克·马利坦：《科学与智慧》，尹令黎、土平译，68页，上海，上海社会科学院出版社，1992。

二、教育目的与教育观批判

关于教育目的的问题，是每个教育家都十分重视和热衷讨论的问题，马利坦也不例外。不过，他在讨论这个问题时除了进行哲学–宗教视角的思考外，还对一些当时较为流行的、有一定影响的教育观进行了考察和批判。

马利坦认为，现代教育的任务不是要塑造一种柏拉图式的自在的人(man-in-himself)，而是要培养属于特定国家、特定社会环境和特定历史时期的独具特点的人。当然，这种特定的人一定是一个文明人，是一个人。关于对"教育"一词的理解，马利坦指出，这个词具有三个层次相互联系的内涵：一是指塑造人并使人得以完善的任何过程；二是指成年人有意识从事的培养年轻人的一项工作；三是在最严格意义上的中小学和大学的使命。也就是说，教育是一种通过各级教育机构，由成年人对年轻人进行培养、塑造，使青年一代得以完善的过程；培养人是教育的主要任务。由于教育总是一定时期的教育，因此，在马利坦看来，教育所培养的人不仅是一种自然的动物，还是一种文化和历史的动物。教育在培养人和塑造人方面具有至关重要的作用。马利坦指出，在教育过程中需要认识到，人类具有无限的、只能逐步提高的认识能力。人类要想获得智力或道德上的进步，就需要前人积累和保存下来的集体经验；需要知识的按部就班的传授；需要纪律和传统的约束；等等。①

为了更好地理解教育目的，马利坦首先批判了关于教育目的的两种错误概念。第一种错误概念是"教育无目的论"。马利坦认为，教育是一门艺术，具有所要达到的目的。艺术的真正活力在于其追求目的的那种力量，没有无目的的艺术。但是，教育无目的论仅仅把教育视为手段，而不是追求其本身的完善。结果是，这些手段不会导向目的，艺术也失去了它的实用性。在这种情况下，每种手段的形成和推广都只是为了手段本身，手段的重要性超越

---

① [法]雅克·马里坦：《教育在十字路口》，高旭平译，4 页，北京，首都师范大学出版社，2010。

了目的本身。马利坦明确指出，教育手段不是坏东西，但不能掩盖或遮蔽教育目的。教育的主要问题是太依恋现代教育的手段和方法，而没有使手段服从于目的。例如，人们热衷于对儿童的测验和观察，对其需要分析得非常详尽，对其心理活动分辨得非常清晰，帮助他们在各方面的学习的方法也是如此完善，但是这容易使我们陷入忘记无目的的危险中。教育手段和方法在科学上的改进虽然是一大进步，但是手段和方法越是重要，就越需要强调其实用智能和趋向目标的动力。①

第二种错误概念是对教育目的的不完善理解。马利坦指出，如果教育目的可以理解为帮助和引导人们的自我完善，就需要解决一些与人的哲学有关的"人是什么"的难题。目前在"人是什么"问题上有两种观念：一种是方法论角度的"人的科学观"，另一种是本体论角度的"人的哲学-宗教观"。人的科学观强调，每一种观念都要经过实验科学或者经验的证实，尽力摆脱任何本体论的成分。它倾向于把已获得的可测量的、可观察的材料联系在一起，不考虑关于存在或者本质的任何事物。在马利坦看来，人的哲学-宗教观虽然有自己的尺度和证据，但却不能在感觉—经验上得到完全证实。它论证的主要是不可见、不可触之的但却是本质的内在性质，以及从心智上说的我们称为"人"的那个存在。② 显然，马利坦指出，人的科学观能够为我们提供日益增多的与教育手段和工具有关的信息，但它不能从根本上指导教育。这是因为教育首先需要弄清楚人是什么，人的本质及其本质上所包含的价值尺度是什么。学校里的每一个人都是受教育的主体，而不是一系列物理学、生物学或者心理学现象。他们都是"人"的后代，正是"人"这一名称把同一种本体论神秘地赋予了家长、教育者和社会常识。反之，如果把教育建立在人的科学观

---

① ［法］雅克·马里坦：《教育在十字路口》，高旭平译，6页，北京，首都师范大学出版社，2010。

② ［法］雅克·马里坦：《教育在十字路口》，高旭平译，7页，北京，首都师范大学出版社，2010。

教育单一模式上，并依此实施教育，那么只会曲解教育观念，因为无法不去追问人的本质和命运是什么。而一旦不去追问人的本质和命运是什么，教育也就失去了其全部的人性意义。马利坦的这一观点形成于"二战"期间，对于认识和批判反人道、反人性、不问人的生命价值的教育是有积极意义的。

针对教育的人的科学观存在的问题，马利坦从哲学-宗教的角度进行了解释。他指出，人是有理性的动物，其至高无上的尊严在于理智。

关于如何认识人的问题，马利坦通过分析"人格""个性和个体"等概念进行了说明。关于"人格"，马利坦指出，人是靠理智和意志把握自己的。人不仅是一种物质上的存在，还是一种更丰富、更高贵的灵魂和精神的存在。虽然人也会依赖那些最低微的物质，但人却是由于灵魂的存在才存在的，灵魂支配着时间和死亡，精神才是人格的根基。关于"个性和个体"，马利坦指出，个性和个体是人类的两个方面或者两极。从某种意义上说，人是由其精神独立创造出来的一个人或一个整体。同时他又是一个物质个体，是物种的一部分，是物质世界的一部分。如果教育上有某种动物的训练，它作用的对象是物质个体。然而，教育不是动物训练，人的教育是一种人性的觉悟。教育者最重要的品质是，不仅要尊重儿童的人身，还要尊重他的灵魂。教育事业中最重要的是，不断呼唤年轻人所拥有的智力和自由意志。[①] 总之，在马利坦看来，人不仅是一种物质存在，还是一种精神存在。尊重儿童是教育的最基本的原则。

通过上面的分析，马利坦认为，对教育目的更精确的认识是，教育目的是引导人发展其进化的能动性，并通过这一过程把人塑造成以知识、判断力和美德武装起来的具有人性的人。[②] 当然，教育的实用性方面——职业的谋求

---

① [法]雅克·马里坦:《教育在十字路口》，高旭平译，12 页，北京，首都师范大学出版社，2010。

② [法]雅克·马里坦:《教育在十字路口》，高旭平译，13 页，北京，首都师范大学出版社，2010。

也是需要的。但这种外部的专业化训练不能危及教育的根本目的。与此相关，马利坦批判了教育中的第三种错误概念："实用主义"。他指出，教育中实用主义的特点是强调行动、实践、生活。然而，行动和实践是朝向一个有决定性意义的目标，没有它，行动和实践就会失去方向和活力。马利坦认为，把人类的思维界定为对于周围环境的刺激和情况做出反应，实际上淹没了"思维"之路。思维不仅始于困境，还始于洞察力，并终结于被理性证明或者为实验所检验。人类的思维能够启迪经验，帮助实现人类的愿望，并能支配、控制和改变世界。马利坦指出，教育过于强调手段的重要性反而会忘记对无目的手段的崇拜所带来的后果。另外，过于强调主体的重要性而忘记客体的地位，也会给教育带来负面的影响。马利坦讽刺了这种极端的教育：人们为了教张三学会数学，认为了解张三比了解数学更重要，结果教师十分成功地了解了张三，而张三却永远也弄不懂数学。[①] 马利坦指出，现代教育强调对儿童的精细分析和对主体的关注是必要的，但是当忘记了传授客体及客体的重要性时，错误便出现了。

马利坦指出，通过教育塑造人，使其在社会中适应正常的、有益的及与人合作的生活，或者说在社会范围内，引导人类个性的发展，唤醒或者强化其自由感、责任感和义务感，这些都是教育的基本目的，不是首要目的，是处于第二位的目的。教育的首要目的涉及人类个体生活及精神进步过程中人的个性问题，而不是人与社会环境的关系。为此，马利坦批判了教育中的第四种错误概念："社会本位主义"。其主要是从社会规范中引出教育的最高原则和标准。不过，马利坦指出："教育的本质不在于培养一个具有潜能的公民以适应社会生活的条件及其中的相互影响，而首要在于塑造人（making a

---

① ［法］雅克·马里坦:《教育在十字路口》，高旭平译，16 页，北京，首都师范大学出版社，2010。

man),并由此培养出公民。"①要成为一个好的公民和一个文明人,最重要的是在内心产生理想主义、法律观念、友谊感和对他人的尊重;同时在公共意见方面产生根深蒂固的独立性。在马利坦看来,在教育与生活的关系上,培养儿童的理智和灵魂是重要的。如果对具体生活的追求把儿童的注意力分散到日常琐事上去,分散到心理技术的诀窍上去,分散到大量的功利主义活动中,而忽视理智和灵魂这一真正的具体生活,那么追求具体生活就会变成一个圈套。为此,马利坦重点批判了实用主义教育。他认为,实用主义教育强调的应该使教育成为一种不断改造经验的过程,考虑到使教育方法与学生的兴趣相适应的必要性,是有其长处的,但是判断不断出现在学生脑海中的价值和目的需要有一定的标准。如果教师本人既没有总目标,又没有与这一过程相联系的最终判断,那么教育就是在教授教育技巧,而不是真正的教育艺术;如果一种教育没有任何自己目的的更多生长,那么这种教育就不是教育艺术,更像是一种不知道自己在建造什么的建筑技术。实用主义理论最终只能使教育从属于集体生活和社会中可能形成的趋向,并为这种趋向所奴役。教育的最终目的是人的个性实现,它要比建筑艺术实现的目的更加高尚和宽泛,因为它涉及的是人的真正自由和精神。②

在批判实用主义教育观后,马利坦又对教育上第五种错误概念"唯智论"和第六种错误概念"唯意志论"进行了批判。马利坦认为,"唯智论"有两种主要形式:一种是在辩证法或修辞学中追求教育的成就,主要表现在古典教育学中;另一种是放弃普遍的价值,追求科学技术的专业化,主要表现在现代教育学中。而后一种形式的影响最大。马利坦指出,如果这种教育要求年轻人进行普遍的专业化训练,并集中于所要从事的单一任务上,或者以培养专

---

① [法]雅克·马里坦:《教育在十字路口》,高旭平译,18 页,北京,首都师范大学出版社,2010。

② [法]雅克·马里坦:《教育在十字路口》,高旭平译,20 页,北京,首都师范大学出版社,2010。

业化领域的专家为目的，而不能对特殊能力以外的任何事物进行判断，那么这种教育将会使人类的精神和生活逐步动物化。① 马利坦指出，"唯意志论"也有两种主要形式：一种是使理智屈从于意志，使人的真理观全部丧失，使人的智力仅仅成为国家技术装备的一个功能。另一种是对过于技术训练专业化进行修补的意志教育，把学校变成修炼意志的、启发利他主义或者灌输善良公民意识的医院。马利坦认为，这两种形式的教育都是存在问题的。就智力本身而言，智力比意志更为高尚，因为智力活动带有非物质性和普遍性。但是，对于智力活动的目的而言，行善也是重要的。正是借助于人的意志（当意志是善良的时候），而非人的智力（无论智力多么完美），人才能变得善良而公正。② 总之，在马利坦看来，教育培养人，应该使人的智力和意志都得到发展。不过在过于重视知识和智力的情况下，形成人的意志比发展人的智力更重要。

马利坦批判的第七种错误概念是"万物皆可学"，即认为任何事情都是可以为人学习和掌握的。马利坦认为，希望能够掌握一切知识、技能、道德，甚至希望获得科学或艺术的创造性才能的方法等观点，都是不正确和不确切的。一些属于判断、意志、经验等性质的东西是学不到的。虽然学校可以开设哲学课，但是智慧是学不到的。同样，教育领域和教育领域外也存在这种情况。马利坦指出，教育领域是教育的集合实体，包括家庭、学校、社会和教会。它们都应该给儿童最好的教育，但是家庭在完成其教育任务的同时，却会出现使儿童的心灵受到创伤的问题；学校在完成其教育任务的同时，却会出现使年轻人完成过量作业的问题。解决上述问题的办法是努力使家庭和学校更加意识到而不辜负它们自身的使命；尽量使家庭和学校意识到，它们

---

① ［法］雅克·马里坦：《教育在十字路口》，高旭平译，21 页，北京，首都师范大学出版社，2010。

② ［法］雅克·马里坦：《教育在十字路口》，高旭平译，24 页，北京，首都师范大学出版社，2010。

之间的关系不仅是互助，还有相互制约。① 在人类活动的所有领域，包括日常的工作，对友谊和爱的体验，社会习俗和法律，体现在人类行为中的共同智慧、艺术、宗教仪式和节日的影响等，所有这些行动比教育本身更为重要。最终形成一种超验的因素，贯穿于整个社会习惯和道德规则中，成为对无限之爱的追求。

总之，在教育目的问题上，马利坦的基本主张是，培养人的过程是教育领域内外合力的结果。作为教育领域内的中小学教育和高等教育的主要任务是传授知识和发展理性，形成学生的基本能力和尊严；而教育领域外的主要任务是通过各种活动实现对学生意志和人格的影响。教育的主要目的就是发展理性、培养意志、获得精神自由，获得知识和形成人格尊严。

三、个性自由与教育规则

如何认识教育中的影响因素，如何认识个体与个人的关系，教育需要培养学生的哪些气质，教育的基本规则是什么，等等，也是马利坦十分关注的问题。

马利坦把教育中的影响因素看作教育中的动力因素。他指出，教育中的动力因素主要指学生和教师的因素。从历史上看，早期的思想家比较注重学习者的因素。其中柏拉图关于"学习完全在于学习者，而不在于教师"的观点很有代表性。在柏拉图看来，知识一开始就预先存在于人的灵魂中了；当人的灵魂与人体结合时，就可以回忆、思考其曾经获得的知识。因此，学生不会从教师那里获得任何知识，教师也不会对学生产生决定性的影响。教师的作用只是唤起学生的注意，学习是回忆知识的过程。马利坦认为，虽然柏拉图的观点有些夸张，但是这种尊重学习者，把学习者当成天使的"苏格拉底

---

① [法]雅克·马里坦：《教育在十字路口》，高旭平译，26 页，北京，首都师范大学出版社，2010。

式"教学，已经为现代教育家所接受。不过，马利坦也指出，如果从柏拉图
《法律篇》的政治角度来审视教育，柏拉图强调教育的权威性，强调教师拥有
学生所没有的知识；认为教学是一个传授的过程，学生的灵魂在与肉体结合
之前，是没有知识的。这个观点与古希腊的"白板说"是一致的。① 从教师的
因素来看，马利坦指出，如果说教学是一种艺术，而教师是一个艺术家，那
教师就可能是一个雕塑家，学生就被看作受敲打的大理石，教学就是敲击大
理石的过程。马利坦认为，这种主张是与事物的本来面目相反的，是一种粗
俗的、具有灾难性的观点。在他看来，学生即使不是天使，也绝不会是没有
生命的泥土。② 马利坦指出："现成的知识并不像柏拉图所相信的那样，存在
于人的灵魂中。但是，我们每个人的灵魂中都存在着充满活力和主动性的知
识原理。……教师必须给予最大尊重的便是这种充满活力的内在原理。"③

　　总之，在马利坦看来，学习者心灵所固有的能动性和教师对学生的智力
引导都是教育活动的动力因素；教育中的主要动力因素是受教育者心灵中的
内在活力原则，教育者只是第二位的动力因素。④ 当然，这也带来一个问题，
即强调学生的主要动力因素，可能会使教师把自己工作中的失误归结为学生
内在动力因素的欠缺，结果导致对学生的惩罚教育。

　　马利坦指出，惩罚教育是一种不良的教育、糟糕的教育，不过它很难扼
杀充满活力的人的内在的自发性原则。如果教育能够完全服从于儿童的自主
权利，并且排除了任何需要克服的障碍，那么就不会使学生既漠不关心，又

① ［法］雅克·马里坦：《教育在十字路口》，高旭平译，36 页，北京，首都师范大学出版社，
2010。
② ［法］雅克·马里坦：《教育在十字路口》，高旭平译，36 页，北京，首都师范大学出版社，
2010。
③ ［法］雅克·马里坦：《教育在十字路口》，高旭平译，37 页，北京，首都师范大学出版社，
2010。
④ ［法］雅克·马里坦：《教育在十字路口》，高旭平译，38 页，北京，首都师范大学出版社，
2010。

过于驯顺，或者被动地接受教师所讲授的任何内容。任何把教师视为主要动力因素的教育都曲解了教育任务的真正本质。教育的主要动力因素不是教师的艺术，而是能动性的内在活力原则。另外，在马利坦看来，教师也是教育中的一个真正的动力，是一个真正的施教者；教师的动力、道德权威和积极的引导都是不可缺的。假如这一互补作用被忽视了，那么产生于对儿童自由的单纯崇拜的努力将会付诸东流。关于儿童的自由，马利坦指出，儿童的自由不是动物本能中那种自发性的东西，动物生来就完全按照已确定好的本能路径前进。儿童的自由是人类和理性本质中的自发性，是一种尚未充分确定的自发性；儿童的自由是具有可塑性和可暗示性的自由。儿童的这种自由如果得不到引导，就会使儿童受到损害而误入歧途。马利坦指出，那种以教导学生获取他们不知道的信息为己任的教育，或者那种把注意力放在不断发展儿童本能的教育，都是一种不负责任的教育。"儿童受教育权利要求教育者具有可对儿童产生影响的道德权威，这种权威不是别的，而是成年人对青年人自由的一种责任。"①

为了更好地认识人的内在性问题，马利坦重点分析了个人和个体的关系。马利坦认为，作为一个整体的同一个人，他既是个人，又是个体。由于具有灵魂的精神存在，他是一个人；由于具有物质性的肉体存在，他又是一个个体。精神的存在意味着个性的存在。沿着个性存在的路径，可以把握精神自我，形成精神自我的独立性；沿着个体存在的路径，可以释放身体所具有的、由物质和遗传所形成的倾向性。一些人的错误做法是，把个性和个体混为一谈，把单纯个体的展现错认为是个性的发展。马利坦指出，个性是人的自我的内在性。这种自我的内在性随着人类控制本能和欲望的理性，即自由生活程度的变化而增长。马利坦指出，教育的核心必须放在人的个性的形成和

---

① [法]雅克·马里坦：《教育在十字路口》，高旭平译，40 页，北京，首都师范大学出版社，2010。

解放上。而错误的教育做法是，把教育和进步变成单纯的物质自我的解放。一方面主张为人提供个性所渴望的发展和自由；另一方面却否认纪律的价值，否认努力寻求自我完善的必要性。结果人并没有使自我得以完善，反而使自我分崩离析。① 马利坦认为，强调个人的自我，并不是否认个体的价值。个体与个人是不可分的，扼杀了个体，个人也就消失了。

马利坦指出，如果儿童的本性和精神是教育的动力，那么培养人的本性的基本气质就是教育任务的基础。他认为，人的本性的基本气质主要有五种。一是对真理的爱，这是智力本性的首要倾向。二是对正义的爱。三是对生存的纯朴和坦诚。即一个人快活地生存，不为生存感到羞耻，在生存中光明磊落；同时接受生存的天然限制。四是出色完成工作的意识。主要是指对所从事工作的崇尚感、信心和责任感。五是与他人的合作感。② 可以看出，马利坦关于培养儿童基本气质的内容既有属于儿童精神方面的，也有属于儿童身体方面的。让儿童接纳自己，认同自己，做最好的自己，是马利坦关于培养儿童基本气质思想的核心内容。

为了培养学生的基本气质，马利坦非常重视教师的教育规则问题。他认为，教师的教育规则主要指教师所应遵循的基本教育规则。这些基本规则主要包括如下几方面。

第一，培养学生发展其精神生活的基本气质。马利坦指出，教师的首要任务是去解放受教育者——学生的精神生活，让他们释放出有益的能量，抑制不良的能量。马利坦认为，教育上压抑学生的不良倾向是必要的，但只是次要的手段。教育上要多鼓励学生，而不是羞辱学生。③

---

① ［法］雅克·马里坦：《教育在十字路口》，高旭平译，41页，北京，首都师范大学出版社，2010。

② ［法］雅克·马里坦：《教育在十字路口》，高旭平译，43~45页，北京，首都师范大学出版社，2010。

③ ［法］雅克·马里坦：《教育在十字路口》，高旭平译，46页，北京，首都师范人学出版社，2010。

第二，关注学生个性内在的深层次的东西，以及个性的前意识精神动力。马利坦指出，学生的这种个性内在的深层次的东西是强大的内在动力。教育上的物质条件、完备的方法、信息等都不是最重要的。最重要的是解放学生的直觉能力，唤醒其内在的才智和创造力。学生理智生活中的直觉力和洞察力需要唤醒，学习和训练是无济于事的；教师要顺应学生自发的兴趣和天生的好奇心，多给学生鼓励，多听他们讲话。①

第三，教育和教学的全部工作必须致力于培养学生的内在统一性。这涉及两方面的教育。一是身体和心灵统一的教育。马利坦主张，在教育的早期阶段，要让学生能够做到手脑并用；在中等教育和高等教育阶段，在伴随心灵教育的同时，要进行体力劳动教育。二是经验与理性统一的教育。马利坦主张，教育和教学必须始于经验，但最终以理性完成教育教学任务。感觉—经验是知识的本源，但要靠抽象和普遍概念从经验中分离出经验所蕴含的理性的必然性联系。教育必须唤起学生对理性与经验的渴望，必须利用理性将自身发展建立在事实和经验的基础上；同时还要立足于原则，考察存在的原因和目的，按照原因和方法去把握实在。②

第四，教育要解放智力，而不是给智力增加负担。教学的结果是通过使学生把握所学内容的理性达到心灵的解放。马利坦指出，解放智力就是不要把习得的东西被动地、机械地当作加重心灵负担、使心灵愚钝的呆板信息接受下来，而是要通过理解把信息主动地转变成心灵的生活，并强化心灵的生活。从这一认识出发，马利坦对知识价值和智力训练的关系问题进行了分析。马利坦指出，历史上曾经有关于二者关系的讨论。洛克就认为，心灵的解放最重要的不是是否拥有知识，而是发展人内心能力的力量。斯宾塞也认为，

① ［法］雅克·马里坦：《教育在十字路口》，高旭平译，47 页，北京，首都师范大学出版社，2010。

② ［法］雅克·马里坦：《教育在十字路口》，高旭平译，53 页，北京，首都师范大学出版社，2010。

如果给了学生最有价值的知识，但不能同时带来最出色的智力训练，简直是匪夷所思的。马利坦指出，最有价值的知识不是最有实用价值的知识，而是那种使心灵透视那些最富真理和智力的东西的知识，其本身就能够带来最好的智力训练。因为正是通过人的心灵对客观世界的把握，以及真理对它的俘获，人的心灵才同时获得了力量、自由和解放。马利坦认为，知识价值与训练价值的对立源自对知识的无知，源自一个假设。即所谓知识就是一种填鸭式教育，而不是借助被赋予精神意义的事物，使人们拥有精神的最具有活力的行为。① 关于知识价值和训练价值的对立，马利坦还从课程设置的角度进行了分析。他指出，在学校课程设置上，有些课程（其"最有价值"）的主要价值是知识价值。有些课程（其"价值极少"）的主要价值在于智力训练。前者可以归为"学习"的范畴，后者可以归为"游戏"的范畴。在马利坦看来，游戏的价值趋向于实用的能力方面，是能动性的自由扩展。比如，手工训练和操作机器的技巧，园艺、养蜂、烹调、果酱制作、家庭经济等都属于训练活动。马利坦指出，训练活动与学习活动是不同的。如果把这些训练活动当作学习活动，且置于学习之上，那么训练就会失去教育的意义。马利坦指出，那些处在游戏之上的学科或者内容属于学习范畴，专注于那些以知识价值为主要价值的问题。学习范畴的内容可以划分为两个部分。第一部分是实现理性所需要的智力手段和逻辑学科的知识，还包括需要记忆的事实和经验信息方面的知识。可以设置语法、文学、逻辑学以及语言学，还可以设置历史、本国史以及人类史和文明史、科学史，以及与地理有关的课程。第二部分是直接与智力的创造性或者感知直觉有关的知识，还包括与观察直接有关的知识。这一部分也被称为文理学科领域，可以按照现代教育观和知识进步程度，重新改造中世纪以来的"七艺"学科，既关注心灵的创造性活动，也关注心灵的认

---

① ［法］雅克·马里坦：《教育在十字路口》，高旭平译，56~59 页，北京，首都师范大学出版社，2010。

知和理性活动。与"三艺"有关的，主要设置雄辩术、文学和诗歌、音乐和美术；与"四艺"有关的，主要设置数学、物理学和自然科学、哲学、伦理学、政治和社会科学。[①]

总之，在马利坦看来，无论是教师的教育艺术，还是教师的教育规则，都要与培养学生的气质有关，注重学生的精神自由和直觉能力，保持学生充满活力的统一性，解放学生的心灵，让学生把握理性知识，使学生成长为个性自由的、对自己和对社会负责任的人。

四、教育的阶段及课程

马利坦认为，教育有三个重要阶段，即基础教育阶段、人文学科教育阶段和高级研究阶段。其中人文学科教育阶段与高等教育及课程有关；高级研究阶段与大学的自由教育有关。一是基础教育阶段，共 7 年。可以再划分为 4 年的起始基础教育(6~9 岁)和 3 年的补充基础教育(10~12 岁)。二是人文学科教育阶段，共 7 年。可以再划分为 3 年的中等教育或者高级中学教育(13~15 岁)和 4 年的学院教育(16~19 岁)。三是高级研究阶段，即综合性大学的教育阶段。[②] 马利坦指出，这三个阶段不仅与青年成长过程中的三个自然年龄阶段相适应，也与自然明确且性质上较为确定的心理发展的三个领域相一致，还与知识的三个范围相符合。[③]

马利坦指出，在基础教育阶段，儿童的身体构造与成人不同，不是成人身体构造的缩小和简单化。青年也是如此。教育上存在的失误是，认为教育

---

① [法]雅克·马里坦：《教育在十字路口》，高旭平译，62~63 页，北京，首都师范大学出版社，2010。

② [法]雅克·马里坦：《教育在十字路口》，高旭平译，98 页，北京，首都师范大学出版社，2010。

③ [法]雅克·马里坦：《教育在十字路口》，高旭平译，71 页，北京，首都师范大学出版社，2010。

的任务就是向儿童和青少年灌输那些简化了的、浓缩了的成人的科学和知识。马利坦认为，教给青少年的知识，不是像成人心灵所拥有的那种处于科学状态的知识，而是一种内在的与成人根本不同的知识，是与青少年最初的思维世界发展相适应的知识。因此，在教育的每一个阶段，这种知识都必须在某种程度上适合学习者；而且在学习者发展的思想世界里，这种知识都必须得以完善地发展，而不是打下单一知识的基础；这种知识将不间断地以同一种方式发展，进而成为成人的科学。①

在基础教育阶段，如何处理儿童智力发展与想象力之间的关系，马利坦提出了自己的看法。他认为，儿童的世界是一个想象力的世界。由于儿童的想象力能够逐步发展为理性，教给儿童的知识应该是一种存在于故事情境内的知识，是对世界事物和价值的想象中的把握。在这个过程中，教师必须不断地发展儿童的想象力，使它服从于理性规则；同时培养儿童的智力要在想象力的那种充满活力和完全正常的规则指导下进行。②

关于青少年的发展与大学教育的关系，马利坦指出，青少年时期是通往成人世界的一个过渡时期。青少年的判断力和智力正在发展，却尚未真正成熟，他们处于一个可变的、焦虑的世界；同时，他们又渴望对一切事物做出质疑和直觉的洞察。马利坦认为，在这个时期，应该为青少年创造一种拥抱真理的精神气氛。"真理是青少年教育必需的鼓舞力量，这种真理不是博见广识和自我意识，也不是客观上被分离出来的、为每一门不同学科所追求的真理，而是无所不在的真理。"③在马利坦看来，真理不是某一门学科的知识和艺术，而是蕴含其中的普遍性的意义。大学教育的目的就是努力使青年人用

---

① ［法］雅克·马里坦：《教育在十字路口》，高旭平译，73 页，北京，首都师范大学出版社，2010。

② ［法］雅克·马里坦：《教育在十字路口》，高旭平译，73 页，北京，首都师范大学出版社，2010。

③ ［法］雅克·马里坦：《教育在十字路口》，高旭平译，75 页，北京，首都师范大学出版社，2010。

其心灵的天然力量和天赋，以及其理性的天然直觉努力去把握真理，而不是追求知识的博学和零散的记忆。正如他所说的，青年人学习和理解音乐，为的是理解音乐的意义，而不是成为一个作曲家；学习和了解物理学，为的是理解物理学的意义，而不是当一个物理学家。这样，大学教育就能够保持它的全面普遍性这一特征，培养为人类所需要的、实用而充满活力的健全心灵。①

为此，马利坦指出，大学教育应该是一种自由教育。这种教育是一种与人类的共同尊严相适应的体现社会秩序的教育，是使所有人都需要接受的高等教育，以便在青年人进入成年人社会之前为其做好准备。马利坦强烈反对大学的专业化的知识教育。"在大学教育的范围里，介绍专业化的知识是对青年世界的一种强暴。"②在马利坦看来，由于青年所接受教育的普遍性和自由性，他们会为自己选择专业，并且能在职业、科学和技术训练方面获得更加完善的进步。

关于如何实施这种自由教育，马利坦指出，要安排与大学自由教育相适应的文理学科课程。在大学教育的四个学年，每个学年可以安排相应的文理学科课程。③

①在数学和诗歌学年，可以学习数学、文学和诗歌、逻辑、外语和文明史。

②在自然科学和美术学年，可以学习物理学和自然科学、美术、数学、文学和诗歌、科学史。

③在哲学学年，可以学习哲学(形而上学和自然哲学)、认识论、心理学、

---

① [法]雅克·马里坦:《教育在十字路口》，高旭平译，76 页，北京，首都师范大学出版社，2010。

② [法]雅克·马里坦:《教育在十字路口》，高旭平译，77 页，北京，首都师范大学出版社，2010。

③ [法]雅克·马里坦:《教育在十字路口》，高旭平译，78 页，北京，首都师范大学出版社，2010。

物理学和自然科学、数学、文学和诗歌、美术。

④在伦理学和政治学学年，可以学习伦理学、政治和社会哲学、物理学和自然哲学、数学、文学和诗歌、美术文明史和科学史。

关于道德教育，马利坦指出，在最后一个学年，不管是个人的道德，还是社会的道德，始终都是人文学科的教学目的。但不是把道德教育作为一门课程，而是把道德伦理观念包含在人文学科和大学文理学科的课程中，使其成为文字、诗歌、美术和历史教学的有机组成部分。同时通过阅读古代名人的著作，了解人类命运、善恶以及人类无限的潜能。[1] 至于拉丁语、希腊语等语言课程，马利坦认为，这些课程可以放在研究生阶段再学习。关于文学和诗歌，马利坦指出，直接阅读和学习名人的著作是非常重要的。在他看来，阅读名人的著作不是要去了解这些著作反映的问题，而是要去发现这些著作表达的真理和美，并能够受到真理和美的鼓舞与鞭策。[2]

关于哲学，马利坦认为，掌握哲学是自由教育的最高目的。马利坦指出，哲学可以使青年拥有智慧的基础。从教育的角度看，"教育总归要涉及人类心灵的伟大成就。没有对哲学和伟大思想家成就的了解，我们要理解人类、文明、文化及科学发展的任何相关事物都是根本不可能的"[3]。关于哲学的教学，马利坦指出，哲学教师不要教导学生相信什么，而是要以唤醒他们的理性为宗旨。另外，也要注意，哲学始于经验，但青年人无论在科学方面还是在生活方面，都没有可以作为出发点的经验，或者只有少数经验。关于如何解决这个问题，马利坦的建议是，教学应该以给予学生关于哲学重要问题的历史方面的启迪为起点，通过历史方面的描述帮助学生弄清楚人类认识这些

---

① ［法］雅克·马里坦：《教育在十字路口》，高旭平译，81 页，北京，首都师范大学出版社，2010。

② ［法］雅克·马里坦：《教育在十字路口》，高旭平译，99 页，北京，首都师范大学出版社，2010。

③ ［法］雅克·马里坦：《教育在十字路口》，高旭平译，81 页，北京，首都师范大学出版社，2010。

问题的内在逻辑和发展，以引起学生个人经验上的共鸣。①

马利坦认为，教育的第三阶段是为青年人进入成人世界做准备。由于青年人的理性已经形成，他们会拥有他们那个年纪的最重要的经验以及对自主权的强烈渴望；成人世界的生活成了他们关注的生活。马利坦指出，综合性大学的教育是为那些希望接受高级学习和研究生学习的学生所设置的高等教育。综合性大学的教育目的就是在判断力、成熟、智力以及美德方面造就并武装青年。② 不过，马利坦也指出了综合性大学的教育存在的问题，即与确定的、专业化学习一致。在他看来，如果综合性大学的教育不是像中世纪那样去塑造一些由教士组成的智力领导者，也不是像中世纪以后的几个世纪那样去塑造一些统治阶层的后备人员，而是按照更加民主的模式去塑造一批为数众多的、更加多样化的、为国家各行各业所需要的优秀公民；现代典型的综合性大学应把所有的科学和艺术，甚至那些涉及公共生活管理、人类心灵对实际功利事物的应用都包括在内，才是适宜的。马利坦指出，综合性大学应该保持它的综合特色，教给学生综合性知识。这不仅是由于普遍性知识结构的教学中描述了人类知识的所有成分，而且也因为这种综合性知识的结构是按照人类知识的性质以及内在等级设置的；还因为科学和艺术完全是依据知识的性质在精神普遍性中日益增长的价值而分类和组织的。③

马利坦认为，综合性大学可以设置四级学科。学科的第一级涉及最具广泛意义的实用工艺和应用科学，而且还要涉及技术培训、工程、行政管理科学等方面的高水平研究。学科的第二级属于实用科学的范畴，它与人类本身

---

① [法]雅克·马里坦：《教育在十字路口》，高旭平译，82 页，北京，首都师范大学出版社，2010。

② [法]雅克·马里坦：《教育在十字路口》，高旭平译，85 页，北京，首都师范大学出版社，2010。

③ [法]雅克·马里坦：《教育在十字路口》，高旭平译，86 页，北京，首都师范大学出版社，2010。

及人类生活有关，如医学、精神病学以及法律、经济学、政治学、教育学等。学科的第三级是思辨科学和美术领域，涉及大学文理科本身，提供自然、人类以及文化成就方面的非功利性知识。这些知识依靠其所拥有的真理和美使人的心灵获得解放，包括数学、物理学、化学、天文学、地质学、生物学、人类学、心理学、史前考古学、历史、古代和近代文学及语言学、音乐、美术等。学科的第四级是教学结构中最具生命力的核心部分，它所涉及的科学是智慧的、综合性的学科，包括自然哲学、形而上学、知识论、伦理哲学、社会和政治哲学、文化和历史哲学等。

在这个理想的综合性大学里，马利坦提出了自己的设想：可以划分出四级学院，每个学院具有不同的功能。第一级学院可以组成一个教学城，它关心人类生活的技术手段或者涉及对物质的实际支配和利用；第二级学院组成一个工具城，它与维护和改善人类生活本身有关；第三级学院则组成一个纯粹的知识教学城，它涉及人类生活的智力目标；第四级学院组成一个具有内在普遍性的高级知识教学城，它关心人类生活中的一些智力目标。①

关于综合性大学的各级学院与学生是什么关系，马利坦也进行了分析。他指出，教学城不仅需要重视一般结构中体现的知识的普遍性，以及这种普遍性与科学的高度统一，还要使知识的普遍性和与科学的高度统一成学生知识的有机组成部分。因此，需要综合性大学的各级学院之间有机合作，也需要每个学生能够在所构成的核心课程中接受一般的训练。在马利坦看来，如果没有关于自然和人的一般启蒙和课程的一般训练，使用的技术手段不可能真正有益，实用科学的发展也不会得到正确的引导。也就是说，高级知识是实用知识的指导，实用知识是高级知识的从属。比如，法律、社会学、经济学和政治学、教育学是从属于伦理学和自然法规的，对应的每种知识包含着

---

① [法]雅克·马里坦：《教育在十字路口》，高旭平译，87 页，北京，首都师范大学出版社，2010。

对伦理学和政治哲学中的实用知识的正确判断。马利坦指出，应该要求综合性大学的学生，在包括纯粹性知识和普遍性知识的教学中学习一定门数的课程。有些课程，如历史、古代和近代文学或者美术课程可以自由选择；而普通哲学、伦理学和政治哲学、文明史等课程则要求所有学生都要研修。①

总之，在马利坦看来，教育的每个阶段都与儿童和青少年的身心发展有关，也与儿童和青少年成长所需要的知识有关。应该根据儿童和青少年发展的不同阶段设置不同的课程，提供相应的知识，提供自由的教育，为他们走向社会打下良好的基础。当然，马利坦更关注的是青少年的人文学科教育和综合性大学教育。他为综合性大学不同学年所设置的课程内容反映了他对综合性大学的文理学科融合以及对普遍性知识的重视。他提出的关于综合性大学知识的分类、高级知识与实用知识的关系等观点，也是值得关注的。

五、现实社会的自由教育

马利坦所处的社会正是20世纪40年代，特别是"二战"后期需要重建的法国社会。不仅当时的社会面临新的挑战和危机，而且教育也需要完成一些新的任务。在他看来，社会面临的主要问题是，现代文明的危机、国家的政治危机、民众良知的危机，以及人类的被奴役和非人性的威胁。面对这些危机，马利坦提出了依靠自由教育和人文主义教育来解决社会和教育问题的主张。②

在马利坦看来，强调自由教育和人文主义教育的意义在于，这种教育的核心是人的教育。人的教育既具有一般意义上的实质性价值，也具有应付未来具体需要的价值。马利坦指出，要克服困难和解决各种问题，就会渴望

---

① [法]雅克·马里坦：《教育在十字路口》，高旭平译，89页，北京，首都师范大学出版社，2010。

② [法]雅克·马里坦：《教育在十字路口》，高旭平译，107页，北京，首都师范大学出版社，2010。

一种新的人文主义，渴望重新发现人的完善之处，就会需要一种完善的教育，即自由教育和人文主义教育。这种教育的意义在于，确立人与社会间充满活力的联系。这种联系不仅指人与社会环境之间的联系，还指人与共同的工作以及共同利益之间的联系。在马利坦看来，解决社会危机问题，不能用极权主义，而要用基于人的权利的、满足人的社会需求的个人与公共文明，取代资本主义时代的个人主义。在教育方面，马利坦强调，必须清除个人需要与社会要求之间的裂痕。教育必须既要培养人的自由感，又要形成其责任感；既要注重人的权利，又要注重人的义务。① 当然，马利坦强调，明日的教育必须将人的宗教灵感和世俗活动统一起来，还必须将实用活动与精神生活以及关于知识和美的非功利性的休闲、愉悦活动统一起来。在这里，马利坦非常重视休闲活动与自由教育的关系。在他看来，身体和精神的休养、游戏、电影和运动都是有益和必要的。然而，只有在享有知识和美的成果的过程中，由人的内在能动性的驱使所构成的闲暇，才是与人类中具有人性的东西相符合的闲暇，才是比工作本身更具有价值的闲暇。他认为，自由教育可以使人们拥有这样的闲暇。②

　　马利坦指出，在现实社会中，由于出现了各种危机和问题，这就要求教育要负担起弥补这些缺陷的任务。教育家的责任是双重的，他们既要维护人文主义教育的本质，又要使其适应民众的利益要求。马利坦认为，教育自有其本质和目的，这一本质和目的关乎人的塑造及人类个体的精神解放，但是也不能拒绝承担额外的工作任务。如果这些工作没有做好，就会背离教育的重要的人性价值。当然，在解决这些问题的过程中，国家不能对教育问题漠然视之。国家对教育系统的帮助和监督是不能少的。国家主要通过相应的法

---

　　① ［法］雅克·马里坦：《教育在十字路口》，高旭平译，108 页，北京，首都师范大学出版社，2010。

　　② ［法］雅克·马里坦：《教育在十字路口》，高旭平译，109 页，北京，首都师范大学出版社，2010。

律和一定的组织机构对教育进行干预，同时也要发挥家长协会的作用。①

马利坦指出，第一个额外的工作任务就是应对现代的道德危机。道德教育的主要任务是要使儿童端正行为、遵守法律、懂得礼貌，并进行真正的内在熏陶。同时，为了使教师成为道德权威，要以真理为依据，进行严格的道德原则教育。关于道德教育和知识教育的关系，马利坦指出，知识和优良的教学是必要的，但还需加强。在这个问题上，马利坦不同意苏格拉底的"美德即知识"的观点，而赞同亚里士多德的"知识对美德很少有帮助，甚至毫无帮助"②。马利坦指出，对美德培养帮助最大的是爱：道德生活的主要障碍是利己主义，道德生活的主要任务是解放自己；爱是人的天赋，只有爱才能排除利己主义的障碍，并使这种渴望得以满足。

马利坦认为，第二个额外的工作任务是满足战后国家和政治联邦发展的需要。在马利坦看来，自由与权威是并存的，自由的教育系统也包含着权威的特征。对于教育团体和每个公民来说，自由、权利和自治含有相互关联的责任和道德义务。在人类社会中，事物的本质决定了自由和权威的相互需要。政治权威与专制权威的区别是，前者是为公共福利而指挥民众并为民众所服务的权利，不反对自由，而为自由所需要；后者是指挥着民众去追求指挥者个人的一己利益，并把民众置于奴役的状态。政治权威指挥民众所追求的利益不是指挥者的利益，而是全体民众或者国家的利益，是一种共同的、国家每个成员所渴望的利益。当然，若没有正义，政治权威毫无价值。从本质上说，它要求以良心和道德责任为基础的自由服从。马利坦指出，这些原则适用于群体和特殊的团体，也适合于文明社会中的个人。一个教育团体若享有自由和自治，就应该谋求公共利益。无政府主义的自由是一种虚假的自由。现代教

---

① [法]雅克·马里坦：《教育在十字路口》，高旭平译，111 页，北京，首都师范大学出版社，2010。

② [法]雅克·马里坦：《教育在十字路口》，高旭平译，114 页，北京，首都师范大学出版社，2010。

育要坚持和维护教育真实的本质，人的培养是教育的本质和目标。①

由战争的灾难所导致的人的精神堕落问题，也是马利坦十分关注的问题。马利坦认为，最重要的是做建设性的工作，采取紧急措施保卫自由和人类精神。在教育领域，需要开展大规模的教育运动。可以创办一些重要的国际性综合大学，配以杰出的教师，给学生开课；还可以组织讨论、发表演讲，向人们展示各种理智活动。同时还可以建设一些培养新一代教师的特殊学校。②另外，马利坦也指出，民主国家的教育也存在诸多问题。其中一个问题就是，教育没有培养真正的人，而仅仅使其成为技术社会的一个工具。

总之，面对这样一个多变的世界，马利坦认为，世界需要青年人，要求他们在智力和理智领域里有战斗的勇气。青年人依靠智力和理智所赢得的不是用科学测量和操作的东西，而是利用理性洞察力所把握的东西。这是一个拥有理智存在的宇宙，也是一个具有真理本身神圣特征的宇宙。马利坦指出，美国的教育处于十字路口，如果美国教育能够摆脱工具主义和实用主义哲学的背景，那么美国的人文主义教育必将以一种新的力量开创新的事业。③

六、马利坦教育思想的评价

马利坦的教育思想属于现代教育思潮中新托马斯主义教育思想的重要内容之一。新托马斯主义教育思想是重视宗教教育和传统教育的教育思想，其哲学基础是欧洲古典主义的"实在论"。

马利坦以新托马斯主义哲学为依据，反对实用主义教育和现代社会生活

---

① [法]雅克·马里坦：《教育在十字路口》，高旭平译，117页，北京，首都师范大学出版社，2010。

② [法]雅克·马里坦：《教育在十字路口》，高旭平译，126页，北京，首都师范大学出版社，2010。

③ [法]雅克·马里坦：《教育在十字路口》，高旭平译，135页，北京，首都师范大学出版社，2010。

的混乱状态，提倡恢复中世纪以来的宗教信仰和传统教育，主张教育的最高目的是发展人的理性。马利坦的教育思想在许多方面反映了新托马斯主义教育思想的基本主张和所关注的问题。

从总体上看，马利坦主要从宗教哲学的视角来理解自由教育和人的教育，他的教育思想更多地反映了在"二战"影响下他对社会现实和教育问题的思考和他的宗教哲学立场。马利坦的教育思想实际上只是一种从宗教哲学立场出发解决现代社会教育问题的方案，是一种主张信仰教育与现实教育协调和并行的教育思想。下面从其比较突出的几个方面进行分析和评价。

第一，马利坦从分析教育目的的角度出发，批判了多种有关教育目的的看法，有利于形成对现代教育问题的更深刻、更全面的理解。马利坦指出，教育的目的就是要培养一定历史时期的国家、社会的文明人。把儿童的发展与认识能力、文化道德、集体经验以及纪律传统结合起来，反映了马利坦在强调现代教育观念的同时注重对传统教育合理内容的继承。

在理解教育目的的同时，马利坦重点批判了几种与教育目的有关的观点，如"教育无目的论""教育的实用目的论""唯智论""唯意志论"等。这里主要分析马利坦对教育无目的论的批判。马利坦指出，教育无目的论仅仅把教育视为手段是存在问题的。手段不会导向目的，过于关注手段或者依恋手段，会忘记或者遮蔽教育目的。马利坦认为，教育无目的论的出现主要与对教育目的的不完善理解有关，没有解决"人是什么"的问题。马利坦指出，"人是什么"的问题，有方法论角度的"人的科学观"和本体论角度的"人的哲学-宗教观"。前者虽然能够提供日益增多的与教育手段有关的信息，但它不能从根本上指导教育。因为教育首先需要弄清楚人是什么，人的本质是什么。马利坦的这一批判虽然不是针对杜威的教育无目的论，但是对于认识由于战争所带来的反人道、反人性的教育是有积极意义的。当然，关于教育目的的问题，马利坦更倾向于宗教哲学的解释。

总之，在马利坦看来，教育无目的论只是看到了教育手段的问题，而缺乏对教育本质及人的本质的关注。实用主义教育看到了对环境的适应和儿童的生长，但是它缺乏教育的标准和总的目标，使教育成为没有任何目的的生长过程。教育的"唯智论"和"唯意志论"不仅放弃了教育的普遍价值，又使人的理智屈从于意志，使人的真理观全部丧失。马利坦指出，教育的主要目的就是充分利用教育领域内外的力量，分阶段、分层次地发展人的理性，培养人的意志，使人获得精神自由，形成知识和人格的尊严。可以看出，马利坦是非常重视教育中的普遍性观念的。

第二，马利坦在批判传统教育教学观念时强调重新认识个体与知识的关系、学习者与教育者的关系问题，加深了对教育中的动力因素与教育规则的关系的理解。马利坦指出，长期以来，教育家都比较关注个体与知识、学习与教学的关系问题。在古代社会，人们所持的基本观点是，既注重学习者的动力因素，也注重教师的动力因素。不过，这种认识有一个变化的过程。例如，柏拉图早期认为，知识存在于人的灵魂中；当人的灵魂与人体结合时，人就具有了知识。学习的过程就是回忆其曾经获得的知识的过程。学生的知识是原本就有的，不必从教师那里获得任何知识；教师的作用只是唤起学生对已有知识的注意和回忆而已。后来，柏拉图在《法律篇》中指出，灵魂与肉体结合之前，是没有知识的。教师拥有学生所没有的知识，教学是一个传授的过程。教师逐步成为影响学生发展的主要因素。马利坦指出，学习者心灵的内在能动性和教师对学生的智力引导都是教育活动的动力因素，二者具有互补的作用。当然，马利坦更看重的是儿童的内在动力因素或者精神存在。

与儿童的个性发展相关，马利坦提出了培养儿童的基本气质的问题。在他看来，儿童的基本气质主要包括对真理的爱、对正义的爱、对生存的纯朴和坦诚、出色完成工作的意识、与他人的合作感。为了培养儿童的基本气质，马利坦非常重视教育规则问题，包括以下几个方面：①使儿童发展其精神生活的基本气质。②关注儿童个性内在的深层次的东西，以及个性的前意识精神动力。③教育和教学的全部工作必须致力于培养儿童的内在统一性，教育既重视儿童身体和心灵的统一，也强调经验与理性的统一。④教育要解放智力，而不是给智力增加负担。最终的结果是，通过把握所学的内容达到心灵和智力的解放。关于知识的价值问题，马利坦指出，学校教育应该根据知识的价值进行相应的课程设置。具体包括涉及实现理性所需要的智力手段和逻辑学科的知识，以及需要记忆的事实和经验信息方面的知识；直接与智力的创造性或者感知直觉有关的知识，以及直接与观察有关的知识等。

从马利坦关于个体与知识的关系、学习者与教育者的关系等问题的论述中可以看出，这些问题都是教育教学中的核心问题，如何对待和解决这些问题是教学的关键。从历史上看，传统教育比较注重教师和知识的地位，进步主义教育比较注重学生和个体活动的地位，但是过于强调某个方面会给教学带来问题。马利坦的教育思想中，他分析了这些问题并提出了较为合理的观点：教育的核心必须放在学生个性的形成和精神解放上，同时也要承认学校的纪律和对学生行为的约束。这种分析和认识是比较合理和客观的，反映了他对现代教育教学的基本问题有清醒的认识。

第三，马利坦关于人的发展和教育阶段及课程的设想，反映了他对人的发展和各个教育阶段的基本认识。在人的发展中，基础教育、专业教育以及自由教育都是不可缺少的；在各个教育阶段中，需要细化课程设置和内容安排。

关于7年的基础教育，马利坦认为可以划分为4年的初始基础教育和3年的补充基础教育。基础教育阶段需要注意两个问题：一是儿童智力发展的问题。由于儿童与成人不同，教育教给儿童的知识，应该是与儿童思维发展相适应的知识。二是儿童智力发展与想象力、理性之间关系的问题。马利坦认为，这个阶段也是儿童想象力发展的阶段，但应使儿童的想象力能够逐步发展为理性。教育上需要不断地规训儿童的想象力，使它服从于理性规则。也就是说，儿童的智力发展需要想象力，但是想象力的发展需要遵循一定的理性规则。马利坦的这个观点对于认识二者的关系是有一定道理的。

关于7年的人文学科教育，马利坦认为可以划分为3年的中等教育或者高级中学教育和4年的学院教育。这个教育阶段需要注意两个问题。一是创造条件让学生去追求真理。这里的真理不是每一学科的真理，而是蕴含在所有学科中的普遍性的真理。二是反对大学专业化的知识教育，认为大学教育应该是一种自由教育。为了实施这种自由教育，马利坦建议在大学教育的4个学年可以安排相应的文理学科课程，并且相应进行道德教育、哲学教育等。

关于综合性大学的教育阶段，马利坦认为要注意培养学生的智力、判断力以及美德等。同时要具有综合特色。具体包括第一级的实用工艺和应用科学；第二级的与人类本身及人类生活有关的实用科学；第三级的思辨科学和美术领域；第四级的智慧的、综合性的学科等。在这些学科中，马利坦特别重视知识的普遍性以及知识的普遍性与科学的高度统一，并且使其成为学生知识体系的有机组成部分。

总之，马利坦的教育思想反映了他对现代教育的基本理解。其主要观点揭示了现代教育的本质特征，即在关注儿童个性发展的同时，也注重对儿童的道德教育和行为约束，这与现代教育的发展趋势是一致的。

本章结语

20世纪前期的法国教育思想是这一时期欧美教育思潮多元发展的产物，也是法国社会历史、文化和教育共同作用的产物。教育家阿兰和马利坦的教育思想分别成为这一时期永恒主义教育思想和新托马斯主义教育思想在法国的代表之一。

　　阿兰教育思想关注的重点主要在普通教育领域。他的教育思想反映了对普通教育及现实教育问题的思考。阿兰教育思想的主要特点在于注重传统教育与现代教育的结合；在关注儿童自由发展的同时，也强调对儿童的一定管理和约束。马利坦的教育思想非常关注宗教教育与传统教育相结合，并且试图用以解决现代教育问题。马利坦教育思想的重点是从宗教哲学的视角来理解现代社会中人的教育和自由教育。

　　总之，法国教育家阿兰、马利坦的教育思想反映了法国教育家对现代教育问题的思考，在一定程度上揭示了现代教育的基本特征，即在关注儿童自由发展的同时，也注重对儿童的道德教育和行为约束。当然，法国两位教育家的思想重点是在人文教育方面，对现代科技教育论述有限，且保留了宗教的地位，是存在一定局限的。

第十章

20 世纪前期北欧主要国家的教育

"北欧"可以定义为五个主权国家，包括丹麦、芬兰、冰岛、挪威和瑞典，以及与这些国家相关的三个自治领地：法罗群岛、格陵兰岛与奥兰群岛。斯堪的纳维亚(Scandinavia)有时被用作英语"北欧"的同义词。也有人坚持认为斯堪的纳维亚半岛仅指丹麦、挪威和瑞典(甚至仅指挪威-瑞典半岛)，而不包括芬兰或冰岛。现今"北欧"一词应用得越来越普遍，其含义和地理边界在不同的时代和情境下发生着变迁。

"北欧"在何种意义上可以作为一个整体概念加以论述？根据本书的安排，将丹麦、挪威、瑞典与芬兰作为北欧主要国家教育研究的对象。这四国在20 世纪前期的教育与其政治、经济、社会与文化发生了哪些交互作用？教育特征有哪些异同？

"北欧"不仅是一个地理概念，也因共同的国际身份、共同的地区利益、共同的地区制度，以及各国或地区间强大的历史联系及政府间跨国合作的传统，成为其成员国际身份认同的政治概念。[①]

共同的国际身份包含共同文化、共同价值观念、共同身份认同及共同的外交政策。北欧国家地理上毗邻，拥有共同的神话与人类起源故事。它们在

---

① 周灿：《北欧地区性国际社会研究——英国学派的视角》，硕士学位论文，南京大学，2018。

宗教上共同信仰路德宗，拥有共同的维京人历史。在语言上，瑞典语、挪威语和丹麦语相近，讲各自语言彼此能基本理解。瑞典语和芬兰语同为芬兰的官方语言，冰岛语属北欧语系，但有较独立的发展。宗教、历史与语言的相近促进了共同文化与身份认同，平等主义(Egalitarianism)和普遍主义(Universalism)是北欧社会体系的重要价值观。①

北欧有长久的结盟史，包括1397—1523年的卡尔马联盟、19世纪的泛斯堪的纳维亚主义运动联盟。20世纪，北欧国家之间重塑了国际关系。挪威于1905年以和平方式从瑞典独立；芬兰于1917年独立；冰岛于1944年从丹麦的共主联邦独立。20世纪上半叶，北欧国家在两次世界大战中缔结中立同盟。在20世纪，北欧国家逐渐发展了共同的"斯堪的纳维亚发展道路(包括芬兰)"，形成协商治理的民主政治模式，发展了小型、开放和以出口为导向的经济，建立了协商一致和组织良好的劳动力市场。劳资双方建立代表协商制度，包括教师工会在内的工会影响力较大。社会民主党在各国举足轻重。20世纪中叶，北欧国家共同发展了新兴的高税收、高福利的福利国家模式。在长期的交流互动中，北欧国家在诸多领域建立了协议和制度。1952年，丹麦、冰岛、挪威和瑞典求同存异，在更为平等的基础上创立了议会间合作的官方机构北欧理事会(Nordic Council)。芬兰于1955年加入，法罗群岛和奥兰群岛于1970年加入，格陵兰岛于1984年加入。北欧理事会的成立是对其所属民族国家及地区共同"北欧"身份的官方宣言。它促进了北欧国家相互协调政策及多项事业的繁荣发展，在社会福利、外交、环保以及对北极的开发和保护方面均开展了紧密合作。②

欧洲教育研究的视角在20世纪经历了巨大变化。19世纪和20世纪前期，

---

① 周灿：《北欧地区性国际社会研究——英国学派的视角》，硕士学位论文，南京大学，2018。
② 参考[丹]克努特·J.V.耶斯佩森：《丹麦史》，李明、张晓华译，186页，北京，商务印书馆，2012。

教育史研究者往往视普通学校为启蒙的炉火，视知识为解放的手段。20世纪70年代末和80年代，在皮埃尔·布迪厄（Pierre Bourdieu，1930—2002），J. F. 利奥塔（J. F. Lyotard，1924—1998），米歇尔·福柯（Michel Foucault，1926—1984），保罗·威利斯（Paul Willis，1945—　）和其他后现代社会学家的影响下，学校教育开始被阐释为社会等级制度及其不平等的再生产，学校被视为由当权者建立的、通过控制人民的思想来保持权力的机构。尤尔根·哈贝马斯（Jürgen Habermas，1929—　）在1980年出版的《现代性的未完成计划》（*The Unfinished Project of Modernity*）一书中，为通过启蒙运动实现解放的计划进行辩护，坚称这一计划是真实的，在未来亦是可行和必要的。20世纪的新理论为反思与阐释教育史提供了新视角。芬兰赫尔辛基大学历史与社会科学教育学教授瑟卡·阿霍宁（Sirkka Ahonen）与教育史教授尤卡·兰卡拉（Jukka Rantala）提出，博雅教育、国家建设和社会平等可以作为阐释19世纪中叶以来北欧教育历史变迁的框架。[①]

北欧国家都在20世纪逐渐推行了从幼儿园到大学的全民免费教育。虽然北欧国家有其独特的共性，但其在教育领域的差异使教育领域是否存在北欧模式受到质疑。

第一节　丹麦教育的发展

关于20世纪前期丹麦教育的特征，由多位深具教育理论水平与实践经验的丹麦教育家合著的《丹麦的教育》（*Education in Denmark*）一书中有精练的评述。丹麦教育家乔治·朱利叶斯·阿尔文（George Julius Arvin，1880—1962）盛

---

① Sirkka Ahonen & Jukka Rantala, *Nordic Lights: Education for Nation and Civic Society in the Nordic Countries*, 1850-2000, Helsinki, Finnish Literature Society, 2001, p.11.

赞丹麦人稳健平和的性格：“丹麦人，无论在政治方面，或在教育方面，都不是革命的民族。他们并没有用看得见的激烈方法，也得到了政治的自由……他们也希望在学校内，有平稳安静的发展，走向不断增多的教育的解放，同时对于学校的制度、秩序及统一，又不毁弃。”①

在丹麦，教育是受到福利制度保障的权利，义务教育法规于 1814 年施行。1933 年，丹麦政府把 19 世纪以来通过的老年退休金法、医疗保险法、意外事故保险法等多项法规合并，在 1976 年用《社会保障法》一统所有福利法案。至此，丹麦建成从摇篮到坟墓的福利制度。与其他北欧国家福利制度一样，其法律原则规定，每个符合帮助标准的公民在法律上均有权从福利服务中得益，福利制度由高税收来保证。②

一、教育哲学与教育改革

在格龙维③（Grundtvig）及其追随者戈尔德④（Kold）对于立法的影响下，丹麦开创了将上学的义务与教书育人内容区分开来的自由主义教育传统：政府提供义务教育，儿童有接受教育的权利与义务，但政府不干预儿童对学校的

---

① ［丹］Andreas Boje 等：《丹麦的教育》，吴克刚译，31 页，上海，商务印书馆，1934。

② 耶斯佩森认为，继单一民族、共同的君主、丹麦语、国籍、对民众及民主观念的认同、对敌意“他者”的共同抵御之后，丹麦福利制度成为 20 世纪丹麦人身份认同的基础。福利制度建于三个假设之上：经济必须继续发展；社会差别小，公民在经济和文化上比较和谐；民众信任政府及其推行政治类型的力量和能力。20 世纪后期以来，许多对丹麦政治共识和协商妥协传统毫无所知的丹麦新公民，以及欧盟一体化的司法、税制和关税，都挑战了福利制度。他断言，丹麦 20 世纪的福利模式可能只是一个短时的繁荣现象，未来的道路取决于丹麦人如何应对这些挑战。参见［丹］克努特·J.V. 耶斯佩森：《丹麦史》，李明、张晓华译，72~73 页，北京，商务印书馆，2012。

③ 格龙维，也译“格隆维”或“格伦特维”。

④ 戈尔德，也译“科尔”或“柯尔德”。戈尔德致力于实践、继承及发展格龙维的教育思想，促进了多所自由小学的建立。为年轻人办的民众高等学校和为孩子办的自由小学成为单独的教育系统。参见［丹］克努特·J.V. 耶斯佩森：《丹麦史》，李明、张晓华译，55~56 页，96 页，北京，商务印书馆，2012。

选择以及授课的内容及方式。这个传统至今方兴未艾。① 格龙维是丹麦完全从积极的意义上使用"民众"（folkelig）这一概念的第一人，格龙维模式还包括倡导协定文化和谈判文化。②

1903 年，丹麦通过关于中等教育的法规，创立了从小学校、中等学校直到大学的连续不断的学校制度，以实现民主主义的连接学校③制度。每个人无论贫富都享有同等的权利，接受高等教育。丹麦 1930—1940 年学制如图 10-1 所示。

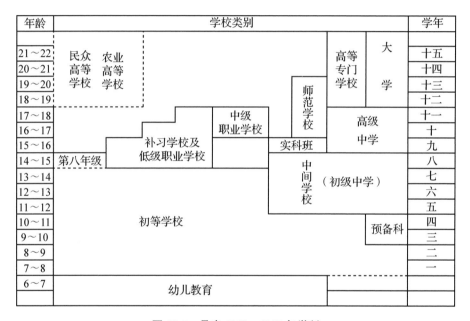

图 10-1　丹麦 1930—1940 年学制

资料来源：常导之：《各国教育制度》下卷，356 页，上海，商务印书馆，1936。

---

①　此观点与美国教育家杜威的观点相似。教育当由国家资助："教育不是个人的事业，是社会的、公家的、政府的责任，是人类社会进化最有效的一种工具。"（[美]杜威：《杜威五大讲演》，胡适译，93 页，合肥，安徽教育出版社，1999。）"但教育目的与内容当由社会的教育组织和机构来决定（教育过程的全部社会目的应当'不受限制、不被约束、不被腐蚀'）。"（[美]约翰·杜威：《民主主义与教育》，王承绪译，104 页，北京，人民教育出版社，1990。）

②　参见[丹]克努特·J.V. 耶斯佩森：《丹麦史》，李明、张晓华译，96~101 页，北京，商务印书馆，2012。

③　连接学校是丹麦于 1900 年左右发展的一种学校类型。所有学生在第一学年集中在一起学习，在以后的年级才根据兴趣和未来职业教育计划进行划分。

值得一提的是，1924—1926年，时任首相托尔瓦德·斯陶宁(Thorvald Stauning)任命尼娜·邦(Nina Bang)为丹麦教育部部长。她成为丹麦第一位女部长。她于1894年获得历史学硕士学位。在首个社会民主党政府担任教育部部长期间，她致力于改变教师教育和促进学校董事会的民主化。

(一)改革考试制度

为改革教育考试制度，丹麦教育界采纳新教育学会提出的建议，致力于实现两个目标：帮助学生实现最大可能的个人发展，使学生能够参加社会事业。[①] 鼓励教师关注学生的兴趣，尊重学生。鼓励教师采用设计教学法、道尔顿制或创立德可乐利学校[②]；校内活动采用杜威的"做中学"以及凯兴斯泰纳[③](Kerschensteiner，1854—1932)的劳作学校主张；让学生有较多的独立自主活动，让学生与师长、父母合作，具备社会生活的精神。[④] 因未能采用新的办法培训师资，故1903年教育法未完全实行。[⑤]

高风险的教育测试在丹麦有着悠久历史，包括1814—1958年生效的强制性年度成绩测试。其理念是，儿童可以而且应该以同样的方式和同样的速度学习同样的课程，且这种录取或多或少由考试决定。[⑥] 学校依据这些原则将考试分为两部分。

1. 精习测验与知识测验

精习测验与知识测验是要考查学生是否已学会读写算及其他初级学科合理范围内的常识。

---

① [丹]Andreas Boje 等：《丹麦的教育》，吴克刚译，32页，上海，商务印书馆，1934。
② [丹]Andreas Boje 等：《丹麦的教育》，吴克刚译，29~37页，上海，商务印书馆，1934。
③ 凯兴斯泰纳，德国教育家，倡导劳作学校及公民教育理论，其理论促进了19世纪末20世纪初德国职业教育的发展。
④ [丹]Andreas Boje 等：《丹麦的教育》，吴克刚译，34页，上海，商务印书馆，1934。
⑤ [丹]Andreas Boje 等：《丹麦的教育》，吴克刚译，28~30页，上海，商务印书馆，1934。
⑥ Christian Ydesen, *The Rise of High-Stakes Educational Testing in Denmark*(1920-1970), Frankfurt, Peter Lang Verlag, 2011, p.13.

2. 能力测验

能力测验是教师根据日常工作、学生所表现的书写或其他种种成绩，以及其他显示学生兴趣及能力的方面，对学生的能力做出判断。

能力测验最初由丹麦国家精神保健机构登记员布洛赫-约尔特（Bloch-Hjort）于1910年从美国引入，用于确定精神病治疗机构患者的智力缺陷程度。1920年，丹麦政府对多种社会活动给予补贴，对经济优化、理性和问责的要求也越来越普遍，产生了对开发教育系统产品的技术需求。

20世纪20年代，教育心理学兴起。在20世纪30年代的丹麦公立学校系统，丹麦标准化的比奈-西蒙智力测试（Binet-Simon intelligence test）的对象为3~15岁的儿童，以用来确认儿童是否需要转移到补习班。它是第一个声称以中立、客观的方式测量人格特征的测验。[1] IQ被认为能够准确判断儿童的智力，衡量儿童的能力。1930—1937年，腓特烈堡补习班的学生从89人增加到153人。[2] 1936—1937年对特殊教育需求进行的调查显示，在西兰岛的霍尔拜克县，多达6.2%的儿童智商低于90，这一数字远远超过预期的1.5%~2%。[3] 这一发现让教育部感到震惊。1937年，丹麦发布了第一部涉及讨论补习教育（remedial education）的教育法，规定若当地条件允许，不能遵循正常教学秩序的儿童应被转移到公立学校系统内的单独教学环境中。

霍尔拜克县调查的结果和随后发布的报告促使1944年哥本哈根大学正式制订教育心理学家培养计划。1947年，丹麦有一半的心理学家或从事教育心

---

① Christian Ydesen, *The Rise of High-Stakes Educatoinal Testing in Denmark*（1920-1970）, Frankfurt, Peter Lang Verlag, 2011, p.97.

② Christian Ydesen, *The Rise of High-Stakes Educational Testing in Denmark*（1920-1970）, Frankfurt, Peter Lang Verlag, 2011, p.56.

③ Christian Ydeson, *The Rise of High-Stakes Educational Testing in Denmark*（1920-1970）, Frankfurt, Peter Lang Verlag, 2011, p.54.

理学家的工作，或在某种程度上与公立学校系统有联系。①

20世纪40年代，人们对智力测验进行了反思。丹麦第一位将标准化智力测验运用于腓特烈堡学校系统的教育心理学家亨宁·埃米尔·迈耶②（Henning Emil Meyer）在1948年写道："以智力年龄和智力商数表示的智力测量的数字结果本身价值是有限的，只有在与关于儿童的其他信息如社会、家庭、身体和精神状况联系起来时，它们才有价值。"③

(二)注重实行学校劳作的原则

丹麦的教育改革提倡应用学校劳作的原则，鼓励学校紧密联系社会生活，实行民主管理。丹麦各省以及较大的教区学校都创建图书馆、实验室、工场、学校厨房、学校园地、运动场等。

(三)注重学校与家庭间的合作

20世纪前期，丹麦越来越多的学校成立了家长教师协会，以协力共谋学校的发展。

丹麦学校的大部分办学经费出自政府，初等学校实行完全免费制度。部分地区的初级中学和高级中学也实行免费制度。首都哥本哈根市则以家长收入的多寡为依据来缴纳学费：收入不足4050克朗的完全免费；收入在4050～

---

① Christian Ydesen, *The Rise of High-Stakes Educational Testing in Denmark*(*1920-1970*), Frankfurt, Peter Lang Verlag, 2011, p.122.

② 亨宁·埃米尔·迈耶出生于腓特烈堡市，1907年毕业于希尔克堡师范学院，1908年返回腓特烈堡市，成为教师。他是当地教师工会委员会成员。1924年，他获得了理论及应用心理学硕士学位。1934年4月，腓特烈堡市正式聘用迈耶为斯堪的纳维亚半岛的教育心理学家。他在1930年就开始了学校心理研究，活跃于实验教学法协会、学校心理研究委员会和新教育学会的丹麦分支机构。迈耶还在丹麦教师培训学院和哥本哈根大学教授应用心理学课程。参见 Christian Ydesen, *The Rise of High-Stakes Educational Testing in Denmark*(*1920-1970*), Frankfurt, Peter Lang Verlag, 2011, p.16, p.49。

③ Christian Ydesen, *The Rise of High-Stakes Educational Testing in Denmark*(*1920-1970*), Frankfurt, Peter Lang Verlag, 2011, p.16, p.122.

5050 克朗的每月缴 3 克朗；以此类推，收入在 16000 克朗以上的月缴 16 克朗。①

(四)20 世纪前期丹麦教育改革的个案：范洛塞学校实验

范洛塞原为一个村庄，于 19 世纪与 20 世纪之交并入哥本哈根市。20 世纪 20 年代初，范洛塞学校可容纳 2000 多名学生。校长埃尔斯特·邦尼森(Elster Bonnichsen)和多位教师曾赴德国游学，他们愿意尝试新的学校理念和教育实验。哥本哈根学校董事会允许该校在家长的同意下开展教育实验。

1924 年秋，学校开设了两个男女生混合实验班，每班有 36 名学生。哥本哈根学校系统的所有其他班级对男孩和女孩实行分班教学。在实验班，教师基于儿童的兴趣和工作方式开展教学活动，努力将地理、历史、科学、宗教、阅读、写作和算术这些主要课程的教学，与外部世界和时事联系起来，由此生成一个自然、有机的整体，使学生得到的是"你周围世界的知识"。

该校对教室陈设也做了改革：教室里放置了书架，教室中间的桌子上放置了教学材料。学生可以选择学他们想学的，教师通过决定在桌面上呈现什么材料来间接控制教学过程。家长积极参加会议和准备教学材料。师生常在乡村中散步。学生在回家后用黏土和图画进行创作。

两个实验班的教师 G. 奥尔森(G. Olsen)、西格弗里德·德格波尔(Siegfried Degerbøl)、埃格伯格(Egeberg)和萨拉·尼尔森(Sarah Nielsen)在早期记录了教学日志。教学日志显示，他们关注的是为儿童的发展提供空间。另外，他们对于其角色的认识不尽相同。比如，德格波尔认为教师必须作为潜在的领导；埃格伯格认为教师应减少控制，成为环境的一部分。

实验推行几年后，实验班的课堂活动氛围活跃。但哥本哈根学校管理当局对这项实验的评价有所保留。1928 年，管理部门在年度考试前，在未

---

① [丹]Andreas Boje 等：《丹麦的教育》，吴克刚译，29 页，上海，商务印书馆，1934。

告知教师的情况下对实验进行了调查。调查报告结果相对负面，管理当局决定在年度考试举行的前几天停止该实验。其理由是，所有市政当局的同年级学生都应该能够做同样的事情，这样学生就可以毫无问题地转学了。年度考试成绩显示，一个班的成绩与哥本哈根的平均水平相近，另一班略低于平均水平。

1928年，教师、孩子和家长在报纸上看到实验即将停止的消息，反应强烈，认为该决定违反了协议。当哥本哈根市民代表大会就实验停止问题进行辩论时，激进的左派里只有一名成员为这项实验辩护，声称实验班级未能按照自己的标准进行评估，而是按照老学校的标准进行衡量的。

在此后几年，实验班得到保留，被分为男生班和女生班，像普通班级一样进行年度测试。

二、学前教育与初等教育

在丹麦，7岁以下儿童的教育均由私人负责，多在家中进行。幼儿园创立后，入学者甚少。1930—1931年度统计数据表明，3~7岁儿童的入园率仅为2%。丹麦的学前教育改革者推行蒙台梭利式的幼儿园。

丹麦早自1814年就颁布了义务教育法规《寄宿学校法》，正式普及小学教育，规定儿童必须接受基本教育。丹麦义务教育是为7~14岁儿童提供的。1903年的教育法规规定，6岁或7岁至11岁的儿童入小学校，4年或5年后毕业。不愿或不适于进中等学校的学生，可继续在小学校的六年级甚至八年级求学。1930—1931年度统计数据表明，7~14岁儿童的在学籍者为92%。早在大多数欧洲国家扫除文盲之前，丹麦全国已消灭了普遍文盲现象，全国具有读写能力的人的比例不断增加。读写能力是成为对社会有用人才的前提条件，为农村各阶层的人参加公共生活打下了基础，也为20世纪民众支持民主福利国家打下了教育基础。①

小学要求一年至少开课 41 周,每周每级至少有平均 18 小时的教学,设置 7 种必修课程(括号内为每周课时数):丹麦语(7)、宗教(3)、算术(3)、习字(2)、历史(1)、地理(1)、唱歌②(1)。其中,"唱歌"为男生的必修课。若学校聘有女教师,则为女生加设针工课。

在这一时期,丹麦教育存在城乡差异的问题。乡村小学每周授课时数少,设置的年级不全。在 20 世纪 40 年代 4000 所乡村学校中,仅有 2% 的乡村小学设置了 7 个年级,130 所乡村小学仅设置了 1 个年级,1700 所设置了 2 个年级,1200 所设置了 4 个年级。城镇学校设置了较丰富的课程,各年级齐备。

三、中等教育

20 世纪前期,丹麦的中等教育机构主要是中间学校(相当于初中)以及实科学校和高级中学。

中间学校是自 1903 年教育法规规定始设的,是连接小学和高中的桥梁。中等教育改革创建了教育的"阶梯系统"(ladder system)——设置了一条垂直的梯子,使所有年轻人都能攀登到最高层级在原则上成为可能。③

中间学校招收合格的小学毕业生,学制为 4 年(11~15 岁)。开设的课程有丹麦语(包括少许瑞典语)、英语、德语、历史、地理、自然史、物理、化学、代数、几何、博物、图画、缝纫(女生)、工艺(男生)、习字、唱歌及体

① [丹]克努特·J.V. 耶斯佩森:《丹麦史》,李明、张晓华译,84~85 页,北京,商务印书馆,2012。

② 也译"声乐",本章从多数译名,通译"唱歌"。

③ Christian Helms Jørgensen & Gudmund Bøndergaard, "Historical Evolution of Vocational Education in Denmark until 1945," in *Vocational Education in the Nordic Countries: the Historical Evolution*, eds. Svein Michelsen & Marja-Leena Stenström, New York, Routledge, 2018, p.95.

育。中间学校附设两年预备科，由于实行单一学制而渐行废止。

中间学校修完之后，学生若通过了教育行政当局主持的毕业考试，便有资格升入高级中学，或担任低级公务员和实业界职员。

实科学校学制为一年，实科考试科目为丹麦语(笔试及口试)、历史、地理、外国语(口语)、算术及数学(笔试及口试)、生物学及物质科学。考试合格者可作为政府低级职务的候补人，并可升入设置职业课程(农、工、商)的学校。全国学生中有2%在实科学校学习。

高级中学学制为3年(15～18岁)。其入学程度远比实科学校高。有志学习高等专门学科的初中毕业生，可经由初中升入高中。男女课程除手工、体操外，并无区别。高中课程分三科：古文科(古典语文)、今文科(现代语言)、数理科(数理)。学习结业时进行考试。高级中学的公共课程为宗教、丹麦语(附瑞典语)、法语、历史、自然史、体操和唱歌。古文科曾是中学最重要的课程，后来英语、德语等现代语言逐渐占据更重要的地位。

以上三类中等学校的毕业考试以口试为主，考试分数与平时分数的平均分为学生的最后成绩。主考人为任课教师，本校或本市区的教员为列席评判人。实科学校和大学入学考试则由教育部委派的两位监察人出席监督。在丹麦，考试虽难，但合格率极高。1930年，通过中间学校考试的学生为6608名，通过实科学校考试的为4826名，通过大学入学考试的为1693名。其中在家自修者为207人。三分之一的与试者为女性。①

20世纪初，丹麦初等教育层次以上的实科学校与高级中学几乎皆为私立性质。1910年，丹麦共有45所高级中学，其中属国立者仅13所，属市立者仅6所。在"一战"期间，多数实科学校移归市政府管辖，多数私立高级中学转为国立或市立，政府对私立高中给予津贴补助。表10-1为1932年丹麦中学的类别、数量及学生数。

---

① 常导之：《各国教育制度》下卷，373页，上海，商务印书馆，1936。

表 10-1 1932 年丹麦中学的类别、数量及学生数①

学校类型	学校数量(所)	学生数(人)	
		学生总数(人)	女生数(人)
市立中学	176	27262	13132
国立中学	34	10561	4060
私立中学	134	15642	8079

四、高等教育

20 世纪前期丹麦的高等教育机构为数不多。综合大学主要包括哥本哈根大学、奥胡斯大学;多科工业学院主要包括哥本哈根多科工艺学院;农业方面主要有皇家兽医和农业学院;商科方面有哥本哈根高等商业学校;音乐方面主要有皇家音乐学院、国家音乐学院。1918 年以前,多数高等教育机构尚属私立性质。1918 年相关法规颁布后,多数高等教育机构收归政府或市政管理。此举也导致曾促进诸项教育改进的私立学校发展呈现萎缩现象。

(一)综合大学

综合大学以学术为主。大学的入学年龄为 18 岁或 19 岁,学位考试标准高,报考不得超过 3 次。学位修习年限是,医科 8 年,文科或理科(学士)以及法学科等均 6 年。

1479 年创立的哥本哈根大学属国立大学。1933 年,哥本哈根大学有教员 130 人、学生 5500 人。表 10-2 为哥本哈根大学各科毕业获得学位的人数。

表 10-2 哥本哈根大学各科毕业获得学位的人数②

年份	法学科	医科	文理科	政治经济科	农业科学
1916—1920	104	70	38	13	—
1922	88	74	40	15	3
1930	101	121	126	22	2

---

① 常导之:《各国教育制度》下卷,365 页,上海,商务印书馆,1936。
② 常导之:《各国教育制度》下卷,382~383 页,上海,商务印书馆,1936。

哥本哈根大学教授、物理学家尼尔斯·博尔(Niels Bohr，1885—1962)1913年创建了突破性的原子模型，促进了对世界构造的理解。该模型后成为量子力学的基础。

奥胡斯大学位于日德兰半岛，于1928年创建。20世纪40年代，奥胡斯大学有学生120人。

(二)高等专门教育

哥本哈根多科工艺学院创建于1829年，拥有丹麦第一个高水平的工程学硕士项目。该学院于1933年更名为丹麦技术学院，修业年限一般为4.5~5.5年。1933年，该学院有教员110人、学生900人。1994年，该学院更名为丹麦技术大学。

皇家兽医和农业学院创建于1856年。兽医、测量、森林等科一般修业5年，农艺、乳业或园艺专科一般修业2.5年。1933年，皇家兽医和农业学院有教员70人，学生700人。[①]

哥本哈根高等商业学校创建于1917年，为学生提供高等商业教育。1933年有学生600人。[②]

丹麦皇家音乐学院于1867年创立。丹麦作曲家、指挥家和小提琴家卡尔·奥古斯特·尼尔森(Carl August Nielsen，1865—1931)年轻时在此学习，1916年以后任教于此。尼尔森一生创作了大量兼具丹麦民族特色和强烈戏剧性的音乐作品，对北欧乃至世界产生了深远影响。1948年，丹麦皇家音乐学院由丹麦政府接管。国家音乐学院创建于1946年，初为当地一个民间机构，1972年由国家接管。丹麦皇家美术学院于1754年始建，于1814年改为现名。丹麦作家卡伦·布列克山(Karen Blixen，1885—1962)曾在此学习过绘画。她

---

① 皇家兽医和农业学院2007年并入哥本哈根大学，成为其生命科学学部；其后，其兽医部分并入健康与医学学院，其余部分并入理学院。

② 常导之：《各国教育制度》下卷，384页，上海，商务印书馆，1936。

用英文和丹麦文发表了包括《走出非洲》《七个哥特式的故事》等在内的文学作品。20 世纪丹麦文学领域还值得一提的是，作家汉斯·克里斯蒂安·安徒生（Hans Christian Andersen，1805—1875）的作品在 1909 年由孙毓修介绍到中国。①

五、师范教育

丹麦第一所师范学校于 1791 年创建。1932 年的数据统计表明，丹麦有公立师范学校 7 所，均设于市区，有学生 545 人；有私立师范学校 12 所，有学生 1012 人。

师范生的入学年龄为 18~20 岁，修业 3 年。学生入学前需要在一位得到认可的教师指导下有一年的实际教学经验。师范学校学习的前两年每周上课 36 学时，教学内容为初等教育、中等教育课程，无外语；最后一年停授数学及理科。师范学校还教授教育学、实际教学以及丹麦语、历史、体操、音乐及宗教，让学生在公立小学或私立小学开展实习。

师范生通常需要在大学修业五年，专攻一种或两种学科，毕业后进入大学学习教育学科，再进行教学实习，可获得教师资格证书。②

六、职业教育与培训

丹麦在 19 世纪建立的统一国家教育体系未包含职业教育与培训（Vocational Education and Training）。

1903 年的教育改革将职业教育学校转变为三年制的高级中学，主要是通过基于工作的学习，符合劳动力市场的要求。1921 年的《学徒法》规定，所有

---

① 蒋承勇、赵海虹：《诗意童心的东方文化之旅——安徒生童话之中国百年接受与传播考论》，载《社会科学文摘》，2020(11)。
② 常导之：《各国教育制度》下卷，375~380 页，上海，商务印书馆，1936。

学徒都必须上夜校，师父必须支付费用。20世纪50年代参加学徒培训的比例增加到30%，20世纪60年代超过40%。①

丹麦初等工艺学校依据学徒制开展教学活动，修业年限为4年或5年。1930年共有生徒26446人，其中3313人为日间学生。② 工艺传习社日间班生徒有1000人以上，夜间班生徒有4000人以上。③ 工艺传习社派遣教师分赴各地，开展实用教学活动；偏僻乡村的农民亦得以研习实用的最新农业机械的方法。1933年，丹麦有915所初等商业日校及夜校，学徒有14000人。④

七、成人教育

丹麦的成人教育学校有民众高等学校、日夜补习学校、家事学校与职业训练学校四类，以民众高等学校最有特色，且后三类与职业教育有重合之处。故本部分述评民众高等学校。

班克对丹麦成人教育的平等精神做了隐喻与阐释。

> 平民是文化之根。一国的文化不能以一阶层的文化为标准，应该像看一个横切面似的，要看一切的社会阶层。⑤

耶斯佩森认为民众高等学校是促进19世纪末丹麦合作社运动爆炸式发展的动力之一。合作社的社长或经理大多上过民众高等学校。农民在民众高等学校学习新思想，发挥主动精神，懂得了合作工作的重要性。年轻时上过民

---

① Christian Helms Jørgensen & Gudmund Bøndergaard, "Historical Evolution of Vocational Education in Denmark until 1945," In *Vocational Education in the Nordic Countries: the Historical Evolution*, eds. Svein Michelsen & Marja-Leena Stenström, New York, Routledge, 2018, p.96.
② 常导之：《各国教育制度》下卷，385页，上海，商务印书馆，1936。
③ 常导之：《各国教育制度》下卷，386页，上海，商务印书馆，1936。
④ 常导之：《各国教育制度》下卷，386页，上海，商务印书馆，1936。
⑤ [丹]Andreas Boje 等：《丹麦的教育》，吴克刚译，50页，上海，商务印书馆，1934。

众高等学校的富裕起来的农民在市议会或公司里崭露头角，参加社会各方面的工作。农民被丹麦的"农人史学家"①视为丹麦社会和政治的基石。政治经济学家约根·彼得森（Jørgen Petersen）曾在 1928 年出版的一本书里这样阐述。

> 以农为生的人在总人口中所占的比例越大，政治和社会基石就越稳固……把土地分成独立的小型农场将稳固国家的经济和社会基础。②

另外，合作社代表着与行业协会类似的具有集体社会和经济利益的独立组织。合作社的这种经济模式阻碍工业资本高度集中，标准化的大规模生产在 1945 年之后有了更大规模的发展。③

1900 年，民众高等学校达 75 所，平民教育遍及丹麦全国。霍尔格·贝格特鲁普（Holger Begtrup）指出，20 世纪民众高等学校首先关心的是能够培养良知的活动，以造就刚毅独立的人物；其次为保护家庭生活，以此为基础形成健全的民族生活。民众高等学校的招生对象发生了变化，将招收农民转变为招收一切阶层的子弟，尤其是招收城市里的劳动阶层子弟。

20 世纪民众高等学校的新特征可以哥本哈根民众高等学校和国际民众高等学校为例来介绍。哥本哈根民众高等学校为约翰·博勒普（Johan Borup）创建，学校实行免费制度，规模大。1911—1930 年，哥本哈根市已有数千人参

---

① [丹]克努特·J.V.耶斯佩森：《丹麦史》，李明、张晓华译，171 页，北京，商务印书馆，2012。

② [丹]克努特·J.V.耶斯佩森：《丹麦史》，李明、张晓华译，146~147 页，北京，商务印书馆，2012。耶斯佩森对农人史学家将独立农民为代表的丹麦农村社会发展作为理解整个丹麦历史的重要内容的观点进行了批评，他认为庄园主、农村苦力、城里买卖人以及海员等其他群体对丹麦的影响被忽视了。

③ Christian Helms Jørgensen & Gudmund Bøndergaard, "Historical Evolution of Vocational Education in Denmark until 1945," In *Vocational Education in the Nordic Countries: the Historical Evolution*, eds. Svein Michelsen & Marja-Leena Stenström, New York, Routledge, 2018, p.88.

加过名为"民众高等学校周"的假期讲习会。该校还开办夜校班供人们学习。国际民众高等学校于1921年创建,校长为彼得·曼尼切(Peter Manniche)。学校创建时,学生仅有24人,国籍共8个。至1930年,学生达百名,外国学生大多来自瑞典、挪威、英国、美国、德国等国家。该校无政治及党派色彩,学校注重师生充分交流。教师多为丹麦人,采用的教育方法为演讲、谈话,还留有时间从事个人研究,教授内容为现代青年应有的一切知识。学校注重外国语(尤其是英语)的教授。①

1910—1931年,部分年度丹麦民众高等学校数如表10-3所示。"一战"以后,学校数有所减少。表10-4为部分年度丹麦民众高等学校和农业学校学生数情况。

表10-3 部分年度丹麦民众高等学校数②

年度	学校数(所)
1910—1911	82
1915—1916	71
1925—1926	59
1930—1931	59

表10-4 部分年度丹麦民众高等学校和农业学校学生数情况③

年度	学生数(人)
1902—1903	7361
1912—1913	8043
1922—1923	8365
1930—1931	9508

① [丹]Andreas Boje 等:《丹麦的教育》,吴克刚译,68~69页,上海,商务印书馆,1934。
② 常导之:《各国教育制度》下卷,390页,上海,商务印书馆,1936。
③ 常导之:《各国教育制度》下卷,390~391页,上海,商务印书馆,1936。

民众高等学校和农业学校学生来源多为农民、小地产所有者、劳动者、工匠等。民众高等学校和农业学校学生来源统计如表10-5所示。

表10-5　民众高等学校和农业学校学生来源统计①

家长职业	民众高等学校学生数（人）	农业学校学生数（人）
农民	2904	1440
小地产所有者	877	368
劳动者	329	62
工匠	696	176

八、有影响力的教育改革家

20世纪前期，欧美和世界上其他地方的许多国家都进行了新教育和进步主义教育的改革运动，丹麦亦然。许多丹麦教师前往英国、德国、瑞典、挪威和美国游学，从国外教育发展趋势和实验中得到启发。② 乔治·朱利叶斯·阿尔文和索菲·里夫比约（Sofie Rifbjerg，1886—1981）是丹麦教育改革的代表。

（一）乔治·朱利叶斯·阿尔文

乔治·朱利叶斯·阿尔文在丹麦实施推动蒙台梭利幼儿园发展、开展教育心理学实验、促进国内外教育改革思想与实践的交流等一系列教育改革措施。

阿尔文于1918—1939年被任命为腓特烈堡拉考尔斯路学校校长，他推崇德国教育改革家凯兴斯泰纳的"工作学校"思想。③ 学校董事会也给予阿尔文

---

① 常导之：《各国教育制度》下卷，392页，上海，商务印书馆，1936。

② Christian Ydesen, *The Rise of High-Stakes Educational Testing in Denmark*（1920-1970），Frankfurt, Peter Lang Verlog, 2011, p.63.

③ Christian Ydesen, *The Rise of High-Stakes Educational Testing in Denmark*（1920-1970），Frankfurt, Peter Lang Verlag, 2011, p.64.

自由的空间，以推行他的改革思想。阿尔文于 1920 年创建了拉考尔斯路学校的附属幼儿园，这是丹麦第一所蒙台梭利幼儿园。

拉考尔斯路学校成为丹麦进行教育改革和教育心理学实验的阵地。迈耶正是在拉考尔斯路学校担任教师期间，在阿尔文的支持下，开展了大量的教育心理学实验。[①] 托本·格雷格森[②]（Torben Gregersen）于 1935—1943 年也在拉考尔斯路学校任教期间开展了大量的教学实验。[③]

拉考尔斯路学校还成为丹麦国内外教育改革者们分享其思想与实践的枢纽。丹麦教育心理学家里夫比约、詹森（Jensen）、迈耶以及范洛塞学校实验班的教师都曾在这里发表演讲，介绍教育改革思想与实践。同时，阿尔文数次赴国外了解国际教育改革进展。来自日本、泰国和美国等国家的国际教育者不断地前来参观拉考尔斯路学校，了解丹麦的学校改革情况。

阿尔文还活跃于政治舞台。1929 年，他成为腓特烈堡市议会成员，并在那里加入了社会自由主义者阵营。阿尔文和斯科别克在 1924 年成为新成立的教育心理学研究委员会的成员。1924—1926 年，阿尔文担任教育部部长尼娜·邦的顾问。[④]

拉尔文还在诸多教育协会里担任要职。1922 年，他担任教育学会主席。1918—1927 年，他担任丹麦校长协会主席。1926 年，阿尔文成为新成立的自由学校改革教育学会主席。1940 年，自由学校与 1936 年成立的丹麦蒙台梭利协会合并，成立了社会教育学和新教育学会，由阿尔文担任主席。该协会的

---

① Christian Ydesen, *The Rise of High-Stakes Educational Testing in Denmark*(*1920-1970*), Frankfurt, Peter Lang Verlag, 2011, p.64.

② 托本·格里格森，丹麦教育家、编辑和作家，从 1953 年到去世一直在《丹麦教育杂志》(*Dansk Pædagogisk Tidsskrift*)编辑部工作。

③ Christian Ydesen, *The Rise of High-Stakes Educational Testing in Denmark*(*1920-1970*), Frankfurt, Peter Lang Verlag, 2011, p.65.

④ Christian Ydesen, *The Rise of High-Stakes Educational Testing in Denmark*(*1920-1970*), Frankfurt, Peter Lang Verlag, 2011, p.64.

其他成员包括哥本哈根市议会的社会民主党成员斯科约博和校长克里斯滕森(Christensen)，继续就多种主题举办讲座。1941年，迈耶、里夫比约、诺登托夫①(Nordentoft)、詹森和英国优生学会唯一的丹麦成员肯普②(Kemp)都曾受邀进行演讲。③这些组织都为开展教育心理学实验提供了支持。

1939年7月，阿尔文从另一位教育改革运动的支持者拉斯马森(Rasmussen)手中接过了丹麦皇家教育学校的校长职位。拉斯马森是在1924年被妮娜·邦任命的。这是丹麦教育领域重要的职位之一。1939—1950年，阿尔文担任丹麦皇家教育学校的校长。在他的领导下，1940年由迈耶掌舵开设了应用心理学的一年制课程。④阿尔文一直主张将心理学课程纳入教育课程，他特别提到在腓特烈堡市开设教育心理学课程是向前迈出的重要一步。

(二)索菲·里夫比约

里夫比约是丹麦教育教学领域改革者的代表之一。她是教师、学校督导、心理学家，出版了多部著作，提出了许多倡议，是20世纪丹麦教育界的杰出人物。

里夫比约有长期为处境不利儿童工作的历史，她对帮助处境不利儿童具有热忱。1907—1909年，她是凯勒精神护理机构的教师。1914年，她成为哥本哈根补习学校的教师。她在这一岗位上工作长达16年之久，直到晋升为厄勒海峡路补习学校校长。1925年，她获得心理学硕士学位，1936年进入哥本

---

① 诺登托夫，丹麦学校督导、政治家。她是哥本哈根市教师协会等多个教师协会、学校理事会成员及主席。她与挪威、瑞典和美国的进步主义教育家联系紧密，并成功推行个性化教学(individual teaching)。她在1937—1939年领导哥本哈根相关教师组织，在丹麦首次出版了关于个性化教学的著作。她本人还是这套书的编辑，并于1939年出版《我自己的书》。

② 肯普，丹麦医生、遗传生物学家。1938年，肯普成为哥本哈根大学人类遗传生物学和优生学系主任，并在1948—1963年担任教授。另外，肯普参与创建了世界上较早的现代遗传咨询服务机构。

③ Christian Ydesen, *The Rise of High-Stakes Educational Testing in Denmark*(1920-1970), Frankfurt, Peter Lang Verlag, 2011, p.65.

④ Christian Ydesen, *The Rise of High-Stakes Educational Testing in Denmark*(1920-1970), Frankfurt, Peter Lang Verlag, 2011, p.66.

哈根的教育心理学办公室工作。1938年，在哥本哈根教育心理学家奥尔森(Olsen)去世后，她在这个办公室担任领导职务。1945年，她重返补习学校，担任两所哥本哈根补习学校的校长，直到1954年退休。①

里夫比约在诸多领域都很活跃。她是实验教育学学会成员。1928年，她与纳斯嘉和诺维②一起为学前教育教师开设了蒙台梭利课程。里夫比约参与了20世纪20年代的学校实验工作，在20世纪30年代参与比奈-西蒙量表在丹麦的标准化工作。

作为一名教育家，里夫比约受到德国教育改革家彼得·彼得森(Peter Petersen，1884—1952)和意大利内科医生兼教育家蒙台梭利的启发。1923年，里夫比约帮助说服了彼得森来哥本哈根做演讲，介绍他在汉堡的实验教育学工作。里夫比约随后翻译了彼得森的演讲内容，于1924年出版。

在教育心理学研究委员会成立之后，里夫比约就加入其中。1926年，她进入自由学校工作。1931年，她从阿尔文手中接任自由学校主席一职，并于1931年参与创办了教育实验协会。其专家组的部分成员包括：鲁宾③(Rubin)、博姆霍尔特④(Bomholt)、班森⑤(Bahnsen)、斯科别克、迈耶和成为主席的阿尔文等。

---

① Christian Ydesen, *The Rise of High-Stakes Educational Testing in Denmark*(1920-1970), Frankfurt, Peter Lang Verlag, p.66.

② 诺维后来成为艾姆德胡珀堡实验学校校长。

③ 鲁宾，丹麦心理学家，自1922年至去世，一直担任哥本哈根大学心理实验室的实验心理学教授。

④ 博姆霍尔特于1950年首次出任教育部部长，曾担任教育、社会事务部部长，并首次担任文化部部长长达11年之久。

⑤ 班森，丹麦应用工作心理学的先驱，在1942—1954年主管《心理学与商业》杂志。他的著作《工作心理学》(*Arbejdspsykologi*)是丹麦第一部完整地论述工作心理学的著作。

第二节　挪威教育的发展

一、初等教育、中等教育与特殊教育

挪威于 1827 年推行义务教育。① 在初等教育方面，1920 年挪威建立了七年制民众学校，将所有 14 岁以下的儿童纳入综合小学制度的范围。对于不按照法律规定让子女入学的父母，将根据违法行为的严重程度处以罚款。法律规定学校一年至少运行 12 周，还可根据当地需求而延长。城乡许多学校实际每年工作 40 周。② 农村学校数和在校学生数远超过城市与城镇。1910 年年初，农村有 5970 所小学和 275155 名学生，城市有 61 所小学和 90129 名学生。③ 有些小学实行男女同校、不同班制度。法律规定每班学生不得超过 35 人，任何情况下不得超过 40 人。小学课程包括宗教、挪威语、数学、地理、历史与自然研究等课程。1936 年，挪威颁布了《民众学校法案》（Folk School Act）。

19 世纪，挪威曾为偏远的山区里居住分散的儿童创建了流动学校。这些地区没有校舍，由官员们指定某些房屋在指定时间作为孩子们的上学之所。教师在规定的时间内教导学生，然后去下一个指定地点继续教学，一直持续到教师的轮次结束。随着道路的延长或改善以及人们建造和维护校舍，流动学校的需求减少。1837 年，挪威国内 92% 的儿童在流动学校接受教育，到 1907 年降为 1%。④

1896 年，挪威颁布了中等教育法规，涉及初中和高中，实现了城镇小学

---

① ［丹］克努特·J.V. 耶斯佩森：《丹麦史》，李明、张晓华译，85 页，北京，商务印书馆，2012。

② David Allen Anderson, *The School System of Norway*, Boston, Gorham Press, 1913, p.28.

③ David Allen Anderson, *The School System of Norway*, Boston, Gorham Press, 1913, pp.34-35.

④ David Allen Anderson, *The School System of Norway*, Boston, Gorham Press, 1913, p.29.

和中学的衔接。初中学制不超过4年，高中学制为3年。学生进入初中以前，需要接受5年的小学教育。文科中学除上述两类外，增加了以英语为主课的第三类学校。① 1896年的教育法完善了中等教育的管理和监督制度，规定中学由教育部管理，还设立了中等教育委员会(Council of Secondary Education)。

中学课程包括宗教、挪威语、德语、英语、历史、地理、自然科学、数学、写作、绘画、手工和唱歌，还为女孩提供家政学。② 美国学者大卫·艾伦·安德森(David Allen Anderson)在20世纪初进行了以"挪威的教育"为题的博士论文研究。他观察到，挪威的教育能有效地促进儿童身体发育，从小学到高中均开设体操课。学校要求学生在每个课间休息时间都到户外活动，学校创建了设备齐全的体操馆和运动场地。学生体质健壮、活泼、机警，身体的健全也促进了心理的健全。③

1907年，9895名学生在初中就读，1593名学生在高中就读，18000名学生就读于夜校、中学继续教育学校和各种预备学校，2000名学生在技术学校就读。

挪威在1919年进行了语言改革，使书面语更接近口语，同时拉近了社会各阶层之间的距离。④

20世纪前期，挪威的特殊教育发展不尽如人意。特殊教育1825—1880年由慈善机构管理。特殊儿童在特殊教育机构里学习基本技能。1881年，挪威颁布《异常学校法案》(Abnormal School Act)，成为第一个通过法律确定有特殊

① 姜文闵、张法琨：《外国教育通史》第四卷，208~209页，济南，山东教育出版社，1992。

② David Allen Anderson, *The School System of Norway*, Boston, Gorham Press, 1913, p.150.

③ David Allen Anderson, *The School System of Norway*, Boston, Gorham Press, 1913, pp.204-205.

④ Sten Högnäs, "The Concept of Bildung and the Education of the Citizen: Traits and Developments in the Nordic Countries 1870-2000," In *Nordic Lights: Education for Nation and Crivic Society in the Nordic Countries*, 1850-2000, eds. Sirkka Ahonen & Jukka Rantala, Helsinki, Finnish Literature Society, 2001, pp.38-39.

教育需求的儿童权利的欧洲国家。特殊教育机构用来接收残疾儿童；有社会行为困难的儿童则被分配到儿童保护机构。1889年，挪威颁布了《儿童福利委员会法案》（Child Welfare Council Act）。然而这两份法案都将有特殊教育需求的儿童排除在普通学校之外。20世纪初，挪威的儿童被分为三类：普通学校儿童、特殊学校儿童和无教育能力儿童。民众对残疾儿童机构存在的物质匮乏、缺乏专业人员照料以及与现实生活脱节的问题表示愤怒。

二、师范教育与继续教育

除1811年设立的奥斯陆大学外，挪威还较早地在其6个教区各设立了1所教师培训学院。另外，挪威还设立了4所私立的教师学院。表10-6为1901—1906年教师学院学习人数及通过高级考试人数。

表 10-6　1901—1906 年教师学院学习人数及通过高级考试人数[①]

年度	学习人数	通过高级考试人数	
		男性	女性
1901—1902	755	204	135
1902—1903	980	192	129
1903—1904	953	216	184
1904—1905	902	174	119
1905—1906	955	208	147

20世纪初，挪威农村小学教师以男性为主，城市以女性为主。1907年，有4123名男教师和1407名女教师在农村学校任教。在城市的小学，男教师和女教师分别有828名和1606名。农村学校还为教师及其家人提供住所。教学职位的任命是终身的，他们可终身教学或教学至退休。[②]

---

① David Allen Anderson, *The School System of Norway*, Boston, Gorham Press, 1913, p.42.

② David Allen Anderson, *The School System of Norway*, Bostion, Gorham Press, 1913, pp.71-72.

特隆赫姆技术学校于1910年创建，其入学要求与大学一致。

其他类型的学校有受到丹麦影响的民众高等学校、郡立学校和青年学校。在挪威，成人教育的目的不是让农民成为半绅士，而是希望他们成为正直的人。①

为满足那些无意进入普通中学学习的青年接受进一步教育的需要，挪威于1864年设立了继续学校。最初，这种学校只设在乡村，直到1906年才设在城镇。继续学校招收14~16岁的学生。另为17~19岁学生设立了夜校。这两种学校都教授挪威语、算术、历史及自然科学，经费来自民众捐款。

三、职业教育

(一)20世纪前期职业教育的监管空白

1910年，挪威设立了第一所预备学徒学校，培养学生基本的实践技能或为他们做学徒做准备。然而工业企业的机械设备往往成本高昂，操作需要高水平的技能，把这类工作分配给没有经验的学徒存在风险。

挪威的工业化发展迟缓。当电力和电动机出现时，挪威的经济才真正实现了工业化。挪威高级技术学院成立于1910年，比北欧同类学院晚得多。

国家主管大学教育，市政当局主管儿童的初等义务教育，职业教育处于两者的夹缝中。

(二)平行学校与工人阶级子弟职业教育体系的提案

1920年的教育法强调了实用学校教育的价值以及工人阶级独立技术教育体系的重要性。普遍认可的观点是，将相当大比例的青年分流到实用普通学校，将大大缓解为中上阶层服务的初中文法学校的负担，也为工业和手工业者提供了技能训练。有学者提出工人阶级的单独学校制度的概念，建议将职

---

① Sirkka Ahonen & Jukka Rantala, "Introduction: Norden's Present to the World," in *Vocational Education in the Nordic Countries: the Historical Evolution*, eds. Svein Michelsen & Marja-Leena Stenström, London, Routledge, 2018, p.12.

业教育和培训纳入国家的法律框架内。此外，议会讨论了农村的利益，指出不可仅为城镇设计和实施职业教育改革。①

受凯兴斯泰纳的启发，挪威多个政治群体为工人阶级子弟开办学校。目标群体是在 14 岁进入劳动力市场的青年，男女均可入学。

(三)政党、协会与政府在职业教育政策中的博弈

20 世纪初，自由党将自由主义思想与新的国家干预理念相结合。

挪威劳工联合会(Norwegian Federation of Labour)自 1899 年成立后发展迅速。在"一战"爆发时，挪威劳工联合会会员达 68000 人。② 挪威雇主联合会(Norwegian Federation of Employers)于 1900 年成立。雇主和雇工在组织间构建了工业和平谈判、集中谈判和劳工保护的新框架，形成了协调的劳资关系。第一个全国性的集体协议于 1909 年在制铁工业中形成。③ 行业协会参与了职业教育立法实践。1919 年，挪威手工业协会(Norwegian Association of Crafts)和挪威工业协会(Norwegian Association of Industry)作为独立的组织成立。为寻求工业和手工业继续职业教育和培训的共同点，挪威成立了职业培训联合委员会和职业教育联合办公室，致力于制定一项单独的《学徒法》。但实业家们普遍认可的看法是，工业培训相关法案应由行业制定，而非国家。议会和教育部也否决了该法案。④

在手工业和家政领域，挪威形成了支持性的地方社团和庞大的国家组织，

① Svein Michelsen & HåKon Høst, "The Case of Norwegian VET-Origins and Early Development 1850-1945," in *Vocational Education in the Nordic Countries: the Historical Evolution*, eds. Svein Michelsen & Marja-Leena Stenström, London, Routledge, 2018, p.79.

② [英]托·金·德里：《挪威简史》，华中师范学院《挪威简史》翻译组译，398 页，武汉，湖北人民出版社，1973。

③ Svein Michelsen & HåKon Høst, "The Case of Norwegian VET-Origins and Early Development 1850-1945," in *Vocational Education in the Nordic Countries: the Historical Evolution*, eds. Svein Michelsen & Marja-Leena Stenström, London, Roultledge, 2018, pp.73-74.

④ Svein Michelsen & HåKon Høst, "The Case of Norwegian VET-Origins and Early Development 1850-1945," in *Vocational Education in the Nordic Countries: the Historical Evolution*, eds. Svein Michelsen & Marja-Leena Stenström, London, Roultledge, 2018, p.77.

如挪威手工业协会、挪威妇女协会、挪威皇家发展协会以及许多地方协会和组织。州议会以及教育部和农业部为手工业和家政领域设立了管理职位。这些群体因而得以在政策制定、规则制定、规则解释和执行方面实现其代表性和影响力。"很少有国家拥有比挪威更好、更彻底的国家支持和资助家政学校系统的制度。"①19 世纪 60 年代,城镇和农村地区设立了许多手工业学校,学生和课程的总数超过了当时任何其他类型的职业学校或实用学校。这些工业学校整合了农村和城市的利益,并调动了国家资源。

然而工业领域的职业教育和培训仍受到工业关系制度和教育制度的双重排斥;工业培训仍然被视为工业界的责任,得不到法律保护。

第三节　瑞典教育的发展

在工业化、现代化的推动下,瑞典于 19 世纪末 20 世纪初进入兴盛的工业扩展时期。

一、20 世纪前期的瑞典教育

对于 1842—1950 年的瑞典教育史,美国匹兹堡大学教育学院教授、比较及国际教育协会前任主席罗兰·鲍尔斯顿(Rolland Paulston)分为以下四个发展时期。②

①1842—1918 年是自由理想主义者和社会乌托邦主义者在保守主义占主

---

① Svein Michelsen & HåKon Høst, "The Case of Norwegian VET-Origins and Early Development 1850-1945," in *Vocational Education in the Nordic Countries: the Historical Evolution*, eds. Svein Michelsen & Marja-Leena Stenström, London, Routledge, 2018, p.78.

② Leon Boucher, *Tradition and Change in Swedish Education*, Oxford, Pergamon Press, 1982, pp.8-9.

导地位的时代要求教育统一的时期。

②1918—1932 年是普选制与政治改革中的冲突与妥协的时期。

③1932—1946 年是将社会民主党主导的社会和经济福利国家改革作为优先事项的时期。

④1946—1950 年是议会接受全面的学校改革、继续发挥社会民主领导作用、促进社会政治重建的时期。

20 世纪上半叶瑞典的学制如图 10-2 所示。

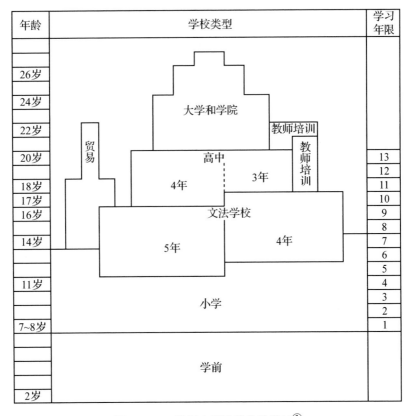

图 10-2 20 世纪上半叶瑞典的学制①

---

① Leon Boucher, *Tradition and Change in Swedish Education*, Oxford, Pergamon, 1982, p.21.

(一)幼儿教育

19 世纪后半叶和 20 世纪上半叶，瑞典市政机构按儿童照护机构中的儿童数量按年度提供补贴。20 世纪上半叶，斯德哥尔摩早期护理和教育协会也分发年度补贴。1910 年，斯德哥尔摩日间保育机构在照顾规定数量儿童的条件下，按每名儿童 20 瑞典克朗获得补贴。1885—1943 年，市政拨款占学前教育机构资助总额的比例如图 10-3 所示。1900—1915 年，学前教育机构超过 20% 的资助来自市政当局；1935—1943 年，这一比例增加到 44%。市政对学前教育机构的拨款是 20 世纪瑞典向福利国家发展所采取的部分措施。①

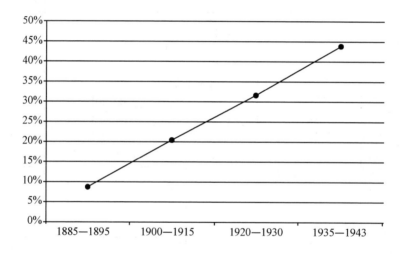

图 10-3 1885—1943 年市政拨款占学前教育机构资助总额的比例②

(二)基础教育

瑞典于 1842 年首次推行义务教育。③

---

① Johannes Westberg, "The Funding of Early Care and Education Programmes in Sweden, 1845-1943," *History of Education*, 2011(4), pp.465-479.

② Johannes Westberg, "The Funding of Early Care and Education Programmes in Sweden, 1845-1943," *History of Education*, 2011(4), pp.465-479.

③ [丹]克努特·J.V. 耶斯佩森：《丹麦史》，李明、张晓华译，85 页，北京，商务印书馆，2012。

四年制市政初级中学于 1909 年设立，与国家的初级中学具有同等地位，招收完成六年小学教育的毕业生。1918 年，初中达 40 所，学生共计 4400 人。同时，国立中学也得以设立，学生在小学毕业后可以继续升入高一级学校。

1904 年，瑞典成立文法学校的领导机构文法学校署（Grammar School Board），负责安排课程内容等事宜。1905 年，文法学校依法分作初、高两级。初级中学（realskolan）修业 3 ~ 5 年，课程不含拉丁语，有毕业考试；高级中学（gymnasium）修业 3 ~ 4 年。高级中等教育学校分为高级中学和职业学校两类。高级中学分为三种：普通高中、工业高中和商业高中。普通高中学制三年，分古典科、近代科和普通科三科。各科自第二学年起各分成两科：古典科分为全古典分科和半古典分科；近代科分为生物分科和数学分科；普通科分为语言分科和社会分科。工业高中学制三年，分成机械、建筑、通信、电器、化学等 19 个科，另设两年制的特别课程。商业高中曾是不分科的两年制学校，后改三年制，在第三年分设语言、会计、流通、管理四科。①

1905 年，女校开始设立。②女性自 1918 年被允许任教。③

1918 年，教育与宗教部部长和社会民主党领袖维纳·莱登（Värner Rydén）成立了一个学校委员会，旨在解决三个群体之间的问题。第一个群体希望尽早开设文法学校选修课程。第二个群体希望更多的教育机会能转移到越来越多的城市下层。第三个群体希望重温基础学校的思想，以及法国和德国早期的独特学院或综合学院的思想、苏联马克思列宁主义的理工学院思想以及美国的实用主义大熔炉传统。1919 年，莱登成功地引进了三年制技术高中和两年制技术学校，并在全国委员会中增加了一个职业学校部门。1920 年

---

① 王桂、李明德：《外国教育通史》第六卷，361~362 页，济南，山东教育出版社，1994。

② Jonas Olofsson & Daniel Persson Thunqvist, "Sweden: The Formative Period for VET (1850-1945)," in *Vocational Education in the Nordic Countries: the Historical Evolution*, eds. Svein Michelsen & Marja-Leena Stenström, London, Routledge, 2018, p.48.

③ Leon Boucher, *Tradition and Change in Swedish Education*, Oxford, Pergamon, 1982, p.13.

成立了瑞典教育委员会，下设文法学校和小学两个单独的部门。义务基础学校和统一教育制度的问题被置于核心地位。

1922年，瑞典教育委员会提出的报告建议建立一种综合学校制度，使所有儿童都将上六年制小学。六年制小学设立后，又设立四年制初级中学，并有自己的毕业考试。学生通过传统的毕业考试进入三年制高中，与之平行的是七年制文法学校或六年制女子学校。综合学校"是以争取更强的社会归属感、更少的阶层冲突和更高的社会流动性为指导的"①，其推动的力量来自促进所有人平等的自由主义概念，通过在教育领域实现更大程度的平等，以促进社会流动(social mobility，当时称"阶层循环"，class circulation)。连续扩大学校系统背后的一个重要动机是教育以各种方式"改善"个人方面的重要性，特别是对于有贫穷背景的人来说。更多的教育被认为将激发美德和责任等品质，以及阻止不道德的生活方式、浪费等。② 这种制度具有国家经济领域的意义：它将更有效地利用资源，更有效地分配劳动力。综合学校制度直到20世纪60年代才真正形成。

20世纪20年代中期，每年有近6000人进入初中学习，20世纪30年代前半期增加至8000人，1940年增加至10000人。进入初中的学生中有一半最终通过了毕业考试。在高中，20世纪20年代中期每年入学2500人，30年代早期为2700人，30年代末为3500人，其中1600人、1800人和2750人分别通过了预科考试。③

---

① Jonas Olofsson & Daniel Persson Thunqvist, " Sweden：The Formative Period for VET (1850-1945)," in *Vocational Education in the Nordic Countries：the Historical Evolution*, eds. Svein Michelsen & Marja-Leena Stenström, London, Routledge, 2018, p.49.

② Jonas Olofsson & Daniel Persson Thunqvist, " Sweden：The Formative Period for VET (1850-1945)," in *Vocational Education in the Nordic Countries：the Historical Evolution*, eds., Svein Michelsen & Marja-Leena Stenström, London, Routledge, 2018, p.49.

③ Leon Boucher, *Tradition and Change in Swedish Education*, Oxford, Pergamon, 1982, pp.16-17.

20 世纪 30 年代，越来越多的乡村人口居住在城镇，他们享受到比在乡村更好的社会服务，但也会遇到更多失业和住房问题。同时，仍有大量儿童生活在人口相对稀少的地区，上学路途遥远。7 岁的农村儿童很可能需要步行几千米或更远的路程，穿过黑暗的森林，冒雪去上小学。当他们进入初中，可能必须寄宿在城镇家庭。16 岁或 17 岁时，他们可能会进入高中，要经历更多的旅行或寄宿生活。①

在文法学校和继续教育的招生中，明显的社会阶级性和性别偏见引发了政治上的强烈反对。人们认为在学生年幼时就决定他们的教育生涯，是对来自低收入家庭或农村地区的儿童的歧视。这样瑞典的政治辩论再次转向讨论创建面向所有儿童的全民学校（A school for all）的可能性，保证"所有学生在性别、地理居住地和社会经济条件"方面的机会平等，使他们"在义务教育阶段享有平等的受教育机会"。② 由此在 20 世纪 60 年代建成综合学校，其原则是为所有儿童创建共同的基础学校③，促进教育制度的民主化，取消双轨制。④

（三）语言改革

20 世纪初，阿道夫·诺琳（Adolf Noreen）和 G. 塞德施尔德（G. Cederschiöld）等语言学家尝试对瑞典语做民主化改革，努力使口头语言和书面语言之间的关系更加密切。其方法是让文字适应语言，而不是维护已知的以文字为基础发音的"瑞典语"。最终在瑞典确立的标准口语是文雅的口语和书面瑞典语的折中。20 世纪初期的瑞典语改革为瑞典标准语提供了固定的规范原则。埃里

---

① Leon Boucher, *Tradition and Change in Swedish Education*, Oxford, Pergamon, 1982, p.16.

② Leon Boucher, *Tradition and Change in Swedish Education*, Oxford, Pergamon, 1982, p.16.

③ Jonas Olofsson & Daniel Persson Thunqvist, "Sweden: The Formative Period for VET (1850-1945)," in *Vocational Education in the Nordic Countries: the Historical Evolution*, eds. Svein Michelsen & Marja-Leena Stenström, London, Routledge, 2018, p.47.

④ 王桂、李明德：《外国教育通史》第六卷，359 页，济南，山东教育出版社，1994。

克·韦兰德(Erik Wellander)在其 1939 年的著作《正确的瑞典语》(*Riktig Svenska*)中写道:"在我们的母语漫长的发展过程中,可能从未经历过如此深刻的变化。"①

(四)特殊教育

19 世纪以来,瑞典对学习困难学生的分类经历了道德、宗教话语,心理、医学话语,社会、社会学话语和心理、医学神经精神病学话语的变迁。20 世纪 90 年代建构了心理、医学神经精神病学话语,这些学生被描述为有多动症、注意力缺失症、计算障碍症与阅读障碍症等。

20 世纪初到 40 年代,在学校推行智力测验后,一般采用的教学策略是对学生进行分流,并组织广泛的特殊班级。

1940 年对学校的调查表明:"不是每个人都能以同样的速度、同样的方式朝着同样的目标前进。"②学生的个体差异成为分化和分流的依据,补偿策略被提出。适应不良或不成熟的学生去不同类型的特殊班级学习,但还是有部分学生辍学。特殊班级的学生作为"受过教育的特殊学生"(educated special pupils)离开学校,而不是作为普通学校的毕业生。40%的学生接受了某种特殊教育,学习了新的课程。

(五)师范教育

20 世纪初叶,瑞典的师范学校和教师培训学院共有 8 所。2 所为女子学院,6 所为男子学院,均提供为期 3 年的课程。每年有 300 人获得教师资格。20 世纪 20 年代中期,毕业生稳步增加到每年 800 人;1940 年下降到 300 人左右。与此同时,小型学校的幼儿教师获得为期两年的培训,每年有 600~700 人

---

① Mats Thelander, "Standardisation and Standard Language in Sweden," in *Standard Languages and Language Standards in a Changing Europe*, eds. Tore Kristiansen & Nikolas Coupland, Oslo, Novus Forlag, 2011, p.129.

② Eva Hjörne, "The Narrative of Special Education in Sweden: History and Trends in Policy and Practice," *Discourse: Studies in the Cultural Politics of Education*, 2016(4), pp.540-552.

获得教师资格。1931 年，幼儿教师培训学院由中央政府接管。1936 年开设了一个为期 3 年的幼儿教师课程，在 1931—1945 年仅有 536 人获得教师资格。

对于全职小学教师，通过初中毕业考试的学生可参加四年课程的学习，通过高中毕业考试的学生可参加两年课程的学习。"四年制小学教师培训学院被称为 20 世纪 40 年代和 50 年代的'穷人大学'。然而，这是有抱负的工人阶级和人口稀少地区的儿童能够获得发展的唯一途径。"①

（六）成人教育

瑞典有着悠久的成人教育传统，其成人教育组织与机构包括讲习会、工人教育社团、研究圈以及民众高等学校等。

讲习会最初是由隆德大学的讲师前往哈维兰民众高等学校创办的。他们在 1898 年领导了中央普及科学讲师团。讲习会的功能与工人教育社团大致相同。19 世纪后期，工人教育社团有 140 个，与 15 个工人协会一起开展活动。研究圈在 1900 年左右由国际戒酒协会首次设立。小组成员在晚上聚在一起，讨论书本或学习材料中选定的理论和实践课题。这种成人教育形式颇受欢迎。工人教育协会采用了研究圈的形式。瑞典教会研究学会（Swedish Church Study Society）和瑞典农村研究学会（Swedish Rural Study Society）于 1930 年成立。雇员教育协会（Employees' Education Association）于 1935 年成立。

在丹麦的影响下，同为农夫之邦的瑞典也于 1867 年创办了民众高等学校。

民众高等学校最早的创办人为农村党领袖之一安德尔孙。1865 年，瑞典开始施行地方自治制度，参与公共事务的农民人数随之增加。民众高等学校的目的为"增加公民的责任感；同时可以期望农业上的进步"②。1918 年，瑞

---

① Leon Boucher, *Tradition and Change in Swedish Education*, Oxford, Pergamon, 1982, p.18.

② 任白涛：《改造中的欧美教育》，233 页，上海，商务印书馆，1930。

典有50所民众高等学校，主要由地方教育当局给予经费支持。虽然教育部设立了督学，但民众高等学校可以自由发展。

有的民众高等学校开办了5个月乃至6个月的冬季讲习以及3个月的妇女夏季讲习。有的民众高等学校开办冬季讲习，对妇女开放。1921—1922年，瑞典有52所民众高等学校，其中8所的学生平均为30人以下，15所的学生在50人以上。学生最多的一所民众高等学校中，学生为119人：第一学年有78人，第二学年有41人。在布伦斯威克学校，学生的平均年龄为20岁，最低为17岁半，最高为24岁。①

1906年在创办的布伦斯威克新式民众高等学校获得"瑞典第一"的美誉。该校的宗旨为使学生了解现代潮流，注重科学的、社会的诸科目与见解。1929年，工会联合会在该校开设了自己的课程。该校亦被誉为"劳动者的高等学校"②，许多大学教授为该校授课。

另外，中国新闻理论家任白涛③对瑞典民众高等学校的特点进行了总结。

第一，在瑞典民众高等学校的初创时期，入学的学生为中产阶层子弟。

第二，瑞典注重瑞典文及数学、农业等实际学科的教学。这些学科的教学实践所需时间占全学科的一半。各民众高等学校的学科都包含木工、体操、图画，一般周课时为22小时，实地教学时间为13~15小时。原来所有民众高等学校均开展农业学科教学。20世纪30年代，50所学校里只有18所学校教授。在夏季，许多学校特别为妇女开讲习会，内容包括手工艺、织物等。另

---

① 任白涛：《改造中的欧美教育》，240~241页，上海，商务印书馆，1930。任白涛将 Folkshogskola 译为"国民高等学校"，本文取通译名"民众高等学校"。

② 任白涛：《改造中的欧美教育》，238页，上海，商务印书馆，1930。

③ 任白涛(1890—1952)，新闻理论家，历任上海《民立报》《神州日报》《时报》《新闻报》驻开封特约通讯员。他1916年在日本早稻田大学攻读政治经济学专业，参加日本新闻学会，从事新闻学术研究。1920年回国，他出版《应用新闻学》。他还在杭州创立中国新闻学社。《改造中的欧美教育》为其在《教育杂志》上发表的有关教育主题的文章的合辑。另外，他还出版了《恋爱心理研究》《综合新闻学》等著作。

有专门的农业与家政学校特别为上过普通高等学校的人开设。

第三，瑞典的教员尊重书本，使学生了解利用书本的方法。

第四，瑞典的教员都受过大学教育。在瑞典做教师，需要继续研究或开展创作。瑞典人将其视为根本的精神素养。①

（七）职业教育

瑞典在 19 世纪末 20 世纪初出现了经济变革和快速的工业化，导致古典学徒制解体，产生了对以学校为基础的职业教育的强烈需求。职业教育逐渐从主要阐述社会政治动机转向强调社会动机，它是促进社会发展和经济增长的重要因素。

1918 年，瑞典颁布了《实用职业学校章程》，建立了学徒学校和职业学校。同年推行的职业教育模式与"二战"国际上发展起来的进步的社会民主的校本职业教育模式（Progressive social democratic school-based VET）联系在一起。②

1938 年，瑞典职业教育和培训制度通过劳工市场两个主要组织的协议得到进一步发展。瑞典雇主联合会（Swedish Employers' Confederation）和瑞典工会联合会（Swedish Trade Union Confederation）均认为应加强以学校为基础的和公共组织的职业教育，学徒制应作为职业学习的补充而非主要途径。

在两次世界大战期间，瑞典的经济形势困难，企业对招收学徒的兴趣较弱。

1938 年，瑞典政府启动对作坊学校的调查。③ 该调查显示，仅 5% 的行业工人接受过有组织的职业培训。培训多不系统，只在特殊情况下才包括理论

---

① 任白涛：《改造中的欧美教育》，233 页，235~236 页，上海，商务印书馆，1930。

② Jonas Olofsson & Daniel Persson Thunqvist, "Sweden: The Formative Period for VET (1850-1945)," in *Vocational Education in the Nordic Countries: the Historical Evolution*, eds. Svein Michelsen & Marja-Leena Stenström, London, Routledge, 2018, p.56.

③ Jonas Olofsson & Daniel Persson Thunqvist, "Sweden: The Formative Period for VET (1850-1945)," in *Vocational Education in the Nordic Countries: the Historical Evolution*, eds. Svein Michelsen & Marja-Leena Stenström, London, Routledge, 2018, pp.53-54.

内容。该调查建议应在全国各地创建工场学校，以在贸易和工业界以及州、县和市的利益攸关方之间更有效地分配责任。[1]

职业教育带来了更安全的就业条件和更高的工资，但公司(尤其是中小型公司)雇用学徒的意愿反而降低了。雇主声称降低学徒和初级员工的工资水平以及保持熟练工人和非熟练工人工资之间的差距至为重要，此举意在提高年轻工人自我教育的意愿。1930—1956年，瑞典国有发电厂公司熟练工人与非熟练工人小时工资之比显示了两个趋势：一是1930—1945年，熟练建筑工人的相对工资在1.2左右波动，这意味着技能溢价为20%。二是1946年小时工资之比开始出现增加趋势，如图10-4所示。20世纪50年代中期，熟练工人的收入比非熟练工人高出25%~30%。这些趋势可以解释1930—1945年对熟练工人的稳定需求，以及20世纪40年代后期至50年代中期需求的增加。

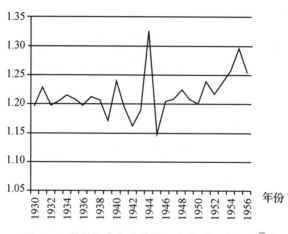

图10-4 熟练工人与非熟练工人小时工资之比[2]

① Jonas Olofsson & Daniel Persson Thunqvist, "Sweden: The Formative Period for VET (1850-1945)," in *Vocational Education in the Nordic Countries: the Historical Evolution*, eds. Svein Michelsen & Marja-Leena Stenström, London, Routledge, 2018, pp.53-54.

② Anders Nilsson, "The Unknown Story: Vocational Education for Adults in Sweden 1918-1968," *History of Education*, 2014(5), pp.615-634.

表10-7为部分年份参加市政和私营职业教育和培训机构课程学习的学生人数统计。20世纪20年代初，未成年学生人数多于成年学生；自20世纪20年代末期至50年代，成年学生占据多数。

表10-7　部分年份参加市政和私营职业教育和培训机构课程学习的学生人数统计①

课程参与者	1921年	1928年	1934—1935年	1938—1939年	1943—1944年	1951—1952年
未成年学生(人)	6818	9472	14405	18646	21288	24331
成年学生(人)	5006	14967	35482	49083	65424	102462
成年学生比例(%)	42.3	61.2	71.1	72.5	75.4	80.8

在性别方面，议会在20世纪30年代末表示："尽管女性参与教育的比例相对较高，但职业教育和培训被视为是男性的事情。特别是在工业领域，妇女将主要转到家庭培训。"②20世纪50年代，已婚妇女应成为家庭主妇的观点在瑞典盛行。从20世纪60年代起，妇女在结婚几年后仍留在或重返劳动力市场，首先会去服务部门寻找就业机会。为此类就业做准备的职业教育主要通过提供商业和相关领域的课程来开展。③

20世纪30年代末，国际劳工组织(International Labour Organisation)发布决议，指出有必要为职业教育创造有序的条件，增加政府的责任。1940年，瑞典社会民主党社会事务大臣莫勒指出，瑞典在职业教育领域没有国家干预

---

① Anders Nilsson, "The Unknown Story: Vocational Education for Adults in Sweden 1918-1968," *History of Education*, 2014(5), pp.615-634.

② Jonas Olofsson & Daniel Persson Thunqvist, "Sweden: The Formative Period for VET (1850-1945)," in *Vocational Education in the Nordic Countries: the Historical Evolution*, eds. Svein Michelsen & Marja-Leena Stenström, London, Routledge, 2018, p.62.

③ Anders Nilsson, "The Unknown Story: Vocational Education for Adults in Sweden 1918-1968," *History of Education*, 2014(5), pp.615-634.

的传统。直到 20 世纪 40 年代,职业学校每年仅有 1 万名左右学生。① 社会视职业教育为引导工人阶级青年走上建设性道路的社会政治手段,致力于消除社会和政治的不稳定。1944 年,瑞典成立了劳动力市场贸易理事会。各方阻止了所有关于学徒制立法的倡议,职业教育在很大程度上仍为公司和劳工组织负责开展。20 世纪 40 年代,"职业学校的概念在所有学校政策讨论中基本上都是缺席的"②。

二、爱伦·凯③的教育思想

瑞典教育家爱伦·凯(Ellen Key,1849—1926)在 20 世纪初提出"儿童的世纪"思想,对世界教育具有重要影响。

爱伦·凯的曾祖父和父亲赞许卢梭的思想,两辈人均将儿子取名为爱弥儿④(Emile)。爱伦·凯的父亲爱弥儿·凯(Emile Key)是瑞典议院激进派人物,母亲来自贵族家庭。爱伦·凯为家中长女,她酷爱自然、音乐,博览群书,学习了游泳、划船、骑马。她的启蒙教育由母亲在家中进行,后由德国、法国和瑞典的家庭教师教学。爱伦·凯 23 岁时随父游遍欧洲大城,做父亲的秘书,后为报纸杂志著述。

爱伦·凯 30 岁时赴一女校任教,讲授文学历史、美术,在瑞典斯德哥尔摩平民大学教授文化史课程达 20 年。

---

① Jonas Olofsson & Daniel Persson Thunqvist,"Sweden:The Formative Period for VET (1850-1945),"in *Vocational Education in the Nordic Countries:the Historical Evolution*,eds.Svein Michelsen & Marja-Leena Stenström,London,Routledge,2018,p.49.

② Jonas Olofsson & Daniel Persson Thunqvist,"Sweden:The Formative Period for VET (1850-1945),"in *Vocational Education in the Nordic Countries:the Historical Evolution*,eds.Svein Michelsen & Marja-Leena Stenström,London,Routledge,2018,p.49.

③ 也译"埃伦·凯伊",本章采用现通译名"爱伦·凯"。

④ [瑞典]爱伦·凯:《恋爱与结婚》,朱舜琴译,序 1 页,上海,光明书局,1926。朱舜琴将 Emile 译为"伊米耳",本章取通译名"爱弥儿"。《爱弥儿》(*Émile:ou De l'éducation*)为法国哲学家卢梭于 1762 年出版的教育经典论著。

放弃执教活动后，爱伦·凯成为一位自由撰稿人。① 她写了大量的教育著作。爱伦·凯信仰进化论，19 世纪 70 年代信仰激进自由主义。19 世纪 90 年代初期，关于社会主义的著作对她产生了影响。卢梭、歌德（Goethe）、尼采（Nietzsche）、孔德、穆勒和斯宾塞的思想对她的教育思想具有重要影响。② 她的第一篇关于教育的文章是《幼儿在家庭与学校中的教师》，其他教育文章还包括《书籍与教材》和《对男女同校的看法》等，著作有《教育》《大众美育》《重视美育的国民教育审美》。爱伦·凯在后两部著作中提出，美学、审美和艺术可以成为提高道德水准的教育。爱伦·凯较有影响力的教育著作是《儿童的世纪》（*The Century of the Child*③），此书于 1909 年出版了英文版。除教育领域外，作为一名涉猎广泛的作家，她就文学、艺术、宗教、政治、妇女选举权、婚姻以及和平等问题写了大量随笔、评论、长论和短文，包括《论言论和出版自由》《个人主义和社会主义》《思维的形象》等。

（一）自由教育观

爱伦·凯在《儿童的世纪》中强调自由教育对个人发展的重要作用。她引用了歌德认为孩子先天就具有某种善良本性的观点。④

爱伦·凯的教育宗旨是使每个孩子发展成自由而独立的人，同时为他人着想。

（二）家庭教育观

爱伦·凯批评了当时的家庭体罚现象："结果是可以预料的：孩子对父母没有亲近，只有恐惧。他们之间这种被扭曲的关系日益恶化，使孩子变得口服心

---

① ［摩洛哥］扎古尔·摩西：《世界著名教育思想家》第二卷，梅祖培、龙治芳等译，329 页，北京，中国对外翻译出版公司，1995。

② ［摩洛哥］扎古尔·摩西：《世界著名教育思想家》第二卷，梅祖培、龙治芳等译，331 页，北京，中国对外翻译出版公司，1995。

③ *The Century of the Child*，一译《百年孩童》，本章通译为《儿童的世纪》。

④ ［摩洛哥］扎古尔·摩西：《世界著名教育思想家》第二卷，梅祖培、龙治芳等译，333 页，北京，中国对外翻译出版公司，1995。

不服。"①体罚还会造成无法弥补的创伤，她呼吁从法律上制止任何学校和家庭中的体罚行为。她认为只有"自然的惩罚"是可以接受的，孩子必须学会承担由于本人行为所造成的后果；教育者只有在孩子的冒险举动会造成无可挽回的损失时才可以加以阻止和补救。此论点与卢梭主张的让儿童在活动与交往中体验行为结果的"自然后果法"类似。爱伦·凯反对在家庭和学校教育中推行奖励的做法。

出于对集体化和群体影响的担心，爱伦·凯不赞同幼儿园或托儿所教育。在《儿童的世纪》中，她提出取消幼儿学校，让家庭成为儿童接受照管的场所。她描述的理想家庭氛围具有安定平静的秩序与和平的气氛；父母在工作中是合作伙伴，彼此平等。兄弟姐妹之间的关系亦是平等而合作的。父母在这种家庭中把孩子抚养成真正的人，并自始至终把他们作为真正的人来对待。孩子不应不劳而获，他们应该根据自身的能力参与家务劳动，尊敬父母并相互尊重。孩子也和父母一样，具有必须坚决遵守的权利和义务。② 爱伦·凯主张母亲从家庭以外的工作中摆脱出来，以便将精力全部投入家庭和孩子的身上。

20世纪以来，教育的发展观念与爱伦·凯某些方面的家庭教育主张大相径庭。学前教育逐渐社会化，更多母亲走出家庭，从事自己的社会职业。

(三)"儿童的世纪"与"未来学校"

在19世纪与20世纪之交，爱伦·凯提出，20世纪是儿童的世纪。在《儿童的世纪》这部著作中，她基于对当时学校教育弊病的批评，提出对"未来学校"的设想。

斯堪的纳维亚的教育传统植根于真实生活。爱伦·凯以此为对照，质疑现代文明对儿童的全面照顾。

---

① [摩洛哥]扎古尔·摩西：《世界著名教育思想家》第二卷，梅祖培、龙治芳等译，329页，北京，中国对外翻译出版公司，1995。
② [摩洛哥]扎古尔·摩西：《世界著名教育思想家》第二卷，梅祖培、龙治芳等译，332页，北京，中国对外翻译出版公司，1995。

　　古代斯堪的纳维亚①的训育儿童就是如此：他们让那些小孩去参加成人的工作，共同经过真的劳动。所以我们那些斯堪的纳维亚先祖(他们的小孩到十二岁就算成人了)能那样精神团结，气力充盛，而且性质良善。至于现代，玩具和用器也是有为小孩而特制的了……小孩的工作、小孩的游戏都有特别的规矩程式了——这些要算是现代文明的进步还是现代教育的退化？

　　我们现在的小孩和少年不论是在家庭或学校，岂不是都在这种矫揉造作的环境中间长大？这种照料越是把小孩软禁得厉害，小孩渴望见一见生活的真相、渴望负责任、冒险、去自己活动的心思越是遏不住的。②

　　她还批评19世纪的学校扼杀灵魂，未能有效培养学生的想象力和表达能力。

　　爱伦·凯设想的"未来的学校"以尽可能为每个人提供促进自我发展和愉快舒畅的环境为目的，使学生具备勇气，培养学生发现新事物和探索不熟悉领域的能力。在家庭学校之后，15岁之前应设立男女同校的普通学校。小学从9岁或10岁开始，每个班的学生不应超过12人。基本课程应该是共同的，学校的理论课程教学与实践课程教学同时进行，必修课包括朗读、拼写、四则运算等。在语言教学方面，重要的是了解文学，语法的讲授会受到限制。每天都应练习唱歌。学校课程应避免过于分散，相关课程应合并以避免彼此割裂脱节。例如，历史课应包括文学史、教会史和艺术史。个别辅导和间歇自学交替进行，作业应在学校完成。她主张按课程划分教

---

　　①　原文译为"斯坎的拿维亚"，本章通译为"斯堪的纳维亚"。
　　②　[瑞典]爱伦·凯：《儿童的教育》，沈泽民译，64～65页，上海，商务印书馆，1933。《儿童的教育》为《儿童的世纪》一书的第三章。译者沈泽民认为该章为全书精华，遂从英译本中抽译此章出版了《儿童的教育》单行本。

室，提出设置专门的学习室，让学生可进行自学。然后是设置"应用学校"，确定不同的课程规划。职业学校应自己安排活动。她强调了学校与家庭配合的重要性。她建议应尽可能针对学生的求知要求开展教学活动，帮助学生形成自己的观点。

> 我们的时代要求个性，我们必须允许他们(学生)拥有自己的意志、用自己的大脑去思维、用自己的知识工作，并形成自己的判断，否则这种要求便是徒劳无益的。简而言之，只要我们不在学校里压制个性的萌芽，便有希望看到它在以后的生活中重新出现。①

爱伦·凯倡导设立面向所有人的开展文化教育的普通学校，加强社会各阶层民众之间的交流。她呼吁保障农村儿童在农村就学的权利。她相信人们"望子成龙"的焦虑将随着未来学校的出现而消失，重要的是所有人都具备各自的个性，能得到公正对待。

(四)爱伦·凯教育思想的影响

爱伦·凯的教育观与世界上其他地区开展的新教育与进步主义教育思想遥相呼应。她把开展儿童的活动作为教育的中心问题，提倡把不同的课程协调到一个全面的体系中。20世纪上半叶，她的著作在欧美产生了影响。光明书局1926年出版了朱舜琴翻译的爱伦·凯的《恋爱与结婚》；商务印书馆1933年出版了沈泽民翻译的爱伦·凯的《儿童的教育》，1936年出版了林苑文翻译的爱伦·凯的《妇女运动》。

---

① [摩洛哥]扎古尔·摩西：《世界著名教育思想家》第二卷，梅祖培、龙治芳等译，335页，北京，中国对外翻译出版公司，1995。

第四节　芬兰教育的发展

在英国历史学家戴维·科尔比(David Kirby)看来，一部芬兰史就是一部生活在寒冷而相当贫瘠的土地上的人们寻求适应和改变之途的历史。①

汉努·西莫拉(Hannu Simola)在《芬兰教育之谜：关于芬兰学校教育的历史和社会学论文》(The Finnish Education Mystery：Historical and Sociological Essays on Schooling in Finland)中认为芬兰的教育与其他北欧国家的不同，在世界范围内更是如此。② 芬兰的教育含有许多外来成分，民族主义思想的兴起意味着教育的发展成为社会的优先事项，教育被认为在团结国家方面发挥着核心作用。

一、芬兰语与瑞典语之争

在芬兰，语言、文化和教育以及政治问题紧密交织在一起。"被定义为语言冲突的，实际上往往是一种政治和社会对抗。"③

中世纪以来，芬兰成为瑞典王国的一部分。瑞典语成为贵族、行政与教育人员使用的主要语言，芬兰语主要是农民、神职人员和芬兰地方法院使用的语言。19世纪20年代以来，支持芬兰语及"一语、一族、一国"的芬诺曼民族主义运动④阵营和保障瑞典语地位的斯维科曼阵营开展了语言斗

---

① ［英］大卫·科尔比：《芬兰史》，纪胜利等译，序言 2 页，106 页，北京，商务印书馆，2013。

② Rachel Brooks，"Education in Nordic Countries," *British Journal of Sociology of Education*，2017(5)，pp.753-760.

③ Sten Högnäs，"The Concept of Bildung and the Education of the Citizen：Traits and Developments in the Nordic Countries 1870-2000," In *Nordic Lights：Education for Nation and Crivic Society in the Nordic Countries*，*1850-2000*，eds. Sirkka Ahonen & Jukka Rantala，Helsinki，Finnish Literature Society，2001，p.36.

④ 芬诺曼民族主义运动是 19 世纪后半叶开始的"复兴"芬兰语作为本土主要语言的运动，并连带起芬兰民族主义运动。

争。1919年，宪法纳入了"芬兰语和瑞典语同为芬兰的官方语言"的条款。1937年，A. K. 卡扬德(A. K. Cajander)领导的中左政府规定，芬兰语成为大学规范用语。所以，为讲瑞典语的少数民族学生讲授课程的大学教授需要显示他们有能力用芬兰语讲授和指导研究，所有讲芬兰语的教师亦需表明其使用瑞典语的能力，讲瑞典语的学生有权利在完成课程作业和参加考试时使用母语。

除芬兰语与瑞典语外，芬兰还有少数民族萨米族使用的语言。

二、芬兰教育概览

1910年，芬兰初等学校有2903所，学生入学181000人。为推行义务教育，早期教育经调整后被纳入初等学校体制。1920年，15岁以上人口的1%是文盲，29%的不会写字，只有5%从事民众学校以外的学习。[1]《义务教育法》于1921年生效。根据这项法案，每个芬兰人从7岁到12岁都要接受义务教育。[2]

1910年，芬兰中等学校有138所，学生近23000人。[3] 芬兰语学校增多，瑞典语学校减少。大多数中等学校归个人所有，实行男女同校制度。至此，普通教育已相当普及，成为政治生活的重要组成部分。1968年，《学校制度法》获得批准。小学和初中组成了综合学校，文法学校独立，以适应工业化和民主化的需要。20世纪70年代，芬兰的义务教育包括四年制小学和随后的三年制公民学校。在接受四年小学教育之后，每个年龄组的一部分学生升入文法学校。中学被划分为五年制初中和三年制高中。

1939年，《职业教育机构法》获得通过，规定为教育机构提供公共资金。

---

① Ari Antikainen & Anne Pitkänen, "A History of Educational Reforms in Finland," in *Educational Reform in Europe: History, Culture, and Ideology*, ed. Richard R. Verdugo, Charlotte, Information Age Publishing, 2014, p.4.

② Marja-Leena Stenström & Maarit Virolainen, "The Development of Finnish Vocational Education and Training from 1850-1945," in *Vocational Education in the Nordic Countries: the Historical Evolution*, eds. Svein Michelsen & Marja-Leena Stenström, London, Routledge, 2018, p.29.

③ 姜文闵、张法琨:《外国教育通史》第四卷，217页，济南，山东教育出版社，1992。

20世纪初，技术大学和经济与工商管理学院开始与赫尔辛基大学一起运作。在接下来的几十年里，大学在其他大城市建立起来，形成了一个网络。两年制进修学校于1958年成立。

图10-5显示了20世纪70年代以前的芬兰学制。

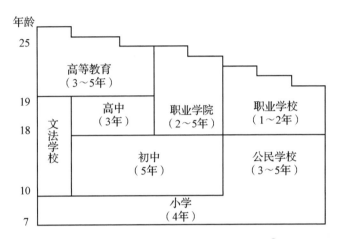

图10-5　20世纪70年代以前的芬兰学制①

20世纪初期，芬兰教育受到社会分层的影响。大学和文法学校管理着高等教育。大多数芬兰人只接受过小学教育。教育分流和其他形式的教育分化放大了社会不平等的现象。学校分轨数量越多，阶层背景的影响就越大，学校间学生表现的差异越大。

"二战"后，芬兰经历了巨大的结构变化。在教育领域，很少有人在小学毕业后离开教育系统，中学教育得到了发展，文法学校的学生人数在逐渐增加。

三、职业教育

（一）职业教育与继续教育的联系

20世纪20年代至40年代，芬兰教育部和教育委员会致力于将进修学校

---

① Ari Antikainen & Anne Pitkänen，"A History of Educational Reforms in Finland，" in *Educational Reform in Europe: History, Culture, and Ideology*, ed. Richard R. Verdugo, Charlotte, Information Age Publishing，2014，p.6.

系统发展成一个面向实践的普通职业教育体系。1943 年，继续教育学校提供其他学校如职业学校申请人学习的必修课程。贸易和工业部倡导制定职业教育培训方案。①

尽管芬兰的工业自 19 世纪以来开始出现多样化的发展趋势，但农业在 20 世纪前期仍为芬兰人主要的行业。1940 年，芬兰人口接近 400 万，52% 的人口靠初级生产谋生，如表 10-8 所示。同时农村市镇的人口增加放缓，城市和城镇等的人口中心则因移徙而增加。②

表 10-8　芬兰人口的职业分布③

年份	农业	工业和手工业	交通	商业	公共服务与独立职业	普通工人、体力劳动者等	无职业或未指明的
1900	58.0%	10.6%	2.8%	2.0%	2.8%	15.8%	8.0%
1910	66.3%	12.2%	2.9%	2.2%	2.6%	6.0%	7.8%
1920	65.1%	14.8%	3.3%	3.4%	3.3%	3.9%	6.2%
1930	59.6%	16.9%	3.8%	4.3%	4.1%	5.3%	6.0%
1940	51.5%	21.0%	4.6%	5.1%	6.1%	5.3%	6.4%

1918 年以后，芬兰农业学校的学生大多是来自大型农场的男孩。在城市地区，直到 20 世纪 40 年代，职业教育学校一直是继续教育学校的替代品。

(二)职业教育的建立

1899 年，第一所职业学校在首都赫尔辛基市建立。1900—1916 年，除赫尔

---

① Marja-Leena Stenström & Maarit Virolainen, "The Development of Finnish Vocational Education and Training from 1850-1945," in *Vocational Education in the Nordic Countries：the Historical Evolution*, eds. Svein Michelsen & Marja-Leena Stenström, London, Routledge, 2018, pp.29-30.

② Marja-Leena Stenström & Maarit Virolainen, "The Development of Finnish Vocational Education and Training from 1850-1945," in *Vocational Education in the Nordic Countries：the Historical Evolution*, eds. Svein Michelsen & Marja-Leena Stenström, London, Routledge, 2018, p.30.

③ Marja-Leena Stenström & Maarit Virolainen, "The Development of Finnish Vocational Education and training from 1850-1945," in *Vocational Education in the Nordic Countries：the Historical Evolution*, eds. Svein Michelsen & Marja-Leena Stenström, London, Routledge, 2018, p.30. 本表选取了 20 世纪前期的数据。

辛基市外，几所职业学校在一些沿海城市和人口中心创建。1912年和1917年分别在坦佩雷市和库奥皮奥市创建了第一批内陆职业学校。

（三）职业教育立法

在"二战"之前，大型工业企业及其雇主是职业学校发展的主要驱动力。20世纪20年代，由于纸浆的生产、新闻纸和胶合板以及金属和纺织品迅速增加对受过教育的劳动力的需求很大，一些私立工业企业雇主开始创建自己的学校。这些学校在贸易和工业部的指导下运作，在行政管理上则与市立学校一样运作，遵循教育部的指导方针。

芬兰雇主联合会支持培训熟练工人的学徒制。但芬兰工会中央组织认为学徒制是为雇主提供廉价劳动力的教育形式，只有增加职业学校的数量方能提供更多的劳动力。"二战"后，雇主与工会组织之间才建立协调的劳动力市场制度。

芬兰政府试图让市政当局和工业企业承担培训责任，于1923年颁布了《学徒法》，规定学徒年龄在15~18岁。20世纪20年代，学徒的数量不断增加。但到20世纪30年代，由于经济衰退和职业学校的吸引力下降，这种选择的受欢迎程度有所下降。雇主认为《学徒法》让他们承担了太多的责任，年轻的学徒们则不愿意接受长期的学徒关系；市政当局没有监督学徒制的实施。

1917年，芬兰参议院提名成立职业培训委员会（Vocational Training Council），协助工业委员会（Board of Industry）处理职业教育事宜。该委员会由1名理事会（国家行政机构）代表、3名职业教育教师、3名雇主代表和3名雇员代表组成。[1] 该委员会的地位于1926年被正式确立，并于1942年成为贸易和工业部的一部分。

第一部《职业机构法》于1939年颁布，因"二战"直到1942年才生效。该

---

[1]　Marja-Leena Stenström & Maarit Virolainen，"The Development of Finnish Vocational Education and Training from 1850-1945，"in *Vocational Education in the Nordic Countries：the Historical Evolution*，eds．Svein Michelsen & Marja-Leena Stenström，London，Routledge，2018，p.37．

法案确认了职业学校的地位和国家作为职业教育主要推动者的地位。20 世纪
40 年代,职业学校的课程包括普通课程,如芬兰语、数学、物理和公民教育
课程。

1942 年,贸易和工业部设立了职业教育司。

(四)职业教育学校学生的发展

20 世纪初,与普通中学学生相比,职业学校学生人数相当少。1910 年,
职业学校学生有 10639 人;到 1940 年,职业学校学生增加到 20380 人。相应
地,1910 年普通中学学生 24354 人,1940 年 59302 人,如表 10-9 所示。

表 10-9　职业学校和普通中学学生人数①

年度	职业学校学生(人)	普通中学学生(人)
1910	10639	24354
1920	14009	32448
1930	18013	49589
1940	20380	59302

人们期望职业教育能够防止贫困,并保护年轻人免受暴力侵害。1900—
1940 年,大多数职业教育和培训的学生来自城镇的工人阶级家庭。这些城镇
的学校是为了防止社会问题和边缘化问题出现而创建的。职业学校的学生很
少来自农民家庭,因为这些学校位于城镇或其他较大的人口中心。

职业教育和培训具有性别针对性,设立了单独的预备男校和女校。手工
艺教育是针对男性的。最初,对女性来说较为重要的职业培训领域是家政学。
1920 年颁布的法规规定,职业学校既面向男性,也面向女性。实践中为不同
领域的男性和女性分设了职业学校。男子职业学校和女子职业学校的目标也

---

① Marja-Leena Stenström & Maarit Virolainen, "The Development of Finnish Vocational Educa-
tion and Training from 1850-1945," in *Vocational Education in the Nordic Countries: the Historical E-
volution*, eds. Svein Michelsen & Marja-Leena Stenström, London, Routledge, 2018, p.34.

不同。① 男性教育的目的是在家庭之外接受就业训练，并成为家庭的支持者。女性教育的目的是培养家庭主妇和用人。对男女职业教育不同目标的看法与整体上对女性在劳动力市场的角色观念有关。职业师范教育中也可以看到存在的性别问题。海门林纳市为男性提供职业师范教育；于韦斯屈莱市则为女性提供职业师范教育。

(五)职业教育的发展特点

19世纪40年代至20世纪40年代，芬兰职业教育呈现出增加以学校为基础的教育和减少以学徒为基础的培训的趋势。社会发展的特点促成了职业学校教育的加强和学徒制的衰落，具体如下。②

第一，引入以学校为基础的职业教育与国家的发展以及国家通过组织教育和社会而加强控制有关。19世纪末以来，芬兰职业教育规划一直强调国家和市政的中心作用。

第二，工业化使农业社会向工业化社会转变，在城镇产生了新的产业工人群体，对技术的要求加速了以学校为基础的职业教育和培训体系的建立。

第三，学校是学习和纪律的相对自治区域，调和了1918年内战中发生冲突的阶级利益。教学目标和教学安排可以在学校独立确定。

第四，学校被区分为民众学校(小学)、进修学校、职业学校、学徒培训学校，强调了它们各自的特殊功能。

多样化和快速发展的工业化取代了农业文化和以地产为基础的生产，对专门职业领域技能的需求也迅速变化，加快了将普通教育与职业教育并列作

---

① Marja-Leena Stenström & Maarit Virolainen，"The Development of Finnish Vocational Education and Training from 1850-1945," in *Vocational Education in the Nordic Countries: the Historical Evolution*, eds. Svein Michelsen & Marja-Leena Stenström, London, Routledge, 2018, p.34.

② Marja-Leena Stenström & Maarit Virolainen，"The Development of Finnish Vocational Education and Training from 1850-1945," in *Vocational Education in the Nordic Countries: the Historical Evolution*, eds. Svein Michelsen & Marja-Leena Stenström, London, Routledge, 2018, pp.40-41.

为义务教育后教育的主要形式的步伐。

本章结语

从阿霍宁和兰卡拉提出的博雅教育、国家建设和社会平等三个维度分析，20世纪前期北欧主要国家的教育呈现出如下特征。[①]

反映北欧教育历史框架的第一个概念是"博雅教育"。北欧在19世纪70年代借鉴了欧洲大陆理想主义和德国的博雅教育观念。德国教育家威廉·冯·洪堡(Wilhelm von Humboldt，1767—1835)于19世纪早期将"博雅教育"界定为："自由的个人通过人文因素占主导地位的学习来发展自己的个性……它关注改变和发展个性，这是一种将解放的启蒙理想与不断奋斗的浪漫理想结合在一起的概念。"[②]此观念在北欧本土环境里经历了三重偏移。[③] 第一重偏移表现在北欧吸纳了瑞士教育家裴斯泰洛齐关于人的成长是一个发生在社会中并为社会服务的过程的观点，在教授有价值的经典内容外，也盛行对穷人的慈善的教育方式。北欧国家在20世纪上半叶陆续建立中等教育，创设了从小学到大学连续不断的学校制度，同时创建了技术学校、成人学校、讲习所等多种教育机构。第二重偏移发生在19世纪末，斯堪的纳维亚国家迅速民主化，特殊的斯堪的

---

① Sirkka Ahonen & Jukka Rantala，"Introduction：Norden's Present to the World，"in *Nordic Lights：Education for Nation and Civic Society in the Nordic Countries*，*1850-2000*，eds.Sirkka Ahonen & Jukka Rantala，Helsinki，Finnish Literature Society，2001，p.11.

② Sten Högnäs，"The Concept of Bildung and the Education of the Citizen：Traits and Developments in the Nordic Countries 1870-2000，"in *Nordic Lights：Education for Nation and Civic Society in the Nordic Countries*，*1850-2000*，eds.Sirkka Ahonen & Jukka Rantala，Helsinki，Finnish Literature Society，2001，pp.29-30.

③ Sten Högnäs，"The Concept of Bildung and the Education of the Citizen：Traits and Developments in the Nordic Countries 1870-2000，"in *Nordic Lights：Education for Nation and Civic Society in the Nordic Countries*，*1850-2000*，eds.Sirkka Ahonen & Jukka Rantala，Helsinki，Finnish Literature Society，2001，pp.11-12.

纳维亚术语"folklig/folkelig"（民众）出现，其"积极的含义，在大多数其他欧洲语言中闻所未闻"①。"博雅教育"的概念扩大到民间，众多的民间节日、公共庆祝活动和文化习俗盛行。丹麦教育家格龙维在19世纪30年代创建了民众高等学校，其他北欧国家争相效仿。② 例如，丹麦民众高等学校的社会阶层包容性较强，瑞典更注重实用学科和书本教学。第三重偏移发生于"二战"后，北欧国家的迅速工业化对劳动力市场产生了新需求，促使普通学校和大众化成人教育均需提供技术教育。"社会阶层流动的北欧传统在某种程度上抵消了教育对阶层的再生产。历史上，北欧国家的农民一直享有自由和有影响力的地位，上层群体对其农业人口表现出一定程度的尊重。"③

　　反映北欧教育历史框架的第二个概念是"国家建议"。学校的目的是为国民经济中的劳动者传授基本的工作技能，同时教授将一个国家联系在一起的文化信仰和象征工具。普通学校会教授国家语言课程，"这时语言上的少数群体面临着受制于主流群体的威胁"④。在20世纪初期的芬兰，讲瑞典语的人在国家宪法中被赋予了广泛的语言权利。芬兰的民族主义者为争取芬兰语作为官方语言进行斗争，最终争取到芬兰语与瑞典语均为官方语言的权利；同时

---

① Sten Högnäs, "The Concept of Bildung and the Education of the Citizen: Traits and Developments in the Nordic Countries 1870-2000," in Nordic Lights: Education for Nation and Civic Society in the Nordic Countries, 1850-2000, eds.Sirkka Ahonen & Jukka Rantala, Helsinki, Finnish Literature Society, 2001, p.34.

② Sirkka Ahonen & Jukka Rantala, "Introduction: Norden's Present to the World," In Nordic Lights: Education for Nation and Crivic Society in the Nordic Countries, 1850-2000, eds.Sirkka Ahonen & Jukka Rantala, Helsinki, Finnish Literature Society, 2001, p.9.

③ Sten Högnäs, "The Concept of Bildung and the Education of the Citizen: Traits and Developments in the Nordic Countries 1870-2000," In Nordic Lights: Education for Nation and Crivic Society in the Nordic Countries, 1850-2000, eds.Sirkka Ahonen & Jukka Rantala, Helsinki, Finnish Literature Society, 2001, pp.34-35.

④ Sirkka Ahonen & Jukka Rantala, "Introduction: Norden's Present to the World," In Nordic Lights: Education for Nation and Crivic Society in the Nordic Countries, 1850-2000, eds.Sirkka Ahonen & Jukka Rantala, Helsinki, Finnish Literature Society, 2001, p.13.

语言权利也是促进身份认同的载体。① 北欧这四国均开展了语言民主化改革，努力使口头语言和书面语言之间的关系更加密切。"二战"爆发后，北欧国家和国际对少数民族文化和语言权利的承认，使双语教学成为北欧国家建设的中心和辩论的主题。② 从国家和社会在教育领域的权力与界限来看，在丹麦，国家在自由主义教育传统下的责任是承担和支持义务教育，但不干预学生对学校的选择以及授课的内容及方式。其职业教育法体现了自下而上的政策制定过程：《学徒法》由劳动力市场组织发起制定，国家通过法律回应其要求。其职业教育成为连贯的独立系统。在挪威，农业、手工业和家政领域获得国家支持，工业领域的职业教育由社会承担。在瑞典，职业教育领域也沿袭国家不干预的传统，由劳动力组织负责。不干预的传统使职业教育长期被排除于国家教育规划之外，直到 20 世纪下半叶才得到改变。相较之下，在芬兰，国家和市政当局在职业教育规划中发挥中心作用。

反映北欧教育历史框架的第三个概念是"社会平等"。在北欧，教师管理着当地的青年俱乐部、禁酒协会等组织，他们拥有文化和社会资本。另外，教师由地方当局任命，并依赖于地方当局。瑞典的研究者以小学教师弗里吉尤夫·伯格两次被任命为教育部部长为例，宣称瑞典学校的教师可以自由地参与创建社会民主福利国家。1900 年前后，由于北欧民间学术传统的激励，"教授走遍乡村，向非学术性的听众授课"③。与世界上其他地方一样，北欧

---

① Sirkka Ahonen & Jukka Rantala, "Introduction: Norden's Present to the World," In *Nordic Lights: Education for Nation and Crivic Society in the Nordic Countries*, *1850-2000*, eds. Sirkka Ahonen & Jukka Rantala, Helsinki, Finnish Literature Society, 2001, p.13.

② Christian Horst & Joron Pihl, "Comparative Perspectives on Education in the Multicultural Nordic Countries," *Intercultural Education*, 2010(2), pp.99-105.

③ Sten Högnäs, "The Concept of Bildung and the Education of the Citizen: Traits and Developments in the Nordic Countries 1870-2000," In *Nordic Lights: Education for Nation and Crivic Society in the Nordic Countries*, *1850-2000*, eds. Sirkka Ahonen & Jukka Rantala, Helsinki, Finnish Literature Society, 2001, p.35.

各国的教育组织、学校和教师在 20 世纪前期开展了广泛的教育改革，普遍提倡劳作学校的原则，鼓励学校紧密联系社会生活，实行民主管理。教育为各阶层民众参与公共生活打下了基础，也为民众支持民主福利国家打下了教育基础。同时，普通教育仍然普遍存在阶层分流、城乡差异、性别差异，特殊教育还多以隔离的方式实施。政府补贴教育的同时，提出了问责的要求。智力测验于 20 世纪二三十年代作为衡量儿童能力的科学工具而盛行。直到 20 世纪 40 年代，人们才意识到智力测验只有与儿童的社会、家庭、身体和精神状况联系起来时才有价值。20 世纪 80 年代和 20 世纪 90 年代出现了教育工具化趋势，广泛意义上的博雅教育思想逐渐消退。

参考文献

一、中文文献

《世界通史》编委会：《世界通史：永恒经典 3》，长春，吉林出版集团有限责任公司，2013。

常导之：《各国教育制度》下卷，上海，商务印书馆，1936。

陈寿觥：《各国职业教育制度》，台北，台湾商务印书馆，1965。

陈贤：《精神分析应用于教育的典范——苏珊·艾萨克斯思想研究》，硕士学位论文，南京师范大学，2013。

陈学飞：《当代美国高等教育思想研究》，大连，辽宁师范大学出版社，1996。

陈友松：《各国社会教育事业》，上海，商务印书馆，1937。

陈峥：《冲突与进步：英国基础教育福利化进程研究》，博士学位论文，华中师范大学，2014。

戴本博、单中惠：《外国教育通史》第五卷，济南，山东教育出版社，1993。

戴少娟：《二战后英国高等职业教育改革与发展研究》，博士学位论文，福建师范大学，2016。

单中惠、刘传德：《外国幼儿教育史》，上海，上海教育出版社，1997。

单中惠：《外国中小学教育问题史》，济南，山东教育出版社，2005。

单中惠、王晓宇、王凤玉等：《西方师范教育机构转型——以美国、英国、日本为例》，济南，山东教育出版社，2012。

单中惠：《现代教育的探索——杜威与实用主义教育思想》，北京，人民教育出版社，2002。

丁建定：《英国社会保障制度史》，北京，人民出版社，2015。

顾明远：《世界教育大事典》，南京，江苏教育出版社，2000。

顾明远：《外国教育督导》第二版，北京，人民教育出版社，2002。

郭法奇：《霍尔与美国的儿童研究运动》，载《华中师范大学学报(人文社会科学版)》，2006(1)。

郭志明：《美国教师教育200年》，北京，中国社会科学出版社，2017。

何顺果：《美国史通论》，上海，学林出版社，2001。

贺国庆：《近代欧洲对美国教育的影响》，保定，河北大学出版社，1994。

贺国庆、王保星、朱文富等：《外国高等教育史》，北京，人民教育出版社，2003。

贺国庆、王保星、朱文富等：《外国高等教育史》第二版，北京，人民教育出版社，2006。

贺国庆、朱文富等：《外国职业教育通史》上卷，北京，人民教育出版社，2014。

华东师范大学教育系、杭州大学教育系：《现代西方资产阶级教育思想流派论著选》，北京，人民教育出版社，1980。

黄福涛：《欧洲高等教育近代化——法、英、德近代高等教育制度的形成》，厦门，厦门大学出版社，1998。

黄福涛：《外国高等教育史》，上海，上海教育出版社，2003。

黄福涛：《外国高等教育史》第二版，上海，上海教育出版社，2008。

姜文闵、张法琨：《外国教育通史》第四卷，济南，山东教育出版社，1992。

蒋承勇、赵海虹：《诗意童心的东方文化之旅——安徒生童话之中国百年接受与传播考论》，载《社会科学文摘》，2020(11)。

教育大辞典编纂委员会：《教育大辞典》第11卷，上海，上海教育出版社，1991。

金含芬：《教育学文集》第22卷，北京，人民教育出版社，1993。

李国庆：《现代欧美教育科学化运动的一个基石——儿童研究运动之研究》，博士学位论文，南京师范大学，2006。

李明德、赵荣昌：《外国教育家评传3》，上海，上海教育出版社，1992。

李清萍：《麦克米伦姐妹与英国保育学校》，硕士学位论文，华中师范大学，2012。

李申申：《简明外国教育史》，开封，河南大学出版社，1997。

李素敏：《美国赠地学院发展研究》，保定，河北大学出版社，2004。

李先军：《英国近现代教师教育发展研究》，硕士学位论文，华中师范大学，2006。

梁忠义、金含芬：《七国职业技术教育》，长春，吉林教育出版社，1990。

廖雯娟：《英国高等女子学院发展研究(1869 年至今)》，硕士学位论文，湖南师范大学，2014。

刘亮：《剑桥大学史》，上海，上海交通大学出版社，2012。

刘玉兰：《贝登堡"生活的准备教育"思想与童子军的建立和发展》，硕士学位论文，山东师范大学，2007。

马骥雄：《教育学文集》第 19 卷，北京，人民教育出版社，1990。

马宗荣：《比较社会教育》，上海，世界书局，1933。

钱乘旦、陈晓律、潘兴明等：《英国通史》第六卷，南京，江苏人民出版社，2016。

任白涛：《改造中的欧美教育》，上海，商务印书馆，1930。

日本世界教育史研究会：《六国技术教育史》，李永连、赵秀琴、李秀英译，北京，教育科学出版社，1984。

日本世界教育史研究会：《世界幼儿教育史》上册，刘翠荣、梁忠义、吴自强等译，长春，吉林人民出版社，1986。

日本世界教育史研究会：《世界幼儿教育史》下册，张举、梁忠义、刘翠荣等译，长春，吉林人民出版社，1986。

孙启林：《社会教育》，长春，吉林教育出版社，2000。

孙薇：《精英传统与消费文化：伊迪丝·华顿"老纽约小说"研究》，成都，四川大学出版社，2014。

檀传宝：《世界教育思想地图：50 位现当代教育思想大师探访》，福州，福建教育出版社，2010。

唐淑：《学前教育史》，北京，人民教育出版社，2007。

滕大春：《美国教育史》第二版，北京，人民教育出版社，1994。

田景正：《学前教育史》，长沙，湖南大学出版社，2015。

涂纪亮：《美国哲学史》第二卷，石家庄，河北教育出版社，2000。

王晨：《赫钦斯自由教育思想研究》，载《比较教育研究》，2005(4)。

王承绪：《英国教育》，长春，吉林教育出版社，2000。

王桂、李明德：《外国教育通史》第六卷，济南，山东教育出版社，1994。

王璐：《英国教育督导与评价：制度、理念与发展》，北京，高等教育出版社，2010。

王天一、夏之莲、朱美玉：《外国教育史》下册，北京，北京师范大学出版社，1993。

王占魁：《价值选择与教育政治——阿普尔批判教育研究的实践逻辑》，北京，教育科学出版社，2014。

魏秀春：《20世纪英国学校健康服务体系探析》，载《世界历史》，2017(4)。

吴式颖：《外国现代教育史》，北京，人民教育出版社，1997。

吴式颖、诸慧芳：《外国教育思想通史》第九卷，长沙，湖南教育出版社，2002。

吴宗英：《现代西方新托马斯主义》，福州，福建人民出版社，1988。

伍蠡甫、胡经之：《西方文艺理论名著选编》下卷，北京，北京大学出版社，1987。

夏之莲：《外国教育发展史料选粹》下册，北京，北京师范大学出版社，1999。

肖红波：《两次世界大战之间英国工党教育主张评析》，硕士学位论文，湖南师范大学，2010。

邢克超、李兴业：《法国教育》，长春，吉林教育出版社，2000。

徐辉：《高等教育发展的新阶段———论大学与工业的关系》，杭州，杭州大学出版社，1990。

徐辉、郑继伟：《英国教育史》，长春，吉林人民出版社，1993。

徐致礼：《在古典与现实之间——利文斯通教育思想研究》，硕士学位论文，华东师范大学，2006。

许建美：《教育政策与两党政治——英国中等教育综合化政策研究(1918—1979)》，博士学位论文，华东师范大学，2004。

许明：《英国高等教育发展研究》，大连，辽宁师范大学出版社，1998。

易红郡：《从冲突到融合：20世纪英国中等教育政策研究》，长沙，湖南教育出版社，2005。

易红郡：《从〈哈多报告〉到〈弗莱明报告〉——二战前英国"人人受中等教育"目标的实现》，载《内蒙古师范大学学报(教育科学版)》，2004(3)。

易红郡：《英国教育思想史》，上海，华东师范大学出版社，2017。

易红郡:《战后英国高等教育政策研究》,长沙,湖南师范大学出版社,2012。

殷企平:《英国高等科技教育》,杭州,杭州大学出版社,1995。

于湛瑶:《历史视角下英国近代初等教育的发展》,硕士学位论文,首都师范大学,2014。

袁传明:《近代英国高等教育改革与发展研究——以伦敦大学百年史(1825—1936)为个案》,广州,广东高等教育出版社,2017。

曾天山:《外国教育管理发展史略》,北京,教育科学出版社,1995。

张保庆、高如峰:《今日法国教育》,武汉,武汉大学出版社,1986。

张斌贤:《西方教育思想史》修订版,北京,人民教育出版社,2011。

张建华:《世界现代史(1900—2000)》,北京,北京师范大学出版社,2006。

张人杰:《教育学文集》第 20 卷,北京,人民教育出版社,1994。

张泰金:《英国的高等教育历史·现状》,上海,上海外语教育出版社,1995。

张新生:《英国成人教育史》,济南,山东教育出版社,1993。

张宇:《美国联邦政府干预学前教育的历史演进研究》,博士学位论文,东北师范大学,2010。

张芝联:《法国通史》,北京,北京大学出版社,1989。

郑文:《英国幼儿教育研究》,硕士学位论文,杭州大学,1995。

周采:《外国教育史》,上海,华东师范大学出版社,2008。

周灿:《北欧地区性国际社会研究——英国学派的视角》,硕士学位论文,南京大学,2018。

周常明:《牛津大学史》,上海,上海交通大学出版社,2012。

周愚文:《英国教育史:近代篇(1780—1944)》,台北,学富文化事业有限公司,2008。

朱镜人:《古典教育到底有什么价值?——〈保卫古典教育〉解读》,载《中国教育科学》,2017(3)。

资中筠:《财富的归宿:美国现代公益基金会述评》,上海,上海人民出版社,2006。

[奥]弗洛伊德:《精神分析引论新编》,高觉敷译,北京,商务印书馆,2011。

[澳]W. F. 康内尔:《二十世纪世界教育史》,张法琨、方能达、李乐天等译,北京,

人民教育出版社，1990。

[丹]Andreas Boje 等：《丹麦的教育》，吴克刚译，上海，商务印书馆，1934。

[丹]克努特·J. V. 耶斯佩森：《丹麦史》，李明、张晓华译，北京，商务印书馆，2012。

[法]阿兰：《教育漫谈》，王晓辉译，北京，商务印书馆，2019。

[法]让-皮埃尔·阿泽马、[法]米歇尔·维诺克：《法兰西第三共和国》，沈炼之、郑德弟、张忠其等译，北京，商务印书馆，1994。

[法]雅克·马里坦：《教育在十字路口》，高旭平译，北京，首都师范大学出版社，2010。

[法]雅克·马利坦：《科学与智慧》，尹令黎、王平译，上海，上海社会科学院出版社，1992。

[美]E. 拉吉曼：《康茨及其教育社会学研究》，禾子译，载《国外社会科学》，1992(12)。

[美]Howard A. Ozmon、[美]Samuel M. Craver：《教育的哲学基础》，石中英、邓敏娜等译，北京，中国轻工业出版社，2006。

[美]L. 迪安·韦布：《美国教育史：一场伟大的美国试验》，陈露茜、李朝阳译，合肥，安徽教育出版社，2010。

[美]S. 亚历山大·里帕：《自由社会中的教育：美国历程》第 8 版，於荣译，合肥，安徽教育出版社，2010。

[美]艾萨克·康德尔：《教育的新时代——比较研究》，王承绪等译，北京，人民教育出版社，2001。

[美]巴格莱：《教育与新人》，袁桂林译，北京，人民教育出版社，2005。

[美]巴格莱、[美]克玉书：《教学概论》，林笃信译，上海，商务印书馆，1931。

[美]戴维·B. 泰亚克：《一种最佳体制：美国城市教育史》，赵立玮译，上海，上海人民出版社，2010。

[美]卡扎米亚斯、[美]马西亚拉斯：《教育的传统与变革》，福建师范大学教育系、杭州人学教育系、华南师范学院教育系等译，北京，文化教育出版社，1981。

[美]康滋：《教育的合理信念》，金冬日译，载《现代外国哲学社会科学文摘》，

1959(9)。

[美]劳伦斯·A.克雷明：《美国教育史(3)：城市化时期的历程(1876—1980)》，朱旭东、王保星、张驰等译，北京，北京师范大学出版社，2002。

[美]劳伦斯·阿瑟·克雷明：《学校的变革》，单中惠、马晓斌译，济南，山东教育出版社，2009。

[美]劳伦斯·阿瑟·克雷明：《学校的变革》，单中惠、马晓斌译，上海，上海教育出版社，1994。

[美]罗伯特·M.赫钦斯：《美国高等教育》，汪利兵译，杭州，浙江教育出版社，2001。

[美]罗伯特·赫钦斯：《学习型社会》，林曾、李德雄、蒋亚丽等译，北京，社会科学文献出版社，2017。

[美]乔尔·斯普林：《美国学校：教育传统与变革》，史静寰等译，北京，人民教育出版社，2010。

[美]苏珊·沙利文、[美]杰佛里·格兰仕：《美国教学质量监管与督导》，翟帆译，哈尔滨，黑龙江教育出版社，2016。

[美]威廉·G.坎宁安、[美]保拉·A.科尔代罗：《教育管理：基于问题的方法》，赵中建译，南京，江苏教育出版社，2002。

[美]威廉·H.麦克尼尔：《哈钦斯的大学：芝加哥大学回忆录1929—1950》，肖明波、杨光松译，杭州，浙江大学出版社，2013。

[美]韦恩·厄本、[美]杰宁斯·瓦格纳：《美国教育：一部历史档案》第三版，周晟、谢爱磊译，北京，中国人民大学出版社，2009。

[美]亚瑟·科恩：《美国高等教育通史》，李子江译，北京，北京大学出版社，2010。

[美]约翰·杜威：《民主主义与教育》，王承绪译，北京，人民教育出版社，1990。

[美]约翰·杜威：《学校与社会·明日之学校》，赵祥麟、任钟印、吴志宏译，北京，人民教育出版社，2005。

[美]约翰·塞林：《美国高等教育史》第二版，孙益、林伟、刘冬青译，北京，北京大学出版社，2014。

[摩洛哥]扎古尔·摩西：《世界著名教育思想家》第二卷，梅祖培、龙治芳等译，北

京，中国对外翻译出版公司，1995。

[瑞典]爱伦·凯：《儿童的教育》，沈泽民译，上海，商务印书馆，1933。

[瑞典]爱伦·凯：《恋爱与结婚》，朱舜琴译，上海，光明书局，1926。

[意]蒙台梭利：《蒙台梭利幼儿教育科学方法》，任代文主译，北京，人民教育出版社，1993。

[英]R. W. 利文斯通：《保卫古典教育》，朱镜人译，北京，人民教育出版社，2017。

[英]奥尔德里奇：《简明英国教育史》，诸惠芳、李洪绪、尹斌苗译，北京，人民教育出版社，1987。

[英]伯兰特·罗素：《教育与美好生活》，张鑫毅译，上海，上海人民出版社，2017。

[英]伯兰特·罗素：《罗素论幸福》，傅雷译，北京，团结出版社，2005。

[英]伯兰特·罗素：《罗素自传》第一卷，胡作玄、赵慧琪译，北京，商务印书馆，2002。

[英]伯兰特·罗素：《罗素自传》第一卷，胡作玄、赵慧琪译，北京，商务印书馆，2015。

[英]博伊德、[英]金：《西方教育史》，任宝祥、吴元训译，北京，人民教育出版社，1985。

[英]大卫·科尔比：《芬兰史》，纪胜利等译，北京，商务印书馆，2013。

[英]邓特：《英国教育》，杭州大学教育系外国教育研究室译，杭州，浙江教育出版社，1987。

[英]赫伯·里德：《通过艺术的教育》，吕廷和译，长沙，湖南美术出版社，1993。

[英]诺武德：《英国教育制度》，李鼎声译，上海，商务印书馆，1934。

[英]乔伊·帕尔默：《教育究竟是什么？100 位思想家论教育》，任钟印、诸惠芳译，北京，北京大学出版社，2008。

[英]托·金·德里：《挪威简史》，华中师范学院《挪威简史》翻译组译，武汉，湖北人民出版社，1973。

[英]伊丽莎白·劳伦斯：《现代教育的起源和发展》，纪晓林译，北京，北京语言学院出版社，1992。

二、外文文献

Abraham H. Flexner, *Daniel Coit Gilman: Creator of the American Type of University*, New York, Harcourt, Brace and Company, 1946.

Anders Nilsson, "The Unknown Story: Vocational Education for Adults in Sweden 1918-1968," *History of Education*, 2014(5).

Ari Antikainen & Anne Pitkänen, "A History of Educational Reforms in Finland," in *Educational Reform in Europe: History, Culture, and Ideology*, ed. Richard R. Verdugo, Charlotte, Information Age Publishing, 2014.

Ari Sutinen, "Social Reconstructionist Philosophy of Education and George S. Counts: Observations on the Ideology of Indoctrination in Socio-Critical Educational Thinking," *International Journal of Progressive Education*, 2014(1).

Bruce Romanish, "George S. Counts: Leading Social Reconstructionist," *Vitae Scholasticae*, 2012.

C. A. Bennett, *History of Manual and Industrial Education 1870 to 1917*, Peoria, The Manual Arts Press, 1937.

Charles Alpheus Bennett, *History of Manual and Industrial Education 1870 to 1917*, Peoria, The Manual Arts Press, 1937.

Charles T. Clotfelter, "Patron or Bully? The Role of Foundations in Higher Education," Terry Sanford Institute of Public Policy, 2005.

Charles W. Eliot, *Education Reform Essay and Dress: Can School Programmes Be Shortened and Enriched*, New York, The Century CO. , 1901.

Charles W. Eliot, *Shortened and Enriched the Grammar School Course: From Report of Proceedings of the Meeting of the Department of Superintendence*, New York, 1892.

Christian Helms Jørgensen & Gudmund Bøndergaard, "Historical Evolution of Vocational Educationin Denmark until 1945," in *Vocational Education in the Nordic Countries: the Historical Evolution*, eds. Svein Michelsen & Marja-Leena Stenström, New York, Routledge, 2018.

Christian Horst & Joron Pihl, "Comparative Perspectives on Education in the Multicultural Nordic Countries," *Intercultural Education*, 2010(2).

Christian Ydesen, *The Rise of High-Stakes Educational Testing in Denmark (1920-1970)*, Frankfurt, Peter Lang Verlag, 2011.

Commission on the National Aid to Vocational Education, *Report of Commission on the National Aid to Vocational Education*, Washington, Government Printing Office, 1914.

David Allen Anderson, *The School System of Norway*, Boston, Gorham Press, 1913.

E. N. White, "The Objectives of the American Nursery School," *The Family*, 1928(2).

Eva Hjörne, "The Narrative of Special Education in Sweden: History and Trends in Policy and Practice," *Discourse: Studies in the Cultural Politics of Education*, 2016(4).

F. C. Howe, *Wisconsin: An Experiment in Democracy*, New York, Charles Scribner's Sons, 1912.

Francis Paul Prucha, *Documents of United States Indian Policy*(3rd edition), Lincoln and London, University of Nebraska Press, 2000.

George S. Counts, *Dare the Schools Build a New Social Order?*, New York, Arno Press And the New York Times, 1969.

George S. Counts, *The Social Foundations of Education*, New York, Charles Scribner and Sons, 1934.

Gerald L. Gutek, *The Educational Theory of George S. Counts*, Columbus, Ohio State University Press, 1970.

Greinert, Wolf-Dietrich, *Mass Vocational Education and Training in Europe*, Thessaloniki, CEDEFOP, 2005.

H. L. Hopkin, "Announcement of Emergency Nursery Schools," *Childhood Education*, 1933(3).

Howard R. D. Gordon, *The History and Growth of Vocational Education in American*,

Boston，Allyn and Bacon，1999.

Hutchins R. M. ，*Education for Freedom*，Louisiana State University Press，1943.

Hutchins R. M. ，*The Great Conversation*，Encyclopedia Britannica Inc. ，1952.

Institute for Government Research，*The Problem of Indian Administration*，Baltimore，Johns Hopkins Press，1928.

James Wesley Null，"A Disciplined Progressive Educator：the Life and Career of William Chandler Bagley，1874-1946，"PhD diss. ，University of Texasat Austin，2001.

Joel Spring，*American Education*(*Ninth Edition*)，New York，McGraw-Hill，2000.

Johannes Westberg，"The Funding of Early Care and Education Programmes in Sweden，1845-1943，"*History of Education*，2011(4).

Jonas Olofsson & Daniel Persson Thunqvist，"Sweden：The Formative Period for VET (1850-1945)，"in *Vocational Education in the Nordic Countries：the Histo-rical Evolution*，eds. Svein Michelsen & Marja-Leena Stenström，London，Routledge，2018.

Kristen Dombkowski Nawrotzki，"The Anglo-American Kindergarten Movements and Early Education in England and USA，1850-1965，"PhD diss，University of Michigan，2005.

L. A. Cremin，*The Transformation of the School：Progressivism in American Education*，1876-1957，New York，Alfred A. Knopf，1961.

Lawrence A. Cremin，"George S. Counts as a Teacher：A Reminiscence，"*Teaching Education*，1988(2).

Layton S. Hawkins，Charles A. Prosser，& John C. Wright，*Development of Vocational Education*，Chicago，American Technological Society，1951.

Leon Boucher，*Tradition and Change in Swedish Education*，Oxford，Pergamon Press，1982.

Lloyd E. Blauch，*Federal Cooperation in Agricultural Extension Work*，*Vocational Education and Vocational Rehabilitation*，Washington，Bulletin，No. 15，1935.

Maria Montessori，*The Montessori Method*，New York，Freclerick A. Stokes Company，1912.

Marja-Leena Stenström & Maarit Virolainen, "The Development of Finnish Vocational Education and Training from 1850-1945," in *Vocational Education in the Nordic Countries: the Historical Evolution*, eds. Svein Michelsen & Marja-Leena Stenström, London, Routledge, 2018.

Mats Thelander, "Standardisation and Standard Language in Sweden," in *Standard Languages and Language Standards in a Changing Europe*, eds. Tore Kristiansen & Nikolas Coupland, Oslo, Novus Forlag, 2011.

Merle Curti, *The Growth of American Thought*, New York, Harper & Row Press, 1964.

Merle Curti & Vernon Carstensen, *The University of Wisconsin: A History, 1848-1925*, Madison, The University of Wiscons in Press, 1949.

Michael H. Harris, "The Purpose of the American Public Library in Historical Perspective: A Revisionist Interpretation," *Library Journal*, 1972(2).

M. W. Kirst, "The Political and Policy Dynamics of K-12 Education Reform from 1965 to 2010: Implications for Changing Postsecondary Education," *Research Priorities for Broad-Access Higher Education*, 2010.

National Educational Association, Report of the Committee of Ten on Secondary School Studies, with the Reports of the Conferences Arranged by the Committee, New York, American Book Company, 1894.

National Education Association, Cardinal Principles of Secondary Education: A Report of the Commission on the Reorganization of Secondary Education, 1918.

National Society for the Promotion of Industrial Education, Bulletin No. 12, 1910.

National Society for the Promotion of Industrial Education, *Bulletin No. 25: What is Smith-Hughes Bill and What Must a State Do to Take Advantage of the Federal Vocational Education Law*, New York, Clarence S. Nathan, Inc. , 1917.

Office of Indian Affairs, *Commissioner of Indian Affairs to the Secretary of the Interior*, Washington, Government Printing Office, 1889.

Rachel Brooks, "Education in Nordic Countries," *British Journal of Sociology of Education*, 2017(5).

R. W. Livingstone, *Some Tasks for Education*, London, Oxford University Press, 1946.

Sirkka Ahonen & Jukka Rantala, "Introduction: Norden's Present to the World," in *Vocational Education in the Nordic Countries: the Historical Evolution*, eds. Svein Michelsen & Marja-Leena Stenström, London, Routledge, 2018.

Sirkka Ahonen & Jukka Rantala, *Nordic Lights: Education for Nation and Civic Society in the Nordic Countries, 1850-2000*, Helsinki, Finnish Literature Society, 2001.

Sol Cohen, "The Montessori Movement in England, 1911-1952," *History of Education*, 1974(1).

Stan Juneau, *A History and Foundation of American Indian Education Policy*, Helena, Montana State Office of Public Instruction, 2001.

Sten Högnäs, "The Concept of Bildung and the Education of the Citizen: Traits and Developments in the Nordic Countries 1870-2000," In *Nordic Lights: Education for Nation and Crivic Society in the Nordic Countries, 1850-2000*, eds. Sirkka Ahonen & Jukka Rantala, Helsinki, Finnish Literature Society, 2001.

Svein Michelsen & HåKon Høst, "The Case of Norwegian VET-Origins and Early Development 1850-1945," in *Vocational Education in the Nordic Countries: the Historical Evolution*, eds. Svein Michelsen & Marja-Leena Stenström, London, Routledge, 2018.

U. S. Immigration and Naturalization Service, *Statistical Yearbook of the Immigration and Naturalization Service*, D. C. , U. S. Government Printing Office, 2002.

V. Celia Lascarides & Blythe F. Hinitz, *History of Early Childhood Education*, New York, Falmer Press, 2000.

V. C. Lascarides & B. F. Hinitz, *History of Early Childhood Education*, New York, Falmer Vine Deloria, Jr. , *The Indian Reorganization Act: Congress and Bills*, Norman, University of Oklahoma Press, 2002.

W. B. Stephens, *Education in Britain, 1750-1914*, New York, St. Martin's Press, 1998.

W. Dennis, "Historical Beginnings of Child Psychology," *Psychological Bulletin*,

1949(3).

William C. Bagley & John A. Keith, *An Introduction to Teaching*, New York, Macmillan Company, 1924.

William Fraser Connell, *A History of Education in the Twentieth Century World*, New York, Teachers College Press, 1980.

William S. Learned, I. L. Kandel, & Homer Walker Josselyn, et al., *The Professional Preparation of Teachers for American Public Schools: A Study Based Upon on Examination of Tax-Supported Normal Schools in the State of Missouri*, New York, The Carnegie Foundation for the Advancement of Teaching, 1920.